COLEÇÃO

OAB

Doutrina

Direito Material e Processual do Trabalho

DEBORAH DA SILVA FÉLIX
FÁBIO GOULART VILLELA

COLEÇÃO

OAB

Doutrina

Direito Material e Processual do Trabalho

Fechamento desta edição: 30 de janeiro de 2009

ELSEVIER

CAMPUS JURÍDICO

Editoração Eletrônica
SBNIGRI Artes e Textos Ltda.

Copidesque
Marcelo Dias Almada

Revisão Gráfica
Emidia Maria de Brito

Coordenação acadêmica
Marcia Dinamarco
Sylvio Motta
Thereza Nahas

Projeto Gráfico
Elsevier Editora Ltda.
A Qualidade da Informação
Rua Sete de Setembro, 111 – 16º andar
20050-006 – Rio de Janeiro – RJ – Brasil
Telefone: (21) 3970-9300 Fax (21) 2507-1991
E-mail: info@elsevier.com.br
Escritório São Paulo
Rua Quintana, 753 – 8º andar
04569-011 – Brooklin – São Paulo – SP
Telefone: (11) 5105-8555

ISBN: 978-85-352-3339-1

Central de Atendimento
Tel: 0800-265340
Rua Sete de Setembro, 111, 16º andar – Centro – Rio de Janeiro
E-mail: info@elsevier.com.br
Site: www.elsevier.com.br

CIP-Brasil. Catalogação-na-fonte.
Sindicato Nacional dos Editores de Livros, RJ

F36d

Felix, Deborah da Silva
Direito material e processual do trabalho: exame da OAB / Deborah da Silva Felix, Fábio Goulart Villela. – Rio de Janeiro: Elsevier, 2009.
360 – (OAB doutrina)

Inclui bibliografia
ISBN 978-85-352-3339-1

1. Ordem dos Advogados do Brasil – Exames. 2. Justiça do trabalho – Brasil. 3. Direito do trabalho – Brasil. I. Villela, Fábio Goulart. II. Título. III. Série.

08-5223. CDU: 349.2(81)

Os autores

Deborah da Silva Felix

Procuradora do Trabalho no Estado do Rio de Janeiro. Bacharel em Direito pela Universidade do Estado do Rio de Janeiro – UERJ. Pós-Graduada em Direito Material e Processual do Trabalho pela Universidade Estácio de Sá – UNESA. Formada no Curso de Negociação Coletiva e Processos de Arbitragem e Conciliação nas Relações Trabalhistas pela Organização Internacional do Trabalho – Centro Internacional de Formação, em Turim, Itália. Professora de Direito Processual do Trabalho em Cursos de Pós-Graduação.

Fábio Goulart Villela

Procurador do Trabalho no Estado do Rio de Janeiro. Bacharel em Direito pela Universidade Federal Fluminense – UFF e Pós-Graduado em Direito Material e Processual do Trabalho pela Universidade Gama Filho – UGF. Professor de Direito do Trabalho do Curso Toga Estudos Jurídicos na Preparação de Candidatos aos Concursos Públicos da Magistratura do Trabalho e do Ministério Público do Trabalho. Professor de Direito do Trabalho do Curso de Pós-Graduação do Curso Toga Estudos Jurídicos em convênio com a Universidade Gama Filho – UGF.

Nota dos autores

A cada dia de nossa existência somos chamados a encarar desafios em nossa vida pessoal e profissional. E com relação a esta última seara, para os bacharéis em Direito a aprovação nos prestigiados exames da Ordem dos Advogados do Brasil – OAB consiste em mais um objetivo a ser almejado por milhares de candidatos que buscam pertencer ao quadro dessa autarquia corporativa para poderem exercer regularmente a advocacia.

Por isso, honra-nos sobremaneira a oportunidade de contribuir na preparação de muitos colegas da carreira jurídica, dentro das disciplinas do Direito Material e Processual do Trabalho, a fim de que os estudantes destas duas matérias possam encontrar nesta obra, de linguagem simples e direta, uma eficiente ferramenta de estudo, através da abordagem dos principais pontos cobrados de forma recorrente nos exames da OAB em todo o território nacional.

A obra se inicia com a disciplina Direito Material do Trabalho, com breves exposições sobre os temais mais importantes que integram este ramo jurídico especializado, concluindo, para a fixação da matéria, com uma série de questões objetivas de concursos realizados em várias regiões do país, com o respectivo gabarito.

A segunda parte do livro dedica-se à disciplina do Direito Processual do Trabalho, por meio de considerações sobre alguns tópicos que julgamos essenciais para facilitar e aperfeiçoar a elaboração de peças processuais exigidas nesses exames, além de modelos ilustrativos de petições iniciais, recursos e contra-razões, completando a parte prática de um eficiente estudo.

Ainda que cientes da impossibilidade de esgotarmos em uma única obra todos os pontos que compõem essas duas matérias, esperamos cumprir a árdua, mas gratificante, missão de contribuir para mais esta conquista na vida profissional de nossos leitores.

Boa sorte!

Os autores

Sumário

Parte II – Direito Processual do Trabalho

OAB

Doutrina

Parte I

Direito Material do Trabalho

Princípios e Fontes do Direito do Trabalho

Capítulo I

PRINCÍPIOS DO DIREITO DO TRABALHO

1. Princípios

Os princípios são as diretrizes fundamentais, as proposições básicas de uma determinada ciência. São os alicerces de um fenômeno científico.

A autonomia de um ramo do Direito se verifica quando da existência de princípios e institutos próprios.

Segundo o mestre Américo Plá Rodrigues *in Los Principios de Derecho del Trabajo*, Montevidéu, 1975, p. 17, princípios são *linhas diretrizes que informam algumas normas e inspiram direta ou indiretamente uma série de soluções, pelo que podem servir para promover e embasar a aprovação de novas normas, orientar a interpretação das existentes e resolver casos não previstos*.

Extrai-se da definição formulada pelo ilustre jurista uruguaio que os princípios de uma ciência jurídica têm três finalidades básicas: orientar o legislador, auxiliar o intérprete e preencher as lacunas do ordenamento jurídico pátrio.

Os princípios gerais do Direito são em quase todos os sistemas jurídicos fontes subsidiárias do Direito.

No Brasil, o art. 4º do Decreto-Lei nº 4.657, de 04/09/1942 (Lei de Introdução ao Código Civil) dispõe, *in verbis*: *Quando a lei for omissa, o juiz decidirá o caso de acordo com a analogia, os costumes e os princípios gerais de direito.*

No âmbito do Direito do Trabalho, o art. 8º da CLT preceitua, *in litteris*: *As autoridades administrativas e a Justiça do Trabalho, na falta de disposições legais ou contratuais, decidirão, conforme o caso, pela jurisprudência, por analogia, por eqüidade e outros princípios e normais gerais de direito, principalmente do direito do trabalho, e, ainda, de acordo com os usos e costumes, o direito comparado, mas sempre de maneira que nenhum interesse de classe ou particular prevaleça sobre o interesse público.*

Em resumo, os princípios nada mais são do que as diretrizes básicas que informam uma determinada ciência jurídica e destinam-se à orientação do legislador, quando da elaboração das leis, ao auxílio do intérprete, quando da aplicação das normas legais e à integração do sistema jurídico, preenchendo as lacunas legais existentes.

2. Princípios específicos do Direito do Trabalho

2.1. Princípio da proteção do empregado

É o princípio *mater* do direito do trabalho, assegurando-lhe a natureza de direito tuitivo (tutelar). É a fonte de onde emanam os demais princípios específicos do direito laboral. Estes, na verdade, são considerados meros corolários do princípio protetivo do empregado.

Este princípio é extraído das normas imperativas ou cogentes (de ordem pública) originárias da intervenção estatal no ordenamento jurídico trabalhista, a fim de compensar o desequilíbrio econômico existente entre os sujeitos da relação de emprego (empregado e empregador), instituindo o chamado "contrato mínimo legal". São normas inderrogáveis pela vontade das partes, limitando, desta forma, a autonomia da vontade contratual. Institui um patamar mínimo de direitos, o qual pode ser apenas complementado pelos contratantes. Daí decorre, como corolário, o princípio da irrenunciabilidade das normas trabalhistas.

A intervenção estatal, por meio de normas imperativas, não impede a autonomia da vontade contratual, mas apenas a limita, impedindo que violem as disposições de proteção ao trabalho.

Conforme preceitua o art. 444 da CLT, as relações contratuais de trabalho podem ser objeto de livre estipulação das partes interessadas em tudo quanto não contravenha às disposições de proteção ao trabalho, aos contratos coletivos (atualmente convenções coletivas) que lhes sejam aplicáveis e às decisões das autoridades competentes.

2.2. Princípio da norma mais favorável

Segundo a Teoria Pura do Direito de Hans Kelsen, as normas de hierarquia superior constituem o fundamento de validade das normas de hierarquia inferior.

No direito comum, o conflito aparente de normas é solucionado em razão da hierarquia das normas conflitantes. Se forem de igual hierarquia, por meio do princípio *lex posterior derogat priori*.

No direito do trabalho, diante do conflito aparente de normas, aplicar-se-á aquela que for mais favorável ao empregado, salvo se a norma de hierarquia superior for de caráter proibitivo ou de ordem pública. Não haveria, portanto, uma hierarquia de leis, mas de normas. É o que reza o princípio da norma mais favorável.

Este princípio pode ser extraído, por exemplo, da regra disposta no art. 620 da CLT, a qual prescreve que as condições estabelecidas em convenção coletiva de trabalho, quando mais favoráveis, prevalecerão sobre as estipuladas em acordo coletivo de trabalho.

Três métodos ou teorias para fixação da norma mais favorável se destacam na doutrina trabalhista:

a) Teoria atomista ou da acumulação: que defende o fracionamento das normas para buscar em cada dispositivo o mais favorável ao trabalhador. Este método, no entanto, termina por ferir o conteúdo unitário e sistemático da norma.
b) Teoria do conjunto ou do conglobamento: que consideram os diplomas ou instrumentos normativos como um todo, para fixar aquele mais favorável à classe obreira. É um método muito prestigiado na doutrina e na jurisprudência.
c) Teoria orgânica ou da incindibilidade dos institutos: que considera o conjunto das cláusulas referentes a cada instituto ou matéria previsto nas normas. É considerada uma forma mais moderada da teoria do conglobamento. É o que prevalece na melhor doutrina.

Exemplo de aplicação dessa teoria orgânica na ordem legal é o comando contido no art. 3º, inciso II, da Lei nº 7.064/1982, que assegura *a aplicação da legislação brasileira de proteção ao trabalho, naquilo que não for incompatível com o disposto nesta lei, quando mais favorável do que a legislação territorial,* ***no conjunto de normas em relação a cada matéria***.

2.3. Princípio do *in dubio pro operario*

De acordo com o princípio do *in dubio pro operario*, também conhecido como princípio do *in dubio pro misero*, se de uma mesma norma jurídica for possível extrair mais de uma interpretação, aplicar-se-á aquela que for mais favorável ao empregado, desde que não afronte a literalidade do preceito e não consista em matéria probatória.

Em suma, a aplicação deste princípio decorre da existência de interpretações diversas acerca de uma mesma norma. É claro que essas exegeses não devem extrapolar os limites impostos pela literalidade do preceito. Devem ser interpretações que estejam em perfeita consonância com o comando legal. Neste caso, sobressairá aquela hermenêutica que for mais favorável ao obreiro.

Da mesma forma, não se aplica o princípio do *in dubio pro operario* para dirimir questões de natureza probatória. Ou seja, a prova de determinado fato dependerá do contexto probatório dos autos, em conformidade com as regras de distribuição do ônus da prova, nos termos dos arts. 818 da CLT e 333, I e II, do CPC. Inadmissível, pois, a incidência deste princípio, em sede processual, para resolver controvérsia fática.

2.4. Princípio da condição mais benéfica

O princípio da condição mais benéfica assegura a prevalência das condições mais vantajosas ao empregado ajustadas no contrato de trabalho ou em regulamento de empresa.

Devem prevalecer as condições mais benéficas ao empregado, ainda que sobrevenha norma jurídica imperativa que prescreva menor nível de proteção, desde que com esta não sejam incompatíveis.

Deste princípio decorre a impossibilidade de alteração contratual prejudicial ao empregado, ainda que bilateral. É o que preceitua o art. 468 da CLT ao dispor que nos contratos individuais de trabalho só é lícita a alteração das respectivas condições por mútuo consentimento e, ainda assim, desde que não resultem, direta ou indiretamente, prejuízos ao empregado, sob pena de nulidade da cláusula infringente desta garantia.

Na jurisprudência, podemos citar como corolários diretos deste princípio os seguintes entendimentos sumulados:

Súmula nº 51, item I, do C. TST: *As cláusulas regulamentares, que revoguem ou alterem vantagens deferidas anteriormente, só atingirão os trabalhadores admitidos após a revogação ou alteração do regulamento.*

Súmula nº 288 do C. TST: *A complementação dos proventos da aposentadoria é regida pelas normas em vigor na data da admissão do empregado, observando-se as alterações posteriores desde que mais favoráveis ao beneficiário do direito.*

Quanto às vantagens previstas em convenção e acordo coletivos de trabalho, sua concessão se atrela ao período de vigência destes instrumentos normativos, em prol do exercício da autonomia da vontade coletiva (CF/1988, art. 7º, XXVI). Em outras palavras, as cláusulas coletivas não aderem de forma definitiva aos contratos individuais de trabalho, não havendo que se falar em ultra-atividade de suas eficácias normativas.

Neste mesmo sentido, a inteligência da Súmula nº 277 do C. Tribunal Superior do Trabalho: *As condições de trabalho alcançadas por força de sentença normativa vigoram no prazo assinado, não integrando, de forma definitiva, os contratos.*

2.5. Princípio da primazia da realidade

O princípio da primazia da realidade assegura a prevalência, na ordem jurídica trabalhista, da realidade objetiva dos fatos sobre a formalidade inerente a documentos ou acordos.

Assim sendo, no Direito do Trabalho, a verdadeira natureza da relação jurídica estipulada pelos contratantes deve ser aferida da realidade dos fatos, não se limitando aos aspectos formais e/ou documentais.

Independentemente do que restar formalmente ajustado pelas partes contratantes, a verdadeira natureza da relação jurídica existente entre as partes contratantes será aferida através da realidade objetiva dos fatos.

O *modus operandi* em que realmente se desenvolver esta relação jurídica é que vai definir a existência ou não do vínculo de emprego, ou seja se presentes ou não os elementos configuradores da relação de emprego (art. 3º da CLT), ainda que previamente ajustado em contrário pelos contratantes.

O princípio da primazia da realidade possui embasamento legal no art. 9º da CLT, quando enuncia: *Serão nulos de pleno direito os atos praticados com o objetivo de desvirtuar, impedir ou fraudar a aplicação dos preceitos contidos na presente Consolidação.*

2.6. Princípio da integralidade e da intangibilidade do salário

O princípio da integralidade e da intangibilidade do salário protege o salário de descontos abusivos, assegurando sua impenhorabilidade e posição privilegiada em caso de insolvência do empregador.

Conforme preceitua a norma prevista no art. 462, *caput*, da CLT: *Ao empregador é vedado efetuar qualquer desconto nos salários do empregado, salvo quando este resultar de adiantamentos, de dispositivos de lei ou de contrato coletivo.*

O referido preceito celetista visa assegurar a intangibilidade do salário, possibilitando que o empregado seja efetivamente o árbitro de suas necessidades, de modo a utilizá-lo de acordo com sua livre escolha, a fim de que possa fazer frente à subsistência pessoal e de seus familiares.

Trata-se de princípio que emana como corolário da característica alimentar ou subsistencial do salário.

Por sua vez, o art. 462, § 1º, da CLT autoriza o desconto no salário no caso de dano causado pelo empregado, desde que previamente acordado, ou na ocorrência de dolo. Ou seja, é lícito o desconto pertinente a prejuízos causados ao patrimônio empresarial decorrentes de culpa grave do empregado, sendo condição *sine qua non* à sua validade a prévia existência de ajuste neste sentido. A hipótese de dolo do obreiro prescinde deste ajuste prévio.

Destaque-se, ainda, o entendimento consubstanciado na Súmula nº 342 do C. Tribunal Superior do Trabalho, ao dispor:

> *Descontos salariais efetuados pelo empregador, com a autorização prévia e por escrito do empregado, para ser integrado em planos de assistência odontológica, médico-hospitalar, de seguro, de previdência privada, ou de entidade cooperativa, cultural ou*

recreativo-associativa de seus trabalhadores, em seu benefício e de seus dependentes, não afrontam o disposto no art. 462 da CLT, salvo se ficar demonstrada a existência de coação ou de outro defeito que vicie o ato jurídico.

A C. Corte Superior Trabalhista posicionou-se no sentido de ser vedada qualquer presunção no tocante à suposta coação no ato admissional, sendo necessária a efetiva comprovação do aludido vício de vontade ou de consentimento para que se possa eivar de invalidade os referidos descontos.

A impenhorabilidade do salário, salvo para pagamento de pensão alimentícia, é outra característica diretamente vinculada à integralidade das parcelas salariais.

Enunciam os comandos contidos no art. 649, *caput,* inciso IV e § 2º do CPC que são absolutamente impenhoráveis os vencimentos dos magistrados, dos professores e dos funcionários públicos, o soldo e os salários, salvo para pagamento de prestação alimentícia.

Por conseguinte, as verbas salariais não podem sofrer constrição judicial, excetuada a satisfação de pensão alimentícia. Esta exceção se explica facilmente pelo caráter alimentar do pensionamento, com vistas a assegurar a subsistência dos dependentes do alimentante.

Esta característica alimentar do salário também o situa como crédito privilegiado nas hipóteses de falência da empresa. Consoante a norma prevista no art. 449, § 1º, da CLT: *Na falência, constituirão créditos privilegiados a totalidade dos salários devidos ao empregado e a totalidade das indenizações a que tiver direito.*

A falência provoca a abertura de um concurso universal de credores contra o patrimônio do empregador. Na hierarquia de créditos, os créditos acidentários e trabalhistas sempre se situaram no topo da ordem hierárquica do quadro geral de credores.

No entanto, a Lei nº 11.101/2005 instituiu um teto à prevalência hierárquica dos créditos derivados da legislação do trabalho, nos termos do art. 83, *caput,* e inciso I da Lei nº 11.101/2005: *A classificação dos créditos na falência obedece à seguinte ordem: I – os créditos derivados da legislação do trabalho, limitados a 150 (cento e cinqüenta) salários mínimos por credor, e os decorrentes de acidentes de trabalho.*

Com relação à liquidação extrajudicial de instituições financeiras, conduzida pelo Banco Central do Brasil, esta não enseja controvérsia acerca da competência, sendo direta a execução de créditos trabalhistas contra estas empresas, nos termos da Orientação Jurisprudencial nº 143 da SBDI-1 do C. Tribunal Superior do Trabalho.

Assim como nos casos de falência e de dissolução da empresa, a concordata, por força da norma prevista no art. 449, *caput,* da CLT, não obstava a subsistência dos direitos oriundos da existência do contrato de trabalho.

A concordata somente atingia os créditos quirografários, ampliando o prazo de pagamento e reduzindo o custo financeiro regular. Os créditos trabalhistas não sofriam a incidência dos favores da concordata.

A Lei nº 11.101/2005, em substituição à concordata, instituiu a recuperação judicial ou extrajudicial da empresa.

A recuperação extrajudicial, assim como a antiga concordata, não afeta os direitos trabalhistas e acidentários dos empregados, nos termos dos arts. 83, 161, § 1º e 163, § 3º, da Lei nº 11.101/2005.

A recuperação judicial, ao contrário, pode vir a afetar os direitos trabalhistas dos empregados.

2.7. Princípio da irrenunciabilidade ou da indisponibilidade

O princípio da irrenunciabilidade ou da indisponibilidade assegura a inderrogabilidade das normas trabalhistas pela vontade das partes, em face de sua natureza cogente ou de ordem pública.

Não se confundam, porém, os conceitos dos institutos da renúncia e da transação. A renúncia consiste em ato unilateral de despojamento de um direito certo, enquanto a transação corresponde a ato bilateral, mediante concessões recíprocas, acerca de um direito duvidoso (*res dubia*), com vistas a finalizar ou evitar um litígio.

Este princípio não constitui óbice à legítima transação, mas tão-somente à renúncia. Sabe-se, inclusive, que o processo do trabalho prestigia em muito a conciliação entre as partes. Conforme dispõe o art. 764 da CLT: *Os dissídios individuais ou coletivos submetidos à apreciação da Justiça do Trabalho serão sempre sujeitos à conciliação.*

Como corolário imediato desta imperatividade inerente à ordem jurídico-trabalhista, podemos destacar que a cláusula do contrato de trabalho que estabelecer condições e/ou vantagens inferiores ao patamar mínimo legal deve ser considerada não escrita, e automaticamente substituída pela disposição contida na legislação trabalhista. Assim, neste caso, a cláusula legal substitui a cláusula contratual. É o que se rotula como *princípio da tutela jurídica perfeita* ou *da aderência automática*.

A aplicação do princípio da irrenunciabilidade resta, atualmente, mitigada pela tese da flexibilização das normas trabalhistas, adotada de forma moderada pelo Texto Constitucional vigente.

Preceituam os incisos VI, XIII e XIV do art. 7º da Constituição da República, *in verbis*:

> Art. 7º São direitos dos trabalhadores urbanos e rurais, além de outros que visem à melhoria de sua condição social:
>
> [...]

VI – irredutibilidade do salário, **salvo o disposto em convenção ou acordo coletivo**;

[...]

XIII – duração do trabalho normal não superior a oito horas diárias e quarenta e quatro semanais, **facultada a compensação de horários e a redução da jornada, mediante acordo ou convenção coletiva de trabalho**;

XIV – jornada de seis horas para o trabalho realizado em turnos ininterruptos de revezamento, **salvo negociação coletiva**.

Admite-se, portanto, a flexibilização sob a tutela sindical, através da negociação coletiva, no tocante a redução de salário, a compensação e a redução de jornada de trabalho e a ampliação da jornada de trabalho nos turnos ininterruptos de revezamento.

É vedada, porém, a flexibilização, por meio de negociação coletiva, de direitos de indisponibilidade absoluta, como aqueles inerentes à identificação e registro de empregados e à medicina e segurança do trabalho.

2.8. Princípio da continuidade da relação de emprego

O princípio da continuidade da relação de emprego faz operar presunção relativa (*iuris tantum*) e favorável ao empregado no sentido do prosseguimento regular da vinculação empregatícia.

A empresa, enquanto atividade econômica organizada, reúne e organiza os fatores de produção com vistas à produção de bens ou serviços, tendo, por isso, propensão à continuidade.

O empregado, no contexto de uma relação jurídica de emprego, se insere dentro desta organização empresarial, como parte integrante dos fatores de produção, absorvendo o contrato de trabalho a mesma tendência à continuidade inerente à atividade econômica.

Alguns autores atribuem, inclusive, *status* constitucional a este princípio, uma vez que a Constituição da República estabelece uma série de direitos ao trabalhador dispensado, que, de alguma forma, terminariam por estimular a continuidade do vínculo de emprego. Como exemplo, podemos citar o pagamento de indenização compensatória na despedida arbitrária (art. 7º, I), além do aviso prévio (art. 7º, XXI) e dos depósitos do FGTS (art. 7º, III).

O princípio da continuidade da relação de emprego resta bem evidenciado no posicionamento contido na Súmula nº 212 do C. Tribunal Superior do Trabalho:

212 – DESPEDIMENTO. ÔNUS DA PROVA

O ônus de provar o término do contrato de trabalho, quando negados a prestação de serviço e o despedimento, é do empregador, pois o princípio da continuidade da relação de emprego constitui presunção favorável ao empregado.

De acordo com este verbete sumular, em havendo controvérsia acerca da natureza da ruptura do vínculo de emprego, o ônus da prova quanto ao término do contrato de trabalho deve recair sobre o empregador, posto que o princípio da continuidade da relação de emprego, como já visto, faz operar presunção (relativa) favorável ao empregado.

2.9. Princípio da autodeterminação coletiva

O princípio da autodeterminação coletiva vem assegurar o livre exercício da autonomia da vontade coletiva, através da negociação coletiva, concretizada nos instrumentos normativos dos acordos e convenções coletivos de trabalho.

As convenções e acordos coletivos de trabalho são fontes formais autônomas do Direito do Trabalho, posto serem diplomas negociais firmados a partir dos próprios destinatários destas cláusulas coletivas, as quais dispõem sobre condições de trabalho a serem implementadas nas relações jurídicas de emprego cujos titulares integram categorias profissional e econômica.

Conforme preceitua o art. 611, *caput*, da CLT, entende-se por convenção coletiva de trabalho o acordo de caráter normativo pelo qual dois ou mais sindicatos representativos de categorias econômicas e profissionais estipulam condições de trabalho aplicáveis, no âmbito das respectivas representações, às relações individuais de trabalho.

Já o acordo coletivo de trabalho, consoante a norma prevista no § 1º do mesmo art. 611 da CLT, consiste em acordo normativo celebrado entre sindicatos representantes de categorias profissionais e uma ou mais empresas da correspondente categoria econômica, estipulando condições de trabalho aplicáveis às relações individuais de trabalho que se desenvolvem no âmbito da empresa ou das empresas acordantes.

Estes instrumentos coletivos são considerados pela doutrina verdadeiros contratos normativos, haja vista possuírem, no aspecto formal, natureza contratual, e, sob o aspecto material ou substancial, a natureza de norma jurídica.

Suas cláusulas são dotadas da generalidade, da abstração e da imperatividade inerentes às normas jurídicas, limitadas apenas ao âmbito das respectivas bases de representação.

O reconhecimento do conteúdo normativo, no âmbito do Direito do Trabalho, das convenções e acordos coletivos de trabalho resta assegurado no art. 7º, inciso XXVI, da Constituição da República.

Capítulo II

FONTES DO DIREITO DO TRABALHO

1. Conceito

A palavra "fonte" advém da expressão *fons*, que significa nascente, manancial. Fonte do direito é a origem, o manancial de onde provém a norma jurídica.

2. Classificação

2.1. Fontes materiais (reais ou primárias)

São as fontes potenciais do direito, compreendendo o conjunto dos fenômenos sociais que contribuem para a formação da substância do direito. É o fato social.

A fonte material do direito do trabalho é a pressão exercida sobre o Estado capitalista pela ação reivindicadora dos trabalhadores.

A finalidade precípua do direito do trabalho é a conciliação de duas tendências opostas: a exigência do respeito humano à pessoa do trabalhador e a exigência econômica da rentabilidade das empresas.

Além da fonte material comum a todo o ramo do direito, identificada no *"húmus social"* (fato social), o direito do trabalho surgiu como conseqüência imediata da pressão dos trabalhadores.

As fontes materiais consistem nos fatores reais que acarretaram a criação de uma norma jurídica. No direito do trabalho, esse fator foi o movimento reivindicatório da classe trabalhadora.

2.2. Fontes formais (ou secundárias)

São os meios pelos quais se estabelece a norma jurídica. São as formas de exteriorização do direito, com força vinculante.

Filiando-se à maior parte da doutrina, são fontes formais do direito do trabalho: Constituição, leis em sentido amplo (art. 59 da CF/1988), regulamentos normativos, tratados e convenções internacionais, sentenças normativas, sentenças arbitrais coletivas, acordos coletivos de trabalho, convenções coletivas de trabalho e costumes.

Os regulamentos de empresa vêm gerando controvérsia na doutrina. A jurisprudência majoritária confere-lhes estritos efeitos de ato unilateral de vontade, vez que seus dispositivos aderem aos contratos individuais de trabalho como cláusulas destes, que não podem ser suprimidas, ainda que alterado o regulamento. Aplicação das Súmulas nº 51 e 288 do C. TST e do art. 468 da CLT.

As normas regulamentares alusivas ao objeto do contrato de trabalho configuram um contrato-tipo (contrato de adesão).

Destaque-se, no entanto, entendimento no sentido de que as regras atinentes à organização e ao funcionamento da empresa elaboradas pelo empregador, com fundamento no seu poder diretivo, constituem fonte do direito.

A doutrina e a jurisprudência também não são fontes do direito, já que consistem, respectivamente, no estudo e na reiterada interpretação dos tribunais acerca de normas jurídicas preexistentes.

Todavia, existe tese no sentido de que a jurisprudência é fonte formal do Direito, destacando que o juiz não é mero aplicador de regras postas, não se podendo negar o seu papel criador.

Alguns autores destacam que a jurisprudência pode vir a se tornar fonte do direito quando se converter em costume.

A analogia, a eqüidade e os princípios gerais do direito são mecanismos de integração do direito.

Por sua vez, as fontes formais se subdividem em:

a) Fontes formais autônomas: São aquelas elaboradas pelos próprios destinatários principais da norma jurídica produzida. Ex: acordos coletivos de trabalho, convenções coletivas de trabalho e costumes.

A convenção coletiva de trabalho (art. 611, *caput*, da CLT) é o acordo de caráter normativo pelo qual dois ou mais sindicatos representativos de categorias econômicas e profissionais estipulam condições de trabalho aplicáveis, no âmbito das respectivas representações, às relações individuais de trabalho.

O acordo coletivo de trabalho (art. 611, § 1º, da CLT) é o acordo de caráter normativo pelo qual o sindicato representativo de categoria profissional e uma ou mais empresas da correspondente categoria econômica estipulam condições de trabalho aplicáveis, no âmbito da empresa ou das empresas acordantes, às respectivas relações de trabalho.

O art. 7º, XXVI, da Constituição da República assegura o reconhecimento dos acordos e convenções coletivos de trabalho. São instrumentos de produção das normas jurídicas pelos próprios destinatários. São típicos contratos sociais normativos.

O costume é a convicção dos que se conformam a uma prática constante de que a tanto estão obrigados por um dever jurídico. O que o distingue do hábito é a consciência da obrigatoriedade.

Assim como o art. 4º da LICC, o art. 8º, *caput*, da CLT elenca os costumes como fonte subsidiária do direito do trabalho (na verdade, os "usos e costumes").

Os costumes podem ser classificados em: *secundum legem* (a lei se refere expressamente ao costume, o qual tem como função integrar o conteúdo da norma escrita); *praeter legem* (função supletiva, preenchendo a lacuna do direito objetivo escrito) e *contra legem* (é o contrário à lei, não constituindo fonte do direito).

b) Fontes formais heterônomas: São aquelas não elaboradas pelos próprios destinatários principais da norma jurídica produzida, mas por agente externo. Ex: a Constituição, as leis em sentido amplo (art. 59, I a VII, da CF/1988), os regulamentos normativos, os tratados e as convenções internacionais, as sentenças normativas e as sentenças arbitrais coletivas.

De acordo com o art. 59, incisos I a VII, da Constituição da República, o processo legislativo compreende a elaboração de emendas à Constituição, leis complementares, leis ordinárias, leis delegadas, medidas provisórias, decretos legislativos e resoluções.

Acresçam-se, ainda, como fontes heterônomas, os antigos decretos-leis, que também possuem força normativa, assim como as atuais medidas provisórias. Ex: Consolidação das Leis do Trabalho (DL nº 5.452/1943).

Os regulamentos normativos são aprovados por decreto, visando propiciar a adequada execução das leis que os legitimam. A Constituição da República de 1988 assegura ao Presidente da República a competência privativa para expedir decretos e regulamentos visando à fiel execução das leis (art. 84, IV).

Segundo o art. 49, inciso V, da CF/1988, é da competência exclusiva do Congresso Nacional sustar os atos normativos do Poder Executivo que exorbitem do poder regulamentar ou dos limites de delegação legislativa.

As portarias, avisos, instruções e circulares não constituem fontes formais do direito do trabalho, posto que obrigam apenas os funcionários a que se dirigem, e nos limites da obediência hierárquica.

Existe, porém, entendimento no sentido de que um regulamento, quando baixado para a fiel execução de uma lei determinando que o Ministro de Estado expeça portaria que o complemente, este será fonte de direito, por integrar o próprio regulamento do qual tira sua força normativa.

Os tratados e convenções internacionais também constituem fontes formais heterônomas do Direito do Trabalho.

Estabelece o art. 5º, § 2º, do Texto Constitucional que os direitos e garantias expressos nesta Constituição não excluem outros decorrentes do regime e dos princípios por ela adotados, ou dos tratados internacionais em que a República Federativa do Brasil seja parte.

Nos termos do § 3º desse mesmo artigo, os tratados e convenções internacionais sobre direitos humanos que forem aprovados, em cada Casa do Congresso Nacional, em dois turnos, por três quintos dos votos dos respectivos membros, serão equivalentes às emendas constitucionais.

Por sua vez, segundo a disposição contida no art. 84, VIII, da Constituição da República, é da competência privativa do presidente da República celebrar tratados, convenções e atos internacionais, sujeitos a referendo Congresso Nacional.

No entanto, preconiza o art. 49, I, da CF/1988 ser da competência exclusiva do Congresso Nacional resolver definitivamente sobre tratados, acordos ou atos internacionais que acarretem encargos ou compromissos gravosos ao patrimônio nacional.

A sentença normativa é um ato-regra (materialmente lei e formalmente sentença). Constitui direito novo, pela criação ou revisão das normas ou condições de trabalho aplicáveis, abstratamente, ao âmbito das respectivas categorias e/ou bases de representação.

A sentença arbitral, enquanto solução adotada em conflitos coletivos de trabalho (art. 114, §§ 1º e 2º, da CF/1988), estabelecendo condições de trabalho, é fonte formal heterônoma do Direito do Trabalho, nos termos dos arts. 3º, *caput*, da Lei nº 7.783/1989 e 4º, inciso II, da Lei nº 10.101/2000.

Capítulo III

CARACTERIZAÇÃO DA RELAÇÃO DE EMPREGO

1. Introdução

A "relação de emprego" é espécie do gênero "relação de trabalho". Por sua vez, a prestação de trabalho por uma pessoa física a outrem pode realizar-se sob diversas modalidades, não se limitando exclusivamente à relação de emprego.

O trabalho autônomo, por exemplo, traduz-se em obrigação de fazer (com ou sem pessoalidade), mas sem subordinação.

Por outro lado, o trabalho eventual resume-se a obrigação de fazer pessoal e subordinada, mas eventual (episódica ou esporádica).

Essas espécies de prestação do trabalho humano não se desenvolvem sob a égide da legislação trabalhista (CLT e leis esparsas), e até pouco tempo não se encontravam sequer sob a jurisdição trabalhista (EC nº 45/2004 – ampliação da competência da Justiça do Trabalho, alcançando todas as ações oriundas da relação de trabalho – art. 114, I, da CF/1988).

2. Características da relação de emprego

A relação de emprego resulta da conjugação de determinados elementos constitutivos essenciais, sem os quais esta deixa de restar plenamente configurada.

Segundo a norma prevista no art. 2º, *caput*, da CLT: *Considera-se empregador a empresa, individual ou coletiva, que, assumindo os riscos da atividade econômica, admite,* ***assalaria*** *e* ***dirige*** *a prestação* ***pessoal*** *de serviço.*

Estabelece ainda o art. 3º, *caput*, da CLT: *Considera-se empregado toda* ***pessoa física*** *que prestar serviços de natureza* ***não eventual*** *a empregador, sob a* ***dependência*** *deste e mediante* ***salário****.*

A partir dos dispositivos consolidados acima destacados, podem-se extrair como elementos estruturantes (ou pressupostos) configuradores da relação de emprego:

a) a prestação de serviços por pessoa física a um tomador;

b) a pessoalidade em relação ao empregado;

c) a não-eventualidade dos serviços prestados;

d) a subordinação jurídica;

e) a onerosidade.

A relação de emprego configura-se a partir de um trabalho não-eventual, prestado *intuitu personae* (pessoalidade) por pessoa física, em situação de subordinação (jurídica), e com onerosidade.

2.1. Prestação de serviços por pessoa física

A figura do empregado deve ser sempre uma pessoa física ou natural, posto que os bens jurídicos a serem tutelados pelo Direito do Trabalho são inerentes a estas pessoas, não podendo ser usufruídos por pessoas jurídicas.

A celebração de ajuste com uma pessoa jurídica como a prestadora dos serviços afasta a configuração da relação de emprego. Somente o empregador é que pode ser uma pessoa física ou jurídica.

Ressalve-se, todavia, a possibilidade de prática de fraude, por meio de contrato simulado de prestação de serviços com suposta pessoa jurídica, como forma de encobrir uma típica relação empregatícia. Aplicável, neste caso, o princípio da primazia da realidade (art. 9º da CLT).

2.2. Pessoalidade (*intuitu personae*)

O trabalho a ser prestado por pessoa física ou natural não pressupõe necessariamente a existência de pessoalidade.

Para a configuração da relação de emprego é preciso que a prestação dos serviços, pela pessoa física, tenha efetivo caráter de infungibilidade em relação ao trabalhador. O labor deve ser *intuitu personae* com referência ao trabalhador, o qual não poderá se fazer substituir de forma intermitente por outro obreiro durante a prestação dos serviços.

Por ser personalíssima a obrigação de prestar os serviços, esta não se transmite aos herdeiros e sucessores. O falecimento do empregado acarreta a extinção do contrato de trabalho.

A pessoalidade é pressuposto inerente apenas ao empregado. Quanto ao empregador, vigora no Direito do Trabalho o princípio da despersonalização da figura do empregador.

Assim, a possibilidade de ocorrência de alteração subjetiva contratual se restringe à pessoa do empregador, sem que sejam afetados os contratos de trabalho dos respectivos empregados, nem tampouco os direitos por estes adquiridos. Aplicação dos arts. 10 e 448 da CLT (sucessão de empregadores).

2.3. Não-eventualidade

É essencial à configuração do vínculo empregatício que o trabalho prestado tenha caráter permanente, ainda que por um período previamente delimitado pelas partes, e não apenas esporádico ou eventual.

A legislação trabalhista não é aplicável ao trabalhador eventual, ainda que não haja dúvida quanto à subordinação na prestação dos serviços eventuais a serem prestados. Isso porque resta ausente elemento essencial à configuração da relação empregatícia, qual seja, a "não-eventualidade".

O trabalho não eventual é aquele que se insere nas necessidades permanentes e ordinárias do empreendimento do tomador dos serviços. Eventualidade não significa intermitência. Se, ainda que descontínua, a prestação for permanente, deixa de haver eventualidade.

O trabalhador eventual não se confunde com o trabalhador sazonal ou adventício. Este último, embora dotada de descontinuidade, a prestação não é de curta duração e se integra à dinâmica do empreendimento do tomador.

2.4. Onerosidade

À disponibilidade da força de trabalho ao empregador deve corresponder uma contrapartida econômica em benefício do empregado, consubstanciada no complexo salarial.

O contrato de trabalho é bilateral, sinalagmático e oneroso, posto que envolve um conjunto de prestações e contraprestações recíprocas entre as partes, economicamente mensuráveis.

Essa onerosidade deve ser aferida sob a ótica do prestador dos serviços.

Dimensões de análise:

a) Plano objetivo: manifesta-se pelo pagamento, por parte do empregador, de parcelas dirigidas a remunerar o empregado em função do contrato de trabalho pactuado. Tais parcelas formam o "complexo salarial" (José Martins Catharino).

b) Plano subjetivo: manifesta-se pela intenção contraprestativa ou econômica conferida pelas partes, em especial pelo trabalhador, à prestação dos serviços. Busca-se aferir o *animus contrahendi*.

2.5. Subordinação

A subordinação consiste na situação jurídica decorrente do contrato de trabalho, através da qual o empregado se submete ao poder de direção do empregador quanto ao modo de realização da prestação dos seus serviços.

No Direito do Trabalho, a subordinação é enfocada sob um prisma objetivo, posto que atua sobre o modo de realização da prestação dos serviços (*modus operandi*) e não sobre a pessoa do trabalhador.

No art. 3º, *caput*, da CLT, onde se escreve "sob a dependência deste", leia-se "mediante subordinação". A expressão "dependência" acentua o vínculo pessoal entre as partes, induzindo a um enfoque subjetivo da subordinação.

2.5.1. Natureza da subordinação

A subordinação que deriva do contrato de trabalho é de natureza jurídica, posto se tratar do pólo reflexo do poder de direção do empregador, que também tem caráter jurídico, sobre o modo de realização da prestação dos serviços do empregado.

Concepções ultrapassadas: acentuavam a idéia de "dependência", de matiz pessoal e subjetiva:

a) Dependência econômica: a relação de emprego seria uma projeção enfática da assimetria econômica existente entre empregado e empregador.

Crítica: O critério econômico é elemento externo à relação de emprego, sendo incapaz de explicar o nexo da assimetria existente entre o poder de direção e a subordinação. Ademais, a disparidade econômica porventura existente entre as partes contratantes não altera o feixe de obrigações recíprocas decorrentes do contrato de trabalho.

b) Dependência técnica: consubstanciada no suposto monopólio por parte do empregador do conhecimento necessário ao processo produtivo em que encontrava inserido o empregado.

Crítica: No processo organizacional da moderna empresa, a tecnologia é adquirida e controlada pelo empresário mediante instrumentos jurídicos, sendo desnecessária sua apreensão intelectual. Capta a tecnologia, através da contratação de empregados especializados, sem a pretensão de absorver seus conhecimentos técnicos.

Capítulo IV

CONTRATO DE TRABALHO

1. Definição

Pode-se definir contrato de trabalho como o negócio jurídico expresso (verbal ou por escrito) ou tácito por meio do qual uma pessoa física ou natural (empregado) obriga-se a prestar serviços de natureza não-eventual a um tomador (empregador – pessoa física, jurídica ou ente despersonalizado), com pessoalidade (*intuitu personae*), onerosidade e subordinação jurídica.

Pelo art. 442, *caput, da CLT: Contrato individual de trabalho é o acordo tácito ou expresso, correspondentes à relação de emprego.*

Críticas:

a) Não indica os elementos constitutivos do contrato de trabalho.
b) O contrato de trabalho não corresponde à relação de emprego, mas acarreta a configuração do vínculo empregatício.
c) Cria um círculo vicioso entre as idéias de contrato e relação de emprego.

A definição legal procurou conjugar conceitos inerentes a teorias distintas, reverenciando, simultaneamente, as noções de contrato (teoria contratualista) e de relação de emprego (teorias acontratualistas: da relação de trabalho e institucionalista).

2. Caracterização

São características do contrato de trabalho:

a) Contrato de direito privado: em razão da natureza privada da relação de emprego. A existência de normas cogentes não altera a natureza privada desta relação jurídica nuclear, posto que, ao contrário do que ocorre nas relações de direito público, as partes encontram-se em situação de paridade jurídica.

b) Contrato sinalagmático e comutativo: em razão da reciprocidade das obrigações contratuais, havendo, ao menos em tese, equivalência entre as respectivas prestações onerosas.

Na relação de emprego, este caráter sinalagmático é aferido pelo conjunto contratual, e não pela específica relação "trabalho x salário". Logo, os casos de interrupção do contrato de trabalho e de existência de obrigações trabalhistas sem a efetiva prestação de serviços não desnatura a sinalagmática do ajuste.

c) Contrato consensual: em razão do acordo de vontades, ainda que tácito, entre os sujeitos contratantes, não se sujeitando a formalidades imperativas. O contrato de trabalho é um contrato informal ou não-solene.

Exceção: Alguns contratos específicos sujeitam-se a certa formalidade para a sua validade. Ex: contratos do atleta profissional de futebol e do artista profissional.

d) Contrato *intuitu personae*: a pessoalidade restringe-se apenas a um dos sujeitos da relação de emprego, o empregado. A prestação de serviços, por parte do empregado, deve ser pessoal ou infungível (pessoa física). Trata-se de obrigação personalíssima do obreiro, não se transmitindo a seus herdeiros e sucessores.

O falecimento do empregado importa a extinção do contrato de trabalho. Por sua vez, é assegurada a possibilidade de alteração subjetiva contratual no tocante à figura do empregador, em razão da despersonificação prevista no art. 2º, *caput*, da CLT, sem que afete o respectivo contrato de trabalho, nem tampouco os direitos adquiridos pelo empregado (arts. 10 e 448 da CLT).

e) Contrato de trato sucessivo ou de débito permanente: as obrigações contratuais empregatícias se sucedem de forma contínua e permanente ao longo da vigência do pacto laboral. A continuidade e a permanência são relevantes características do contrato de trabalho, ao contrário de outros contratos dotados de caráter instantâneo ou eventual.

f) Contrato de atividade: em razão de ter como foco central a prestação do trabalho (obrigação de fazer) e não o seu resultado. A atividade contratada é a atividade principal (*facienda necessitas*).

g) Contrato oneroso: ambos os sujeitos contratantes se obrigam a prestações economicamente mensuráveis. A execução dos serviços realiza-se com intuito contraprestativo, sob pena de não-configuração de uma relação de emprego (ex: trabalho voluntário).

h) Contrato dotado de alteridade: a prestação dos serviços corre por conta alheio ao empregado. O risco inerente à atividade laboral desenvolvida, assim como do próprio empreendimento, é do tomador dos serviços, o empregador.

i) Contrato complexo ou principal: em razão da possibilidade de vir associado a outras espécies de contratos acessórios. Ex: contratos de mandato, de depósito, de comodato e de locação. Esses contratos auxiliares tendem a sofrer os efeitos da dinâmica do contrato principal.

3. Morfologia do contrato de trabalho

3.1. Elementos essenciais

Os elementos essenciais são aqueles indispensáveis à própria existência e validade do contrato.

Enquanto os elementos estruturais da relação de emprego denunciam a existência ou não do vínculo empregatício, os elementos essenciais do contrato de trabalho denunciam a validade ou não e a extensão dos efeitos desta relação.

a) Capacidade das partes: é a aptidão reconhecida pelo Direito do Trabalho para o exercício dos atos da vida laborativa.

Aplicação dos parâmetros do direito civil à figura do empregador: deve ser pessoa física, jurídica ou ente despersonificado a quem a ordem jurídica atribua aptidão para exercer, por si só ou por outrem, atos da vida civil.

Quanto ao empregado, a capacidade plena para o exercício de atos da vida trabalhista inicia-se aos 18 (dezoito) anos de idade (art. 402 da CLT). É a "maioridade trabalhista".

Entre dezesseis e dezoito anos de idade situa-se a capacidade relativa do empregado para os atos da vida trabalhista. Exceção: a partir dos quatorze anos de idade, nos contratos de aprendizagem (arts. 7º, XXXIII, da CF/1988 e 402 a 405 da CLT).

A capacidade relativa do obreiro permite que ele pratique certos atos da vida trabalhista sem a assistência de seus responsáveis legal. Exemplo: assinatura de recibo de pagamento de salários (art. 439, primeira parte, da CLT), assim como das demais parcelas contraprestativas.

Outros atos somente podem ser praticados com a devida assistência de seus responsáveis legais. Ex: assinatura do termo de rescisão contratual (art. 439, segunda parte, da CLT).

Na esfera processual, o ajuizamento da ação trabalhista também exige a regular assistência do responsável legal.

Art. 793 da CLT: *A reclamação trabalhista do menor de 18 anos será feita por seus representantes legais e, na falta destes, pela Procuradoria da Justiça do Trabalho, pelo sindicato, pelo Ministério Público estadual ou curador nomeado em juízo.*

Ainda que o menor esteja assistido pelo seu representante legal, faz-se obrigatória a intervenção do Ministério Público do Trabalho, nos termos do art. 112 da Lei Complementar nº 75/93 e 82, I, do CPC, sob pena de nulidade do processo.

Existem ainda atos trabalhistas que são vedados ao menor de dezoito anos. Ex: trabalho noturno, perigoso ou insalubre (arts. 7º, XXXIII, da CF/1988 e 404 e 405, I, da CLT), e em locais e serviços prejudiciais à sua formação, ao seu desenvolvimento físico, psíquico, moral e social e em horários e locais que não permitam a freqüência à escola (art. 403, parágrafo único, e 405, II, da CLT).

b) Licitude do objeto: somente é válido o contrato que possua objeto lícito, não podendo o contrato de trabalho enquadrar-se em um tipo legal criminal ou concorrer diretamente para ele.

O trabalho ilícito tem por objeto uma atividade que corresponde a um tipo penal ou concorre diretamente para ele. Nega-se qualquer repercussão de caráter trabalhista. Ex: contrato de trabalho do apontador do jogo do bicho (OJ nº 199 da SBDI-1 do C. TST) e contrato de trabalho firmado entre o rufião e a prostituta.

O desconhecimento por parte do empregado do fim ilícito da prestação de seus serviços, assim como a dissociação entre o trabalho prestado e o núcleo da atividade ilícita são hipóteses em que a doutrina vem autorizando a produção de efeitos trabalhistas.

Por sua vez, denomina-se trabalho proibido ou irregular aquele vedado pela lei, em razão de certos empregados e/ou circunstâncias relativas à própria execução dos serviços. Ex: empregado menor de 16 anos, ou empregado menor de 18 anos em trabalho noturno, perigoso ou insalubre (art. 7º, inciso XXXIII, da CF/1988). Neste caso, a melhor doutrina vem conferindo plenos efeitos trabalhistas, não eliminando, contudo, a necessidade de correção do vício ou da extinção do contrato (nulidade com efeitos *ex nunc*).

Outros exemplos de trabalho proibido ou irregular podem ser extraídos do Decreto nº 6.481/2008, que aprovou a Lista das Piores Formas de Trabalho Infantil (Lista TIP), na forma do anexo contido no referido diploma legal, de acordo com o disposto nos arts. 3º, *d*, e 4º da Convenção nº 182 da Organização Internacional do Trabalho – OIT, aprovada pelo Decreto Legislativo nº 178, de 14/12/1999 e promulgada pelo Decreto nº 3.597, de 12/09/2000.

Segundo o art. 2º do Decreto nº 6.481/2008, fica proibido o trabalho do menor de dezoito anos nas atividades descritas na Lista TIP, ressalvadas as hipóteses previstas neste mesmo diploma normativo. Entre as atividades enumeradas, destacam-se os serviços domésticos.

Alguns autores vêm entendendo pela aplicação, com base no art. 593 do Código Civil, da norma prevista no art. 606 do mesmo diploma:

> *Se o serviço for prestado por quem não possua título de habilitação, ou não satisfaça requisitos outros estabelecidos em lei, não poderá quem os prestou cobrar a retribuição, normalmente correspondente ao trabalho executado. Mas se resultar benefício para a outra parte, o juiz atribuirá a quem o prestou uma compensação razoável, desde que tenha agido com boa-fé*".

A compensação razoável teria como parâmetro a retribuição devida a um trabalhador autônomo.

c) Regularidade formal: A forma é o instrumento de exteriorização de um ato jurídico. O contrato de trabalho, via de regra, é do tipo não solene, informal ou consensual, podendo ser licitamente ajustado até mesmo de forma tácita (art. 442, *caput*, da CLT). Muitos autores não apontam, portanto, a regularidade formal como elemento essencial do contrato de trabalho.

No entanto, existem contratos solenes trabalhistas (contrato do atleta profissional de futebol, contrato do artista profissional, contrato de trabalho temporário etc.), cujas formalidades devem ser observadas, ainda que a inobservância não elimine por inteiro os efeitos trabalhistas desses respectivos ajustes, em razão das peculiaridades da teoria das nulidades no Direito do Trabalho.

d) Livre consentimento: para a validade do contrato de trabalho torna-se indispensável o livre e regular consentimento das partes acerca da celebração do ajuste.

Entre os vícios de consentimento encontram-se o erro, o dolo, a coação, a simulação e a fraude.

3.2. Elementos naturais

São elementos naturais aqueles que, embora não sejam indispensáveis à existência e validade do contrato, tendem a comparecer de forma recorrente em sua estrutura e dinâmica.

Na seara trabalhista, destaca-se como elemento natural do contrato de trabalho a jornada de trabalho. Raras vezes a cláusula concernente à jornada de trabalho não integrará o respectivo ajuste.

Exceções: o empregado doméstico (art. 7º, parágrafo único, da CF/1988 e Lei nº 5.859/1972), o empregado que desenvolva atividade externa incompatível com o controle de jornada e o empregado exercente de cargo de confiança (estes últimos, nos termos do art. 62, I e II, da CLT).

3.3. Elementos acidentais

São aqueles que, embora circunstanciais e episódicos, produzem alterações significativas na estrutura e nos efeitos do contrato, caso presentes.

Assim como no Direito Civil, o termo e a condição surgem como elementos acidentais no Direito do Trabalho.

Considera-se condição a cláusula que, derivando exclusivamente da vontade das partes, subordina o efeito do negócio jurídico a evento futuro e incerto (art. 121 do Código Civil).

Rara, no entanto, é a existência de condição expressa nos contratos de trabalho. Ex: art. 475, § 2º, da CLT (previsão no contrato de trabalho de empregado substituto de outro aposentado por invalidez acerca do rompimento contratual, na hipótese de reversão deste último).

Quando as partes fixam um momento para que o negócio jurídico comece ou cesse a produção de efeitos, teremos o termo. O termo inicial suspende o exercício, mas não a aquisição do direto (art. 131 do Código Civil).

A regra é que o contrato de trabalho não tenha termo final prefixado, sendo excetivas as hipóteses legalmente previstas de fixação de termo certo ou incerto (art. 443 da CLT e Lei nº 9.601/98).

Presume-se a configuração do contrato por prazo indeterminado, caso não reste comprovada a inserção de termo final no respectivo ajuste, em aplicação ao princípio da continuidade da relação de emprego.

Capítulo V

TEORIA DA NULIDADE DO CONTRATO DE TRABALHO

1. Invalidade do negócio jurídico no Direito Civil

De acordo com a disposição contida no art. 104, incisos I a III, do Código Civil, [a] *validade do negócio jurídico requer: I – agente capaz; II – objeto lícito, possível, determinado ou determinável; e III – forma prescrita ou não defesa em lei.*

Os elementos essenciais são indispensáveis à existência e validade do ato negocial, pois constituem a sua substância. Podem ser:

a) gerais: se forem comuns à generalidade dos negócios jurídicos, dizendo respeito à capacidade do agente, ao objeto lícito e possível e ao consentimento dos interessados;
b) especiais: se forem peculiares a determinadas espécies, por serem concernentes à sua forma e prova.

1.1. Nulidade absoluta

Segundo o disposto no art. 166, incisos I a VII, do Código Civil:

> *É nulo o negócio jurídico quando: I – celebrado por pessoa absolutamente incapaz; II – for ilícito, impossível ou indeterminável o seu objeto; III – o motivo determinante, comum a ambas as partes, for ilícito; IV – não revestir a forma prescrita em lei; V – for preterida alguma solenidade que a lei considere essencial para a sua validade; VI – tiver por objetivo fraudar lei imperativa; e VII – a lei taxativamente o declarar nulo, ou proibir-lhe a prática, sem cominar sanção.*

Efeitos da nulidade absoluta

a) Com a declaração da nulidade absoluta do negócio jurídico, este não produzirá qualquer efeito por ofender princípios de ordem pública, por estar inquinado de vícios essenciais. A declaração de sua invalidade produz efeitos *ex tunc*.

b) A nulidade absoluta não poderá ser suprida pelo juiz, ainda que a requerimento dos interessados, sendo também insuscetível de ratificação ou de confirmação, nem convalesce pelo decurso do tempo. (art. 168, parágrafo único, parte final, e 169 do Código Civil).

A nulidade absoluta pode ser suscitada por qualquer interessado, pelo Ministério Público, quando lhe caiba intervir, e pelo órgão jurisdicional, de ofício, quando conhecer do ato ou de seus efeitos e a encontrar provada (art. 168, *caput* e parágrafo único, do Código Civil).

1.2. Nulidade relativa ou anulabilidade

Nos termos do art. 171, I e II, do Código Civil, [a]*lém dos casos expressamente declarados na lei, é anulável o negócio jurídico: I – por incapacidade relativa do agente; e II – por vício resultante de erro, dolo, coação, estado de perigo, lesão ou fraude contra credores.*

Efeitos da nulidade relativa

a) A declaração judicial de nulidade relativa opera efeitos *ex nunc*, de modo que o negócio jurídico produzirá efeitos até este momento, respeitando-se as conseqüências geradas anteriormente. Tal ocorre porque a anulabilidade prende-se a uma desconformidade que a norma considera menos grave, uma vez que o negócio anulável viola preceito concernente a interesses meramente individuais, acarretando uma reação menos extrema.
b) A anulabilidade de um negócio jurídico somente aproveita à parte que a alegou, salvo o caso de solidariedade ou indivisibilidade.
c) O negócio anulável pode ser confirmado pelas partes, salvo direito de terceiro (art. 172 do Código Civil). A confirmação retroage à data do ato, tornando válido o negócio desde a sua formação (efeito *ex tunc*).

A nulidade relativa somente pode ser alegada pelos interessados, não podendo ser decretada *ex officio* pelo juiz (art. 177 do Código Civil).

Art. 182 do Código Civil: *Anulado o negócio jurídico, restituir-se-ão as partes ao estado em que antes dele se achavam, e, não sendo possível restituí-las, serão indenizadas com o equivalente.*

Com a invalidação do ato negocial ter-se-á a restituição das partes contratantes ao *status quo ante*, ou seja, ao estado em que se encontravam antes da efetivação do negócio. O pronunciamento da nulidade absoluta ou relativa requer que as partes retornem ao estado anterior, como se o ato nunca tivesse ocorrido.

Se for impossível que os contratantes voltem ao estado em que se achavam antes da efetivação negocial, por não mais existir a coisa ou por ser inviável a reconstituição da situação jurídica, o lesado será indenizado com o equivalente.

Nulidades total e parcial

A *nulidade total* é aquela que, por resultar de defeito grave em elemento essencial do contrato, estende seus efeitos ao conjunto do pacto (nulidade total do vínculo). A *nulidade parcial* é aquela que, por resultar de defeito em elemento não essencial do contrato ou em uma ou algumas de suas cláusulas integrantes, não macula o conjunto do pacto. Sua declaração faz-se com o objetivo de retificar o defeito percebido, preservando-se o conjunto do contrato.

2. Teoria da nulidade no Direito do Trabalho

Estabelece o art. 9º da CLT: *Serão nulos de pleno direito os atos praticados com o objetivo de desvirtuar, impedir ou fraudar a aplicação dos preceitos contidos na presente Consolidação.*

Tendo em vista o preceito acima destacado, muitos autores entendem que não interessa muito ao Direito do Trabalho essa distinção entre ato negocial nulo e anulável.

Para outros autores, a teoria das nulidades do Direito Civil é inaplicável ao contrato de trabalho, em razão da impossibilidade de retorno ao *statu quo ante*, haja vista não ser passível de restituição o dispêndio de energia física ou mental por parte do empregado. Desta forma, a irretroatividade das nulidades seria a regra no Direito do Trabalho, ou seja, o ato nulo produz efeitos até a data da decretação da nulidade (efeitos *ex nunc*).

A tese da irretroatividade da nulidade trabalhista tem prevalecido no direito comparado, por previsão expressa da lei.

A melhor doutrina vem entendendo, com fundamento no princípio da proteção e da primazia da realidade, além da impossibilidade de restituição do dispêndio da força de trabalho, ser devido o pagamento de todos os créditos trabalhistas ao obreiro menor de 16 anos (não aprendiz).

Exceção: Alguns autores entendem aplicável o disposto nos arts. 593 e 606 do Código Civil, sendo devido apenas o pagamento de uma compensação razoável, a qual poderá ser a retribuição avençada, desde que atenda ao requisito da razoabilidade.

Se o objeto for ilícito, o contrato não produz qualquer efeito, sequer alusivo à retribuição pelos serviços prestados.

Consoante assaz exposto, no trabalho ilícito o contrato não produz qualquer efeito, pois o negócio jurídico é reprovado pelo Direito, tendo como valor tutelado a realização da ordem pública. No trabalho proibido, o contrato produz efeitos, sendo a tutela da ordem pública realizada de modo mediato, prevalecendo o interesse do trabalhador.

Questão: Policial Militar – Súmula nº 386 do C. TST: *Preenchidos os requisitos do art. 3º da CLT, é legítimo o reconhecimento de relação de emprego entre policial militar e empresa privada, independentemente do eventual cabimento de penalidade disciplinar prevista no Estatuto do Policial Militar.*

Exemplos de trabalhos ilícitos

a) O contrato realizado entre a prostituta e o rufião é nulo, posto que contrário à lei e aos bons costumes. Não produz qualquer efeito.

Obs: Na Alemanha, a Lei de 20 de dezembro de 2001, em vigor a partir de 1º de janeiro de 2002, admite que a prostituição possa ser objeto de uma relação empregatícia.

b) O contrato entre o bicheiro e o cambista do jogo do bicho é nulo, por se traduzir em contravenção penal, nos termos do art. 58 do Decreto-Lei nº 3.688/1949. Neste sentido, a Orientação Jurisprudencial nº 199 da SBDI-1 do C. TST.

Obs: Existe corrente doutrinária que reconhece o vínculo de emprego com o cambista do jogo do bicho, argumentando que se trata de prática tolerada pela sociedade e pelo Estado. Alguns julgados entendem que a nulidade seria com efeito *ex nunc*.

Para alguns autores, a omissão de forma, quando a legislação trabalhista a exige para certos trabalhadores (artista profissional, atleta profissional de futebol, aprendiz etc.), não gera a nulidade contratual, mas a presunção de duração indeterminada do contrato.

Para outros autores, verificada a relação de emprego sem a observância da formalidade legal imperativa (a falta de lavratura de instrumento escrito em contrato de atleta profissional empregado, por exemplo), todos os efeitos trabalhistas deverão ser reconhecidos ao contrato irregularmente celebrado, em virtude da aplicação da teoria justrabalhista das nulidades (efeitos *ex nunc*).

Quanto à nulidade da investidura em cargo ou emprego público advinda da inobservância do princípio do concurso público, a jurisprudência uniforme do C. TST, em aplicação típica da teoria da nulidade absoluta do Direito Civil, atribuiu-lhe efeitos *ex tunc*, preconizando a título indenizatório, em face da impossibilidade de restituição ao *status quo ante*, o pagamento da contraprestação pactuada, em relação ao número de horas trabalhadas, respeitado o valor da hora do salário mínimo, e dos valores referentes aos depósitos do FGTS (Súmula nº 363 do C. TST).

A nova redação da Orientação Jurisprudencial nº 350 da SBDI-1 do C. Tribunal Superior do Trabalho passou a admitir que o Ministério Público do Trabalho questione a nulidade de contrato de trabalho por ausência de concurso público mesmo quando a parte – ente público – não tenha questionado o tema na defesa. Veda, porém, a dilação probatória, ou seja, o aumento do prazo concedido às partes para produzir provas.

Capítulo VI

EMPREGADOR

1. Definição

Empregador é a pessoa física, jurídica ou ente despersonificado que contrata a prestação de serviços a uma pessoa física, com pessoalidade, onerosidade, não-eventualidade e sob subordinação jurídica.

Também pode ser definido como a pessoa física, jurídica ou ente que contrata, assalaria e dirige a prestação pessoal de serviços do empregado, assumindo os riscos do empreendimento econômico e do trabalho contratado.

A figura do empregador surge concomitantemente com as da própria relação de emprego e do empregado.

Art. 2º, *caput*, da CLT: *Considera-se empregador a empresa, individual ou coletiva, que, assumindo os riscos da atividade econômica, admite, assalaria e dirige a prestação pessoal de serviço.*

Crítica: O empregador não pode ser a empresa, que não consiste em sujeito de direito na ordem jurídica brasileira, mas a pessoa física, jurídica ou ente despersonificado titular do empreendimento.

Obs. 1: Forte influência das teorias da relação de trabalho e institucionalista (teorias acontratualistas) na elaboração do diploma celetista.

Obs. 2: O art. 3º, *caput*, da Lei nº 5.889/1973 não conceitua empregador como empresa, mas como pessoa física ou jurídica. (*Considera-se empregador rural, para os efeitos desta Lei, a pessoa física ou jurídica, proprietário ou não, que explore atividade agro-econômica, em caráter permanente ou temporário, diretamente ou através de prepostos e com auxílio de empregados.*)

Aspecto positivo: a utilização da expressão "empresa" acentua a importância do fenômeno da despersonificação da figura do empregador, indicando que a alteração do titular do empreendimento não afetará os contratos de trabalho em vigência, nem tampouco os direitos adquiridos pelos respectivos empregados (arts. 10 e 448 da CLT).

Empregador por Equiparação ou Extenção Legal – Art. 2º, § 1º, da CLT: *Equiparam-se ao empregador, para os efeitos exclusivos da relação de emprego, os profissionais liberais, as instituições de beneficência, as associações recreativas ou outras instituições sem fins lucrativos, que admitirem trabalhadores como empregados*".

Crítica: As referidas entidades, no caso, configuram-se como empregadores típicos e não empregadores por equiparação ou extensão legal. A inexistência de finalidade lucrativa não impede o surgimento da figura do empregador, posto não ser elemento fático-jurídico específico da relação de emprego.

2. Caracterização

São dois os efeitos ou aspectos característicos da figura do empregador: a sua despersonalização, para fins trabalhistas, e a assunção dos riscos do empreendimento e do trabalho contratado.

2.1. Despersonalização

Este efeito ou característica consiste na circunstância de a ordem jurídica trabalhista autorizar a alteração subjetiva contratual do pólo passivo da relação empregatícia (o empregador) sem prejuízo da preservação completa dos contratos de trabalho com relação ao novo titular do empreendimento.

Enquanto a pessoalidade é elemento estrutural da relação de emprego, sendo indispensável à identificação da figura do empregado, a impessoalidade é aspecto inerente ao empregador.

A utilização da expressão "empresa" para conceituar empregador ressalta o caráter impessoal e despersonalizado. A despersonalização do empregador assegura a efetividade do princípio da continuidade da relação de emprego, impedindo a ruptura dos contratos de trabalho em razão da simples substituição do titular da atividade econômica.

2.2. Assunção dos riscos ou alteridade

Outra característica da figura do empregador é a assunção dos riscos do empreendimento e do trabalho contratado.

A ordem jurídica trabalhista atribuiu ao empregador a responsabilidade exclusiva pelos ônus decorrentes da atividade econômica desenvolvida e pelos contratos de trabalho celebrados.

Controvérsia: Existem autores que limitam este aspecto característico da alteridade àqueles empregadores que desempenham atividade rigorosamente econômica.

Muito embora o texto celetista pareça restringir a alteridade apenas aos riscos de natureza empresarial (art. 2º, *caput*, da CLT), a interpretação lógico-sistemática e teleológica da ordem jurídica trabalhista indica que também se impõem ao empregador os riscos do trabalho prestado, ainda que sem intuito econômico para o tomador (trabalho doméstico, emprego público etc.).

Há a impossibilidade de repasse ao empregado dos ônus decorrentes dos prejuízos sofridos pelo empregador, assim como de quaisquer eventuais descontos salariais em razão destas perdas (art. 462 da CLT).

3. Empresa e estabelecimento

Com base no art. 966 do Código Civil, empresa é a atividade econômica exercida profissionalmente pelo empresário, organizada para a produção ou a circulação de bens ou de serviços. É a unidade econômica de produção.

Nos termos do art. 1.142 do Código Civil, considera-se estabelecimento todo complexo de bens organizado, para exercício da empresa por empresário, ou por sociedade empresária. É a unidade técnica de produção.

A CLT não adota com precisão os termos empresa e estabelecimento.

4. Grupo econômico

4.1. Definição

> Grupo Econômico Urbano – Art. 2º, § 2º, da CLT: *Sempre que uma ou mais empresas, embora tendo cada uma delas personalidade jurídica própria, estiverem sob a direção, controle ou administração de outra, constituindo grupo industrial, comercial ou de qualquer outra atividade econômica*, serão, para os efeitos da relação de emprego, solidariamente responsáveis a empresa principal e cada uma das subordinadas.
>
> Grupo Econômico Rural – Art. 3º, § 2º, da Lei nº 5.889/1973: *Sempre que uma ou mais empresas, embora tendo cada uma delas personalidade jurídica própria, estiverem sob direção, controle ou administração de outra, ou ainda quando, mesmo guardando cada uma sua autonomia, integrem grupo econômico ou financeiro rural*, serão responsáveis solidariamente nas obrigações decorrentes da relação de emprego.

O grupo econômico é a figura resultante do vínculo que se forma entre dois ou mais entes favorecidos direta ou indiretamente pelo mesmo contrato de trabalho, em razão de laços de direção ou coordenação em face da atividade econômica desenvolvida.

4.2. Caracterização

a) Aspecto Objetivo: o grupo econômico para fins trabalhistas não depende da constituição das modalidades jurídicas típicas ao Direito Empresarial (*holdings*, consórcios, *pools* etc.), sendo prescindível a prova de sua formal institucionalização cartorial, desde que configurados os elementos de integração interempresarial previstos nos arts. 2º, § 2º, da CLT e 3º, § 2º, da Lei nº 5.889/1973.
b) Aspecto Subjetivo: apenas os entes com dinâmica e fins econômicos (empresas) é que podem integrar o grupo econômico. Em regra, são pessoas jurídicas, mas podem ser entes despersonificados (ex: massa falida), ou até mesmo pessoas físicas (empresa individual), desde que ajam como agentes econômicos típicos (empresários).
c) Relação Interempresarial: existem duas correntes: a primeira, que restringe a configuração do grupo à efetiva existência do nexo de direção hierárquica entre suas empresas componentes (art. 2º, § 2º, da CLT), e a segunda, que reduz à mera coordenação entre as empresas do grupo o nexo relacional exigido pela ordem jurídica (art. 3º, § 2º, da Lei nº 5.889/1973).

Obs: A primeira corrente é incompatível com a informalidade conferida pelo Direito do Trabalho à noção de grupo econômico e a intenção de ampliação da garantia de satisfação dos créditos trabalhistas.

4.3. Solidariedade

O grupo econômico surgiu como instrumento de ampliação da garantia dos créditos trabalhistas em favor dos empregados.

Primeira corrente – Solidariedade exclusivamente passiva: o grupo econômico impõe como efeito jurídico apenas a solidariedade passiva entre as empresas componentes quanto aos créditos derivados do contrato de trabalho celebrado por qualquer destes entes.

A favor desta tese, o texto do art. 3º, § 2º, da Lei nº 5.889/1973, ao se reportar à solidariedade "nas obrigações decorrentes da relação de emprego".

Segunda corrente – Solidariedade ativa e passiva – Empregador único: além da solidariedade passiva, a qual é incontroversa, somar-se-ia também a solidariedade ativa das empresas componentes do grupo econômico em relação ao mesmo contrato de trabalho (solidariedade dual). Todos os entes integrantes do grupo seriam, pois, ao mesmo tempo, empregadores e não somente garantidores de créditos trabalhistas (empregador único).

A favor desta tese, o texto do art. 2º, § 2º, da CLT, ao se reportar à solidariedade "para os efeitos da relação de emprego".

Súmula nº 129 do C. TST: "A prestação de serviços a mais de uma empresa do mesmo grupo econômico, durante a mesma jornada de trabalho, não caracteriza a coexistência de mais de um contrato de trabalho, salvo ajuste em contrário".

Desta forma, a jurisprudência sumulada do C. Tribunal Superior do Trabalho aderiu à tese da solidariedade dual (ativa e passiva), constituindo a figura do "empregador único".

4.4. Aspectos processuais

Como corolário do entendimento contido na Súmula nº 129 do C. TST, mesmo não constando do título executivo judicial, a empresa componente do mesmo grupo econômico do devedor poderá ser sujeito passivo na execução, pois a hipótese é de empregador (devedor) único.

Em razão do acima exposto, houve o cancelamento da Súmula nº 205 do C. TST, que assim dispunha: "O responsável solidário, integrante do grupo econômico, que não participou da relação processual como reclamado e que, portanto, não consta no título executivo judicial como devedor, não pode ser sujeito passivo na execução".

Capítulo VII

SUCESSÃO E CONSÓRCIO DE EMPREGADORES

A) Sucessão de empregadores

1. Definição

A sucessão de empregadores consiste no instituto trabalhista que se opera no contexto de transferência de titularidade de empresa ou estabelecimento, ou de alteração de sua estrutura jurídica, acarretando transmissão de créditos e assunção de dívidas trabalhistas entre o sucedido e o sucessor. Também conhecida como "sucessão trabalhista" ou "alteração contratual subjetiva".

Traduz-se, em síntese, na substituição de empregadores, com imposição de créditos e débitos.

2. Caracterização

Dispõe o art. 10 da CLT: *Qualquer alteração na estrutura jurídica da empresa não afetará os direitos adquiridos por seus empregados.*

Por sua vez, preceitua o art. 448 da CLT: *A mudança na propriedade ou na estrutura jurídica da empresa não afetará os contratos de trabalho dos respectivos empregados.*

Essas alterações jurídicas não ocorrem na estrutura jurídica da empresa, mas na estrutura jurídica do titular do empreendimento. Ex: mudança no tipo societário.

A utilização do termo "empresa" ressalta, contudo, a despersonalização do empregador, enfatizando a vinculação do contrato de trabalho à própria atividade empresarial, independentemente de quem venha a ser seu titular.

2.1. Sucessões clássicas ou tradicionais

Primeira forma: alteração na estrutura jurídica do titular do empreendimento. Ex: mudança da modalidade societária ou processos de fusão, incorporação, cisão e outros.

Segunda forma: substituição do titular passivo da relação de emprego. Ex: aquisição de estabelecimentos isolados ou em conjunto, ou da própria empresa em sua integralidade.

Estas situações tradicionais de sucessão trabalhista tendem a ser acompanhadas da continuidade da prestação dos serviços pelo empregado.

No entanto, a sucessão pode se verificar sem que haja a continuidade da prestação dos serviços, quando significativas mudanças no âmbito da empresa afetam, ainda que de forma indireta, os contratos de trabalho.

2.2. Formas contemporâneas de sucessão

Da releitura dos arts. 10 e 448 da CLT vem se extraindo que o objetivo da sucessão trabalhista é a garantia de que qualquer mudança intra ou interempresarial não afete os contratos de trabalho. Ocorrida essa mudança, operar-se-á a sucessão de empregadores, independentemente da continuidade efetiva da prestação dos serviços pelo empregado.

Dentro deste mesmo contexto, configura-se também o instituto sucessório quando da alienação de parte significativa do(s) estabelecimento(s) ou da empresa, de forma a afetar a garantia original dos contratos de trabalho.

3. Requisitos

No modelo tradicional, a sucessão possuiria dois requisitos: a transferência de uma unidade econômico-jurídica de um titular para outro e a continuidade da prestação de serviços pelo empregado.

No modelo extensivo, a sucessão se configura quando presente apenas o primeiro requisito.

3.1. Transferência de unidade econômico-jurídica

A transferência deve abranger o controle da empresa ou o conjunto desta, ou ao menos uma fração empresarial que traduza, em seu conjunto, a noção de unidade econômico-jurídica.

A alteração na estrutura jurídica da empresa também acarreta a sucessão de empregadores, haja vista implicar a modificação do titular da atividade empresarial.

A sucessão trabalhista somente se opera com a transferência de unidades econômico-jurídicas ou universalidades. Não se configura a sucessão no caso de venda de máquinas e coisas singulares.

Qualquer título jurídico hábil a efetuar a transferência de universalidades no direito é compatível com a sucessão de empregadores. Ex: compra e venda e arrendamento.

Questão 01: Alteração em empresa concessionária de serviço público.

Se a nova empresa concessionária assumir o acervo da anterior ou mantiver parte das relações jurídicas contratadas pela precedente, submete-se às regras dos arts. 10 e 448 da CLT.

Registre-se, outrossim, o entendimento consubstanciado na OJ nº 225 da SBDI-1 do C. TST:

> Celebrado contrato de concessão de serviço público em que uma empresa (primeira concessionária) outorga a outra (segunda concessionária), no todo ou em parte, mediante arrendamento, ou qualquer outra forma contratual, a título transitório, bens de sua propriedade: I – em caso de rescisão do contrato de trabalho após a entrada em vigor da concessão, a segunda concessionária, na condição de sucessora, responde pelos direitos decorrentes do contrato de trabalho, sem prejuízo da responsabilidade subsidiária da primeira concessionária pelos débitos trabalhistas contraídos até a concessão; II – no tocante ao contrato de trabalho extinto antes da vigência da concessão, a responsabilidade pelos direitos dos trabalhadores será exclusivamente da antecessora.

Questão 02: Sucessão nas aquisições de acervos empresariais em hasta pública.

Neste caso, a doutrina vem se manifestando no sentido de ser viável que os dispositivos dos editais de hasta pública elidam a incidência das normas da sucessão de empregadores, em razão da excepcionalidade do referido título jurídico.

3.2. Continuidade da prestação dos serviços

O segundo requisito para a configuração da sucessão trabalhista tradicional é a continuidade da prestação dos serviços pelo empregado ao novo titular.

No entanto, de acordo com a interpretação que vem sendo dada pela doutrina contemporânea aos arts. 10 e 448 da CLT, este requisito não se configura imprescindível à configuração da sucessão de empregadores.

Se a mudança da titularidade ou alteração da estrutura jurídica do empreendimento for capaz de afetar de modo significativo as garantias anteriores dos contratos de trabalho, operar-se-á a sucessão trabalhista, ainda que tenha havido a solução de continuidade da prestação laboral.

Neste sentido, o posicionamento contido na OJ nº 261 da SBDI-1 do C. TST:

> *As obrigações trabalhistas, inclusive as contraídas à época em que os empregados trabalhavam para o banco sucedido, são de responsabilidade do sucessor, uma vez que a este foram transferidos os ativos, as agências, os direitos e deveres contratuais, caracterizando típica sucessão trabalhista.*

4. Hipóteses excetivas

4.1. Empregados domésticos

a) O art. 7º, alínea *a*, da CLT expressamente exclui o empregado doméstico da incidência das normas jurídicas celetistas.

b) A noção de empresa é excludente do tipo legal de empregador doméstico, embora seja relevante ao tipo legal sucessório.

c) A despersonalização da figura do empregador, que consiste em fundamento da sucessão trabalhista, desaparece no âmbito da relação doméstica de emprego. A morte do empregador doméstico extingue, em princípio, o contrato de trabalho, salvo se a prestação de trabalho se mantiver em face da mesma unidade familiar.

4.2. Empresa individual

O art. 483, § 2º, da CLT faculta ao empregado, no caso de morte do empregador constituído em empresa individual, rescindir o contrato de trabalho.

A alteração subjetiva do empregador deixa de ser imperativa com relação ao empregado.

4.3. Desmembramento de Estado ou de Municípios

O ente público recém-instituído, embora absorva os servidores celetistas do ente público desmembrado, não sofre a incidência dos arts. 10 e 448 da CLT, em face do princípio da autonomia político-administrativa de tais entes, conforme previsão contida no art. 18, *caput*, da CF/1988.

OJ nº 92 da SBDI-1 do C. TST: "Em caso de criação de novo município, por desmembramento, cada uma das novas entidades responsabiliza-se pelos direitos trabalhistas do empregado no período em que figurarem como real empregador".

4.4. Falência e recuperação empresarial (Lei nº 11.101/2005)

Na falência, não incidirá a sucessão de empregadores no caso de alienação da empresa falida ou de um ou alguns de seus estabelecimentos (art. 141, II e § 2º, da Lei nº 11.101/2005).

Serão considerados novos contratos de trabalho aqueles firmados com a empresa adquirente, ainda que sejam antigos empregados da empresa extinta (art. 141, § 2º, da Lei nº 11.101/2005).

No processo de recuperação judicial a configuração ou não da sucessão de empresas, quando da alienação de ativos, é matéria controvertida, a teor da interpretação do disposto no art. 60, *caput* e parágrafo único, da Lei nº 11.101/2005, sendo, contudo, majoritária na seara trabalhista a aplicação dos arts. 10 e 448 da CLT neste caso.

5. Efeitos

5.1. Responsabilidade do sucessor

A sucessão trabalhista acarreta a transferência automática de direitos e obrigações contratuais do antigo titular do empreendimento para o novo titular.

O sucessor passa a responder pelas repercussões presentes, futuras e passadas dos contratos de trabalho que lhe foram transferidos.

As cláusulas contratuais restritivas de responsabilização trabalhista não têm valor para o Direito do Trabalho, em razão da natureza cogente das normas que regem o instituto sucessório. Estas cláusulas somente produzirão efeitos na esfera jurídica exterior à seara trabalhista.

5.2. Responsabilidade do sucedido

Como regra geral, o Direito do Trabalho não preserva, em princípio, qualquer responsabilidade do sucedido pelos créditos trabalhistas relativos ao período anterior à transferência. O sucessor assume, na integralidade, a função de empregador, respondendo por toda a história do contrato de trabalho.

Contudo, a jurisprudência vem se posicionando pela responsabilização subsidiária do sucedido quando a sucessão trabalhista tenha propiciado um comprometimento das garantias empresariais deferidas aos contratos de trabalho, desde que não esteja comprovado o intuito de fraude.

Diante da existência de fraude, a jurisprudência vem se inclinando pela responsabilidade solidária do sucedido, com arrimo no art. 942 do Código Civil vigente (antigo art. 1.518 do Código Civil de 1916).

B) Consórcio de empregadores

A figura do consórcio de empregadores surge no meio rural, em razão da diversidade de interesses empresariais no setor agropecuário com relação à força de trabalho, sem que se comprometa o patamar mínimo estipulado pelos princípios e normas de proteção ao trabalho.

A Lei nº 10.256/2001, que promoveu alterações na Lei nº 8.212/1991, equiparou o Consórcio Simplificado de Empregadores Rurais ao empregador rural pessoa física, para fins previdenciários.

Art. 25-A, §§ 1º a 3º, da Lei nº 8.212/1991:

> *Art. 25-A* Equipara-se ao empregador rural pessoa física o consórcio simplificado de produtores rurais, *formado pela união de produtores rurais pessoas físicas, que outorgar a um deles poderes para contratar, gerir e demitir trabalhadores para prestação de serviços, exclusivamente, aos seus integrantes, mediante documento registrado em cartório de títulos e documentos. (Incluído pela Lei nº 10.256, de 09/07/2001)*
>
> *§ 1º O documento de que trata o* caput *deverá conter a identificação de cada produtor, seu endereço pessoal e o de sua propriedade rural, bem como o respectivo registro no Instituto Nacional de Colonização e Reforma Agrária – INCRA ou informações relativas a parceria, arrendamento ou equivalente e a matrícula no Instituto Nacional do Seguro Social – INSS de cada um dos produtores rurais. (Incluído pela Lei nº 10.256, de 09/07/2001)*
>
> *§ 2º O consórcio deverá ser matriculado no INSS em nome do empregador a quem hajam sido outorgados os poderes, na forma do regulamento. (Incluído pela Lei nº 10.256, de 09/07/2001)*
>
> *§ 3º Os produtores rurais integrantes do consórcio de que trata o caput* serão responsáveis solidários em relação às obrigações previdenciárias. *(Incluído pela Lei nº 10.256, de 09/07/2001)*

A doutrina vem se posicionando pela solidariedade dual do consórcio de empregadores, abrangendo não somente a responsabilidade passiva pelos pagamentos dos créditos trabalhistas dos empregados contratados, mas também a solidariedade ativa com relação às prerrogativas patronais em relação a esses obreiros.

Assim como ocorre no grupo econômico (Súmula nº 129 do C. TST), configura-se o "empregador único", podendo todos os produtores rurais integrantes do consórcio de beneficiar da força de trabalho dos obreiros contratos, sem dar margem ao surgimento de diversos contratos.

A solidariedade dos produtores rurais integrantes do consórcio decorre da própria indivisibilidade do respectivo vínculo empregatício, que é único, não existindo tantos contratos quanto o número de membros.

Tendo em vista que essa solidariedade dual surge em decorrência da própria natureza do instituto, esta, ao menos em tese, prescinde de previsão legal.

O consórcio de empregadores não está restrito ao meio rural, podendo ser perfeitamente aplicável ao trabalho urbano, desde que seja garantido aos respectivos obreiros o patamar mínimo de proteção legal ao trabalho.

11/07/09

Capítulo VIII

PODERES DO EMPREGADOR

1. Conceito

Poder empregatício é o conjunto de prerrogativas legalmente asseguradas à figura do empregador no contexto da relação de emprego quanto à direção, regulamentação, fiscalização e disciplina da atividade empresarial e da própria prestação dos serviços.

Em razão de o empregador assumir os riscos da atividade econômica (art. 2º, *caput*, da CLT), a lei lhe assegura um conjunto de prerrogativas para que possa empreender a organização e a fiscalização da estrutura e da dinâmica empresariais.

2. Fundamento legal

Não há no ordenamento jurídico brasileiro regra ou conjunto de regras que disponham explicitamente sobre o fenômeno do poder empregatício. O poder empresarial decorre, portanto, do próprio caráter sinalagmático do contrato de trabalho, de onde se extraem direitos e obrigações recíprocas entre as partes contratantes.

Entre as normas que se reportam de forma indireta ao poder empresarial destaca-se o preceito contido no art. 2º, *caput*, da CLT, quando menciona a prerrogativa do empregador de direção da prestação dos serviços.

Outros exemplos: arts. 469 (transferência de local de trabalho), 468, parágrafo único (reversão ao cargo efetivo do empregado ocupante de cargo de confiança) e 474 (estabelece limitação temporal à suspensão disciplinar).

3. Caracterização

São manifestações do poder empregatício: o poder diretivo ou organizativo, o poder regulamentar, o poder fiscalizatório ou de controle e o poder disciplinar.

A doutrina vem citando os poderes diretivo e disciplinar como verdadeiras modalidades específicas do poder empregatício, enquanto que os poderes regulamentar e fiscalizatório se traduziriam em manifestações conexas ao próprio poder diretivo ou de comando.

3.1. Poder diretivo

É a modalidade do poder empregatício correspondente à organização da estrutura e da dinâmica do empreendimento.

O *poder diretivo* também é denominado *poder organizativo* ou *poder de comando*. Este poder de organização e direção concentra-se na figura do empregador, em face do controle jurídico que exerce em toda a dinâmica empresarial, além da aplicação do princípio da assunção dos riscos do empreendimento.

3.2. Poder regulamentar

É a manifestação do poder empregatício correspondente à fixação de regras gerais a serem observadas na empresa.

Existem autores que identificam o poder regulamentar como modalidade específica do poder empregatício.

No entanto, boa parte da doutrina vem se manifestando no sentido de que a atividade regulamentar não possui identidade própria, consistindo em mera projeção do poder diretivo do empregador.

Os regulamentos internos, portarias, circulares e ordens de serviço são exemplos típicos de exteriorização do poder diretor ou de comando do empregador.

Parte da doutrina salienta que as formas de manifestação do poder diretivo são de duas espécies:

a) Manifestações gerais: regulamentos da empresa, avisos e circulares.
b) Manifestações particulares: ordens de caráter individual.

O poder ou atividade regulamentar não produz normas jurídicas, mas cláusulas obrigacionais (contratuais), por constituírem atos jurídicos unilaterais que aderem aos contratos de trabalho dos empregados da empresa.

Por acarretar a elaboração de cláusulas contratuais, sujeita-se à aplicação do art. 468 da CLT, que veda a alteração contratual lesiva ao empregado.

Súmula nº 51, item I, do C. TST: As cláusulas regulamentares, que revoguem ou alterem vantagens deferidas anteriormente, só atingirão os trabalhadores admitidos após a revogação ou alteração do regulamento.

Súmula nº 288 do C. TST: A complementação dos proventos da aposentadoria é regida pelas normas em vigor na data da admissão do empregado, observando-se as alterações posteriores desde que mais favoráveis ao beneficiário do direito.

Desta forma, a atividade regulamentar pode ser encarada como simples concretização externa das metas diretivas empresariais.

3.3. Poder fiscalizatório

É a manifestação do poder empregatício correspondente à vigilância efetiva da dinâmica do empreendimento e da própria prestação de serviços.

Também denominado *poder de controle*. O poder fiscalizatório, assim como o poder regulamentar, consiste em mera projeção do poder diretivo, sendo, em regra, realizado como pressuposto do poder disciplinar.

As regras e princípios previstos na ordem constitucional vigente vedam a realização de condutas fiscalizatórias e de controle da prestação dos serviços que ofendam a liberdade e a dignidade da pessoa humana do trabalhador, tais como as práticas inerentes à revista íntima e ao assédio moral.

A revista íntima é a que compreende contato físico e/ou exposição visual de partes do corpo ou objetos pessoais. Todavia, a jurisprudência vem autorizando a revista a objetos pessoais do trabalhador (sacolas, bolsas, mochilas etc.), desde que esta seja feita de forma moderada, não acarretando constrangimentos ao obreiro. A vedação à revista íntima encontra-se prevista no art. 373-A, VI, da CLT, sendo estendida aos homens, por força do art. 5º, I, da CF/1988.

Embora não conceituado de forma específica em lei, o assédio moral consiste em conduta abusiva, de natureza psicológica, que atenta contra a dignidade psíquica do indivíduo, de forma reiterada, tendo por efeito a sensação de exclusão do ambiente e do convívio social.

Nas relações de trabalho, o assédio moral caracteriza-se pela exposição dos trabalhadores a situações humilhantes, vexatórias, constrangedoras, repetitivas e prolongadas durante a jornada de trabalho.

3.4. Poder disciplinar

É a manifestação do poder empregatício correspondente à imposição de sanções aos empregados que descumprem suas obrigações contratuais.

Muito embora também possa ser considerado uma projeção ou corolário do poder diretivo, o poder disciplinar possui aspectos peculiares que reivindicam a análise conceitual em separado.

3.4.1. Critérios de caracterização das infrações

Destacam-se dois critérios de caracterização das infrações trabalhistas: o critério genérico e o critério taxativo ou de tipificidade legal.

a) Critério taxativo ou de tipificação legal: a legislação prevê, de forma exaustiva as infrações ou faltas trabalhistas, incorporando ao Direito do Trabalho o princípio penal clássico de que não há infração sem previsão legal anterior expressa.

b) Critério genérico: a legislação não prevê expressamente as infrações ou faltas trabalhistas, conceituando-a como a conduta que rompa a fidúcia indispensável à manutenção do vínculo de emprego.

A ordem jurídico-trabalhista brasileira observa o critério taxativo, prevendo de forma expressa e exaustiva as infrações ou faltas trabalhistas.

3.4.2. Infrações tipificadas dos empregados

Dentro do critério taxativo ou da tipificidade legal adotado pela legislação trabalhista brasileira, destaca-se um rol principal contido no art. 482 da CLT, aplicável a todos os trabalhadores submetidos ao regime celetista.

Existem, porém, algumas outras infrações trabalhistas tipificadas de forma dispersa, aplicáveis a empregados de categorias específicas ou submetidos a circunstâncias especiais.

Rol Principal – Art. 482, alíneas "a" a "l", da CLT:

> *Constituem justa causa para rescisão do contrato de trabalho pelo empregador: a) ato de improbidade; b) incontinência de conduta ou mau procedimento; c) negociação habitual por conta própria ou alheia sem permissão do empregador, e quando constituir ato de concorrência à empresa para a qual trabalha o empregado, ou for prejudicial ao serviço; d) condenação criminal do empregado, passada em julgado, caso não tenha havido suspensão da execução da pena; e) desídia no desempenho das respectivas funções; f) embriaguez habitual ou em serviço; g) violação de segredo da empresa; h) ato de indisciplina ou de insubordinação; i) abandono de emprego; j) ato lesivo da honra ou da boa fama praticado no serviço contra qualquer pessoa, ou ofensas físicas, nas mesmas condições, salvo em caso de legítima defesa, própria ou de outrem; k) ato lesivo da honra ou da boa fama ou ofensas físicas praticadas contra o empregador e superiores hierárquicos, salvo em caso de legítima defesa, própria ou de outrem; e l) prática constante de jogos de azar".*

Circunstância Especial – Art. 158, parágrafo único, alíneas "a" e "b", da CLT: Considera ato faltoso do empregado sua recusa injustificada à observância das instruções expedidas pelo empregador quanto à saúde e à segurança no trabalho, ou ao uso de equipamentos de proteção individual fornecidos pela empresa.

Categorias Específicas: Arts. 433, incisos I a III (aprendiz); 508 (bancário) e 240, parágrafo único (ferroviário), da CLT.

3.4.3. Modalidades de sanções trabalhistas

A legislação trabalhista brasileira adotou basicamente três tipos de sanções: advertência, suspensão disciplinar e resolução contratual (justa causa).

Obs: Para os atletas profissionais, a legislação especial admite a aplicação de multa punitiva (arts. 15, § 1º, da Lei nº 6.354/1976 e 28, *caput*, da Lei nº 9.615/1998), o que é vedado aos demais empregados, nos termos do art. 462 da CLT.

O sistema trabalhista brasileiro autoriza que essas modalidades de sanções possam ser aplicadas diretamente pelos empregadores, salvo previsão expressa em contrário em norma coletiva ou regulamentar.

Súmula nº 77 do C. TST: "*Nula é a punição de empregado se não precedida de inquérito ou sindicância internos a que se obrigou a empresa por norma regulamentar*".

Também não se encontra prevista em lei a necessidade de interveniência do Poder Judiciário no instante da aplicação da sanção.

Exceções: Hipóteses que importem prática de medidas ilegais por parte do empregador (ex: transferência ilícita), e a necessidade da propositura da ação de inquérito para apuração de falta grave à validade da resolução contratual dos empregados estáveis (decenal) e dos dirigentes sindicais (arts. 494, *caput*, e 543, § 3º, *in fine*, da CLT e Súmula nº 197 do STF).

a) Advertência

A advertência constitui a sanção trabalhista mais leve, podendo ser verbal ou escrita. Tem origem nos costumes trabalhistas, embora também constem em alguns instrumentos normativos coletivos. A Lei nº 8.630/1993 (Lei do Trabalho Portuário) refere-se à admoestação.

O fato de a advertência não estar tipificada em texto legal trabalhista não a torna irregular, sendo citada pela doutrina e pela jurisprudência como o primeiro degrau da gradação de penalidades exigida no exercício do poder disciplinar.

A adoção da penalidade de advertência pelo Direito do Trabalho importa a relativização do princípio da tipificação legal no tocante às penas ou sanções.

b) Suspensão disciplinar

A suspensão disciplinar, entre as sanções aplicáveis ao empregado, é a segunda em proporção de gravidade. Encontra-se prevista no art. 474 da CLT (*"A suspensão do empregado por mais de 30 dias consecutivos importa na rescisão injusta do contrato de trabalho"*).

c) Dispensa por justa causa

A dispensa por justa causa é a mais grave das penalidades impostas ao empregado, constituindo modalidade de resolução contratual unilateral.

Importa a ruptura do contrato de trabalho sem o pagamento das verbas resilitórias típicas à dispensa imotivada do obreiro. Constitui mácula na vida laboral do empregado, apesar de ser vedada a sua referência na CTPS.

Há autores que negam à dispensa por justa causa o caráter de modalidade de sanção trabalhista, por se tratar de espécie de ruptura contratual.

d) Modalidades punitivas vedadas

Rejeita-se toda a prática punitiva que ofenda à dignidade do trabalhador ou a direito individual fundamental.

Existem práticas que, apesar de admitidas sob determinados contextos e objetivos na relação de emprego, não podem ser utilizadas com finalidade punitiva. Ex: transferência punitiva (Súmula nº 43 do C. TST: "*Presume-se abusiva a transferência de que trata o § 1º do art. 469 da CLT, sem comprovação da necessidade do serviço*"), redução salarial punitiva (vide art. 7º, VI, da CF/1988) e o rebaixamento punitivo (possibilidade de reversão – art. 468, parágrafo único, da CLT).

A multa punitiva, via de regra, é vedada pelo Direito do Trabalho, por ofender os princípios da intangibilidade e irredutibilidade salariais, previstos no art. 462 da CLT. Exceção: o atleta profissional de futebol (arts. 15, § 1º, da Lei nº 6.354/1976 e 28, *caput*, da Lei nº 9.615/1998).

3.4.4. Requisitos para aplicação das sanções trabalhistas

A legislação trabalhista brasileira não estabelece um procedimento prévio e formal para a aplicação de sanções no contexto da relação de emprego, com exceção aos empregados estáveis (decenal) e aos dirigentes sindicais.

Existem, contudo, requisitos objetivos, subjetivos e circunstanciais que devem ser observados como critérios de fixação dessas penalidades.

a) Requisitos objetivos: São requisitos objetivos para a fixação da sanção trabalhista a tipificidade e a gravidade da conduta faltosa do empregado.

Trata-se do exame da natureza da conduta obreira a ser censurada, sendo necessário que importe a violação de obrigação contratual e/ou legal. A gravidade da infração deve influenciar na dosagem da penalidade a ser aplicada.

b) Requisitos subjetivos: São requisitos subjetivos para a aplicação da pena trabalhista, além da autoria da conduta do empregado, a ocorrência do dolo (ato voluntário e consciente) ou culpa (negligência, imprudência e imperícia) com respeito à respectiva falta.

A culpabilidade do empregado deve ser aferida no caso concreto, levando-se em consideração seu nível de escolaridade, seu segmento de atuação profissional, seu nível sócio-econômico e outros aspectos subjetivos que possam ser relevantes.

A imperícia do empregado deve ser relativizada em razão do poder diretivo empresarial e da alteridade peculiar à relação de emprego.

c) Requisitos circunstanciais: Os requisitos circunstanciais para a fixação da penalidade trabalhista estão relacionados à atuação disciplinar do empregador diante do ato faltoso e do respectivo empregado faltante.

São requisitos circunstanciais:

- nexo de causalidade entre a conduta faltosa e a sanção: vinculação direta entre a infração e a pena;
- adequação e proporcionalidade entre a falta e a sanção a ser aplicada: correspondência substantiva entre a conduta faltosa e a punição, inclusive no tocante à dimensão e à extensão destas (qualidade e quantidade);
- imediaticidade da punição: aplicação da sanção pelo empregador tão logo se tenha conhecimento da falta cometida pelo emprego, ressalvada a existência de procedimento específico previsto em lei ou norma coletiva (ex: a necessidade de instauração de comissão de sindicância prevista em diploma negocial coletivo e de inquérito para apuração de falta grave, nos termos do art. 853 da CLT);
- ausência de perdão tácito: a inércia prolongada do empregador após a ciência do ato faltoso pelo empregado importa a presunção de incidência do perdão tácito, ressalvando-se, contudo, as possíveis faltas futuras, ainda que semelhantes;
- singularidade da punição (*non bis in idem*): não pode o empregador aplicar mais de uma sanção ao empregado em função do mesmo ato faltoso. A punição tem que ser unitária;
- inalteração da punição: a punição deve ser definitiva, não podendo ser alterada, salvo se mais favorável ao obreiro faltoso;

- ausência de discriminação: o exercício do poder disciplinar não pode ter intuito discriminatório;
- caráter pedagógico de gradação das penas: não é requisito absoluto ou universal, haja vista que a gravidade da conduta faltosa pode justificar a imediata aplicação da penalidade máxima existente no Direito do Trabalho (a dispensa por justa causa). Em regra, as sanções devem ser aplicadas de forma gradual, em proporção crescente, com finalidade pedagógica.

3.4.5. O direito de resistência do empregado (*jus resistentiae*)

A subordinação jurídica característica da relação de emprego restringe-se ao modo da execução do contrato de trabalho, ou melhor, incide sobre a forma da prestação dos serviços, e não sobre a pessoa do trabalhador.

Dentro desse contexto, é perfeitamente válida a resistência do empregado a ordens ilícitas emanadas do empregador. É o chamado "direito de resistência" (*jus resistentiae*), que também se insere na sistemática do exercício do poder empregatício.

Capítulo IX

EMPREGADO

1. Conceito

De acordo com a norma contida no art. 3º da CLT, *Considera-se empregado toda pessoa física que prestar serviços de natureza não eventual a empregador, sob a dependência deste e mediante salário.*

Este conceito legal encontra-se incompleto, sendo necessário recorrer à definição de empregador, prevista no art. 2º da CLT, para verificar que a prestação de serviços deve ser pessoal ("*Considera-se empregador a empresa, individual ou coletiva, que, assumindo os riscos da atividade econômica, admite, assalaria e dirige a prestação pessoal de serviços*").

Empregado é toda pessoa física ou natural que contrata, de forma tácita ou expressa, a prestação de seus serviços a um tomador, com pessoalidade, onerosidade, não-eventualidade e subordinação jurídica.

Havendo trabalho por pessoa física, com pessoalidade, onerosidade, não-eventualidade e subordinação jurídica, o prestador dos serviços será empregado.

2. Objeto da prestação principal

A distinção existente entre o empregado e os demais tipos de trabalhadores não reside no conteúdo ou objeto da prestação, mas na forma em que esta é executada.

Qualquer obrigação de fazer, física e juridicamente possível, pode ser objeto do contrato de trabalho. Desta forma, o conteúdo da prestação ou tipo de trabalho a ser executado constitui circunstância irrelevante à configuração do vínculo de emprego.

A característica distintiva da relação de emprego é o modo de concretização dessa obrigação de fazer. Deve se desenvolver de forma pessoal, não-eventual, onerosa e subordinada.

3. Altos empregados

Os altos empregados podem ser conceituados como aqueles que possuem prerrogativas de direção e gestão próprias ao empregador. São empregados considerados *longa manus* do próprio empregador.

Trata-se de ocupantes de cargos de chefia, direção ou demais funções de gestão que se caracterizam pela elevada fidúcia do empregador, o que termina por acarretar tratamento legal diferenciado, posto que, não raras vezes, sua atuação confunde-se com a do próprio titular do empreendimento.

3.1. Espécies

Podem ser destacados quatro tipos:

a) Os empregados ocupantes de cargos ou funções de gestão ou de confiança, regidos pelo art. 62, II, da CLT, com exceção do setor bancário.
b) Os empregados ocupantes de cargos ou funções de confiança bancários, regidos pelo art. 224 da CLT.
c) A figura do diretor (contratado externamente ou que tenha sido empregado da empresa).
d) O sócio da pessoa jurídica.

3.1.1. Cargos ou funções de gestão ou confiança

O tratamento legislativo dos empregados ocupantes de cargos ou funções de gestão ou confiança deve ser estudado à luz dos períodos anterior e posterior à Lei nº 8.966/1994.

1º Período (antes do advento da Lei nº 8.966/1994):

O art. 62, alínea *b*, da CLT reportava-se aos "*gerentes, assim considerados os que, investidos de mandato, em forma legal, exerçam encargos de gestão, e, pelo padrão mais elevado de vencimentos, se diferenciem dos demais empregados, ficando-lhes, entretanto, assegurado o descanso semanal*".

Considerava-se cargo ou função de confiança aquele situado na mais alta hierarquia administrativa da empresa, conferindo ao empregado ocupante amplos poderes de representação e de decisão, cujo exercício colocasse em jogo a própria existência da empresa, seus interesses fundamentais, sua segurança e a ordem essencial ao desenvolvimento de sua atividade (Mario de La Cueva).

A lei imprimia flagrante restrição à noção de cargo de confiança, fazendo-se necessária a configuração de três requisitos: a) função ou encargos de gestão em relação à dinâmica empresarial; b) função e poderes de representação; e c) remuneração distintiva com relação aos demais empregados da organização empresarial.

Essa interpretação restritiva justificava-se pela restrição legal de direitos e garantias, como as atinentes às normas de duração do trabalho.

Não eram considerados de confiança aqueles cargos elevados de carreira que não tinham como pressuposto indispensável a exclusiva vontade do empregador na indicação e afastamento do ocupante.

Também não eram assim considerados aqueles que, não obstante o *nomen juris* ostentado (gerência, chefia, direção etc.), não concentravam elevado poder de mando e de representação.

O poder de representação poderia decorrer de contrato de mandato (que seria acessório ao contrato de trabalho) ou de simples ato unilateral de outorga de poderes (ex: delegação).

2º Período (depois do advento da Lei nº 8.966/1994):

A Lei nº 8.966/1994 alterou a redação do art. 62 da CLT, impondo modificações no conceito legal do cargo de confiança. Reporta-se o seu inciso II aos "*gerentes, assim considerados os exercentes de cargos de gestão, aos quais se equiparam, para efeito do disposto neste artigo, os diretores e chefes de departamento ou filial*".

A primeira inovação foi ter delineado o pressuposto da remuneração mais elevada, constando no parágrafo único do mesmo art. 62 da CLT que:

> *O regime previsto neste capítulo será aplicável aos empregados mencionados no inciso II deste artigo,* quando o salário do cargo de confiança compreendida a gratificação de função, se houver, for inferior ao valor do respectivo salário efetivo acrescido de 40% (quarenta por cento).

Por outro lado, manteve-se o requisito das elevadas funções e atribuições de gestão, enquadrando, contudo, no respectivo tipo legal, os cargos de diretores e chefes de departamento ou filial, os quais, via de regra, não possuem poderes tão elevados quanto aqueles exigidos pela redação anterior.

A nova redação, por sua vez, quedou-se silente acerca do poder de representação, ampliando, desta forma, a possibilidade de configuração do tipo legal do cargo de confiança.

Efeitos do cargo de confiança

Primeiro efeito (art. 468, parágrafo único, da CLT): "*Não se considera alteração unilateral a determinação do empregador para que o respectivo empregado reverta ao cargo efetivo, anteriormente ocupado, deixando o exercício de função de confiança*".

Assim sendo, a reversão do empregado ocupante de cargo de confiança ao cargo efetivo anteriormente ocupado é legalmente autorizada, não constituindo alteração unilateral do contrato de trabalho.

Súmula nº 372, item I, do C. TST: "*Percebida a gratificação de função por dez ou mais anos pelo empregado, se o empregador, sem justo motivo, revertê-lo a seu cargo efetivo, não poderá retirar-lhe a gratificação tendo em vista o princípio da estabilidade financeira*".

Súmula nº 372, item II, do C. TST: "*Mantido o empregado no exercício da função comissionada, não pode o empregador reduzir o valor da gratificação*".

Segundo efeito: Não cabe o pagamento de horas extraordinárias ao empregado ocupante no cargo de confiança tipificado no inciso II do art. 62 da CLT, desde que respeitado o pressuposto remuneratório previsto no parágrafo único do mesmo preceito.

A natureza do cargo de confiança, em razão dos poderes e prerrogativas inerentes às respectivas atribuições, seria incompatível com o controle de jornada de trabalho.

Exceção: Se o empregado, ainda que exercente de cargo de confiança ou gestão, vier a sofrer rigoroso controle de jornada, aplicar-lhe-á o regime legal da duração do trabalho, com possibilidade de aferição da sobrejornada.

Terceiro efeito: o empregado ocupante de cargo de confiança pode ser transferido, independente de sua anuência, desde que comprovada a real necessidade de serviço. Inteligência do § 1º do art. 469 da CLT.

Súmula nº 43 do C. TST: "*Presume-se abusiva a transferência de que trata o § 1º do art. 469 da CLT, sem comprovação da necessidade do serviço*".

OJ nº 113 da SBDI-1 do C. TST: "*O fato de o empregado exercer cargo de confiança ou a existência de previsão de transferência no contrato de trabalho não exclui o direito ao adicional. O pressuposto legal apto a legitimar a percepção do mencionado adicional é a transferência provisória*".

3.1.2. Cargo de confiança bancário

A categoria profissional dos bancários possui tipo legal específico no tocante ao empregado ocupante de cargo de confiança.

O art. 224, § 2º, da CLT reporta-se "*aos que exercem funções de direção, gerência, fiscalização, chefia e equivalentes, ou que desempenhem outros cargos de confiança, desde que o valor da gratificação não seja inferior a um terço do salário do cargo efetivo*".

Os poderes de mando exercidos pelos ocupantes de cargo de confiança bancário não são tão extensos como aqueles preconizados na norma do inciso II do art. 62 da CLT.

O mero exercício de chefia (que não seja necessariamente de filial ou de departamento) ou de atribuições de fiscalização já se enquadra nesse tipo legal específico.

Os poderes e atribuições é matéria de fato, a ser aferida no contexto probatório dos autos, independente da denominação inerente ao cargo ou função.

Súmula nº 102, item I, do C. TST: *"A configuração, ou não, do exercício da função de confiança a que se refere o art. 224, § 2º, da CLT, dependente da prova das reais atribuições do empregado, é insuscetível de exame mediante recurso de revista ou de embargos".*

O cargo de confiança bancário configura-se a partir de dois requisitos: o exercício de funções de direção, gerência, fiscalização, chefia e equivalentes e a percepção de gratificação de função não inferior a um terço do salário do cargo efetivo.

Efeitos do cargo de confiança bancário

Primeiro efeito: A inobservância da jornada especial de seis horas, prevista no *caput* do art. 224 da CLT, para a categoria profissional dos bancários. Inteligência do § 2º do art. 224 da CLT.

Prevalece para os bancários ocupantes de cargo de confiança a jornada normal de oito horas diárias, devendo ser pagas, como extraordinárias, as horas excedentes a esse limite.

> Súmula nº 102, item II, do C. TST: "O bancário que exerce a função a que se refere o § 2º do art. 224 da CLT e recebe gratificação não inferior a um terço de seu salário já tem remuneradas as duas horas extraordinárias excedentes de seis".
>
> Súmula nº 102, item III, do C. TST: "Ao bancário exercente de cargo de confiança previsto no art. 224, § 2º, da CLT são devidas as 7ª e 8ª horas, como extras, no período em que se verificar o pagamento a menor da gratificação de 1/3".
>
> Súmula nº 102, item IV, do C. TST: "O bancário sujeito à regra do art. 224, § 2º, da CLT cumpre jornada de trabalho de 8 (oito) horas, sendo extraordinárias as trabalhadas além da oitava".
>
> Súmula nº 102, item V, do C. TST: "O advogado empregado de banco, pelo simples exercício da advocacia, não exerce cargo de confiança, não se enquadrando, portanto, na hipótese do § 2º do art. 224 da CLT".
>
> Súmula nº 102, item VI, do C. TST: "O caixa bancário, ainda que caixa executivo, não exerce cargo de confiança. Se perceber gratificação igual ou superior a um terço do salário do posto efetivo, essa remunera apenas a maior responsabilidade do cargo e não as duas horas extraordinárias além da sexta".
>
> Súmula nº 102, item VII, do C. TST: "O bancário exercente de função de confiança, que percebe a gratificação não inferior ao terço legal, ainda que norma coletiva contemple percentual superior, não tem direito às sétima e oitava horas como extras, mas tão-somente às diferenças de gratificação de função, se postuladas".

Segundo efeito: A reversão do empregado bancário ocupante de cargo de confiança ao cargo efetivo de origem também não consiste em alteração unilateral do contrato de trabalho, nos termos do parágrafo único do art. 468 da CLT.

Terceiro efeito: A possibilidade de transferência do empregado ocupante de cargo de confiança bancário, independentemente de sua anuência, desde que comprovada a real necessidade do serviço, nos termos do § 1º do art. 469 da CLT e do entendimento consubstanciado na Súmula nº 43 do C. TST.

A jurisprudência vem se posicionando no sentido de que o gerente-geral da agência encontra-se, presumivelmente, sob a égide do art. 62, II, da CLT, não estando sujeito a jornada de trabalho.

> Súmula nº 287 do C. TST: A jornada de trabalho do empregado de banco gerente de agência é regida pelo art. 224, § 2º, da CLT. *Quanto ao gerente-geral de agência bancária, presume-se o exercício de encargo de gestão, aplicando-se-lhe o art. 62 da CLT.*

3.1.3. Diretores empregados

Primeira hipótese: Os diretores contratados externamente às empresas, no mercado de trabalho.

Existem duas correntes acerca do enquadramento do diretor contratado externamente:

a) Corrente clássica: Defende a incompatibilidade entre as posições de diretor e de empregado. Enquanto uma possui evidente natureza diretiva, a outra é dotada de natureza subordinada. Visão do diretor como mandatário (representante) ou como órgão da própria sociedade que dirige.
b) Corrente moderna: Admite a especificidade da relação jurídica estabelecida entre o diretor contratado e a empresa, sem deixar de vislumbrar a configuração da relação de emprego.

Obs: Ainda que possam ser considerados empregados, adotando-se a corrente moderna, os diretores encontram-se regidos por normas jurídicas especiais. Ex: contratos a prazo e possibilidade de demissão *ad nutum*.

Necessidade de aferição, no caso concreto, acerca da existência ou não de subordinação, além dos demais requisitos do vínculo de emprego.

Segunda hipótese: Os empregados que são eleitos para o cargo de diretor da empresa.

Sobre o enquadramento jurídico do empregado eleito diretor, pode-se destacar quatro correntes:

Primeira corrente: O simples fato de o empregado ser eleito diretor implica extinção do contrato de trabalho, em razão da incompatibilidade das funções.

Segunda corrente: Esta incompatibilidade de funções não gera a extinção, mas apenas a suspensão do contrato de trabalho.

Neste sentido, a Súmula nº 269 do C. TST: "O empregado eleito para ocupar cargo de diretor tem o respectivo contrato de trabalho suspenso, não se computando o tempo de serviço desse período, *salvo se permanecer a subordinação jurídica inerente à relação de emprego*".

Terceira corrente: Ocorre mera interrupção do contrato de trabalho do empregado, computando-se o período de direção no seu tempo de serviço.

Quarta corrente: a eleição não altera a situação jurídica do empregado.

3.1.4. Sócio-empregado

A pessoa jurídica da empresa não se confunde com a dos respectivos sócios. Assim, não há, em princípio, incompatibilidade entre as figuras do sócio e do empregado.

A regra geral é a compatibilidade entre as duas figuras jurídicas. No entanto, perderá a qualidade de empregado no momento em que a condição de sócio se sobrepujar, em razão da *affectio societatis*.

Hipóteses de incompatibilidades

a) Sócio de sociedade em nome coletivo: Em razão de lhe ser imputada responsabilidade solidária e ilimitada pelas obrigações sociais, nos termos do art. 1.039 do Código Civil.
b) Sócio de sociedade em comum (sociedade de fato ou irregular): Também responde de forma solidária e ilimitada pelas obrigações sociais, nos termos do art. 990 do Código Civil.
c) Sócio comanditado de sociedade em comandita simples: Outra hipótese de responsabilidade solidária e ilimitada pelas obrigações sociais, nos termos do art. 1.045 do Código Civil.

Obs.: A prática de ato simulado, evidenciado na formalização de contrato de sociedade como forma de fraudar direitos trabalhistas, atrai a incidência do art. 9º da CLT, em efetiva aplicação ao princípio da primazia da realidade.

Capítulo X

EMPREGADO DOMÉSTICO

1. Conceito

Considera-se empregado doméstico, nos termos do art. 1º da Lei nº 5.859/1972, aquele que presta serviços de natureza contínua e de finalidade não lucrativa à pessoa ou à família no âmbito residencial destas.

A definição prevista no art. 1º da Lei nº 5.859/1972 não se refere aos requisitos da pessoa física, da pessoalidade, da onerosidade e da subordinação jurídica por serem inerentes a qualquer relação empregatícia, limitando-se a lei a destacar aqueles elementos específicos à relação doméstica.

Empregado doméstico é a pessoa física que se obriga perante outrem (também pessoa física) ou família a prestar serviços de natureza pessoal, subordinada, onerosa e contínua, no âmbito residencial destas, sem finalidade lucrativa.

Depreende-se da definição de empregado doméstico que restam presentes os quatros elementos comuns a quaisquer outros empregados: pessoa física, pessoalidade, onerosidade e subordinação jurídica.

O pressuposto da relação jurídica de emprego correspondente à "não-eventualidade" recebe, no trabalho doméstico, diversa conotação: a de "continuidade".

Também podem ser extraídos elementos específicos à relação de emprego doméstico: a finalidade não lucrativa dos serviços prestados; a pessoa física ou a família como tomadores dos respectivos serviços e a prestação desses serviços no âmbito residencial dos tomadores.

2. Caracterização

São pressupostos específicos do vínculo doméstico: a pessoa física ou família como tomadores dos serviços; a finalidade não lucrativa dos serviços prestados e a delimitação da prestação dos serviços ao âmbito residencial da pessoa ou da família.

a) Finalidade não lucrativa dos serviços: O trabalho desempenhado pelo empregado doméstico não deve ter objetivos econômicos, restringindo-se ao interesse pessoal do tomador ou de sua família.

O tipo de trabalho não é elemento estrutural da relação de emprego doméstico. Desta forma, a natureza intelectual ou manual da atividade não exclui a qualidade de doméstico. Assim, podem ser domésticos: motoristas, enfermeiras, secretárias e professores, dentre outros trabalhadores.

b) Pessoa ou família como tomadores dos serviços: Na relação jurídica de emprego doméstico, os serviços são prestados à pessoa ou à família, nos termos do art. 1º da Lei nº 5.859/1972. A pessoa jurídica não pode ser tomadora de serviços domésticos.

O conceito de "família" não se limita a indivíduos que possuam relação de parentesco dentro de uma mesma unidade residencial. Estende-se, ainda, para fins de configuração do vínculo doméstico, a grupo de pessoas que contratem os serviços com vistas à satisfação de interesses individuais de consumo pessoal, em âmbito residencial. Ex: república estudantil.

Impossibilidade da sucessão de empregadores (arts. 10 e 448 da CLT) na relação de emprego doméstico, em razão de três fatores:

Primeiro fator: O óbice normativo previsto no art. 7º, *a*, da CLT, que veda a aplicação dos preceitos celetistas à categoria dos empregados domésticos.

Segundo fator: A sucessão trabalhista se fundamenta na despersonificação da figura do empregador, princípio inaplicável na relação de emprego doméstico.

Terceiro fator: a incompatibilidade entre a noção de "empresa" (indispensável à configuração da sucessão trabalhista) e a relação de emprego doméstico.

c) Âmbito residencial da prestação dos serviços: O trabalho doméstico deve ser desenvolvido no âmbito residencial do empregador.

Entende-se por âmbito residencial todo ambiente que se vincule à vida pessoal do indivíduo ou família, onde não haja atividade produtiva, mas apenas de consumo.

O local da prestação dos serviços domésticos não se limita à idéia de moradia, abrangendo também outras unidades familiares ou de vida pessoal, como as casas de campo ou de veraneio, desde que não tenham objetivos econômicos. Ex: cozinheira numa república estudantil (doméstica) x cozinheira num pensionato (não é doméstica).

2.1. Requisito da continuidade

O art. 1º da Lei nº 5.859/1972, na definição de empregado doméstico, não se reporta ao pressuposto da não-eventualidade, referindo-se apenas à prestação de serviços de natureza contínua.

O conceito de continuidade apresenta-se sob duas correntes:

Primeira corrente (minoritária): Os conceitos de não-eventualidade e continuidade seriam idênticos. Para estes, as conhecidas *"diaristas"* seriam "empregadas domésticas".

Segunda corrente (majoritária): O pressuposto da não-eventualidade deve corresponder à relação de emprego doméstico como efetiva continuidade, em razão da especialidade inerente à norma que rege esta categoria de empregados. Para esta vertente doutrinária, as "diaristas" seriam "trabalhadoras eventuais domésticas".

3. Direitos trabalhistas

O art. 7º, *a*, da CLT exclui expressamente os domésticos do âmbito de aplicação das normas do referido diploma consolidado.

Num primeiro momento, a Lei nº 5.859/1972 concedia à categoria dos domésticos três únicos direitos:

a) férias anuais remuneradas de 20 (vinte) dias úteis (art. 3º);
b) anotação de CTPS (art. 2º, inciso I);
c) inscrição do empregado como segurado obrigatório da Previdência Social (art. 4º).

O art. 2º, *caput*, Decreto nº 71.885/1973, que regulamenta a Lei nº 5.859/1972, prevê, *a contrario senso*, a aplicação ao empregado doméstico do capítulo da CLT concernente às férias.

Obs: Há autores que entendem que o referido dispositivo encontra-se eivado de vício de ilegalidade, posto que extrapolaria os limites traçados pela lei que visou regulamentar.

A Lei nº 11.324/2006 acrescentou, entre outros, os arts. 2-A, *caput*, e §§ 1º e 2º e 4º-A à Lei nº 5.859/1972 e deu nova redação ao art. 3º, *caput*, nos seguintes termos:

> *Art. 2º-A. É vedado ao empregador doméstico efetuar descontos no salário do empregado por fornecimento de alimentação, vestuário, higiene ou moradia.*
> *§ 1º Poderão ser descontadas as despesas com moradia de que trata o* caput *deste artigo quando essa se referir a local diverso da residência em que ocorrer a prestação de serviço, e desde que essa possibilidade tenha sido expressamente acordada entre as partes.*
> *§ 2º As despesas referidas no* caput *deste artigo não têm natureza salarial nem se incorporam à remuneração para quaisquer efeitos.*

> *"Art. 3º O empregado doméstico terá direito a férias anuais remuneradas de 30 (trinta) dias com, pelo menos, 1/3 (um terço) a mais que o salário normal, após cada período de 12 (doze) meses de trabalho, prestado à mesma pessoa ou família.*(NR)
>
> *"Art. 4º-A. É vedada a dispensa arbitrária ou sem justa causa da empregada doméstica gestante desde a confirmação da gravidez até 5 (cinco) meses após o parto.*

A alimentação, vestuário, higiene ou moradia passaram a ser consideradas parcelas instrumentais ("para o trabalho"), necessárias à viabilização e/ou aperfeiçoamento do trabalho doméstico.

Houve a ampliação do prazo concernente às férias, passando de vinte dias úteis, para trinta dias corridos, igualando-se aos demais empregados.

Alguns autores entendem não serem aplicáveis à categoria dos domésticos as férias proporcionais e em dobro, em face da ausência de previsão específica na Lei nº 5.859/1972.

No entanto, a boa doutrina vem se posicionando em sentido contrário, posto que o Decreto nº 71.885/1973, ao regulamentar a Lei nº 5.859/1972, determina, ainda que a *contrario senso*, aplicação aos domésticos do capítulo concernente às férias.

Ainda que se considere ilegal o referido Decreto, a Lei nº 5.859/1972 assegurou à categoria dos empregados domésticos o instituto das férias anuais remuneradas (art. 7º, parágrafo único, da CF/1988), particularizando apenas com relação ao prazo de sua fruição (vinte dias úteis), antes da edição da Lei nº 11.324/2006. Desta forma, o capítulo da CLT que disciplina o instituto das férias anuais remuneradas, naquilo que for compatível, deve ser aplicado aos domésticos.

Estendeu-se, ainda, a estabilidade da gestante à empregada doméstica, por força do art. 4º-A da Lei nº 5.859/1972.

Quanto ao descanso remunerado nos feriados civis e religiosos, deixou de ser controvertido este direito a partir da revogação expressão da alínea *a* do art. 5º da Lei nº 605/1949, que afastava a aplicação do referido diploma legal à categoria dos domésticos, pelo art. 9º da Lei nº 11.324/2006.

O Decreto nº 95.247/1987, que regulamenta as leis instituidoras do vale-transporte (Leis nº 7.418/1985 e 7.619/1987), estendeu o referido benefício à categoria dos empregados domésticos (art. 1º, II).

A Constituição da República de 1988, no parágrafo único do seu art. 7º, ampliou o rol de direitos dos empregados domésticos, compreendendo: a) salário mínimo (art. 7º, IV); b) irredutibilidade salarial (art. 7º, VI); c) décimo terceiro salário (art. 7º, VIII); d) repouso semanal remunerado, preferencialmente aos domingos (art. 7º, XV); e) gozo de férias anuais remuneradas com, pelo menos, um terço a mais do que o salário normal (art. 7º, XVII); f) licença à gestante, sem prejuízo do emprego e do salário, com duração de cento e vinte dias (art. 7º, inciso XVIII); g) licença-paternidade, nos termos da lei (art. 7º, inciso XIX); h) aviso prévio proporcional ao tempo de serviço, sendo, no mínimo, de trinta dias, nos termos da lei (art. 7º, inciso XXI); i) aposentadoria (art. 7º, XXIV).

O art. 65 da Lei nº 8.213/1991 afasta o direito de percepção de salário-família pelos empregados domésticos.

Com a edição da Medida Provisória nº 1.986/1999 e reedições, convertida na Lei nº 10.208/2001, faculta-se ao empregador, por ato voluntário, estender o Fundo de Garantia do Tempo de Serviço ao empregado doméstico. Trata-se, pois, de norma de natureza dispositiva. Vide arts. 3º-A da Lei nº 5.859/1972 e 15, § 3º, da Lei nº 8.036/1990.

Diante da possibilidade de inclusão do empregado doméstico no sistema do FGTS, este também passou a ser contemplado com o benefício do seguro-desemprego, no valor de um salário mínimo, por um período máximo de três meses, nos termos do art. 6º-A da Lei nº 5.859/1972 (redação dada pela Lei nº 10.208/2001).

4. Prescrição

Há controvérsia no Direito do Trabalho acerca do prazo prescricional a ser aplicado ao empregado doméstico.

É certo que a norma prevista no parágrafo único do art. 7º da CF/1988 não se reporta ao inciso XXIX do mesmo artigo, o qual estabelece as prescrições bienal e qüinqüenal aos trabalhadores urbanos e rurais.

Podem-se destacar quatro correntes:

Primeira corrente: Em face da omissão normativa trabalhista, aplicar-se-ia aos domésticos a prescrição de cinco anos incidente sobre os jornaleiros, prevista no art. 178, § 10, V, do Código Civil de 1916.

Segunda corrente: Defendia a aplicação do prazo prescricional de dois anos previsto em diplomas trabalhistas das décadas de 1930 e 1940 (Decreto nº 1.237/1939 e Decreto nº 6.596/1040).

Terceira corrente: Aplicar-se-ia o prazo de dois anos previsto na antiga redação do art. 11 da CLT.

Quarta corrente: Sustenta a aplicação dos prazos de prescrição bienal e qüinqüenal previstos no inciso XXIX do art. 7º da CF/1988, por se tratar de regra geral trabalhista concernente à prescrição. O art. 7º, parágrafo único, reporta-se a "direitos", enquanto a prescrição prevista no inciso XXIX é critério atinente a "inexigibilidade de direitos". É a posição majoritária na jurisprudência trabalhista, inclusive do C. TST.

5. Serviços domésticos – Piores formas de trabalho infantil – Modalidade de trabalho proibido (Decreto nº 6.481/2008)

O art. 1º do Decreto nº 6.481/2008 aprovou a Lista das Piores Formas de Trabalho Infantil (Lista TIP), de acordo com o disposto nos arts. 3º, *d*, e 4º da Convenção 182 da Organização Internacional do Trabalho – OIT, aprovada pelo Decreto Legislativo nº 178, de 14/12/1999 e promulgada pelo Decreto nº 3.597, de 12/09/2000.

a) Trabalho proibido – Art. 2º, *caput*, do Decreto nº 6.481/2008: "*Fica proibido o trabalho do menor de dezoito anos nas atividades descritas na Lista TIP, salvo nas hipóteses previstas neste decreto*".

b) Hipóteses de Exclusão da Proibição – art. 2º, § 1º, do Decreto nº 6.481/2008:

> *A proibição prevista no* caput *poderá ser elidida: I – na hipótese de ser o emprego ou trabalho, a partir da idade de dezesseis anos, autorizado pelo Ministério do Trabalho e Emprego, após consulta às organizações de empregadores e de trabalhadores interessadas, desde que fiquem plenamente garantidas a saúde, a segurança e a moral dos adolescentes; e II – na hipótese de aceitação de parecer técnico circunstanciado, assinado por profissional legalmente habilitado em segurança e saúde no trabalho, que ateste a não exposição a riscos que possam comprometer a saúde, a segurança e a moral dos adolescentes, depositado na unidade descentralizada do Ministério do Trabalho e Emprego da circunscrição onde ocorrerem as referidas atividades.*

Anexo:

Atividade: Serviço Doméstico (ITEM 76)

Descrição dos Trabalhos: Domésticos

Prováveis Riscos Ocupacionais: Esforços físicos intensos; isolamento; abuso físico, psicológico e sexual; longas jornadas de trabalho; trabalho noturno; calor; exposição ao fogo, posições antiergonômicas e movimentos repetitivos; tracionamento da coluna vertebral; sobrecarga muscular e queda de nível.

Prováveis Repercussões à Saúde: Afecções músculo-esqueléticas (bursites, tendinites, dorsalgias, sinovites, tenossinovites); contusões; fraturas; ferimentos; queimaduras; ansiedade; alterações na vida familiar; transtornos do ciclo vigília-sono; DORT/LER; deformidades da coluna vertebral (lombalgias, lombociatalgias, escolioses, cifoses, lordoses); síndrome do esgotamento profissional e neurose profissional; traumatismos; tonturas e fobias.

Capítulo XI

EMPREGADO RURAL

1. Caracterização

1.1. Critério celetista

Conforme a norma do art. 7º, *b*, da CLT, trabalhadores rurais são aqueles que, exercendo funções diretamente ligadas à agricultura e à pecuária, não sejam empregados em atividades que, pelos métodos de execução dos respectivos trabalhos ou pela finalidade de suas operações, se classifiquem como industriais ou comerciais.

O critério celetista, para a caracterização do trabalhador rural, reporta-se ao método de trabalho desenvolvido pelo obreiro ou à finalidade das atividades em que se encontra envolvido.

Críticas: A sistemática básica para enquadramento de categoria profissional funda-se no segmento de atividade do empregador, e não no método ou fins da atividade laboral.

1.2. Critério atual

Preceitua o art. 2º da Lei nº 5.889/1973: "*Empregado rural é toda pessoa física que, em propriedade rural ou prédio rústico, presta serviços de natureza não eventual a empregador rural, sob a dependência deste e mediante salário*".

O critério atual se coaduna com o modelo tradicional de enquadramento profissional, levando-se em conta o segmento de atividade do empregador.

Desta forma, será empregado rural aquele que for vinculado a empregador rural, independentemente de seu método de trabalho ou da finalidade da atividade.

Súmula nº 196 do E. STF: "*Ainda que exerça atividade rural, o empregado de empresa industrial ou comercial é classificado de acordo com a categoria do empregador*".

Exceção: Nas empresas de florestamento e reflorestamento, ainda que sejam consideradas urbanas, os empregados que desenvolvem atividade rural são classificados como rurícolas. Vide OJ nº 38 da SBDI-1 do C. TST.

Questão: Motorista – OJ nº 315 da SBDI-1 do C. TST: "*É considerado trabalhador rural o motorista que trabalha no âmbito de empresa cuja atividade é preponderantemente rural, considerando que, de modo geral, não enfrenta o trânsito das estradas e cidades*".

Além do critério atinente ao enquadramento do empregador, o art. 2º da Lei nº 5.889/1973 também se reporta ao local da prestação do trabalho: *imóvel rural ou prédio rústico.*

1.2.1. Elementos especiais

São elementos estruturais especiais da categoria do empregado rural: a vinculação a empregador rural e a prestação de trabalho em imóvel rural ou prédio rústico.

A estes elementos especiais acresçam-se aqueles genéricos à figura de todo empregado: pessoa física, pessoalidade, não-eventualidade, onerosidade e subordinação jurídica.

Excetuados os trabalhadores integrantes das categorias diferenciadas e domésticos, os demais obreiros que se vincularem a empregador rural, tendo por local da prestação dos respectivos serviços imóvel rural ou prédio rústico, serão considerados "empregados rurais", ainda que o método de trabalho não seja agropastoril. Ex: o administrador da fazenda.

Outra exceção já exposta são os trabalhadores que desenvolvem atividade tipicamente rural, em imóvel rural, para empregador enquadrado como urbano, a exemplo das empresas de reflorestamento.

a) Imóvel rural: É aquele localizado na zona geográfica rural, exterior às áreas urbanas.
b) Prédio rústico: É o imóvel geograficamente localizado em área urbana, mas envolvido com atividades nitidamente agropastoris. Foca-se na natureza da atividade empresarial. Ex: é rurícola o agricultor de lavoura situada em centro urbano, desde que vinculado a empregador rural.

2. Especificidades

a) Trabalho noturno – Configuração e adicional

Nos termos do art. 7º da Lei nº 5.889/1973:

> *Para os efeitos desta Lei, considera-se trabalho noturno o executado entre as* vinte e uma horas de um dia e as cinco horas do dia seguinte, na lavoura, e entre as vinte horas de um dia e as quatro horas do dia seguinte, na atividade pecuária.

Por sua vez, preceitua o art. 7º, parágrafo único, da Lei nº 5.889/1973: "*Todo trabalho noturno será acrescido de 25% (vinte e cinco por cento) sobre a remuneração normal*".

De acordo com o art. 72, *caput* e §§ 1º e 2º, da CLT, considera-se trabalho noturno, para os empregados urbanos, o trabalho executado entre as *22 horas de um dia e as 5 horas do dia seguinte*, computando-se a *hora noturna como de 52 minutos e 30 segundos*, com direito ao pagamento de adicional de *20% sobre a hora diurna*.

b) Intervalo intrajornada

Conforme dispõe o art. 5º da Lei nº 5.889/1973: "*Em qualquer trabalho contínuo de duração superior a seis horas, será obrigatória a concessão de um intervalo para repouso ou alimentação, observados os usos e costumes da região, não se computando este intervalo na duração do trabalho*".

Com relação ao empregado urbano, nos moldes do art. 71, *caput* e § 1º, da CLT, em qualquer trabalho contínuo, *cuja duração exceda de seis horas*, é obrigatória a concessão de um intervalo para repouso ou alimentação, o qual será, *no mínimo, de uma hora* e, salvo acordo escrito ou contrato coletivo em contrário, *não poderá exceder de duas horas. Não excedendo de seis horas* o trabalho, será obrigatório um intervalo de *quinze minutos* quando *a duração ultrapassar quatro horas*.

c) Prescrição

Antes da edição da Emenda Constitucional nº 28/2000, o art. 7º, XXIX, alínea *b*, da CF/1988 estabelecia, para o rurícola, apenas o prazo prescricional de dois anos, a contar da extinção do contrato de trabalho, sem fluência de prescrição no curso do respectivo pacto. Nesse mesmo sentido, a norma prevista no art. 10 da Lei nº 5.889/1973.

A Emenda Constitucional nº 28/2000 promoveu a unificação dos prazos prescricionais dos trabalhadores urbanos e rurais, estabelecendo o prazo de cinco anos, até o limite de dois anos após a extinção do contrato.

De acordo com a jurisprudência dominante, o novo prazo prescricional tem incidência imediata, mas não retroativa, respeitando-se o direito adquirido do titular anteriormente favorecido pela vigência do critério antigo (art. 5º, XXXVI, da CF/1988). Inteligência do item II da Súmula nº 308 do C. TST.

d) Aviso Prévio

Estabelece o art. 15 da Lei nº 5.889/1973 que, durante o prazo do aviso prévio, se a rescisão tiver sido promovida pelo empregador, o empregado rural terá direito a um dia por semana, sem prejuízo do salário integral, para procurar outro trabalho. No mesmo sentido, o art. 22 do Decreto nº 73.626/1974.

Em relação aos empregados urbanos, o art. 488, *caput* e parágrafo único, da CLT assegura a redução de duas horas do horário normal de trabalho, sendo facultado ao obreiro opção pela falta ao serviço por sete dias corridos.

3. Empregador rural – Caracterização

De acordo com o disposto no art. 3º da Lei nº 5.889/1973: "*Considera-se empregador rural, para os efeitos desta Lei, a pessoa física ou jurídica, proprietária ou não, que explore atividade agroeconômica, em caráter permanente ou temporário, diretamente ou através de prepostos e com auxílio de empregados*".

Segundo o art. 4º da Lei nº 5.889/1973: "*Equipara-se ao empregador rural, a pessoa física ou jurídica que, habitualmente, em caráter profissional, e por conta de terceiros, execute serviços de natureza agrária*".

As atividades agroeconômicas compreendem as funções e tarefas agrícolas e pecuárias que tenham destinação ao mercado.

O art. 3º, § 1º, da Lei nº 5.889/1973 também inclui no conceito de atividade agroeconômica a exploração industrial em estabelecimento agrário. Ou seja, considera-se rurícola o trabalhador do campo que inicie certo processo de industrialização. No entanto, a extensão deste processo de industrialização é limitada, sob pena de desqualificação do enquadramento do trabalhador como rurícola.

Pelo art. 2º, § 4º, do Decreto nº 73.626/1974, "*Consideram-se como exploração industrial em estabelecimento agrário, para os fins do parágrafo anterior, as atividades que compreendem o primeiro tratamento dos produtos agrários* in natura *sem transformá-los em sua natureza*".

Exemplos: Vide o disposto nos incisos I e II do art. 2º, § 4º, do Decreto nº 73.626/74. E pelo art. 2º, § 5º, do Decreto nº 73.626/1974, "*(...) não será considerada indústria rural aquela que, operando a primeira transformação do produto agrário, altere a sua natureza, retirando-lhe a condição de matéria-prima*".

4. Contrato de safra

É o contrato que tenha duração dependente de variações estacionais das atividades agrárias, assim entendidas as tarefas normalmente executadas no período compreendido entre o preparo do solo para o cultivo e a colheita (arts. 14, parágrafo único, da Lei nº 5.889/1973 e 19, parágrafo único, do Decreto nº 73.626/1974).

Denomina-se "safreiro" ou "safrista" o trabalhador que se obriga à prestação de serviços mediante contrato de safra (art. 19, *caput*, do Decreto nº 73.626/1974).

Expirado normalmente o contrato de safra, o empregador pagará ao safreiro, a título de indenização do tempo de serviço, a importância correspondente a 1/12 (um doze avos) do salário mensal, por mês de serviço ou fração superior a quatorze dias (arts. 14, *caput*, da Lei nº 5.889/1973 e 20 do Decreto nº 73.626/1974).

5. Contrato de trabalho rural por pequeno prazo

A Medida Provisória nº 410/2007, posteriormente convertida na Lei nº 11.718/2008, acrescentou o art. 14-A e §§ 1º ao 10 à Lei nº 5.889/1973, possibilitando que o produtor rural pessoa física possa realizar a contratação de trabalhador rural por pequeno prazo para o exercício de atividades de natureza temporária.

O contrato de trabalhador rural por pequeno prazo que superar dois meses dentro do período de um ano fica convertido em contrato de trabalho por prazo indeterminado (art. 14-A, § 1º, da Lei nº 5.889/1973).

Esta modalidade de contratação a termo deverá ser formalizada mediante a inclusão do trabalhador na GFIP, e: I – mediante a anotação na Carteira de Trabalho e Previdência Social e em Livro ou Ficha de Registro de Empregados; ou II – mediante contrato escrito, em duas vias, uma para cada parte, em que conste, no mínimo: a) expressa autorização em acordo coletivo ou convenção coletiva; b) identificação do produtor rural e do imóvel rural onde o trabalho será realizado e indicação da respectiva matrícula; c) identificação do trabalhador, com indicação do respectivo Número de Inscrição do Trabalhador – NIT (art. 14-A, § 3º, da Lei nº 5.889/1973).

A contratação de trabalhador rural por pequeno prazo só poderá ser realizada por produtor rural pessoa física, proprietário ou não, que explore diretamente atividade agroeconômica (art. 14-A, § 4º, da Lei nº 5.889/1973).

A não inclusão do trabalhador na GFIP pressupõe a inexistência desta espécie de contratação, sem prejuízo de comprovação, por qualquer meio admitido em direito, da existência de relação jurídica diversa (art. 14-A, § 6º, da Lei nº 5.889/1973).

São assegurados ao trabalhador rural contratado por pequeno prazo, além de remuneração equivalente à do trabalhador rural permanente, os demais direitos de natureza trabalhista (art. 14-A, § 8º, da Lei nº 5.889/1973).

Todas as parcelas devidas ao trabalhador serão calculadas dia-a-dia e pagas diretamente a ele mediante recibo (art. 14-A, § 9º, da Lei nº 5.889/1973).

O Fundo de Garantia do Tempo de Serviço – FGTS deverá ser recolhido e poderá ser levantado nos termos da Lei no 8.036, de 11/05/1990 (art. 14-A, § 10, da Lei nº 5.889/1973).

Capítulo XII

EMPREGADO PÚBLICO

1. Conceito

Empregado público é o servidor público da Administração Pública direta ou indireta, investido em emprego público, após aprovação em concurso público, e submetido ao regime jurídico da CLT.

Antes da EC nº 19/1998:

a) Servidor público legal: Ocupante de cargo público na Administração direta, autárquica e fundacional, submetido ao regime jurídico estatutário ou administrativo, em razão do advento do Regime Jurídico Único, previsto na antiga redação do art. 39, *caput*, da CF/1988.

b) servidor público contratual: ocupante de emprego público nas empresas públicas e sociedades de economia mista, submetido ao regime jurídico celetista, nos termos do comando contido na antiga redação do art. 173, § 1º, da CF/1988.

Depois da EC nº 19/1998:

a) Administração pública direta, autárquica ou fundacional: Seus servidores estão sujeitos a regime jurídico híbrido ou misto, após a queda do Regime Jurídico Único, implementada pela EC nº 19/1998, que deu nova redação ao art. 39, *caput*, da CF/1988. Podem, desta forma, ser ocupantes de cargos ou empregos públicos, submetendo-se ao regime estatutário (administrativo) ou celetista (CLT), observado o princípio do concurso público (art. 37, inciso II, da CF/1988).

b) Empresas públicas e sociedades de economia mista: Seus servidores continuam submetidos ao mesmo regime jurídico próprio à iniciativa privada (regime celetista), nos termos da atual redação do art. 173, § 1º, II, da CF/1988. Ocupam, portanto, empregos públicos, observado o princípio do concurso público (art. 37, II, da CF/1988).

Obs: O Plenário do Supremo Tribunal Federal decidiu, por maioria, deferir parcialmente medida cautelar para suspender a eficácia do art. 39, *caput*, da Constituição Federal, com a redação da Emenda Constitucional nº 019, de 04/06/1998, esclarecendo que a decisão – como é próprio das medidas cautelares – tem efeitos *ex nunc*, subsistindo a legislação editada nos termos da emenda declarada suspensa (ADIn 2135-4-DF, Plenário, Rel. Min. Néri da Silveira, *DJ* 07/03/2008).

Mudança do regime jurídico – Jurisprudência

a) Direitos

Súmula nº 243 do C. TST: "*Exceto na hipótese de previsão contratual ou legal expressa, a opção do funcionário público pelo regime trabalhista implica a renúncia dos direitos inerentes ao regime estatutário*".

b) Prescrição

Súmula nº 382 do C. TST: "*A transferência do regime jurídico de celetista para estatutário implica extinção do contrato de trabalho, fluindo o prazo da prescrição bienal a partir da mudança de regime*".

c) Competência da Justiça do Trabalho

OJ nº 138 da SBDI-1 do C. TST: "*Compete à Justiça do Trabalho julgar pedidos de direitos e vantagens previstos na legislação trabalhista referente a período anterior à Lei nº 8.112/1990, mesmo que a ação tenha sido ajuizada após a edição da referida lei. A superveniência de regime estatutário em substituição ao celetista, mesmo após a sentença, limita a execução ao período celetista*".

Súmula nº 97 do C. STJ: "*Compete à Justiça do Trabalho processar e julgar reclamação de servidor público relativamente a vantagens trabalhistas anteriores à instituição do regime jurídico único*".

2. Princípio do concurso público

A validade do ato de investidura em cargo ou emprego público depende de prévia aprovação do servidor em concurso público, nos termos do art. 37, II e § 2º, da CF/1988.

> *Art. 37. A administração pública direta e indireta de qualquer dos Poderes da União, dos Estados, do Distrito Federal e dos Municípios obedecerá aos princípios da legalidade, impessoalidade, moralidade, publicidade e eficiência e, também, ao seguinte:*
>
> *[...]*
>
> *II – a investidura em cargo ou emprego público depende de aprovação prévia em concurso público de provas ou de provas e títulos, de acordo com a natureza e a comple-*

xidade do cargo ou emprego, na forma prevista em lei, ressalvadas as nomeações para cargo em comissão declarado em lei de livre nomeação e exoneração;

[...]

§ 2º A não observância do disposto nos incisos II e III implicará a nulidade do ato e a punição da autoridade responsável, nos termos da lei.

O exercício de função pública independe de prévia aprovação em concurso público. São espécies:

a) função de confiança (exercida exclusivamente por servidor ocupante de cargo efetivo – daí a inexigibilidade de concurso – art. 37, V, da CF/1988);
b) contrato por prazo determinado para atender a necessidade temporária de excepcional interesse público (art. 37, IX, da CF/1988).

Exceções à regra do concurso público:

1º) Cargos em comissão: previsão legal de livre nomeação e exoneração (art. 37, II, parte final, da CF/1988) e destinados apenas às atribuições de direção, chefia e assessoramento (art. 37, V, parte final, da CF/1988).
2º) Função de confiança: inerentes aos servidores ocupantes de cargo público efetivo, para cuja investidura já depende de prévia aprovação em concurso público (art. 37, V, da CF/1988);
3º) Contratação por prazo determinado para atender a necessidade temporária de excepcional interesse público (art. 37, inciso IX, da CF/1988);

Requisitos:

a) Existência de lei que enumere de forma abstrata as hipóteses de contratação temporária. Ex: Lei nº 8.745/1993 (esfera federal). Inadmissibilidade de leis que se limitam a autorizar a contratação (leis de efeito concreto).
b) deve haver urgência e a necessidade da contratação deve ser temporária, não podendo atingir atribuições ordinárias e permanentes dos entes públicos, cujo fornecimento dos serviços esteja entre os deveres impostos à Administração Pública pela lei ou pela Constituição da República.

Competência:

Os contratos celebrados sob a égide do inciso IX do art. 37 da Constituição da República possuem, em tese, natureza administrativa, sendo incompetente a Justiça do Trabalho para apreciar e julgar pretensões que tenham por base esta espécie de contrato.

Questão: Desvirtuamento dos Contratos Temporários. Ex: Contratação reiterada de médicos, enfermeiros e auxiliares de enfermagem para hospitais públicos e de professores para as escolas públicas.

Esta espécie muito comum de fraude, além de ferir os direitos trabalhistas básicos dos referidos profissionais, atenta contra o Princípio do Concurso Público, acarretando a nulidade dos respectivos contratos.

O C. Tribunal Superior do Trabalho entendia que a Justiça do Trabalho seria incompetente para julgar demandas decorrentes destes contratos temporários, inclusive para apreciar possíveis desvirtuamentos (ex-OJ nº 263 da SBDI-1 – Cancelada). Todavia, foi revisto este posicionamento, nos termos abaixo:

> OJ nº 205 da SBDI-1 do C. TST: I – *Inscreve-se na competência material da Justiça do Trabalho dirimir dissídio individual entre trabalhador e ente público se há controvérsia acerca do vínculo empregatício; e II – A simples presença de lei que disciplina a contratação por tempo determinado para atender a necessidade temporária de excepcional interesse público (art. 37, inciso IX, da CF/1988) não é o bastante para deslocar a competência da Justiça do Trabalho se se alega desvirtuamento em tal contratação, mediante a prestação de serviços à Administração para atendimento de necessidade permanente e não para acudir a situação transitória e emergencial.*

Questão: O E. STF vem se posicionando, em sede de reclamações, pela incompetência da Justiça do Trabalho, por se tratar de trabalhador sob a égide de regime jurídico administrativo, em razão da liminar concedida em ação direta de inconstitucionalidade, que afasta a competência da Justiça do Trabalho para julgar as causas relativas ao regime jurídico estatutário ou administrativo.

Crítica: se o pedido é de reconhecimento do vínculo de emprego, com pagamento das verbas decorrentes do pacto laboral, em virtude do desvirtuamento de contratos temporários (não obstante a nulidade advinda da contratação sem concurso público), a Justiça do Trabalho é competente para apreciar a matéria.

3. Efeitos do contrato nulo

A nulidade da contratação de servidor público sem concurso é absoluta, com efeitos *ex tunc* (a nulidade retroage ao início do contrato). No entanto, diante da impossibilidade de restituição ao *status quo ante* (art. 158 do antigo CC e art. 182 do CC vigente), a jurisprudência do TST, cristalizada na Súmula nº 363, vem se posicionando pelo pagamento da contraprestação pactuada, em relação ao número de horas trabalhadas, respeitado o valor da hora do salário mínimo, e dos valores referentes aos depósitos do FGTS.

Conclusão: Contrato nulo = salário retido ou saldo de salário (salário *stricto sensu*) + horas extraordinárias sem o respectivo adicional + depósitos do FGTS.

> OJ nº 362 da SBDI-1 do C. TST: *"Não afronta o princípio da irretroatividade da lei a aplicação do art. 19-A da Lei nº 8.036, de 11/05/1990, aos contratos declarados nulos celebrados antes da vigência da Medida Provisória nº 2.164-1941, de 24/08/2001".*

Obs.: Há decisões do C. TST determinando a anotação da CTPS para fins previdenciários.

Posicionamentos Minoritários: Nulidade relativa, com efeitos *ex nunc* e reconhecimento do vínculo de emprego com o administrador público que contratou o servidor (esta última, em contrariedade à Teoria do Órgão).

Órgãos de fiscalização profissional: Autarquias corporativas (*sui generis*). STF: pessoas jurídicas de direito público (concurso público e precatório).

O E. STF, quando do julgamento da ADIn nº 1.717-6-DF, em 07/11/2002, declarou a inconstitucionalidade do *caput* do art. 58 da Lei nº 9.649/1998, bem como dos §§ 1º, 2º, 4º, 5º, 6º, 7º e 8º, por entender, nos termos do voto do Exmo. Sr. Ministro Relator Sydney Sanches, ser incompatível com a interpretação conjugada dos arts. 5º, XIII, 22, XVI, 21, XXIV, 70, parágrafo único, 149 e 175 da Constituição Federal, a delegação a uma entidade privada de uma atividade típica de Estado, que abrangeria até mesmo o poder de polícia, de tributar e o de punir no que concerne ao exercício de atividades profissionais.

Obs: Os contratos deveriam ser considerados nulos desde uma das datas de publicação de duas decisões do Supremo (posição do MPT).

a) A primeira é de 25 de fevereiro de 2002, quando foi publicado o acórdão – a íntegra de uma decisão colegiada – do julgamento de uma Ação Direta de Inconstitucionalidade (ADI 1717) que cassou dispositivo legal que permitia a privatização dos conselhos de classe. O Supremo entendeu que o serviço de fiscalização das profissões regulamentadas é uma atividade típica do Estado e não pode ser delegada a entidades privadas.
b) A outra é a data da publicação do julgamento de um Mandado de Segurança (MS 21797) em que o Conselho Federal de Odontologia ficou obrigado a submeter-se ao regime jurídico dos servidores públicos, regrado pela Lei nº 8.112/1990, e a respeitar os valores fixados pelo Executivo para regular as diárias de viagens feitas por funcionários. A publicação se deu em 18 de maio de 2001.

4. Alteração da jornada de trabalho

O art. 468 da CLT veda a alteração contratual em prejuízo ao empregado. Desta forma, se o empregador reduz a jornada de trabalho, com manutenção do salário, essa alteração é válida, posto que favorável ao obreiro. No entanto, o retorno ao horário anterior acarretará alteração vedada pelo acima destacado artigo, uma vez que prejudicial ao empregado.

Servidor Público: OJ nº 308 da SBDI-1 do C. TST: *O retorno do servidor público (administração direta, autárquica e fundacional) à jornada inicialmente contratada não se insere nas vedações do art. 468 da CLT, sendo a sua jornada definida em lei e no contrato de trabalho firmado entre as partes.*

5. Equiparação salarial

OJ nº 297 da SBDI-1 do C. TST: Equiparação salarial. Servidor Público da Administração direta, Autárquica e Fundacional. Art. 37, XIII, da CF/1988. *O art. 37, inciso XIII, da CF/1988, veda a equiparação de qualquer natureza para o efeito de remuneração do pessoal do serviço público, sendo juridicamente impossível a aplicação da norma infraconstitucional prevista no art. 461 da CLT quando se pleiteia equiparação salarial entre servidores públicos, independentemente de terem sido contratados pela CLT.*

OJ nº 353 da SBDI-1 do C. TST: *À sociedade de economia mista não se aplica a vedação à equiparação prevista no art. 37, XIII, da CF/1988, pois, ao contratar empregados sob o regime da CLT, equipara-se a empregador privado, conforme disposto no art. 173, § 1º, II, da CF/1988.*

6. Vale-transporte

OJ nº 216 da SBDI-1 do C. TST: "*Aos servidores públicos celetistas é devido o vale-transporte, instituído pela Lei nº 7.418/1985, de 16 de dezembro de 1985*".

7. Dispensa imotivada

OJ nº 247 da SBDI-1 do C. TST: *I – A despedida de empregados de empresa pública e de sociedade de economia mista, mesmo admitidos por concurso público, independe de ato motivado para sua validade*; e *II – A validade do ato de despedida do empregado da Empresa Brasileira de Correios e Telégrafos (ECT) está condicionada à motivação, por gozar a empresa do mesmo tratamento destinado à Fazenda Pública em relação à imunidade tributária e à execução por precatório, além das prerrogativas de foro, prazos e custas processuais.*

A possibilidade de dispensa imotivada de empregado público decorreria do disposto no art. 173, § 1º, II, da CF/1988, que, ao atribuir às empresas públicas e às sociedades de economia mista o regime jurídico próprio à iniciativa privada (celetista), autorizaria o exercício do direito potestativo do empregador de resilição unilateral do contrato de trabalho.

Na relação de emprego, a Administração Pública se equipara ao empregador comum. Necessidade de distinção entre os conceitos de "atos administrativos típicos" e "atos da Administração". Aferição, no caso concreto, de possíveis ofensas aos princípios da moralidade e da impessoalidade (art. 37, *caput*, da CF/1988).

Há posicionamento divergente no sentido de que toda a dispensa de empregado público deve ser motivada, em respeito ao princípio da motivação dos atos administrativos.

8. Estabilidade do art. 41 da CF/1988

Nos termos do art. 41, *caput*, da CF/1988: "*São estáveis após três anos de efetivo exercício os servidores nomeados para cargo de provimento efetivo em virtude de concurso público*".

Por sua vez, preconiza o art. 41, § 1º, I a III, da CF/1988:

> *O servidor público estável só perderá o cargo: I – em virtude de sentença judicial transitada em julgado; II – mediante processo administrativo em que lhe seja assegurada ampla defesa; III – mediante procedimento de avaliação periódica de desempenho, na forma de lei complementar, assegurada ampla defesa.*

O C. TST posiciona-se no sentido de que apenas aos servidores públicos (estatutários e celetistas) da Administração Pública direta, autárquica e fundacional é assegurada esta estabilidade, não alcançando os empregados públicos das empresas públicas e sociedades de economia mista.

> Súmula nº 390, itens I e II, do C. TST: I – O servidor público celetista da administração direta, autárquica ou fundacional é beneficiário da estabilidade prevista no art. 41 da CF/1988. II – Ao empregado de empresa pública ou de sociedade de economia mista, ainda que admitido mediante aprovação em concurso público, não é garantida a estabilidade prevista no art. 41 da CF/1988.

Capítulo XIII

MODALIDADES ESPECIAIS DE TRABALHO

1. Trabalho autônomo

É o trabalho desenvolvido sem subordinação jurídica a um tomador, correndo por conta própria do prestador. Diferencia-se da relação de emprego pela ausência da subordinação jurídica inerente ao contrato de trabalho, assim como da alteridade ínsita à figura do empregador.

Pode se tratar de um contrato de atividade (prestação de serviços) ou de um contrato de resultado (empreitada). Enquanto no contrato de prestação de serviços seu objeto é a própria atividade a ser desenvolvida pelo contratado, no contrato de empreitada o foco principal é a edificação ou a criação de uma obra. Pode ser prestado por pessoa física ou jurídica, com pessoalidade ou não.

Outra modalidade é a representação comercial autônoma disciplinada pela Lei nº 4.886/1965, cujo art. 1º dispõe ser exercida por pessoa física ou jurídica, sem relação de emprego, que desempenha, em caráter não eventual por conta de uma ou mais pessoas, a mediação para a realização de negócios mercantis, agenciando propostas ou pedidos, para transmiti-los aos representados, praticando ou não atos relacionados com a execução dos negócios.

2. Trabalho eventual

O que caracteriza esta modalidade de relação de trabalho é a eventualidade dos serviços a serem prestados, não se inserindo nas necessidades ordinárias e permanentes do tomador.

O trabalho eventual pode ser prestado com pessoalidade ou não, e normalmente se desenvolve com subordinação. O traço distintivo em relação à figura do empregado é a natureza eventual destes serviços, que, em regra, se correlacionam a eventos ocasionais e possuem curta duração, não havendo a fixação do trabalhador a um único tomador.

3. Trabalho avulso

Caracteriza-se pela prestação de serviços a diversos tomadores, sem fixação a uma única fonte de trabalho, com a intermediação do sindicato ou do Órgão de Gestão de Mão-de-Obra.

O trabalhador avulso é comum no setor portuário, sendo que a intermediação de mão-de-obra às empresas portuárias sempre foi realizada pelo sindicato representante da respectiva categoria profissional. A partir do advento da Lei nº 8.630/1993, o Órgão Gestor de Mão-de-Obra passou a deter, entre outras finalidades, a administração e o fornecimento da mão-de-obra do trabalhador portuário e do trabalhador portuário avulso (art. 18, I).

Registre-se, outrossim, que, por força do art. 26, *caput*, da Lei nº 8.630/1993, o trabalho portuário de capatazia, estiva, conferência de carga, conserto de carga, bloco e vigilância das embarcações, nos portos organizados, será realizado por trabalhadores portuários com vínculo empregatício a prazo indeterminado e por trabalhadores portuários avulsos.

4. Estágio

De acordo com a disposição contida no art. 1º da Lei nº 11.788/2008, estágio é ato educativo escolar supervisionado, desenvolvido no ambiente de trabalho, que visa à preparação para o trabalho produtivo de educandos que estejam freqüentando o ensino regular em instituições de educação superior, de educação profissional, de ensino médio, da educação especial e dos anos finais do ensino fundamental, na modalidade profissional da educação de jovens e adultos.

O estágio poderá ser obrigatório ou não-obrigatório, conforme determinação das diretrizes curriculares da etapa, modalidade e área de ensino e do projeto pedagógico do curso. Estágio obrigatório é aquele definido como tal no projeto do curso, cuja carga horária é requisito para aprovação e obtenção de diploma. Estágio não-obrigatório é aquele desenvolvido como atividade opcional, acrescida à carga horária regular e obrigatória (Lei nº 11.788/2008, art. 2º, *caput*, e §§ 1º e 2º).

O estágio não cria vínculo empregatício de qualquer natureza, observados os seguintes requisitos: matrícula e freqüência regular do educando em curso de educação superior, de educação profissional, de ensino médio, da educação especial e nos anos finais do ensino fundamental, na modalidade profissional da educação de jovens e adultos e atestados pela instituição de ensino; celebração de termo de compromisso entre o educando, a parte concedente do estágio e a instituição de ensino; e compatibilidade entre as atividades desenvolvidas no estágio e aquelas previstas no termo de compromisso (Lei nº 11.788/2008, art. 3º, *caput*, I a III).

O descumprimento de qualquer dos requisitos acima enumerados ou de qualquer obrigação contida no termo de compromisso caracteriza vínculo de emprego do educando com a parte concedente do estágio para todos os fins da legislação trabalhista e previdenciária (Lei nº 11.788/2008, art. 3º, § 2º).

As instituições de ensino e as partes cedentes de estágio podem, a seu critério, recorrer a serviços de agentes de integração públicos e privados, mediante condições acordadas em instrumento jurídico apropriado, devendo ser observada, no caso de contratação com recursos públicos, a legislação que estabelece as normas gerais de licitação (Lei nº 11.788/2008, art. 5º, *caput*).

As pessoas jurídicas de direito privado e os órgãos da administração pública direta, autárquica e fundacional de qualquer dos Poderes da União, dos Estados, do Distrito Federal e dos Municípios, bem como profissionais liberais de nível superior devidamente registrados em seus respectivos conselhos de fiscalização profissional, podem oferecer estágio, observadas as seguintes obrigações: celebrar termo de compromisso com a instituição de ensino e o educando, zelando por seu cumprimento; ofertar instalações que tenham condições de proporcionar ao educando atividades de aprendizagem social, profissional e cultural; indicar funcionário de seu quadro de pessoal, com formação ou experiência profissional na área de conhecimento desenvolvida no curso do estagiário, para orientar e supervisionar até dez estagiários simultaneamente; contratar em favor do estagiário seguro contra acidentes pessoais, cuja apólice seja compatível com valores de mercado, conforme fique estabelecido no termo de compromisso; por ocasião do desligamento do estagiário, entregar termo de realização do estágio com indicação resumida das atividades desenvolvidas, dos períodos e da avaliação de desempenho; manter à disposição da fiscalização documentos que comprovem a relação de estágio; e enviar à instituição de ensino, com periodicidade mínima de seis meses, relatório de atividades, com vista obrigatória ao estagiário. No caso de estágio obrigatório, a responsabilidade pela contratação do seguro poderá, alternativamente, ser assumida pela instituição de ensino (Lei nº 11.788/2008, art. 9º, *caput*, I a VII, e parágrafo único).

A jornada de atividade em estágio será definida de comum acordo entre a instituição de ensino, a parte concedente e o aluno estagiário ou seu representante legal, devendo constar do termo de compromisso ser compatível com as atividades escolares e não ultrapassar quatro horas diárias e vinte horas semanais, no caso de estudantes de educação especial e dos anos finais do ensino fundamental, na modalidade profissional de educação de jovens e adultos; e seis horas diárias e trinta horas semanais, no caso de estudantes do ensino superior, da educação profissional de nível médio e do ensino médio regular (Lei nº 11.788/2008, art. 10, *caput*, I e II).

O estágio relativo a cursos que alternam teoria e prática, nos períodos em que não estão programadas aulas presenciais, poderá ter jornada de até quarenta horas semanais, desde que isso esteja previsto no projeto pedagógico do curso e da instituição de ensino (Lei nº 11.788/2008, art. 10, § 1º).

Se a instituição de ensino adotar verificações de aprendizagem periódicas ou finais, nos períodos de avaliação, a carga horária do estágio será reduzida pelo menos à metade, segundo estipulado no termo de compromisso, para garantir o bom desempenho do estudante (Lei nº 11.788/2008, art. 10, § 2º).

A duração do estágio, na mesma parte concedente, não poderá exceder dois anos, exceto quando se tratar de estagiário portador de deficiência (Lei nº 11.788/2008, art. 11).

O estagiário poderá receber bolsa ou outra forma de contraprestação que venha a ser acordada, sendo compulsória a sua concessão, bem como a do auxílio-transporte, na hipótese de estágio não-obrigatório. A eventual concessão de benefícios relacionados a transporte, alimentação e saúde, entre outros, não caracteriza vínculo empregatício. Poderá o educando inscrever-se e contribuir como segurado facultativo do Regime Geral de Previdência Social (Lei nº 11.788/2008, art. 12, *caput*, §§ 1º e 2º).

É assegurado ao estagiário, sempre que o estágio tenha duração igual ou superior a um ano, período de recesso de trinta dias, a ser gozado preferencialmente durante suas férias escolares. Esse recesso deverá ser remunerado quando o estagiário receber bolsa ou outra forma de contraprestação. Os dias de recesso previstos nesse artigo serão concedidos de maneira proporcional, nos casos de o estágio ter duração inferior a um ano (Lei nº 11.788/2008, art. 13, *caput*, §§ 1º e 2º).

Aplica-se ao estagiário a legislação relacionada à saúde e segurança no trabalho, sendo sua implementação de responsabilidade da parte concedente do estágio (Lei nº 11.788/2008, art. 14).

A manutenção de estagiários em desconformidade com a Lei nº 11.788/2008 caracteriza vínculo de emprego do educando com a parte concedente do estágio para todos os fins da legislação trabalhista e previdenciária. A instituição privada ou pública que reincidir na irregularidade de que trata este artigo ficará impedida de receber estagiários por 2 (dois) anos, contados da data da decisão definitiva do processo administrativo correspondente. Esta penalidade limita-se à filial ou agência em que for cometida a irregularidade (Lei nº 11.788/2008, art. 15, *caput*, §§ 1º e 2º).

O termo de compromisso deverá ser firmado pelo estagiário ou com seu representante ou assistente legal e pelos representantes legais da parte concedente e da instituição de ensino, vedada a atuação dos agentes de integração como representante de qualquer das partes (Lei nº 11.788/2008, art. 16).

O número máximo de estagiários em relação ao quadro de pessoal das entidades concedentes de estágio deverá atender às seguintes proporções: de um a cinco empregados: um estagiário; de seis a dez empregados: até dois estagiários; de onze a vinte e cinco empregados: até cinco estagiários; acima de vinte e cinco empregados: até vinte por cento de estagiários (Lei nº 11.788/2008, art. 17, *caput*, I a IV).

Considera-se quadro de pessoal o conjunto de trabalhadores empregados existentes no estabelecimento do estágio. Na hipótese de a parte concedente contar com várias filiais ou estabelecimentos, os quantitativos previstos nos incisos deste artigo serão aplicados a cada um deles. Quando o cálculo do percentual resultar em fração, poderá ser arredondado para o número inteiro imediatamente superior. Não se aplica o disposto no *caput* do art. 17 aos estágios de nível superior e de nível médio profissional. Fica assegurado às pessoas portadoras de deficiência o percentual de dez por cento das vagas oferecidas pela parte concedente do estágio (Lei nº 11.788/2008, art. 17, §§ 1º ao 5º).

5. Trabalho voluntário

É o trabalho desenvolvido sem intuito contraprestativo. O traço distintivo com relação à figura do empregado é a ausência de onerosidade.

O art. 1º da Lei nº 9.608/1998 define o serviço voluntário como a atividade não remunerada, prestada por pessoa física a entidade pública de qualquer natureza, ou a instituição privada de fins não-lucrativos, que tenha objetivos cívicos, culturais, educacionais, científicos, recreativos ou de assistência social, inclusive mutualidade.

Nos termos do parágrafo único desse mesmo artigo, o referido serviço não gera vínculo de emprego, nem obrigação de natureza trabalhista, previdenciária ou afim.

O art. 3º da Lei nº 9.608/1998 prevê a possibilidade de ressarcimento de despesas que o prestador do serviço voluntário comprovadamente realizar no desempenho de suas atividades.

Por sua vez, o art. 3º-A da mesma lei estabelece a possibilidade de pagamento de auxílio financeiro pela entidade pública ou instituição privada sem fins lucrativos, utilizando recursos da União ou próprios, adotando para tanto critérios diferenciadores distintos.

6. Trabalho temporário

6.1. Introdução

A relação de trabalho temporário enseja uma relação trilateral envolvendo o trabalhador temporário, a empresa de trabalho temporário e a empresa tomadora dos serviços ou empresa cliente. É disciplinada pela Lei nº 6.019/1974 e pelo Decreto nº 73.841/1974.

É modalidade de intermediação de mão-de-obra, através da qual o trabalhador presta serviços de natureza pessoal e subordinada ao tomador, sem que haja a configuração do vínculo de emprego com este. A vinculação permanece com a empresa de trabalho temporário.

Há autores que classificam o trabalho temporário como modalidade de terceirização provisória, consistindo, neste caso, a única exceção à vedação de terceirização de atividade-fim da empresa tomadora, em razão de seu caráter temporário (art. 10 da Lei nº 6.019/1974) e de suas finalidades específicas: atender a necessidade transitória de substituição de seu pessoal regular e permanente ou a acréscimo extraordinário de serviços (art. 2º da Lei nº 6.019/1974).

Súmula nº 331, item I, do C. TST: "*A contratação de trabalhadores por empresa interposta é ilegal, formando-se o vínculo diretamente com o tomador dos serviços, salvo no caso de trabalho temporário (Lei nº 6.019, de 03/01/1974)*".

Atualmente, prepondera o entendimento de que o contrato de trabalho temporário constitui um contrato especial de emprego, firmado entre o trabalhador e a empresa de trabalho temporário, disciplinado pelas regras especiais contidas na Lei nº 6.019/1974.

O trabalhador temporário não se confunde com o empregado contratado por prazo certo, haja vista que este último possui vínculo de emprego com o tomador dos respectivos serviços, regendo-se pelas disposições da CLT (art. 443 e seguintes), ao contrário daquele, em que sua vinculação mantém-se com a empresa de trabalho temporário, cuja relação se rege pela Lei nº 6.019/1974.

6.2. Caracterização

Conforme dispõe o art. 2º da Lei nº 6.019/1974: "*Trabalho temporário é aquele prestado por pessoa física a uma empresa, para atender à necessidade transitória de substituição de seu pessoal regular e permanente ou a acréscimo extraordinário de serviços*".

O trabalho temporário é prestado por pessoa física, vinculada a empresa de trabalho temporário, em duas únicas hipóteses: para substituição temporária de pessoal regular e permanente da empresa tomadora ou para atender a necessidade temporária advinda de acréscimo extraordinário de seus serviços.

De acordo com o art. 4º da Lei nº 6.019/1974: "*Compreende-se como empresa de trabalho temporário a pessoa física ou jurídica urbana, cuja atividade consiste em colocar à disposição de outras empresas, temporariamente, trabalhadores, devidamente qualificados, por elas remunerados e assistidos*".

Destaca-se do conceito de empresa de trabalho temporário que esta deve ser pessoa física ou jurídica urbana, que se presta à intermediação de mão-de-obra temporária a empresas tomadoras, sendo a responsável direta pela satisfação dos direitos contratuais dos trabalhadores envolvidos.

6.3. Hipóteses de contratação

O art. 2º da Lei nº 6.019/1974 enumera as duas circunstâncias hábeis a autorizar a contratação do trabalho temporário:

Primeira hipótese: Atender às necessidades transitórias de substituição de pessoal regular e permanente da empresa tomadora.

Refere-se às situações rotineiras de substituição de empregados da empresa tomadora, em razão de afastamentos temporários, tais como férias e licenças previdenciárias.

Segunda hipótese: Atender às necessidades transitórias resultantes de acréscimo extraordinário de serviços da empresa tomadora.

O descumprimento às duas restritas hipóteses de pactuação faz gerar a invalidade da relação de trabalho temporário, configurando-se o vínculo de emprego diretamente com a empresa tomadora dos serviços, nos termos do disposto no item I da Súmula nº 331 do C. TST.

6.4. Aspectos formais

Preceitua o art. 11 da Lei nº 6.019/1974:

> *O contrato de trabalho celebrado entre empresa de trabalho temporário e cada um dos assalariados colocados à disposição de uma empresa tomadora ou cliente será, obrigatoriamente, escrito e dele deverão constar, expressamente, os direitos conferidos aos trabalhadores por esta Lei.*

O contrato de trabalho firmado entre a empresa de trabalho temporário e o trabalhador deve ser necessariamente escrito, devendo conter expressamente todos os direitos contemplados na Lei nº 6.019/1974.

Da mesma forma, deve ser escrito o contrato celebrado entre a empresa de trabalho temporário e a empresa tomadora dos serviços ou empresa cliente, além de também constar expressamente o motivo justificador da demanda e as modalidades remuneratórias, nos termos do art. 9º da Lei nº 6.019/1974.

A inobservância dos requisitos formais do contrato de trabalho temporário acarreta a sua descaracterização, dando origem a um contrato de trabalho por prazo indeterminado, nos moldes da CLT.

Por outro lado, preconiza o art. 10 da Lei nº 6.019/1974:

> *O contrato entre a empresa de trabalho temporário e a empresa tomadora ou cliente, com relação a um mesmo empregado, não poderá exceder de três meses, salvo autorização conferida pelo órgão local do Ministério do Trabalho e Previdência Social, segundo instruções a serem baixadas pelo Departamento Nacional de Mão-de-Obra.*

Trata-se de mecanismo legal para a preservação da idéia de transitoriedade inerente a esta forma de contratação. A extrapolação deste prazo desqualifica o trabalho temporário, configurando-se o vínculo de emprego com o tomador dos serviços.

6.5. Direitos dos trabalhadores temporários

De acordo com o art. 12 da Lei nº 6.019/1974, são direitos assegurados aos trabalhadores temporários:

a) "*Remuneração equivalente à percebida pelos empregados de mesma categoria da empresa tomadora ou cliente calculados à base horária, garantida, em qualquer hipótese, a percepção do salário mínimo regional*".

Trata-se do chamado *salário eqüitativo*, em decorrência do fenômeno da comunicação remuneratória. Efetividade do princípio isonômico (arts. 5º, *caput* e I, e 7º, XXXII, da CF/1988).

b) "*Jornada de oito horas, remuneradas as horas extraordinárias não excedentes de duas, com acréscimo de 20% (vinte por cento)*".

Prevalência do limite constitucional de oito horas diárias e quarenta e quatro semanais (art. 7º, XIII, da CF/1988), assim como do adicional de 50% (art. 7º, XVI, da CF/1988). Aplicabilidade de observância de jornada especial (bancário, por exemplo) e de adicional normativo mais elevado, em razão da isonomia preconizada na alínea *a*.

c) "*Férias proporcionais, nos termos do art. 25 da Lei nº 5.107, de 13 de setembro de 1966*".

São devidas férias proporcionais de 1/12, por mês de serviço ou fração igual ou superior a 15 dias, salvo na hipótese de dispensa por justa causa. Vide Súmula nº 171 do C. TST.

A remuneração dessas férias proporcionais deve abranger o pagamento do terço constitucional (art. 7º, XVII). Vide Súmula nº 328 do C. TST.

d) "*Repouso semanal remunerado*".

Também deve abranger o direito ao repouso remunerado aos feriados, em razão do princípio isonômico (salário eqüitativo), previsto no art. 12, alínea *a*, da Lei nº 6.019/1974.

e) "*Adicional por trabalho noturno*".

Aplicação do percentual de 20% sobre a hora diurna (art. 73 da CLT), ou de adicional normativo mais elevado, assim como da redução da hora ficta noturna (art. 73, § 1º, da CLT). Aplicação do princípio isonômico (salário eqüitativo).

f) "*Indenização por dispensa sem justa causa ou término normal do contrato, correspondente a 1/12 (um doze avos) do pagamento recebido*".

Compatibilidade com o instituto do FGTS. Aplicação analógica da Súmula nº 125 do C. TST (Questão Controvertida).

g) "*Seguro contra acidente do trabalho*".

h) "*Proteção previdenciária nos termos do disposto na Lei Orgânica da Previdência Social, com as alterações introduzidas pela Lei nº 5.890, de 8 de junho de 1973 (art. 5º, item III, letra "c" do Decreto nº 72.771, de 6 de setembro de 1973)*".

Nos termos do art. 12, § 1º, da Lei nº 6.019/1974, deve ser registrada na CTPS do trabalhador a sua condição de temporário.

O direito ao vale-transporte resta assegurado pelo art. 1º, III, do Decreto nº 95.247/1987.

Com relação aos depósitos do FGTS, o direito é reconhecido nos arts. 15, § 1º e 20, IX, da Lei nº 8.036/1990.

Diante do preceito isonômico contido no art. 12, alínea *a*, da Lei nº 6.019/1974, construiu-se entendimento hegemônico no sentido de estender aos trabalhadores temporários as verbas contratuais percebidas pelo empregado efetivo da empresa tomadora dos serviços.

6.6. Responsabilidade do tomador dos serviços

A Lei nº 6.019/1974 é restritiva no tocante à responsabilidade da empresa cliente ou tomadora dos serviços. Apesar da solidariedade imposta ao tomador, limita-se ao caso de falência da empresa de trabalho temporário, alcançando tão-somente as contribuições previdenciárias, a remuneração e a indenização prevista na mesma lei.

> Art. 16 da Lei nº 6.019/1974: *No caso de falência da empresa de trabalho temporário, a empresa tomadora ou cliente é solidariamente responsável pelo recolhimento das contribuições previdenciárias, no tocante ao tempo em que o trabalhador esteve sob suas ordens, assim como em referência ao mesmo período, pela remuneração e indenização previstas nesta Lei.*

A doutrina e a jurisprudência vêm entendendo pela aplicação do posicionamento contido no item IV da Súmula nº 331 do C. TST às relações de trabalho temporário.

> Súmula nº 331, item IV, do C. TST: *O inadimplemento das obrigações trabalhistas, por parte do empregador, implica a responsabilidade subsidiária do tomador dos serviços, quanto àquelas obrigações, inclusive quanto aos órgãos da administração direta, das autarquias, das fundações públicas, das empresas públicas e das sociedades de economia mista, desde que hajam participado da relação processual e constem também do título executivo judicial (art. 71 da Lei nº 8.666, de 21/06/1993).*

6.7. Resolução contratual

De acordo com o art. 13 da Lei nº 6.019/1974:

> *Constituem justa causa para rescisão do contrato do trabalhador temporário os atos e circunstâncias mencionados nos arts. 482 e 483, da Consolidação das Leis do Trabalho, ocorrentes entre o trabalhador e a empresa de trabalho temporário ou entre aquele e a empresa cliente onde estiver prestando serviço.*

Em decorrência da relação trilateral configurada na contratação do trabalho temporário, os atos faltosos previstos nos arts. 482 (justa causa) e 483 (rescisão indireta) da CLT, ocorrentes entre o trabalhador e a empresa de trabalho temporário ou entre aquele primeiro e a empresa tomadora, implicam a resolução do contrato de trabalho temporário.

6.8. Competência da Justiça do Trabalho

A Justiça do Trabalho é a competente para processar e julgar os litígios envolvendo a contratação do trabalho temporário, haja vista a vinculação empregatícia especial existente entre o trabalhador e a empresa de trabalho temporário e a relação de trabalho havida entre aquele e a empresa tomadora. Inteligência do art. 114, I, da CF/1988.

Art. 19 da Lei nº 6.019/1974: "Competirá à Justiça do Trabalho dirimir os litígios entre as empresas de serviço temporário e seus trabalhadores".

7. Aprendizagem

Segundo a disposição contida no art. 428, *caput*, da CLT:

> *Contrato de aprendizagem é o contrato de trabalho especial, ajustado por escrito e por prazo determinado, em que o empregador se compromete a assegurar ao maior de 14 (quatorze) e menor de 24 (vinte e quatro) anos inscrito em programa de aprendizagem formação técnico-profissional metódica, compatível com o seu desenvolvimento físico, moral e psicológico, e o aprendiz, a executar com zelo e diligência as tarefas necessárias a essa formação.*

O limite máximo de idade (24 anos) não se aplica a aprendizes portadores de deficiência (CLT, art. 428, § 5º).

a) Requisitos de validade: A validade do contrato de aprendizagem pressupõe anotação na Carteira de Trabalho e Previdência Social, matrícula e freqüência do aprendiz na escola, caso não haja concluído o ensino médio, e inscrição em programa de aprendizagem desenvolvido sob orientação de entidade qualificada em formação técnico-profissional metódica (CLT, art. 428, § 1º).

Nas localidades onde não houver oferta de ensino médio para o cumprimento do disposto no art. 428, § 1º, da CLT, a contratação do aprendiz poderá ocorrer sem a freqüência à escola, desde que ele já tenha concluído o ensino fundamental (CLT, art. 428, § 7º).

b) Contraprestação Mínima: Ao menor aprendiz, salvo condição mais favorável, será garantido o salário mínimo hora, nos termos do art. 428, § 2º, da CLT.
c) Prazo: Por se tratar de contrato de trabalho especial, por prazo determinado, o contrato de aprendizagem não poderá ser estipulado por mais de 2 (dois) anos, exceto quando se tratar de aprendiz portador de deficiência, conforme art. 428, § 3º, da CLT.
d) Exigência legal de contratação: Os estabelecimentos de qualquer natureza são obrigados a empregar e matricular nos cursos dos Serviços Nacionais de Aprendizagem número de aprendizes equivalente a cinco por cento, no mínimo, e quinze por cento, no máximo, dos trabalhadores existentes em cada estabelecimento, cujas funções demandem formação profissional (CLT, art. 429, *caput*).

As frações de unidade, no cálculo da percentagem, darão lugar à admissão de um aprendiz (CLT, art. 429, § 1º).

O referido limite não se aplica quando o empregador for entidade sem fins lucrativos, que tenha por objetivo a educação profissional (CLT, art. 429, § 1º-A).

O art. 51, III, da Lei Complementar nº 123/2006 dispensa as microempresas e as empresas de pequeno porte de empregar e matricular seus aprendizes nos cursos dos Serviços Nacionais de Aprendizagem.

Na hipótese de os Serviços Nacionais de Aprendizagem não oferecerem cursos ou vagas suficientes para atender à demanda dos estabelecimentos, esta poderá ser suprida por outras entidades qualificadas em formação técnico-profissional metódica, a saber: I – escolas técnicas de educação; e II – entidades sem fins lucrativos, que tenham por objetivo a assistência ao adolescente e à educação profissional, registrada no Conselho Municipal dos Direitos da Criança e do Adolescente (CLT, art. 430, *caput*, I e II).

Nos termos do art. 431 da CLT, a contratação do aprendiz poderá ser efetivada pela empresa onde será realizada a aprendizagem ou pelas entidades mencionadas no inciso II do art. 430, caso em que não gera vínculo de emprego com a empresa tomadora dos serviços.

e) Jornada de trabalho: A duração do trabalho do aprendiz não excederá de seis horas diárias, sendo vedadas a prorrogação e a compensação de jornada. Este limite poderá ser de até oito horas diárias para os aprendizes que já tiverem completado o ensino fundamental, se nelas forem computadas as horas destinadas à aprendizagem teórica (CLT, art. 432, *caput* e § 1º).

f) Extinção do contrato: O contrato de aprendizagem extinguir-se-á no seu termo, ou quando o aprendiz completar vinte e quatro anos, ressalvada a hipótese prevista no § 5º do art. 428 da CLT, ou ainda antecipadamente nas seguintes hipóteses: I – desempenho insuficiente ou inadaptação do aprendiz; II – falta disciplinar grave; III – ausência injustificada à escola que implique perda do ano letivo; e IV – a pedido do aprendiz, sendo inaplicável o disposto nos arts. 479 e 480 da CLT (CLT, art. 430, *caput*, I a IV, e § 2º).

Capítulo XIV

TERCEIRIZAÇÃO

1. Introdução

A expressão "terceirização" é resultante de neologismo oriundo da palavra "terceiro", este como sinônimo de "interveniente" ou "intermediário".

É neologismo construído pela ciência da administração, para enfatizar a descentralização empresarial de atividades a outrem, um terceiro à empresa.

No Direito do Trabalho, a terceirização consiste no fenômeno pelo qual o trabalhador é inserido no processo produtivo da empresa tomadora dos serviços, sem que haja vinculação empregatícia a esta, a qual se preserva com a entidade e/ou empresa intermediária.

A terceirização acarreta a formação de uma relação trilateral, envolvendo o trabalhador, a empresa tomadora e a empresa terceirizada.

Diferencia-se, pois, da relação bilateral típica do modelo clássico empregatício, tratando-se de uma modalidade excetiva de contratação de mão-de-obra.

2. Evolução Legislativa e Jurisprudencial

a) Modalidade de subcontratação na CLT:

Preceitua o art. 455, *caput*, da CLT:

> *Nos contratos de subempreitada responderá o subempreiteiro pelas obrigações derivadas do contrato de trabalho que celebrar, cabendo, todavia, aos empregados, o direito de reclamação contra o empreiteiro principal pelo inadimplemento daquelas obrigações por parte do primeiro.*

Por sua vez, preconiza a norma prevista no parágrafo único do mesmo artigo: "*Ao empreiteiro principal fica ressalvada, nos termos da lei civil, ação regressiva contra o subempreiteiro e a retenção de importâncias a este devidas, para a garantia das obrigações previstas neste artigo*".

Inicialmente, a jurisprudência majoritária, ao interpretar o aludido artigo consolidado, posicionava-se pelo reconhecimento da responsabilidade solidária do empreiteiro principal nas relações de subempreitada.

Com a edificação do posicionamento contido no item IV da Súmula nº 331 do C. TST, passou a vigorar, como majoritária, a tese da responsabilidade subsidiária.

Registre-se, ainda, ser da competência das Varas do Trabalho a conciliação e julgamento dos dissídios resultantes de contratos de empreitada em que o empreiteiro seja operário ou artífice, nos termos do art. 652, alínea *a*, III, da CLT. Nesta hipótese, cumpre ressaltar que, embora a competência jurisdicional seja da Justiça Especializada, o juiz deve aplicar a legislação civil inerente à matéria (competência legislativa).

Todavia, nos exatos termos do entendimento consubstanciado na OJ nº 191 da SBDI-1 do C. TST: "*Diante da inexistência de previsão legal, o contrato de empreitada entre o dono da obra e o empreiteiro não enseja responsabilidade solidária ou subsidiária nas obrigações trabalhistas contraídas pelo empreiteiro, salvo sendo o dono da obra uma empresa construtora ou incorporadora*".

Estes dispositivos podem ser considerados como referências incipientes ao que, no futuro, viria a constituir o fenômeno da terceirização.

b) Terceirização na administração pública

O Decreto-Lei nº 200/1967 veio dispor sobre a organização da Administração Pública Federal e estabelece diretrizes para a Reforma Administrativa.

O art. 10, *caput*, do referido diploma legal estipula que a execução das atividades da Administração Federal deverá ser amplamente descentralizada.

Por outro lado, disciplina o art. 10, § 7º, do DL nº 200/1967:

> *Para melhor desincumbir-se das tarefas de planejamento, coordenação, supervisão e controle e com o objetivo de impedir o crescimento desmesurado da máquina administrativa, a Administração procurará desobrigar-se da realização material de tarefas executivas, recorrendo, sempre que possível, à execução indireta, mediante contrato, desde que exista, na área, iniciativa privada suficientemente desenvolvida e capacitada a desempenhar os encargos de execução.*

A fim de explicitar o que viriam a ser essas tarefas executivas, a Lei nº 5.645/1970, que estabelecia diretrizes para a classificação de cargos do Serviço Civil da União e das autarquias federais, disciplinava, no parágrafo único do seu art. 3º, que seriam aquelas "*relacionadas com transporte, conservação, custódia, operação de elevadores, limpeza e outras assemelhadas*", de preferência, objeto de execução indireta, mediante contrato, de acordo com o art. 10, § 7º, do Decreto-lei número 200, de 25 de fevereiro de 1967, posteriormente revogado pela Lei nº 9.527/1997.

Esses dispositivos legais induziam à terceirização de atividades meramente executivas e operacionais no âmbito da Administração Pública.

A dúvida permanecia, contudo, no tocante à extensão da terceirização na Administração Pública, ou seja, as atribuições, atividades e funções que poderiam ser objeto de terceirização.

O art. 3º, parágrafo único, da Lei nº 5.645/1970 buscou exemplificar os encargos de execução sugeridos pelo § 7º do art. 10 do DL nº 200/1967, tratando-se de rol meramente exemplificativo, relacionado a atividades de apoio e instrumentais.

A autorização legal à terceirização no setor público limitava-se, portanto, a atividades-meio.

c) Terceirização na iniciativa privada

A regulamentação normativa da terceirização no setor privado ocorreu, inicialmente, através das Leis nº 6.019/1974 (trabalho temporário) e 7.102/1983 (trabalho de vigilância bancária).

A Lei nº 6.019/1974 regulamenta o trabalho temporário nas empresas urbanas. Trata-se de modalidade de terceirização temporária na iniciativa privada.

Nos termos do art. 2º da Lei nº 6.019/1974: "*Trabalho temporário é aquele prestado por pessoa física a uma empresa, para atender à necessidade transitória de substituição de seu pessoal regular e permanente ou a acréscimo extraordinário de serviços*".

Dispõe o art. 4º da Lei nº 6.019/1974: "*Compreende-se como empresa de trabalho temporário a pessoa física ou jurídica urbana, cuja atividade consiste em colocar à disposição de outras empresas, temporariamente, trabalhadores, devidamente qualificados, por elas remunerados e assistidos*".

Por sua vez, a Lei nº 7.102/1983 autoriza a terceirização do trabalho de vigilância bancária, em caráter permanente, restringindo-se à categoria profissional dos vigilantes.

Segundo o art. 3º, *caput* e inciso I, da Lei nº 7.102/1983: "*A vigilância ostensiva e o transporte de valores serão executados: I – por empresa especializada contratada*".

Inicialmente, a atividade terceirizada prevista na referida lei se restringia ao setor bancário, sendo, posteriormente, estendida à vigilância patrimonial de qualquer instituição pública ou privada, incluindo a segurança pessoal de pessoas físicas e o transporte de valores, nos moldes do art. 10 e parágrafos da Lei nº 7.102/1983 (redação dada pela Lei nº 8.863/1994).

À margem dessa evolução legislativa, a iniciativa privada incorporava, a cada dia, e de forma crescente, a prática da terceirização da mão-de-obra, independentemente da existência de lei que autorizasse essa modalidade excetiva de contratação, como, por exemplo, nos serviços de conservação e limpeza.

d) Jurisprudência do Tribunal Superior do Trabalho

O C. Tribunal Superior do Trabalho, disciplinando a matéria, editou de início a Súmula nº 256:

> Salvo os casos de trabalho temporário e de serviço de vigilância, previstos nas Leis nºs 6.019, de 03/01/1974, e 7.102, de 20/06/1983, é ilegal a contratação de trabalhadores por empresa interposta, formando-se o vínculo empregatício diretamente com o tomador dos serviços". (Cancelada – Revisão pela Súmula nº 331)

De acordo com este entendimento sumulado, a terceirização estaria restrita ao trabalho temporário e de vigilância, sob pena de reconhecimento do vínculo diretamente com o tomador dos serviços.

No entanto, o rol taxativo da Súmula nº 256 do C. TST colidia com o rol meramente exemplificativo dos arts. 10, § 7º, do DL nº 200/1967 e 3º, parágrafo único, da Lei nº 5.645/1970.

Ademais, com a promulgação da Constituição da República de 1988, configurou-se a seguinte questão: Como ficaria a aplicação da Súmula nº 256 do C. TST após o advento do art. 37, II e § 2º, da CF/1988, que veda o reconhecimento do vínculo de emprego com ente público sem prévia aprovação em concurso?

Diante disso, o C. Tribunal Superior do Trabalho, em 1993, editou a Súmula nº 331, itens I a IV, revisando a Súmula nº 256, nos seguintes termos:

> I – A contratação de trabalhadores por empresa interposta é ilegal, formando-se o vínculo diretamente com o tomador dos serviços, salvo no caso de trabalho temporário (Lei nº 6.019, de 03/01/1974).
>
> II – A contratação irregular de trabalhador, mediante empresa interposta, não gera vínculo de emprego com os órgãos da administração pública direta, indireta ou fundacional (art. 37, II, da CF/1988).
>
> III – Não forma vínculo de emprego com o tomador a contratação de serviços de vigilância (Lei nº 7.102, de 20/06/1983) e de conservação e limpeza, bem como a de serviços especializados ligados à atividade-meio do tomador, desde que inexistente a pessoalidade e a subordinação direta.
>
> IV – O inadimplemento das obrigações trabalhistas, por parte do empregador, implica a responsabilidade subsidiária do tomador dos serviços, quanto àquelas obrigações, desde que hajam participado da relação processual e constem também do título executivo judicial.

Diante do impasse acerca da aplicabilidade do item IV da referida Súmula aos entes públicos, em razão do disposto no art. 71, § 1º, da Lei nº 8.666/1993, em 2000, a C. Corte Superior Trabalhista atribuiu nova redação ao referido item, *in verbis*:

> *IV – O inadimplemento das obrigações trabalhistas, por parte do empregador, implica a responsabilidade subsidiária do tomador dos serviços, quanto àquelas obrigações,* inclusive quanto aos órgãos da administração direta, das autarquias, das fundações públicas, das empresas públicas e das sociedades de economia mista, desde que hajam participado da relação processual e constem também do título executivo judicial *(art. 71 da Lei nº 8.666, de 21/06/1993)*.

Com relação à responsabilização do ente público, na qualidade de tomador dos serviços terceirizados, o C. TST se posicionou no sentido de que art. 71, § 1º, da Lei nº 8.666/1993 veda apenas a responsabilização direta ou solidária, e não a subsidiária.

Aplicaram-se, no caso, os conceitos de *culpa in eligendo* (má escolha do contratante) e de *culpa in vigilando* (má fiscalização das obrigações contratuais e seus efeitos), conforme a inteligência do art. 159 do Código Civil de 1916 (art. 186 do Código Civil vigente).

A Súmula nº 331 do C. TST reporta-se à distinção entre atividades-meio e atividades-fim, criando um dos critérios para aferição da licitude ou não da terceirização.

Daí por diante, o fenômeno da terceirização veio crescendo à margem de qualquer normatização, não havendo, até o momento, vontade legislativa para disciplinar esta modalidade excetiva de contratação de mão-de-obra.

3. Efeitos das terceirizações lícita e ilícita

Podem ser arroladas como hipóteses de terceirização lícita:

a) O trabalho temporário disciplinado pela Lei nº 6.019/1974 (Súmula nº 331, item I, do C. TST).
b) Os serviços de vigilância patrimonial, segurança e transporte de valores regulados pela Lei nº 7.102/1983 (Súmula nº 331, item III, do C. TST).
c) Os serviços de conservação e limpeza (Súmula nº 331, item III, do C. TST).
d) As atividades-meios, desde que ausentes a pessoalidade e a subordinação direta entre o trabalhador e o tomador dos respectivos serviços (Súmula nº 331, item III, do C. TST).

A regra é a vedação de terceirização em atividade-fim, ressalvada a hipótese de trabalho temporário regulado pela Lei nº 6.019/1974. É permitida, por sua vez, a terceirização de atividades-meio, desde que ausentes a pessoalidade e a subordinação direta.

São atividades-fim as que integram o núcleo da dinâmica empresarial do tomador dos serviços, enquanto que atividades-meio são as periféricas ou instrumentais à essência dessa mesma dinâmica.

Desta forma, as hipóteses de terceirização ilícita se restringem àquelas que envolvem:

a) Atividades-fim da empresa tomadora, ressalvado o trabalho temporário de que trata a Lei nº 6.019/1974.
b) Atividades-meio, desde que presentes a pessoalidade e a subordinação direta entre o trabalhador e o tomador.

O trabalho temporário é a única situação de terceirização (ou intermediação de mão-de-obra) lícita em que se encontra presente a pessoalidade e a subordinação direta entre o trabalhador e o tomador dos serviços.

A terceirização ilícita acarreta a nulidade do vínculo com a empresa prestadora (empregador aparente) e o reconhecimento do vínculo de emprego diretamente com o tomador (empregador oculto ou dissimulado), com a devida observância de todas as normas e vantagens atinentes à respectiva categoria profissional do obreiro, nos exatos termos da Súmula nº 331, item I, do C. TST.

Sendo o tomador dos serviços um ente público, ainda que configurada a prática da terceirização ilícita, o princípio do concurso público (art. 37, II e § 2º, da CF/1988) constitui óbice intransponível ao reconhecimento do vínculo de emprego diretamente com o tomador dos serviços, conforme preconiza a Súmula nº 331, item II, do C. TST.

Há, no entanto, doutrina e jurisprudência que, nesses casos, atribuem ao empregador formal a responsabilidade direta pelo pagamento de todas as verbas trabalhistas inerentes à função desempenhada pelo trabalhador junto ao ente estatal, sem a retificação da CTPS, além da responsabilidade subsidiária deste último, na qualidade de tomador dos serviços prestados, nos termos da Súmula nº 331, item IV, do C. TST.

Este posicionamento privilegia a observância simultânea dos princípios constitucionais do concurso público e da isonomia, em aplicação do método de interpretação da concordância prática ou da harmonização, com vistas à preservação da unidade constitucional.

Se a terceirização for lícita, o vínculo de emprego mantém-se intacto com a empresa prestadora, reconhecendo-se a responsabilidade subsidiária do tomador dos serviços diante do inadimplemento das obrigações trabalhistas por parte do empregador, nos moldes da Súmula nº 331, item IV, do C. TST.

4. Aspectos processuais

As lides decorrentes das relações terceirizadas são da competência da Justiça do Trabalho. Isso porque há, na hipótese de terceirização lícita, o vínculo de emprego entre o obreiro e a empresa prestadora, além da relação de trabalho existente entre aquele e o tomador.

Nas terceirizações ilícitas, a pretensão concentra-se no pedido de declaração do vínculo de emprego diretamente com o tomador (ressalvada a exceção vista com relação aos entes públicos). Inteligência do art. 114, I, da CF/1988 (EC nº 45/2004).

Todavia, para que se possa reconhecer a responsabilidade subsidiária do tomador dos serviços, faz-se necessário que tenha participado da relação processual e conste também do título executivo judicial, de acordo com o entendimento consubstanciado na parte final do item IV da Súmula nº 331 do C. TST.

5. Cooperativas de trabalho

As cooperativas de trabalho surgiram como alternativa para melhorar as condições de trabalho, num período histórico em que o trabalhador via-se substituído pelas máquinas até então inventadas, decorrentes da inovação tecnológica pertinente à época.

O cooperativismo sempre visou à associação de trabalhadores de um mesmo ofício ou de ofícios diversos, mas atrelados a uma mesma categoria, sem objetivo de lucro, para, por meio do trabalho autônomo e comum, dividirem as vantagens auferidas de suas forças de trabalho.

Conforme dispõe o art. 3º da Lei nº 5.764/1971, que trata da política nacional de cooperativismo, no contrato de sociedade cooperativa, as pessoas se obrigam reciprocamente a contribuir com bens e serviços para o exercício de uma atividade econômica, de proveito comum, sem objetivo de lucro. Trata-se, pois, de sociedade de pessoas, com natureza jurídica própria, não sujeita à falência, com a finalidade, entre outras, de prestar assistência a seus associados.

O Texto Constitucional vigente não quedou silente sobre o tema. No parágrafo segundo de seu art. 174, determina que a lei apoiará e estimulará o cooperativismo e outras formas de associativismo.

Com base nesta mesma ideologia exposta, em 09/12/1994 foi publicada a Lei nº 8.949, que inseriu o parágrafo único no art. 442 da CLT. Nos termos dessa precitada norma, qualquer que seja o ramo de atividade da sociedade cooperativa, não existe vínculo entre ela e seus associados, nem entre estes e os tomadores de serviços daquela.

O art. 90 da Lei nº 5.674/1971 já dispunha que qualquer que seja o tipo de cooperativa, não existe vínculo de emprego entre ela e seus associados.

A aplicação dessa norma está condicionada à existência de uma legítima sociedade cooperativa. Esta condição nasceu da necessidade de combater as fraudes que, infelizmente, são comuns nessas espécies de sociedade.

Não raro, as "cooperativas de trabalho" são, na verdade, efetivas empresas prestadoras de serviços e/ou intermediadoras de mão-de-obra, que se cobrem deste "manto protetor" para simular suas reais atividades e objetivos almejados. Constituem mero instrumento para arregimentar trabalhadores para determinadas empresas e/ou entes públicos, praticando a intermediação de mão-de-obra, tão repudiada em nosso ordenamento pátrio.

Em ambas as hipóteses, a aplicação do art. 9º da CLT combinado com o princípio da primazia da realidade torna-se imperiosa para a descaracterização da adesão efetuada, e a declaração do vínculo de emprego torna-se conseqüência jurídica necessária, haja vista o teor do *caput* do art. 442 da CLT, que dispõe sobre a possibilidade do contrato de trabalho ser expresso (verbal ou escrito) ou tácito.

O verdadeiro cooperativismo se caracteriza pela efetiva concessão de benefícios aos seus cooperados (Lei nº 5.764/1971, art. 4º, *caput*), viabilizando a obtenção de vantagens e resultados ao cooperado bem superiores àquelas que seriam obtidas a partir de uma atuação isolada do associado.

Capítulo XV

MODALIDADES DE CONTRATO DE TRABALHO

1. Contratos de trabalho expressos e tácitos

O contrato de trabalho é do tipo consensual, informal ou não solene. Assim como ocorre no Direito Civil (arts. 129 do Código Civil de 1916 e 107 do Código Civil vigente), na seara trabalhista a forma é requisito excepcional à manifestação de vontade das partes contratantes.

Art. 442, *caput*, da CLT: "*Contrato individual de trabalho é o acordo tácito ou expresso, correspondente à relação de emprego*".

Art. 443, *caput*, da CLT: "*O contrato individual de trabalho poderá ser acordado tácita ou expressamente, verbalmente ou por escrito e por prazo determinado ou indeterminado*".

O contrato de trabalho pode ser celebrado através de duas modalidades de expressão ou exteriorização da vontade das partes:

a) Expressa: Quando há manifestação explícita de vontade, verbalmente ou por escrito, pela qual as partes estabelecem o conteúdo (direitos e obrigações) e as condições do contrato de trabalho.
b) Tácita: Quando não há manifestação explícita de vontade, configurando-se o ajuste através do próprio comportamento e/ou conduta das partes (atos e omissões), que revelam o ânimo de contratação empregatícia.

Essa informalidade não elimina a importância da documentação dos atos contratuais trabalhistas para efeito probatório da relação empregatícia e seus direitos e obrigações.

Existem, contudo, alguns contratos trabalhistas considerados relativamente formais ou solenes, cuja exigência, em regra, restringe-se à pactuação por meio de instrumento escrito. Seriam espécies de contratos expressos formais trabalhistas.

Exemplos: Contrato de trabalho temporário (art. 11 da Lei nº 6.019/1974), contrato do artista profissional (art. 9º da Lei nº 6.533/1978), contrato do atleta profissional de futebol (art. 3º da Lei nº 6.354/1976) e o contrato por prazo determinado previsto na Lei nº 9.601/1998.

Obs.: Quanto ao contrato de experiência, apesar de a CLT não fazer qualquer menção a requisito formal (art. 443, § 2º, alínea *c*), a jurisprudência vem se posicionando pela impossibilidade de ajuste tácito, exigindo a celebração por escrito, sob a justificativa de que seu curto prazo de duração (no máximo de 90 dias – art. 445, parágrafo único) demandaria a estipulação expressa de termo prefixado (art. 443, § 1º).

2. Contratos de trabalho individuais e plúrimos

O contrato de trabalho é ato jurídico bilateral, em virtude de se constituir a partir da manifestação de vontade de duas partes.

A referência a contrato individual de trabalho enfoca a unidade do prestador dos serviços (empregado), em contraposição à pluralidade de prestadores.

Assim sendo, de acordo com o número de sujeitos ativos da relação jurídica de emprego a ser constituída, os contratos de trabalho podem ser:

a) Individuais: Aqueles que contêm apenas um empregado no pólo ativo desta relação empregatícia.
b) Plúrimos: Aqueles que contêm mais de um empregado no pólo ativo dessa mesma relação jurídica de emprego.

Essa noção de pluralidade é construída a partir da diversidade de sujeitos ativos (empregados) presentes na relação de emprego, e não de sujeitos passivos (empregadores). Desta forma, o contrato de trabalho firmado entre um único empregado e diversos entes integrantes de grupo econômico é de índole individual (Súmula nº 129 do C. TST – "empregador único").

2.1. Contratos plúrimos e de equipe

Nos contratos plúrimos, a causa de sua formação vincula-se à presença de uma unidade laborativa entre os empregados contratados, que se apresentam como se fossem um todo unitário. Dentro dessa concepção, não haveria distinção com relação aos chamados "contratos de equipe".

Os contratos plúrimos (ou de equipe) compreenderiam um conjunto de contratos individuais entre cada empregado e o empregador comum, sendo que os objetos destes contratos encontrar-se-iam vinculados em conexão orgânica. A prestação do trabalho contratada somente ganharia sentido se efetuada em harmônica integração.

Há, contudo, autores que diferenciam o *contrato plúrimo* e o *contrato de equipe*. No contrato plúrimo, não haveria unidade de interesse jurídico entre os empregados contratados, que estariam vinculados por pactos específicos com relação ao mesmo tomador. No contrato de equipe, os empregados formariam uma unidade indissociável de interesses, formando uma "relação jurídica única", tendo por sujeito o próprio grupo.

3. Contratos de trabalho por prazo indeterminado

Considerando seu período de duração, os contratos de trabalho podem ser por prazo indeterminado, por prazo determinado ou a termo, nos termos do art. 443, *caput*, da CLT.

Os contratos de trabalho por prazo indeterminado são aqueles que não tem duração temporal prefixada, mantendo-se vigentes ao longo do tempo.

Essa modalidade de contrato constitui regra geral, fazendo operar presunção jurídica de sua existência no contexto de uma contratação. Aplicação prática do princípio da continuidade da relação de emprego (Súmula nº 212 do TST).

A contratação por prazo determinado é modalidade excetiva de contratação empregatícia.

3.1. Efeitos

a) Interrupção e suspensão do contrato: Plena repercussão dos fatores de interrupção e suspensão no contrato de trabalho. Impossibilidade de dispensa do empregado durante os períodos de interrupção e suspensão dos contratos de trabalho por prazo indeterminado.
b) Estabilidade e garantia de emprego: Plena repercussão dos fatores da estabilidade e garantias especiais de emprego no contrato de trabalho. Impossibilidade de dispensa imotivada do obreiro durante os períodos de estabilidade ou garantia de emprego, sob pena de reintegração ou pagamento de indenização correspondente ao aludido prazo.
c) Verbas rescisórias: A indeterminação da duração do contrato de trabalho importa verbas rescisórias específicas, cujo conjunto vem a ser mais favorável ao obreiro do que aquelas decorrentes do contrato a termo. Ex: aviso prévio e sua projeção e a indenização compensatória de 40% sobre os depósitos do FGTS.

Os efeitos rescisórios do contrato de trabalho por prazo indeterminado variam de acordo com a causa ensejadora da ruptura do vínculo de emprego (dispensa imotivada ou arbitrária, pedido de demissão, distrato, dispensa por justa causa, rescisão indireta e resolução por culpa recíproca).

4. Contratos de trabalho por prazo determinado ou a termo

Os contratos de trabalho por prazo determinado são modalidades excetivas de contratação empregatícia, somente podendo ser celebrados nas hipóteses expressamente previstas em lei.

> Art. 443, § 1º, da CLT: *Considera-se como de prazo determinado o contrato de trabalho cuja vigência dependa de termo prefixado ou da execução de serviços especificados ou ainda da realização de certo acontecimento suscetível de previsão aproximada.*

4.1. Hipóteses de contratação

De acordo com o art. 443, § 2º, alíneas *a* a *c*, da CLT: "*O contrato por prazo determinado só será válido em se tratando: a) de serviço cuja natureza ou transitoriedade justifique a predeterminação do prazo; b) de atividades empresariais de caráter transitório; c) de contrato de experiência*".

Além dessas três hipóteses previstas na CLT, podem ser ainda citadas aquelas tipificadas pela legislação extravagante, como os contratos de atleta profissional de futebol, artista profissional e outros.

Outra hipótese adveio da Lei nº 9.601/1998, abrangendo qualquer profissão ou categoria profissional, e não se submetendo às restrições da CLT. Trata-se do novo contrato provisório, com direitos trabalhistas mais restritos do que aqueles inerentes aos demais contratos a termo.

4.2. Prazos

A lei fixa prazo máximo de duração dos contratos de trabalho a termo, não podendo, via de regra, excederem a dois anos.

Art. 445, *caput*, da CLT: "*O contrato de trabalho por prazo determinado não poderá ser estipulado por mais de 2 (dois) anos, observada a regra do art. 451*".

Exceção: O contrato de experiência não poderá exceder de 90 (noventa) dias, nos termos do parágrafo único do art. 445 da CLT.

As leis especiais que regulem contratos a termo podem, evidentemente, fixar prazos distintos.

A inobservância dos prazos máximos fixados em lei implica a modificação objetiva automática do contrato de trabalho, que passa a vigorar como por prazo indeterminado.

4.3. Prorrogação

Conforme dispõe o art. 451 da CLT: "*O contrato de trabalho por prazo determinado que, tácita ou expressamente, for prorrogado mais de uma vez passará a vigorar sem determinação de prazo*".

A prorrogação do contrato de trabalho por prazo determinado significa a dilação temporal do termo final preestabelecido para o contrato.

Esta prorrogação, que pode ocorrer de forma expressa ou tácita, somente é permitida uma única vez, observado o prazo máximo legalmente previsto para estes contratos (dois anos, para os contratos a termo em geral, e noventa dias, para os de experiência), sob pena de sua conversão automática para contrato por prazo indeterminado.

A segunda prorrogação contratual implica a descaracterização do contrato a termo, gerando automaticamente a indeterminação do contrato.

4.4. Sucessividade

Consoante a regra contida no art. 452 da CLT: "*Considera-se por prazo indeterminado todo contrato que suceder, dentro de seis meses, a outro contrato por prazo determinado, salvo se a expiração deste dependeu da execução de serviços especializados ou da realização de certos acontecimentos*".

A sucessividade de contratos de trabalho por prazo determinado consiste na celebração de novo contrato a termo após a extinção próxima de um contrato anterior da mesma natureza.

Enquanto a sucessividade acarreta o surgimento de distintos contratos, a prorrogação concretiza-se no contexto de um mesmo contrato a termo.

Nos termos do art. 452 da CLT, um contrato a termo somente pode ser licitamente sucedido por outro, entre as mesmas partes, se transcorridos seis meses do contrato anterior, exceto se a expiração deste último decorreu da execução de serviços especializados ou da realização de certos acontecimentos.

Desta forma, uma vez celebrados dois contratos a termo em lapso temporal inferior a seis meses, o segundo contrato, salvo as exceções legalmente especificadas, sofrerá modificação objetiva automática, passando vigorar como contrato de duração indeterminada.

4.5. Indeterminação contratual automática

A inobservância das regras de contratação previstas nos arts. 443, § 1º, 445, *caput* e parágrafo único, 451 e 452 da CLT implicam a configuração do fenômeno da indeterminação contratual automática, ou seja, os contratos a termo passam a vigorar sem determinação de prazo.

4.6. Interrupção e suspensão

Nos contratos por prazo determinado, os institutos da interrupção e da suspensão contratuais não produzem os mesmos efeitos típicos dos contratos indeterminados.

Duas posições se destacam:

a) Primeira posição: A interrupção e a suspensão sustariam os efeitos contratuais, mas apenas dentro do prazo prefixado ao contrato, sem implicar a prorrogação do seu termo final. O contrato se extinguiria normalmente em seu termo final, ainda que o empregado permanecesse afastado do trabalho em virtude de causa suspensiva ou interruptiva prevista em lei.
b) Segunda posição: A suspensão ou interrupção no contexto dos contratos a prazo implicaria a prorrogação do seu termo final até a cessação da causa suspensiva ou interruptiva do pacto, quando se operaria automaticamente a extinção do contrato.

Art. 472, § 2º, da CLT: "*Nos contratos por prazo determinado, o tempo de afastamento, se assim acordarem as partes interessadas, não será computado na contagem do prazo para a respectiva terminação*".

Assim, em não havendo ajuste específico em contrário entre as partes, o tempo de afastamento por suspensão ou interrupção será computado no prazo para a respectiva terminação do contrato a termo.

Obs.: Pela mesma razão, a prefixação de seu termo final é incompatível com a incidência de estabilidade ou garantia de emprego no âmbito do contrato a prazo.

> Súmula nº 244, item III, do C. TST: Não há direito da empregada gestante à estabilidade provisória na hipótese de admissão mediante contrato de experiência, visto que a extinção da relação de emprego, em face do término do prazo, não constitui dispensa arbitrária ou sem justa causa.

4.7. Forma

Apesar de os contratos a prazo serem considerados excetivos no Direito do Trabalho, não são necessariamente formais ou solenes.

Existem contratos a termo que são consensuais, podendo ser provados por qualquer meio probatório admissível em juízo. Ex: contrato de safra (art. 14 da Lei nº 5.889/1973) e os contratos a termo firmados com fundamento nas alíneas *a* e *b* do § 2º do art. 443 da CLT.

Por sua vez, existem contratos a termos realmente formais, cuja existência e validade dependem da celebração em instrumento escrito. Ex: contratos de atleta profissional (art. 3º da Lei nº 6.354/1976), de artista profissional (art. 9º da Lei nº 6.533/1978), de trabalho temporário (art. 11 da Lei nº 6.019/1974) e contrato provisório (Lei nº 9.601/1998).

No contrato de experiência, apesar de silente a CLT acerca de qualquer formalidade, a jurisprudência vem exigindo a sua celebração por escrito, seja por instrumento contratual ou pela anotação da CTPS.

4.8. Contrato de experiência

4.8.1. Conceito

É o contrato de trabalho firmado entre empregado e empregador, com duração máxima de noventa dias, cuja finalidade é a aferição de aspectos subjetivos, objetivos e circunstanciais relevantes à continuidade ou à extinção da vinculação empregatícia.

Também conhecido como "contrato de prova", "contrato a contento" ou "contrato de tirocínio".

A CLT não se reporta a quais aspectos poderão ser objeto de aferição no contrato de experiência. Assim, são passíveis de verificação por ambas as partes todos aqueles relacionados ao objeto do contrato, e que não tipifiquem conduta discriminatória.

4.8.2. Caracterização

Preceitua o art. 443, § 2º, alínea *c*, da CLT: "*O contrato por prazo determinado só será válido em se tratando: (...) c) de contrato de experiência*".

Por sua vez, estabelece o art. 445, parágrafo único, da CLT: "*O contrato de experiência não poderá exceder de 90 (noventa) dias*".

O contrato de experiência se caracteriza como contrato de trabalho por prazo determinado, cujo prazo de duração máximo não pode extrapolar noventa dias.

Muito embora a lei não exija qualquer formalidade essencial à sua validade, a jurisprudência vem se posicionando pela exigência de um mínimo de formalização escrita, em razão de o curto prazo desse contrato somente poder ser delimitado por meio de termo prefixado (art. 443, § 1º, da CLT).

A aprovação ou não na experiência consiste em fato incerto quanto à ocorrência, atraindo a necessidade de utilização de termo cronológico nos contratos de prova.

4.8.3. Efeitos

Primeiro efeito: Pode o contrato de experiência ser prorrogado por uma única vez, respeitado o prazo máximo de noventa dias. Inteligência dos arts. 445, parágrafo único e 451 da CLT.

Segundo efeito: A extinção contratual do contrato de experiência rege-se pelas regras comuns aos demais contratos a termo (ruptura por término do prazo prefixado, ruptura antecipada por vontade de uma das partes e ruptura antecipada com vigência de cláusula assecuratória do direito recíproco de antecipação de rescisão). Inteligência dos arts. 443, § 2º, *c*, e 479 a 481 da CLT.

Terceiro efeito: A indeterminação contratual automática, nas hipóteses de mais de uma prorrogação ou de extrapolação do prazo máximo de duração. Inteligência dos arts. 445, parágrafo único e 451 da CLT.

Quarto efeito: A invalidade da sucessividade contratual, haja vista que o contrato anterior esgotar-se-á pelo cumprimento do prazo prefixado. Inteligência do art. 452 da CLT. A sucessividade de contratos de experiência, ou mesmo de um contrato de prova posterior a um contrato por prazo indeterminado tenderá à configuração de fraude à legislação trabalhista (art. 9º da CLT).

4.9. Contrato provisório da Lei nº 9.601/1998

4.9.1. Conceito

Segundo a disposição contida no art. 1º da Lei nº 9.601/1998:

> *As convenções e os acordos coletivos de trabalho poderão instituir contrato de trabalho por prazo determinado, de que trata o art. 443 da Consolidação das Leis do Trabalho – CLT, independentemente das condições estabelecidas em seu § 2º, em qualquer atividade desenvolvida pela empresa ou estabelecimento, para admissões que representem acréscimo no número de empregados.*

É o contrato de trabalho por prazo determinado, instituído mediante negociação coletiva, em qualquer atividade desenvolvida pela empresa ou estabelecimento, a fim de viabilizar admissões que acarretem acréscimo no número de empregados.

As hipóteses de pactuação não se restringem àquelas enumeradas no § 2º do art. 443 da CLT, estendendo-se a qualquer atividade desenvolvida pela empresa ou estabelecimento.

4.9.2. Requisitos

São requisitos à validade da celebração do contrato provisório de trabalho previsto na Lei nº 9.601/1998:

a) A instituição por negociação coletiva: Este contrato somente pode ser celebrado caso tenha recebido autorização expressa de instrumento coletivo de trabalho. Não supre esta exigência a mera anuência do sindicato profissional em eventual lista de contratos a termo firmados pela empresa.
b) As admissões devem representar acréscimo no número de empregados: Será irregular a contratação que se faça sem verdadeiro aumento no número de postos de trabalho.

É vedada a utilização deste tipo de contrato para substituição de pessoal regular e permanente contratado por prazo indeterminado, nos termos do art. 1º, parágrafo único, do Decreto nº 2.490/1998.

O empregador fica obrigado a anotar na CTPS do empregado a condição de contratado por prazo determinado, com indicação do número da lei de regência, e a discriminar em separado na folha de pagamento tais empregados (art. 2º do Decreto nº 2.490/1998).

4.9.3. Características

Por se tratar de modalidade de contrato de trabalho por prazo determinado, o contrato regulado pela Lei nº 9.601/1998 submete-se a algumas regras gerais previstas na CLT. São elas:

a) Duração: O prazo máximo de duração desses contratos é de dois anos, nos termos do art. 3º do Decreto nº 2.490/1998. A inobservância desse prazo máximo acarreta a indeterminação contratual automática.
b) Fixação do termo final: Muito embora a forma de fixação do termo final mais adequada, e recomendável, a esta modalidade de contratação seja a estipulação de termo fixo (termo certo – critério cronológico), não é inviável sua fixação pela execução de serviços especificados (termo incerto) ou pela realização de certo acontecimento suscetível de previsão aproximada (termo incerto), nos termos do § 1º do art. 443 da CLT.
c) Sucessividade contratual: a Lei nº 9.601/1998 afasta a aplicação do art. 451 da CLT, silenciando-se, contudo, com relação à norma prevista no art. 452 do mesmo diploma consolidado. Inexistindo incompatibilidade entre esta última regra e o contrato provisório, entende-se pela sua aplicabilidade.

O contrato de trabalho regido pela Lei nº 9.601/1998 possui características especiais em relação às demais modalidades de contratação a prazo. São elas:

a) Hipóteses de pactuação: A celebração dos contratos provisórios não se restringe àquelas hipóteses previstas no § 2º do art. 443 da CLT. Pode abranger qualquer atividade desenvolvida pela empresa ou estabelecimento, desde que haja autorização específica em norma coletiva e implique acréscimo no número de empregados.

b) Formalidade: Ao contrário dos demais tipos de contratos a termo, os contratos provisórios de trabalho são formais ou solenes. O descumprimento de suas formalidades compromete a própria validade do contrato. Deve ser lavrado por escrito (arts. 4º, II e §§ 2º e 3º, da Lei nº 9.601/1998 e 2º e 7º, *caput*, do Decreto nº 2.490/1998).

c) Prorrogação contratual: Não se aplica o disposto no art. 451 da CLT. As sucessivas prorrogações contratuais, desde que respeitada a duração máxima de dois anos, não provocam a indeterminação automática do contrato a termo. Vide arts. 1º, § 2º, da Lei nº 9.601/1998 e 3º, *caput*, do Decreto nº 2.490/1998.

4.9.4. Peculiaridades trabalhistas e parafiscais

a) FGTS: Alíquota de 2% sobre a remuneração do empregado, enquanto durar o contrato provisório de trabalho (art. 2º, II, da Lei nº 9.601/1998).

b) Contribuições sociais: Redução de 50% das alíquotas das contribuições sociais destinadas ao Sistema S, ao INCRA, ao salário-educação e ao financiamento do seguro de acidente do trabalho (art. 2º, I, da Lei nº 9.601/1998).

Obs: Para assegurar a redução dessas alíquotas, o empregador deverá estar adimplente junto ao INSS e ao FGTS, bem como proceder ao depósito, no órgão regional do Ministério do Trabalho, da segunda via dos contratos de trabalho por prazo determinado, de cópia da convenção ou acordo coletivo e da relação do empregados contratados a termo, com as respectivas datas de início e término destes contratos. Vide arts. 4º, I e II, da Lei nº 9.601/1998 e 7º, *caput*, § 1º, *a* a *d*, do Decreto nº 2.490/1998.

c) Indenização por rescisão contratual antecipada: Deve constar em norma coletiva indenização cabível às hipóteses de rescisão antecipada do contrato por iniciativa de qualquer das partes, não se aplicando o disposto nos arts. 479 e 480 da CLT (art. 1º, § 1º, I, da Lei nº 9.601/1998).

4.9.5. Efeitos jurídicos da extinção do contrato

a) Extinção normal do contrato: Décimo terceiro salário proporcional, férias proporcionais acrescidas do terço constitucional, liberação dos depósitos do FGTS (sem a indenização de 40%) e dos depósitos bancários mensais previstos em norma coletiva, caso não tenham sido sacados (arts. 2º, parágrafo único, da Lei nº 9.601/1998 e 4º e parágrafos do Decreto nº 2.490/1998).

b) Extinção contratual em razão de dispensa antecipada pelo empregador: As mesmas verbas acima descritas, acrescidas da indenização de 40% sobre os depósitos do FGTS e da indenização substitutiva à prevista no art. 479 da CLT, nos termos do art. 1º, § 1º, I, da Lei nº 9.601/1998.

Obs: Impossibilidade de dispensa antecipada do empregado detentor de estabilidade provisória, conforme previsão contida no § 4º do art. 1º da Lei nº 9.601/1998.

c) Extinção contratual em razão de pedido de demissão antecipada pelo empregado: Décimo terceiro salário proporcional e férias proporcionais acrescidas do terço constitucional (Súmulas nº 368 e 261 do TST). Pagamento pelo empregado da indenização substitutiva à prevista no art. 480 da CLT, nos termos do art. 1º, § 1º, I, da Lei nº 9.601/1998.

Não há autorização legal para saque dos depósitos do FGTS, sendo, a princípio, permitido o saque dos depósitos bancários mensais (caso não sacados) de que trata a lei especial.

d) Extinção contratual antecipada com cláusula assecuratória do direito recíproco de antecipação rescisória: Diante do silêncio da Lei nº 9.601/1998, prevalecerão os efeitos rescisórios especificados no art. 481 da CLT, inerentes a contratos por prazo indeterminado.

Capítulo XVI

SALÁRIO E REMUNERAÇÃO

1. Salário

Salário é o conjunto de parcelas contraprestativas devidas e pagas pelo empregador ao empregado no contexto da relação de emprego.

Conforme dispõe o art. 457, *caput*, da CLT: "*Compreende-se na remuneração do empregado, para todos os efeitos legais, além do salário devido e pago diretamente pelo empregador, como contraprestação do serviço, as gorjetas que receber*".

Estabelece, por sua vez, o art. 457, § 1º, da CLT: "*Integram o salário, não só a importância fixa estipulada, como também as comissões, percentagens, gratificações ajustadas, diárias para viagem e abonos pagos pelo empregador*".

O salário não se traduz, portanto, em uma única verba, mas em um complexo de parcelas. É o que se denomina "complexo salarial".

Trata-se de parcelas devidas e pagas diretamente pelo empregador a todo empregado, em razão da existência de uma relação jurídica de emprego. Neste mesmo sentido, a definição de salário mínimo prevista no art. 76 da CLT.

2. Remuneração

Podem-se destacar quatro acepções da expressão "remuneração":

a) Primeira acepção: Identifica o conceito de "remuneração" ao de "salário", como se fossem expressões sinônimas.
b) Segunda acepção: A "remuneração" é o gênero ao qual se subsume a espécie "salário". Remuneração seria o conjunto de parcelas contraprestativas devidas e pagas pelo empregador a todo o empregado, em razão da existência do vínculo de emprego. O salário, por sua vez, restringir-se-ia à contraprestação principal paga ao empregado no contexto do contrato de trabalho.

c) Terceira acepção: O "salário" é o conjunto de parcelas devidas e pagas diretamente pelo empregador ao empregado, em virtude da relação de emprego (arts. 76 e 457, *caput*, da CLT). A expressão "remuneração" foi utilizada pelo legislador para incluir no complexo salarial as gorjetas recebidas pelo empregado.

Assim sendo, a norma prevista no art. 457, *caput*, da CLT teria utilizado a expressão "remuneração" apenas para determinar que as gorjetas, embora não sejam pagas diretamente pelo empregador, pudessem integrar o salário contratual do empregado, para todos os efeitos legais.

Desta forma, a média de gorjetas habituais recebidas pelo empregado no contexto da relação de emprego (art. 29, § 1º, da CLT) repercutiria nas parcelas contratuais que tivessem por base de cálculo o salário contratual do empregado.

Exceção: A média das gorjetas não compõe o cálculo do salário mínimo, posto que este é definido expressamente como sendo a contraprestação mínima devida e paga diretamente pelo empregador a todo o empregado (art. 76 da CLT e leis subseqüentes).

d) Quarta acepção: O salário é o conjunto de parcelas contraprestativas devidas e pagas diretamente pelo empregador, enquanto que a remuneração, além do salário, também alcança as parcelas contraprestativas pagas diretamente por terceiros no contexto da relação de emprego.

Nesta acepção, as parcelas estritamente remuneratórias não produzem efeitos próprios às parcelas salariais. Isso porque, além de não comporem o salário mínimo legal, também não integram o complexo salarial obreiro como base de cálculo para outras parcelas contratuais.

> Súmula nº 354 do C. TST: As gorjetas, cobradas pelo empregador na nota de serviço ou oferecidas espontaneamente pelos clientes, integram a remuneração do empregado, não servindo de base de cálculo para as parcelas de aviso prévio, adicional noturno, horas extras e repouso semanal remunerado.

Embora não integrem o salário, as gorjetas, como parcelas remuneratórias, compõem o salário-de-contribuição do empregado, para fins previdenciários, como também integram a remuneração para cálculo do FGTS, férias e do décimo terceiro salário.

3. Composição

As parcelas de natureza salarial têm a aptidão de produzir repercussões sobre outras parcelas trabalhistas e previdenciárias. É o que a doutrina denomina "efeito expansionista circular dos salários".

Daí, a importância da precisa identificação das parcelas salariais, cujos efeitos jurídicos são bem mais abrangentes do que aqueles inerentes às parcelas destituídas de natureza salarial.

3.1. Parcelas salariais (complexo salarial)

São exemplos de parcelas salariais, componentes do complexo salarial: salário básico, comissões, percentagens (incluídos os adicionais), gratificações habituais (incluído o décimo terceiro salário) e abonos (art. 457, § 1º, da CLT). Além destes, citem-se os prêmios.

Podem ser classificadas em:

a) Tipificadas: São aquelas previstas em norma legal. Ex: salário básico, comissões, percentagens (incluídos os adicionais), gratificações habituais (incluído o décimo terceiro salário) e abonos (art. 457, § 1º, da CLT).

Também têm natureza salarial as utilidades fornecidas pelo empregador ao empregado com intuito contraprestativo, sem caráter de essencialidade ou instrumentalidade à prestação dos serviços (art. 458 da CLT).

b) Não tipificadas: São aquelas instituídas pela criatividade privada. Ex: prêmios.
c) Dissimuladas: São aquelas que, apesar de originariamente não possuírem natureza salarial, cumprem função dissimulada de salário, em virtude de sua utilização fraudulenta no contexto da relação de emprego. Ex: diárias de viagem e ajudas de custo.

As diárias de viagem e as ajudas de custo são, originariamente, verbas indenizatórias, com finalidade de ressarcimento de despesas realizadas ou a se realizar em função do contrato de trabalho.

No entanto, essas parcelas indenizatórias podem ser utilizadas no intuito de simulação de efetiva parcela salarial.

Art. 457, § 2º, da CLT: "*Não se incluem nos salários as ajudas de custo, assim como as diárias para viagem que não excedam de cinqüenta por cento do salário percebido pelo empregado*" (critério objetivo).

Muito embora o § 1º do art. 457 da CLT estabeleça que as diárias para viagem integram o salário do empregado, essa integração somente ocorrerá se a importância exceder de 50% do salário do obreiro.

Este preceito não encerra uma presunção absoluta, mas relativa, a fim de realizar uma distribuição eqüitativa do ônus da prova acerca da matéria.

> Súmula nº 101 do C. TST: Integram o salário, pelo seu valor total e para efeitos indenizatórios, as diárias de viagem que excedam a 50% (cinqüenta por cento) do salário do empregado, enquanto perdurarem as viagens.
>
> Súmula nº 318 do C. TST: Tratando-se de empregado mensalista, a integração das diárias no salário deve ser feita tomando-se por base o salário mensal por ele percebido e não o valor do dia de salário, somente sendo devida a referida integração quando o valor das diárias, no mês, for superior à metade do salário mensal.

3.2. Parcelas não-salariais

As parcelas não-salariais são aquelas pagas pelo empregador ao empregado sem intuito contraprestativo, não integrando o salário contratual do obreiro. Não produzem, ainda, o efeito expansionista circular próprio aos salários.

a) Parcelas de natureza indenizatória: Têm por finalidade o ressarcimento de despesas, de não fruição de direito ou de violação a garantia jurídica. Ex: diárias de viagem, ajudas de custo, vale-transporte, férias indenizadas, aviso prévio indenizado, FGTS, indenização substitutiva do seguro-desemprego, indenizações por dano moral e material, indenização por ruptura contratual incentivada, indenização convencional ou normativa por dispensa injustificada etc.

b) Parcelas instrumentais: São as utilidades fornecidas pelo empregador ao empregado para a execução ou aperfeiçoamento do trabalho contratado. São ofertadas *para o trabalho*, não possuindo caráter contraprestativo. Vide o art. 458, § 2º, I, da CLT. Ex: uniformes e equipamentos.

Obs: Existem utilidades que, embora não tenham essa natureza instrumental, não foram consideradas salário por vontade do legislador. Vide art. 458, § 2º, II a VI, da CLT. Ex: educação, transporte, assistência médica, seguros e previdência privada.

c) Parcelas de direito intelectual: São aquelas inerentes a direito específico do empregado, adquirido ao longo do contrato de trabalho, mas que não se comunicam com seu salário. Ex: direitos autorais, direitos de propriedade industrial e todos os direitos de propriedade em geral.

d) Parcelas de participação nos lucros: As participações nos lucros da empresa pelo empregado não têm natureza salarial, nos termos do art. 7º, XI, da CF/1988 (Cancelamento da Súmula nº 251 do C. TST: "*A parcela participação nos lucros da empresa, habitualmente paga, tem natureza salarial, para todos os efeitos legais*".).

e) Parcelas previdenciárias: São aquelas oriundas da Previdência Social e pagas ao empregado através do empregador, e aquelas pagas por entes da previdência privadas, sob a garantia do empregador. Ex: salário-família, salário-maternidade e complementações de benefícios previdenciários oficiais.

Obs: Existem, ainda, as parcelas de seguridade social, que são pagas pelo Estado diretamente ao empregado, mas podem gerar responsabilidades ao empregador. Ex: abonos do PIS/PASEP (Súmula nº 300 do C. TST) e seguro-desemprego (Súmula nº 389 do C. TST).

f) Parcelas pagas por terceiros: São aquelas pagas ao empregado por terceiros no contexto da relação de emprego. Ex: gorjetas (Súmula nº 354 do C. TST – natureza meramente remuneratória).

4. Caracterização

São apontadas pela doutrina como principais características do salário:

a) Caráter alimentar: O salário atende às necessidades pessoais e essenciais do obreiro e de sua família.

b) Caráter forfetário: A obrigação de pagamento do salário independe da sorte do empreendimento empresarial. Deriva da alteridade inerente à figura do empregador (art. 2º da CLT).

c) Indisponibilidade: O salário não pode ser objeto de renúncia ou transação lesiva ao obreiro.

d) Irredutibilidade: O salário não pode ser reduzido por ato unilateral ou bilateral (art. 7º, VI, da CF/1988 – salvo negociação coletiva).

e) Periodicidade: O pagamento periódico do salário decorre de sua natureza de obrigação de trato sucessivo. O salário básico não pode ser estipulado por período superior a um mês (art. 489 da CLT).

f) Persistência ou continuidade: O pagamento de salário é uma obrigação de trato sucessivo, que se renova, reiteradamente, ao longo do contrato.

g) Natureza composta: O salário é composto de um complexo de parcelas de intuito contraprestativo, instituindo o chamado "complexo salarial".

h) Tendência à determinação heterônoma: A fixação do salário, apesar de resultar, em regra, da vontade unilateral ou bilateral das partes contratantes, sofre grande influência interventiva de vontades externas (leis e instrumentos coletivos).

i) Pós-numeração: A regra é o pagamento do salário após a prestação do trabalho pelo empregado, ou seja, ao período de tempo correspondente ao seu cálculo. Tendência de mitigação por normas coletivas ou regulamentares, que asseguram o pagamento do salário antes do vencimento do mês de referência.

Exceção: As parcelas salariais pagas em utilidades (salário *in natura*) são, em regra, fornecidas ao longo do mês de referência.

5. Critérios de cálculo

a) Salário por unidade de tempo: É aquele que adota como critério de cômputo a duração do trabalho e da própria disponibilidade do empregado, independente da produção ou produtividade obreira.

Art. 459 da CLT: "*O pagamento do salário, qualquer que seja a modalidade do trabalho, não deve ser estipulado por período superior a um mês, salvo o que concerne a comissões, percentagens e gratificações*".

b) Salário por unidade de obra: É aquele que adota como critério de cômputo a produção alcançada pelo empregado. Calcula-se o salário com base no número de unidades produzidas pelo obreiro. O valor previamente fixado pelo empregador para cada unidade denomina-se "tarifa".

Esta modalidade salarial tende a ser adotada naquelas situações em que o empregador não exerce efetivo controle da jornada de trabalho do empregado, efetuando pagamento por meio de percentagens ou comissões.

Art. 7º, VII, da CF/1988: "*garantia de salário, nunca inferior ao mínimo, para os que percebem remuneração variável*". Esta garantia se refere ao salário mínimo mensal (ou normativo, se houver).

Art. 483, alínea "g", da CLT: "*O empregador reduzir o seu trabalho, sendo este por peça ou tarefa, de forma a alterar sensivelmente a importância dos salários*". Trata-se de hipótese de rescisão indireta do contrato de trabalho.

c) Salário-tarefa: É aquele que adota como parâmetro de cômputo uma combinação entre os critérios da unidade de tempo e de obra. Vincula-se a um determinado período de tempo, um montante mínimo de produção.

6. Modalidades

a) Salário básico (salário-base): É a contraprestação salarial fixa principal paga pelo empregador ao empregado. Submete-se à regra da periodicidade máxima mensal (art. 459 da CLT).

Possibilidade de pagamento de salário variável, assegurada a garantia do mínimo mensal (art. 7º, VII, da CF/1988). Ex: comissionistas puros.

b) Abono: É antecipação pecuniária efetuada pelo empregador ao empregado. São adiantamentos salariais concedidos pelo empregador.

Por se tratar de antecipação salarial, a jurisprudência vem assegurando à parcela todos os efeitos próprios ao salário básico. Uma vez concedido, não pode ser retirado do contrato pelo empregador.

Registrem-se alguns desvirtuamentos da expressão "abono". Ex: abono de férias ou pecuniário, abono constitucional e abono salarial do PIS/PASEP.

A jurisprudência vem exigindo que haja previsão expressa, no título jurídico concessor do abono, de compensação ou dedução em futuros reajustes legais ou normativos.

c) Adicional: É a parcela contraprestativa suplementar devida ao empregado pelo empregador, em razão da execução dos serviços em circunstâncias específicas mais gravosas.

Traduz, em regra, expressão pecuniária calculada através de percentagem sobre um parâmetro salarial. Tem nítida natureza contraprestativa.

Nos adicionais, aplica-se a noção de "salário condição", uma vez que não se mantêm vinculados ao contrato, podendo ser suprimidos se cessada a circunstância especial que ensejou o seu pagamento.

Recebido com habitualidade, integra, no período de percepção, o salário contratual obreiro para todos os fins (efeito expansionista circular).

Súmula nº 60, item I, do C. TST: "*O adicional noturno, pago com habitualidade, integra o salário do empregado para todos os efeitos*".

Os adicionais podem ser classificados em *legais* (abrangentes e restritos) e *convencionais*. Os *adicionais legais* são aqueles previstos em lei, enquanto os *convencionais* são instituídos em norma coletiva, ou criados pela vontade unilateral do empregador ou bilateral das partes.

Os *adicionais legais abrangentes* são aqueles que se aplicam a qualquer categoria de empregados, desde que existentes as circunstâncias que ensejam seu pagamento. Ex: adicional noturno, de horas extraordinárias, de periculosidade, de insalubridade e de transferência.

Os *adicionais legais restritos* são aqueles que se aplicam a categorias específicas de empregados. Ex: adicional por acúmulo de função (vendedores e radialistas).

Obs: Os denominados "adicionais de tempo de serviço" possuem, na verdade, a natureza de "gratificação", pois não se vinculam a circunstâncias específicas mais gravosas ao empregado.

d) Gratificação: É a parcela contraprestativa paga pelo empregador ao empregado em face de um evento ou circunstância considerada relevante pelo empregador (gratificação convencional) ou pela norma jurídica (gratificação normativa).

O fato ensejador da gratificação não é tido como gravoso ao empregado, tendendo a ser objetivo e externo à pessoa do trabalhador. Ex: gratificação de festas, semestrais, anuais, de fim de ano etc.

O pagamento habitual da gratificação produz a sua integração ao salário, independente da intenção de liberalidade afirmada no ato contratual instituidor (critério objetivo).

Súmula nº 152 do C. TST: "*O fato de constar do recibo de pagamento de gratificação o caráter de liberalidade não basta, por si só, para excluir a existência de ajuste tácito*".

Obs.: Na hipótese de gratificação normativa, eventuais vedações ou limites impostos pela norma jurídica instituidora deverão ser respeitados.

O décimo terceiro salário é exemplo típico de gratificação legal ou normativa. Trata-se de parcela contraprestativa paga pelo empregador ao obreiro, correspondente à remuneração devida em dezembro de cada ano ou no último mês contratual.

e) Comissão: É parcela contraprestativa paga pelo empregador ao empregado em virtude de produção alcançada pelo obreiro no contexto do contrato, tendo cálculo variável em relação a esta produção.

A comissão tem nítido caráter salarial, havendo divergências doutrinárias sobre seu efetivo enquadramento como salário por unidade de obra ou tipo de percentagem.

Obs.: A melhor doutrina posiciona a comissão com salário por unidade de obra, ajustando-a à idéia de *salário produção.*

A comissão pode ser utilizada como mecanismo exclusivo de remuneração (*comissionista puro*) ou vir associada a um pagamento salarial fixo mensal (*comissionista misto*).

Por se tratar de modalidade de salário variável, sujeita-se à regra do art. 7º, VII, da CF/1988, que assegura o pagamento de salário nunca inferior ao mínimo.

Por outro lado, é vedada, salvo negociação coletiva, a redução dos parâmetros de cálculo das comissões (art. 7º, VI, da CF/1988 – irredutibilidade salarial).

f) Prêmio: É parcela contraprestativa paga pelo empregador ao empregado em face de evento ou circunstância considerada relevante pelo empregador e vinculada à conduta individual ou coletiva dos trabalhadores da empresa.

Este fato ensejador do prêmio tende a ser favorável ao obreiro e vinculado à sua conduta individual ou coletiva, o que o distingue dos adicionais e das gratificações. Ex: produção, produtividade, zelo, assiduidade etc.

Trata-se de parcela salarial atípica, posto que não foi absorvida pela norma jurídica estatal, tendo sido instituída pela normatividade autônoma.

Sendo salário condição, o pagamento do prêmio pode ser suprimido caso desaparecidas as circunstâncias propiciadoras de sua incidência. O que não pode ser suprimida é a cláusula contratual instituidora do prêmio, nos termos do art. 468 da CLT.

Uma vez pago com habitualidade, o prêmio produz o efeito expansionista circular próprio dos salários (repercussão em outras verbas contratuais).

7. Salário-utilidade (salário *in natura*)

A ordem jurídica trabalhista autoriza o pagamento de parte do salário em bens ou serviços (utilidades), instituindo o chamado "salário-utilidade" ou "salário *in natura*".

> Art. 458, *caput*, da CLT: *Além do pagamento em dinheiro, compreende-se no salário, para todos os efeitos legais, a alimentação, habitação, vestuário ou outras prestações* in natura *que a empresa, por força do contrato ou do costume, fornecer habitualmente ao empregado. Em caso algum será permitido o pagamento com bebidas alcoólicas ou drogas nocivas.*

Nem todos os bens e serviços fornecidos pelo empregador ao empregado no decorrer do contrato de trabalho possuem natureza salarial (salário-utilidade), sendo necessária a presença de alguns requisitos essenciais.

7.1. Caracterização

Primeiro requisito: A habitualidade do fornecimento, que corresponde à idéia de repetição uniforme em certo período de tempo. O fornecimento esporádico de determinada utilidade não configura salário *in natura*.

Este fornecimento habitual de bens e serviços pode restar expressamente pactuado entre as partes ("por força do contrato") ou decorrer de prática usual do empregador ("do costume").

Segundo requisito: O caráter contraprestativo do fornecimento, que corresponde à idéia de retribuição pelo trabalho executado. A utilidade deve ser fornecida *pelo trabalho*, e não *para o trabalho*, quando neste último caso vincula-se à própria viabilização ou aperfeiçoamento do serviço.

> Súmula nº 367, item I, do C. TST: A habitação, a energia elétrica e veículo fornecidos pelo empregador ao empregado, quando indispensáveis para a realização do trabalho, não têm natureza salarial, ainda que, no caso de veículo, seja ele utilizado pelo empregado também em atividades particulares.

Não constituirá salário *in natura* a utilidade fornecida pelo empregador ao empregado para viabilização da prestação dos serviços, nem o fornecimento de bebidas alcoólicas ou drogas nocivas.

Súmula nº 367, item II, do C. TST: "*O cigarro não se considera salário utilidade em face de sua nocividade à saúde*".

Não terá caráter retributivo o fornecimento de utilidades em cumprimento a dever legal do empregador. Ex: equipamento de proteção individual e serviços de saúde e educação.

A norma jurídica (autônoma ou heterônoma) pode excluir a natureza salarial de determinadas utilidades.

> Art. 458, § 2º, da CLT: *Para os efeitos previstos neste artigo, não serão consideradas como salário as seguintes utilidades concedidas pelo empregador: I – vestuários, equipamentos e outros acessórios fornecidos aos empregados e utilizados no local de trabalho, para a prestação do serviço; II – educação, em estabelecimento de ensino próprio ou de terceiros, compreendendo os valores relativos a matrícula, mensalidade, anuidade, livros e material didático; III – transporte destinado ao deslocamento para o trabalho e retorno, em percurso servido ou não por transporte público; IV – assistência médica, hospitalar e odontológica, prestada diretamente ou mediante seguro-saúde; V – seguros de vida e de acidentes pessoais; VI – previdência privada.*

Terceiro requisito (controvertido): A onerosidade unilateral da utilidade, que corresponde à idéia de que o fornecimento da utilidade não pode contar com a participação econômica do empregado.

Crítica: Possibilidade de coação ou simulação trabalhista.

7.2. Valor da utilidade

São atribuídos pela ordem jurídica trabalhista critérios objetivos à fixação dos valores das utilidades de natureza salarial fornecidas ao empregado.

Primeiro critério: O montante salarial pago em utilidades não pode superar 70% do salário, caso o empregado perceba o mínimo legal (art. 82, parágrafo único, da CLT).

O empregado deve receber, em pecúnia, ao menos 30% do salário mínimo.

Segundo critério: para o empregado que recebe salário mínimo, o valor atribuído a cada utilidade fornecida não pode ultrapassar o percentual legal de referência fixado a este salário mínimo (arts. 81, 82 e 458, § 1º, da CLT).

Terceiro critério: para o empregado que recebe salário superior ao mínimo legal, o valor atribuído a cada utilidade deve ser o real, respeitados os percentuais normativos aplicáveis ao correspondente salário contratual.

Art. 458, § 3º, da CLT: *A habitação e a alimentação fornecidas como salário-utilidade deverão atender aos fins a que se destinam e não poderão exceder, respectivamente, a 25% (vinte e cinco por cento) e 20% (vinte por cento) do salário contratual.*

Súmula nº 258 do C. TST: "*Os percentuais fixados em lei relativos ao salário in natura apenas se referem às hipóteses em que o empregado percebe salário mínimo, apurando-se, nas demais, o real valor da utilidade*".

Aplicação dos limites previstos no art. 458, § 3º, da CLT, os quais incidem sobre o salário contratual do empregado.

7.3. Trabalho rural – Especificidades do salário-utilidade

Segundo a norma prevista no art. 9º da Lei nº 5.889/1973:

> *Salvo as hipóteses de autorização legal ou decisão judiciária, só poderão ser descontadas do empregado rural as seguintes parcelas, calculadas sobre o salário mínimo: a) até o limite de 20% (vinte por cento) pela ocupação da morada; b) até o limite de 25% (vinte por cento) pelo fornecimento de alimentação sadia e farta, atendidos os preços vigentes na região; c) adiantamentos em dinheiro*".

A primeira especificidade consiste no rol taxativo para fornecimento salarial de utilidades, não autorizando que outras utilidades compreendam o salário do empregado rural, para todos os efeitos.

A segunda especificidade consiste no fato de o valor de integração ao salário das duas utilidades mencionadas somente poder ser calculado sobre o salário mínimo, independente do valor real do bem ou do salário contratual recebido pelo obreiro.

A terceira especificidade consiste na exigência de que as deduções em face do fornecimento da utilidade sejam previamente autorizadas, sem a qual serão nulas de pleno direito (art. 9º, § 1º, da Lei nº 5.889/1973).

A quarta especificidade decorre do disposto no § 5º do art. 9º da Lei nº 5.889/1973, introduzido pela Lei nº 9.300/1996:

> *A cessão pelo empregador, de moradia e de sua infra-estrutura básica, assim, como, bens destinados à produção para sua subsistência e de sua família, não integram o salário do trabalhador rural, desde que caracterizados como tais, em contrato escrito celebrado entre as partes, com testemunhas e notificação obrigatória ao respectivo sindicato de trabalhadores rurais.*

A Lei nº 9.300/1996, apesar de produzir efeito imediato, não pode retroagir, devendo ser respeitadas as situações jurídicas já consolidadas, a teor do art. 5º, XXXVI, da CF/1988.

8. Sistemas de garantias salariais

8.1. Meios de tutela do valor do salário

a) Irredutibilidade salarial: Impossibilidade de redução do valor nominal do salário, salvo negociação coletiva (art. 7º, VI, da CF/1988).

É corolário do princípio da inalterabilidade contratual lesiva ao empregado (art. 468 da CLT).

As reduções salariais diretas (diminuição nominal de salários) e indiretas (redução da jornada ou do serviço, com redução salarial) podem ensejar a rescisão indireta do contrato de trabalho (art. 483, *d* e *g*, da CLT).

b) Correção automática de salários: Buscava assegurar a preservação do valor real dos salários no contexto econômico inflacionário. Conhecida como *escala móvel de salários*.

A partir de 1994, com o advento do Plano Real, iniciou-se a implementação de política de desindexação de preços e salários.

No sistema atual, ocorre a revisão anual dos salários na data-base de cada categoria, por meio de negociação coletiva. Inexistência de legislação estatal estabelecendo índice obrigatório de reajuste salarial.

c) Patamar salarial mínimo obrigatório: Para o conjunto do mercado de trabalho (salário mínimo legal), para certas categorias profissionais (salários normativo e convencional) e para determinadas profissões regulamentadas por lei específica (salário profissional).

Proporcionalidade – OJ nº 358 da SBDI-1 do C. TST: "*Havendo contratação para cumprimento de jornada reduzida, inferior à previsão constitucional de oito horas diárias ou quarenta e quatro semanais, é lícito o pagamento do piso salarial ou do salário mínimo proporcional ao tempo trabalhado*".

8.2. Meios de tutela contra abusos do empregador

8.2.1. Critérios do pagamento do salário

a) Tempo de pagamento

Conforme preceitua o art. 459, *caput*, da CLT: *O pagamento do salário, qualquer que seja a modalidade do trabalho, não deve ser estipulado por período superior a um mês, salvo no que concerne a comissões, percentagens e gratificações.*

O limite temporal máximo envolve não somente o prazo para pagamento do salário, como também o critério temporal máximo para seu cálculo (hora, dia ou mês).

Essa periodicidade máxima atinge o salário básico e os adicionais legais, não se aplicando às comissões, percentagens e gratificações. Vide o disposto no art. 466 da CLT.

Por sua vez, estabelece o art. 459, parágrafo único, da CLT: *Quando o pagamento houver sido estipulado por mês, deverá ser efetuado, o mais tardar, até o quinto dia útil do mês subseqüente ao vencido.*

b) Lugar do pagamento

Dispõe o art. 465 da CLT: *O pagamento dos salários será efetuado em dia útil e no local do trabalho, dentro do horário do serviço ou imediatamente após o encerramento deste, salvo quando efetuado por depósito em conta bancária, observado o disposto no artigo anterior.*

Essa regra não é absoluta, havendo modalidades de quitação válidas que acarretem o pagamento para fora do local de trabalho. Nesse sentido, cite-se o art. 3º, II, da Convenção nº 95 da OIT (ratificada pelo Decreto nº 41.721/1957):

> *(...) autoridade competente poderá permitir ou prescrever o pagamento do salário em cheque ou vale postal, quando esse modo de pagamento for prática corrente ou necessária, em razão de circunstâncias especiais, quando uma convenção coletiva ou uma sentença arbitral o determinar, ou quando, apesar de tais disposições, o trabalhador interessado o consentir.*

Desta forma, é possível o pagamento por meio de depósito em conta corrente (arts. 464, parágrafo único, e 465, parte final, da CLT) ou até mesmo por cheque, desde que não reste prejudicada a funcionalidade do pagamento sob a ótica do empregado.

Para que o pagamento do salário possa ser feito por meio de cheque é necessário que a empresa esteja situada no perímetro urbano e o empregador proporcione ao empregado: horário que permita o desconto imediato do cheque; o pagamento de qualquer despesa para o recebimento do salário, inclusive de transporte e tempo suficiente para o recebimento do salário (art. 2º, *a* a *c*, da Portaria nº 3.281/1984 do Ministério do Trabalho e Emprego).

Sendo analfabeto o empregado, somente é admitido o pagamento em dinheiro (art. 1º, parte final, da Portaria nº 3.281/1984 do MTE).

c) Meio de pagamento

Preconiza o art. 463, *caput*, da CLT: *A prestação em espécie do salário será* paga em moeda corrente *do País*.

De acordo com a norma prevista no parágrafo único deste mesmo artigo: *O pagamento do salário realizado com inobservância deste* artigo considera-se como não feito.

Como regra geral, somente é válido o pagamento do salário em moeda nacional, sendo nulo o pagamento em metal ou moeda estrangeira.

Existem normas excepcionais que autorizam apenas a indexação em moeda estrangeira em casos específicos, mas o efetivo pagamento deve ser feito em moeda nacional.

Por outro lado, é vedada a prática do sistema do *truck system* (regime de servidão por dívidas), em que ocorre vinculação automática do salário a armazéns ou sistemas de fornecimento de mercadorias (art. 462, §§ 2º a 4º, da CLT).

Também é possibilitado o pagamento em utilidades (salário-utilidade ou salário *in natura*), desde que respeitado o limite mínimo de 30% do salário mínimo em espécie.

Reza o art. 464, *caput*, da CLT: *O pagamento do salário deverá ser efetuado contra recibo, assinado pelo empregado; em se tratando de analfabeto, mediante sua impressão digital, ou, não sendo esta possível, a seu rogo.*

Em regra, o pagamento do salário deve ser efetuado diretamente ao empregado, e não a mandatário, salvo na hipótese de impossibilidade de recebimento, e desde que o respectivo procurador não seja também credor do obreiro.

A quitação do salário deve ser dada por escrito, por meio de recibo, salvo se o empregado for analfabeto, quando se dará mediante impressão digital ou a seu rogo.

Ressalte-se, ainda, que, por força da disposição contida no art. 464, parágrafo único, da CLT: *Terá força de recibo o comprovante de depósito em conta bancária, aberta para esse fim em nome de cada empregado, com o consentimento deste, em estabelecimento de crédito próximo ao local de trabalho.*

8.2.2. Irredutibilidade salarial

> É vedada a redução do valor nominal do salário, salvo negociação coletiva (art. 7º, VI, da CF/1988).

8.2.3. Intangibilidade salarial

O art. 462, *caput*, da CLT dispõe: *Ao empregador é vedado efetuar qualquer desconto nos salários do empregado, salvo quando este resultar de adiantamentos, de dispositivos de lei ou de contrato coletivo.*

Este dispositivo disciplina a intangibilidade salarial, obstando descontos abusivos por parte do empregador no salário do empregado. Em razão da natureza alimentar ou subsistencial do salário, deve ser assegurada ao empregado a liberdade de dispor deste, elegendo as prioridades no tocante à satisfação das necessidades pessoais e de seus familiares.

Contudo, em caso de dano causado pelo empregado, o desconto será lícito, desde que esta possibilidade tenha sido previamente acordada entre as partes, ou na ocorrência de dolo (art. 462, § 1º, da CLT).

Como exemplo da concretização do princípio da intangibilidade salarial pela jurisprudência, podemos citar o entendimento abaixo sumulado.

> Súmula nº 342 do C. TST: Descontos salariais efetuados pelo empregador, com a autorização prévia e por escrito do empregado, para ser integrado em planos de assistência odontológica, médico-hospitalar, de seguro, de previdência privada, ou de entidade cooperativa, cultural ou recreativo-associativa de seus trabalhadores, em seu benefício e de seus dependentes, não afrontam o disposto no art. 462 da CLT, salvo se ficar demonstrada a existência de coação ou de outro defeito que vicie o ato jurídico.

8.3. Meios de tutela contra credores do empregador:

8.3.1. Ampliação da responsabilidade trabalhista

O Direito do Trabalho busca encontrar mecanismos de ampliação das garantias dos créditos trabalhistas por além do patrimônio do empregador.

A responsabilidade solidária atinge empresas pertencentes ao mesmo grupo econômico, nos termos dos arts. 2º, § 2º, da CLT e 3º, § 2º, da Lei nº 5.889/1973. Vide Súmula nº 129 do C. TST ("empregador único").

Os sócios também podem responder com seus bens pessoais pelas dívidas trabalhistas:

a) seja pela "desconsideração da personalidade jurídica", com base nos arts. 50 do Código Civil e 28 da Lei nº 8.078/1990, nos casos de abuso e desvio de finalidade;
b) seja em razão da própria natureza da sociedade empresarial, como ocorre com os sócios das sociedades em nome coletivo (responsabilidade ilimitada e solidária pelas obrigações sociais – art. 1.039 do Código Civil) e com os sócios comanditados nas sociedades em comandita simples (responsabilidade ilimitada e solidária pelas obrigações sociais – art. 1.045, primeira parte, do Código Civil).

A responsabilidade pelos créditos trabalhistas também pode alcançar terceiro estranho à relação de emprego, mas que tenha sido o beneficiário real da força de trabalho do empregado.

Exemplos:

a) A responsabilidade solidária (ou subsidiária) do empreiteiro principal nos contratos de subempreitada, nos termos do art. 455 da CLT.
b) A responsabilidade solidária do tomador dos serviços no caso de falência da empresa de trabalho temporário, nos termos do art. 16 da Lei nº 6.019/1974.

Obs.: A norma acima apontada não afasta a aplicação do disposto no item IV da Súmula nº 331 do C. TST, posto se tratar de modalidade de terceirização temporária.

c) A responsabilidade subsidiária do tomador dos serviços, nas terceirizações lícitas, nos termos do item IV da Súmula nº 331 do C. TST.

Exceção: O dono da obra não responde pelas dívidas do empreiteiro, salvo se empresa construtora ou incorporadora (OJ nº 191 da SBDI-1 do C. TST).

Obs.: Nas terceirizações ilícitas, o tomador dos serviços tem responsabilidade direta pelo pagamento dos créditos trabalhistas, em razão de ser o verdadeiro sujeito passivo da relação de emprego (empregador). Admite-se, ainda, com base no art. 942 do Código Civil, a responsabilidade solidária do ente intermediador, em razão da fraude praticada.

8.3.2. Tutela na concordata do empregador

Disciplina o art. 449, *caput*, da CLT: *Os direitos oriundos da existência do contrato de trabalho subsistirão em caso de falência, concordata ou dissolução da empresa.*

A concordata somente atingia os créditos quirografários, ampliando o prazo de pagamento e reduzindo o custo financeiro regular. Os créditos trabalhistas não sofriam a incidência dos favores da concordata.

A Lei nº 11.101/2005, em substituição à concordata, instituiu a recuperação judicial ou extrajudicial da empresa.

A recuperação extrajudicial, assim como a antiga concordata, não afeta os direitos trabalhistas e acidentários dos empregados (arts. 83, 161, § 1º e 163, § 3º, da Lei nº 11.101/2005).

A recuperação judicial, ao contrário, pode afetar os direitos trabalhistas dos empregados, conforme se depreende dos seguintes dispositivos legais:

> Art. 50, *caput* e incisos I, VII e VIII, da Lei nº 11.101/2005: *Constituem meios de recuperação judicial, observada a legislação pertinente a cada caso, dentre outros: I – concessão de prazos e condições especiais para pagamento das obrigações vencidas ou vincendas; (...) VII – trespasse ou arrendamento de estabelecimento, inclusive à sociedade constituída pelos próprios empregados; VIII – redução salarial, compensação de horários e redução da jornada, mediante acordo ou convenção coletiva.*

Art. 54, *caput*, da Lei nº 11.101/2005: *O plano de recuperação judicial não poderá prever prazo superior a 1 (um) ano para pagamento dos créditos derivados da legislação do trabalho ou decorrentes de acidentes de trabalho vencidos até a data do pedido de recuperação judicial.*

Art. 54, parágrafo único, da Lei nº 11.101/2005: *O plano não poderá, ainda, prever prazo superior a 30 (trinta) dias para o pagamento, até o limite de 5 (cinco) salários-mínimos por trabalhador, dos créditos de natureza estritamente salarial vencidos nos 3 (três) meses anteriores ao pedido de recuperação judicial.*

8.3.3. Tutela na falência do empregador

A falência provoca a abertura de um concurso universal de credores contra o patrimônio do empregador.

Na hierarquia de créditos, os créditos acidentários e trabalhistas sempre se situaram no topo da ordem hierárquica do quadro geral de credores.

No entanto, a Lei nº 11.101/2005 instituiu um teto à prevalência hierárquica dos créditos derivados da legislação do trabalho.

Art. 83, *caput* e inciso I, da Lei nº 11.101/2005: *A classificação dos créditos na falência obedece à seguinte ordem: I – os créditos derivados da legislação do trabalho, limitados a 150 (cento e cinqüenta) salários mínimos por credor, e os decorrentes de acidentes de trabalho.*

A jurisprudência majoritária sempre se inclinou pela competência da Justiça do Trabalho até a fase de liquidação, deslocando-se a execução para o Juízo Falimentar.

Art. 6º, § 2º, da Lei nº 11.101/2005: *É permitido pleitear, perante o administrador judicial, habilitação, exclusão ou modificação de créditos derivados da relação de trabalho, mas as ações de natureza trabalhista, inclusive as impugnações a que se refere o art. 8º desta Lei, serão processadas perante a justiça especializada até a apuração do respectivo crédito, que será inscrito no quadro-geral de credores pelo valor determinado em sentença.*

Obs.: A liquidação extrajudicial de instituições financeiras, por conduzida pelo Banco Central do Brasil, não enseja controvérsia acerca de competência, sendo direta a execução de créditos trabalhistas contra estas empresas, nos termos da OJ nº 143 da SBDI-1 do C. TST.

8.4. Meios de tutela contra credores do empregado

8.4.1. Impenhorabilidade do salário

O art. 649, *caput*, IV, e § 2º do CPC assegura a impenhorabilidade absoluta do salário, ressalvada a penhora para pagamento de prestação alimentícia. Esta exceção perfeitamente se justifica pela natureza também subsistencial dos respectivos alimentos.

Deste modo, as verbas salariais não podem sofrer constrição judicial, excetuada a satisfação de pensão alimentícia.

8.4.2. Restrições à compensação

Existem duas dimensões de restrições à compensação no âmbito da relação de emprego:

a) De caráter absoluto: Inviabilidade de compensação de créditos laborais com dívidas não trabalhistas.

Súmula nº 18 do C. TST: "*A compensação, na Justiça do Trabalho, está restrita a dívidas de natureza trabalhista*".

b) De caráter relativo: Limitação quantitativa da compensação entre créditos e débitos do empregado em relação ao mesmo empregador.

Art. 477, § 5º, da CLT: "*Qualquer compensação no pagamento de que trata o parágrafo anterior não poderá exceder o equivalente a um mês de remuneração do empregado*".

Ressalte-se que a compensação é matéria de defesa, só podendo ser argüida na contestação, nos termos do art. 767 da CLT e da Súmula nº 48 do C. TST.

Art. 767 da CLT: "A compensação, ou retenção, só poderá ser argüida como matéria de defesa".

Súmula nº 48 do C. TST: "A compensação só poderá ser argüida com a contestação".

8.4.3. Critério de correção monetária

A correção monetária se aplica sobre todos os créditos trabalhistas, com vistas à preservação de seu valor real.

a) Quanto aos créditos trabalhistas do empregado:

> Súmula nº 211 do C. TST: Os juros de mora e a correção monetária incluem-se na liquidação, ainda que omisso o pedido inicial ou a condenação.
> Súmula nº 304 do C. TST: Os débitos trabalhistas das entidades submetidas aos regimes de intervenção ou liquidação extrajudicial estão sujeitos a correção monetária desde o respectivo vencimento até seu efetivo pagamento, sem interrupção ou suspensão, não incidindo, entretanto, sobre tais débitos, juros de mora. (Vide art. 46 do ADCT da CF/1988).

b) Quanto aos débitos trabalhistas do empregado:

Súmula nº 187 do C. TST: "*A correção monetária não incide sobre o débito do trabalhador reclamante*".

No caso de compensação de débitos trabalhistas do empregado em processo judicial, atualiza-se apenas o saldo favorável ao trabalhador, se houver.

8.4.4. Inviabilidade da cessão do salário

Outro mecanismo de proteção jurídica do salário do empregado com relação a seus credores é a inviabilidade da cessão do crédito salarial por parte do obreiro.

O salário deve ser pago diretamente ao empregado, nos termos do art. 464 da CLT, ressalvada a possibilidade de depósito bancário (parágrafo único do mesmo art.).

Obs.: Este mecanismo de proteção salarial vem sendo flexibilizado, na atualidade, pela permissividade de descontos em folha de pagamento de empréstimos realizados pelo obreiro junto a instituições financeiras.

9. Equiparação salarial

9.1. Conceito

O princípio da não-discriminação veda o tratamento salarial diferenciado entre empregados que exerçam as mesmas funções, cumprindo trabalho de igual valor, na mesma localidade, para o mesmo empregador.

A equiparação salarial consiste na figura jurídica que assegura a identidade de salários entre obreiros que exerçam, simultaneamente, funções idênticas, desempenhando trabalho de igual valor, na mesma localidade, para o mesmo empregador.

9.2. Denominações

Em matéria de equiparação salarial é comum a utilização de expressões peculiares ao tema, cujo conhecimento deve preceder o estudo da disciplina.

Denomina-se "equiparando" o empregado que veicula a pretensão equiparatória. É o trabalhador que pede a equiparação de salário em relação a outro empregado.

Por sua vez, chama-se "paradigma", "modelo" ou "espelho" o empregado em face de quem se pretende a equiparação salarial. Em suma, é o trabalhador ao qual se compara.

Finalmente, os "paragonados" ou "comparados" são ambos os empregados envolvidos no pleito equiparatório, compreendendo o equiparando e o respectivo paradigma, modelo ou espelho.

9.3. Requisitos ou fatos constitutivos da equiparação salarial

Segundo o art. 461, *caput*, da CLT: "*Sendo idêntica a função, a todo trabalho de igual valor, prestado ao mesmo empregador, na mesma localidade, corresponderá igual salário, sem distinção de sexo, nacionalidade ou idade*".

São quatro os requisitos da equiparação salarial, os quais constituem fatos constitutivos do direito:

a) **Primeiro requisito**: A identidade de funções. As funções exercidas pelos empregados devem ser idênticas, independentemente da nomenclatura dos respectivos cargos.

Entende-se como função o conjunto de tarefas, de atribuições, de poderes e atos materiais concretos.

De acordo com o entendimento contido na Súmula nº 6, item III, do C. TST: "*A equiparação salarial só é possível se o empregado e o paradigma exercerem a mesma função, desempenhando as mesmas tarefas, não importando se os cargos têm, ou não, a mesma denominação*".

b) **Segundo requisito**: A identidade de empregador. Os empregados devem prestar serviços para o mesmo empregador.

Para a corrente que adota a responsabilidade dual dos entes integrantes de grupo econômico (Súmula nº 129 do C. TST), é perfeitamente viável a equiparação salarial entre obreiros contratados por diferentes empresas do mesmo grupo econômico, desde que presentes os requisitos previstos no art. 461 da CLT.

c) **Terceiro requisito**: A identidade de localidade. Os empregados devem executar o trabalho na mesma localidade.

Conforme o posicionamento consubstanciado na Súmula nº 6, item X, do C. TST: "*O conceito de 'mesma localidade' de que trata o art. 461 da CLT refere-se, em princípio, ao mesmo município, ou a municípios distintos que, comprovadamente, pertençam à mesma região metropolitana*".

d) **Quarto requisito**: A simultaneidade no exercício das funções. Os empregados devem ter laborado, simultaneamente, nas mesmas funções. Deve ter havido contemporaneidade no exercício das funções pelos empregados comparados.

Preconiza a Súmula nº 6, item IV, do C. TST: "*É desnecessário que, ao tempo da reclamação sobre equiparação salarial, reclamante e paradigma estejam a serviço do estabelecimento, desde que o pedido se relacione com situação pretérita*".

9.4. Fatos modificativos da equiparação salarial

Preceitua o art. 461, § 1º, da CLT: "*Trabalho de igual valor, para os fins deste Capítulo, será o que for feito com igual produtividade e com a mesma perfeição técnica, entre pessoas cuja diferença de tempo de serviço não for superior a dois anos*".

São dois os fatos modificativos do direito à equiparação salarial:

a) **Primeiro fato**: Diferença de produtividade. Os empregados comparados devem apresentar igual produtividade.

Enquanto a produção se refere ao montante do trabalho efetuado pelo empregado (valor absoluto), a produtividade traduz o índice de intensidade laborativa do trabalhador em determinado tempo (valor relativo).

Quando o salário tiver sido ajustado por unidade de obra, somente será viável a apreciação do pedido de equiparação salarial, caso tenha havido tratamento discriminatório relativo ao preço unitário das peças produzidas.

b) **Segundo fato**: Diferença de perfeição técnica. Os empregados comparados devem desempenhar suas atribuições com a mesma perfeição técnica. Trata-se de critério qualitativo de aferição do trabalho.

9.5. Fatos impeditivos da equiparação salarial

São três os fatos impeditivos do direito à equiparação salarial:

a) **Primeiro fato**: Diferença de tempo de serviço superior a dois anos. Os empregados comparados não podem ter diferença de tempo de serviço superior a dois anos. A diferença de tempo de serviço a ser aferida não é no empregado, mas na função.

Segundo o disposto na Súmula nº 6, item II, do C. TST: "*Para efeito de equiparação de salários em caso de trabalho igual, conta-se o tempo de serviço na função e não no emprego*".

b) **Segundo fato**: Existência de quadro de carreira homologado. A existência de quadro de carreira devidamente homologado pelo Ministério do Trabalho e Emprego na empresa privada, ou pelo órgão administrativo competente nas empresas vinculadas à Administração Pública, prevendo promoções alternadas por merecimento e antiguidade, inviabiliza o pedido de equiparação salarial.

Nos termos do art. 461, § 2º, da CLT: "*Os dispositivos deste artigo não prevalecerão quando o empregador tiver pessoal organizado em quadro de carreira, hipótese em que as promoções deverão obedecer aos critérios de antiguidade e merecimento*".

Por sua vez, estabelece o art. 461, § 3º, da CLT: "No caso do parágrafo anterior, as promoções deverão ser feitas alternadamente por merecimento e por antiguidade, dentro de cada categoria profissional".

Neste sentido, corroborando o acima exposto, a Súmula nº 6, item I, do C. TST:

> Para os fins previstos no § 2º do art. 461 da CLT, só é válido o quadro de pessoal organizado em carreira quando homologado pelo Ministério do Trabalho, excluindo-se, apenas, dessa exigência o quadro de carreira das entidades de direito público da administração direta, autárquica e fundacional aprovado por ato administrativo da autoridade competente.

Desta forma, o quadro de carreira, para consistir em óbice ao pleito de equiparação salarial, deve satisfazer dois requisitos: um formal e outro substancial.

O requisito formal corresponde à homologação administrativa. Nas empresas privadas, pelo Ministério do Trabalho e Emprego. Nas empresas vinculadas à Administração Pública, pelo órgão administrativo competente.

O requisito substancial ou material corresponde à instituição, dentro de cada categoria ou classe profissional, de uma sistemática de promoções alternadas por merecimento e antiguidade.

É fundamental que o quadro de carreira estabeleça efetivos mecanismos impessoais de promoções alternadas por merecimento e antiguidade.

Como se sabe, as promoções podem ser: horizontal (ocorre dentro da mesma categoria ou classe) e vertical (deslocamento para categoria ou classe superior – ascensão funcional).

A existência de Plano de Cargos e Salários (PCS) ou de Quadro de Carreira que não atenda esses requisitos não constitui fato impeditivo do direito à equiparação salarial.

Registre-se, todavia, que a Justiça do Trabalho é competente para apreciar reclamação de empregado que tenha por objeto direito fundado em quadro de carreira (Súmula nº 19 do C. TST).

Assim sendo, apesar de o quadro de pessoal organizado em carreira, aprovado pelo órgão competente, inviabilizar a pretensão de equiparação salarial, não obsta reclamação trabalhista fundada em preterição, enquadramento ou reclassificação. Neste sentido, inclusive, o entendimento da Súmula nº 127 do C. TST.

Por outro lado, o simples desvio funcional do empregado não gera direito a novo enquadramento, mas apenas às diferenças salariais respectivas, mesmo que o desvio de função haja iniciado antes da vigência da CF/1988 (OJ nº 125 da SBDI-1 do C. TST).

Com relação à prescrição aplicável, na ação de equiparação salarial, a prescrição é parcial e só alcança as diferenças salariais vencidas no período de cinco anos que precedeu o ajuizamento (Súmula nº 6, item IX, do C. TST). Na ação que objetive corrigir desvio funcional, a prescrição também só alcança as diferenças salariais vencidas no período de cinco anos que precedeu o ajuizamento (Súmula nº 275, item I, do C. TST). Já, em se tratando de pedido de reenquadramento, a prescrição é total, contada da data do enquadramento do empregado (Súmula nº 275, item II, do C. TST).

c) **Terceiro fato**: Empregado em readaptação funcional como paradigma. O empregado que tiver sido readaptado em nova função, em razão de deficiência física ou psíquica, não pode ser paradigma para pedido de equiparação salarial.

É o que se depreende da norma prevista no art. 461, § 4º, da CLT: "*O trabalhador readaptado em nova função por motivo de deficiência física ou mental atestada pelo órgão competente da Previdência Social não servirá de paradigma para fins de equiparação salarial*".

9.6. Distribuição do ônus da prova

Cabe ao autor a prova dos fatos constitutivos do direito à equiparação salarial (requisitos) e ao réu a prova dos fatos modificativos, impeditivos e extintivos. Trata-se da aplicação da inteligência dos arts. 818 da CLT e 333, incisos I e II, do CPC.

Consoante o entendimento contido na Súmula nº 6, item VIII, do C. TST: "*É do empregador o ônus da prova do fato impeditivo, modificativo ou extintivo da equiparação salarial*".

9.7. Equiparação salarial – Outros temas – Jurisprudência uniformizada

a) Cessão de empregados – Súmula nº 6, item V, do C. TST: "*A cessão de empregados não exclui a equiparação salarial, embora exercida a função em órgão governamental estranho à cedente, se esta responde pelos salários do paradigma e do reclamante*".
b) Decisão judicial favorável ao paradigma – Súmula nº 6, item VI, do C. TST: "*Presentes os pressupostos do art. 461 da CLT, é irrelevante a circunstância de que o desnível salarial tenha origem em decisão judicial que beneficiou o paradigma, exceto se decorrente de vantagem pessoal ou de tese jurídica superada pela jurisprudência de Corte Superior*".
c) Trabalho intelectual – Súmula 6ª, item VII, do C. TST: "*Desde que atendidos os requisitos do art. 461 da CLT, é possível a equiparação salarial de trabalho intelectual, que pode ser avaliado por sua perfeição técnica, cuja aferição terá critérios objetivos*".

Capítulo XVII

INTERRUPÇÃO E SUSPENSÃO DO CONTRATO DE TRABALHO

1. Conceito

Interrupção contratual é a sustação provisória da principal obrigação do empregado no contexto da relação de emprego (prestação de serviços e disponibilidade ao empregador). Trata-se de sustação restrita e unilateral dos efeitos contratuais trabalhistas.

Suspensão contratual é a sustação provisória dos principais efeitos do contrato de trabalho, em virtude de um fato juridicamente relevante. Trata-se de sustação ampliada e recíproca dos efeitos contratuais trabalhistas.

2. Caracterização

2.1. Suspensão do contrato de trabalho

No período de suspensão do contrato de trabalho, ambas as partes têm a ampla maioria de suas respectivas prestações contratuais sem eficácia.

Durante a suspensão contratual praticamente todas as cláusulas contratuais perdem a eficácia: não se presta serviços, não se paga salário, não se computa o tempo de serviço e não se efetuam os recolhimentos relacionados ao contrato.

2.2. Interrupção do contrato de trabalho

Durante a interrupção contratual, o contrato de trabalho permanece em plena vigência, exceto no tocante à prestação dos serviços e disponibilidade obreira.

A interrupção ou suspensão parcial abrange apenas a cláusula de prestação de serviços (e disponibilidade do empregado), permanecendo em vigor todas as demais cláusulas contratuais.

As obrigações do empregador mantêm-se em sua plenitude. Não se presta serviços, mas se paga salário e se computa o tempo de serviço.

3. Suspensão – Tipificação

3.1. Causas independentes da vontade do empregado

a) Afastamento previdenciário, por motivo de doença, a partir do décimo sexto dia (auxílio-doença), nos termos do art. 476 da CLT.

Art. 476 da CLT: "*Em caso de seguro-doença ou auxílio-enfermidade, o empregado é considerado em licença não remunerada, durante o prazo desse benefício*".

b) Afastamento previdenciário em razão de acidente de trabalho, a partir do décimo sexto dia (auxílio-doença acidentário), conforme também o disposto no art. 476 da CLT.

c) Aposentadoria por incapacidade, nos termos do art. 475 da CLT.

Art. 475, *caput*, da CLT: "*O empregado que for aposentado por invalidez terá suspenso o seu contrato de trabalho durante o prazo fixado pelas leis de previdência social para a efetivação do benefício*".

Art. 475, § 1º, da CLT:

> *Recuperando o empregado a capacidade de trabalho e sendo a aposentadoria cancelada, ser-lhe-á assegurado o direito à função que ocupava ao tempo da aposentadoria, facultado, porém, ao empregador, o direito de indenizá-lo por rescisão do contrato de trabalho, nos termos dos arts. 477 e 478, salvo na hipótese de ser ele portador de estabilidade, quando a indenização deverá ser paga na forma do art. 497.*

Súmula nº 160 do C. TST: "Cancelada a aposentadoria por invalidez, mesmo após cinco anos, o trabalhador terá direito de retornar ao emprego, facultado, porém, ao empregador, indenizá-lo na forma da lei".

d) Para prestação de serviço militar ou cumprimento de encargo público obrigatório, nos termos dos arts. 4, parágrafo único, 472, *caput* e § 1º, e 483, § 1º, da CLT.

Art. 472, *caput*, da CLT: "*O afastamento do empregado em virtude das exigências do serviço militar, ou de outro encargo público, não constituirá motivo para alteração ou rescisão do contrato de trabalho por parte do empregador*".

> Art. 472, § 1º, da CLT: *Para que o empregado tenha direito a voltar a exercer o cargo do qual se afastou em virtude de exigências do serviço militar ou de encargo público, é indispensável que notifique o empregador dessa intenção, por telegrama ou carta registrada, dentro do prazo máximo de 30 (trinta) dias, contados da data em que se verificar a respectiva baixa ou a terminação do encargo a que estava obrigado.*

Art. 483, § 1º, da CLT: "*O empregado poderá suspender a prestação dos serviços ou rescindir o contrato, quando tiver de desempenhar obrigações legais, incompatíveis com a continuação do serviço.*

Obs.: Existem encargos públicos, em regra de curta duração, que implicam interrupção do contrato de trabalho.

Esses fatores suspensivos, por serem alheios à vontade do empregado, assim como, muitas das vezes, desfavoráveis ao obreiro, acarretam alguns efeitos contratuais.

Primeiro caso: suspensão contratual em virtude de serviço militar e de acidente do trabalho: cômputo do tempo de serviço para indenização e estabilidade (art. 4º, parágrafo único, da CLT) e depósitos do FGTS (art. 28, I e III, do Decreto nº 99.684/1990).

Segundo caso: suspensão contratual por afastamento previdenciário a partir do 16º dia (enfermidade ou acidente do trabalho): integração do período aquisitivo de férias, até o máximo de 6 (seis) meses (art. 131, III, da CLT).

3.2. Causas lícitas relacionadas ao empregado

a) Participação pacífica em greve, nos termos do art. 7º, *caput*, da Lei nº 7.783/1989.

Art. 7º, *caput*, da Lei nº 7.783/1989: "*Observadas as condições previstas nesta Lei, a participação em greve suspende o contrato de trabalho, devendo as relações obrigacionais durante o período ser regidas pelo acordo, convenção, laudo arbitral ou decisão da Justiça do Trabalho*".

b) Cumprimento de encargo público não obrigatório, nos moldes dos arts. 472, *caput* e § 1º, e 483, § 1º, da CLT.

c) Ausências em decorrência do desempenho de funções de dirigente sindical, na forma do § 2º do art. 543 da CLT.

Art. 543, § 2º, da CLT: "*Considera-se de licença não remunerada, salvo assentimento da empresa ou cláusula contratual, o tempo em que o empregado se ausentar do trabalho no desempenho das funções a que se refere este artigo*".

d) Eleição de empregado para cargo de diretor.

Súmula nº 269 do C. TST: "*O empregado eleito para ocupar cargo de diretor tem o respectivo contrato de trabalho suspenso, não se computando o tempo de serviço desse período, salvo se permanecer a subordinação jurídica inerente à relação de emprego*".

e) Concessão de licença não remunerada a pedido do empregado por motivos particulares.

f) Afastamento para qualificação profissional do empregado, com previsão em diploma coletivo e aquiescência formal do empregado, nos termos do art. 476-A da CLT.

Art. 476-A, *caput*, da CLT:

> *O contrato de trabalho poderá ser suspenso, por um* período de dois a cinco meses, para participação do empregado em curso ou programa de qualificação profissional oferecido pelo empregador, *com duração equivalente à suspensão contratual, mediante* previsão em convenção ou acordo coletivo de trabalho e aquiescência formal do empregado, *observado o disposto no art. 471 desta Consolidação.*

Muito embora a vedação à resilição contratual seja efeito jurídico inerente à figura da suspensão contratual, o art. 476-A, § 5º, da CLT dispõe sobre multa para o caso de dispensa durante o período de suspensão ou nos três meses após o retorno do empregado.

Se não for ministrado o curso ou programa de qualificação profissional, ou o empregado permanecer trabalhando, ficará descaracterizada a suspensão, convertendo-se em hipótese de interrupção contratual. Inteligência do § 6º do art. 476-A da CLT.

3.3. Causas ilícitas relacionadas ao empregado

São fatores suspensivos decorrentes de uma prévia conduta irregular do empregado.

a) A suspensão disciplinar, observado o disposto no art. 474 da CLT.

A natureza jurídica da suspensão disciplinar é de penalidade trabalhista aplicável ao empregado (caráter punitivo).

Art. 474 da CLT: "*A suspensão do empregado por mais de 30 (trinta) dias consecutivos importa na rescisão injusta do contrato de trabalho*".

b) A suspensão de empregado estável ou com garantia especial de emprego (dirigente sindical), para instauração de inquérito para apuração de falta grave, nos termos do art. 494 da CLT.

Art. 494, *caput*, da CLT: "*O empregado acusado de falta grave poderá ser suspenso de suas funções, mas a sua despedida só se tornará efetiva após o inquérito e que se verifique a procedência da acusação*".

Possui nítido caráter preventivo. A suspensão preventiva trabalhista não possui prazo máximo prefixado de duração, podendo permanecer até mesmo ao longo de todo o processo judicial para apuração da falta grave.

Por força do art. 659, inciso X, da CLT, o juiz pode determinar o retorno ao trabalho do empregado suspenso.

O prazo para a propositura da ação de inquérito para apuração de falta grave de empregado estável é de trinta dias, contados da suspensão do empregado, nos termos do art. 853 da CLT. Este prazo tem natureza decadencial (Súmula nº 403 do STF).

Em não havendo a suspensão do empregado estável, não há prazo máximo fixado na lei, devendo propor a ação em prazo razoável a partir da ciência da falta, para que se cumpra o pressuposto da imediatidade inerente ao poder disciplinar do empregador.

A improcedência do pedido de resolução contratual acarretará a conversão do período de suspensão em interrupção contratual.

c) prisão provisória do empregado.

O período em que o empregado ficar afastado, aguardando a julgamento na Justiça Comum ou Militar ou respondendo a inquérito, é considerado de suspensão contratual.

3.4. Suspensão – Prazo de retorno

Cessada a causa suspensiva, o empregado deve reapresentar-se ao serviço, retomando a continuidade do contrato de trabalho, sob pena de configuração de abandono de emprego (art. 482, *i*, da CLT).

O prazo máximo de retorno às atividades tem sido apontado como de trinta dias após a cessação do fator suspensivo.

Súmula nº 32 do C. TST: "*Presume-se o abandono de emprego se o trabalhador não retornar ao serviço no prazo de 30 (trinta) dias após a cessação do benefício previdenciário nem justificar o motivo de não o fazer*".

Exceção: Suspensão em razão de serviço militar obrigatório, conforme dispõe o § 1º do art. 472 da CLT. O prazo de trinta dias é para notificação do empregador. O art. 132 da CLT estabelece, ainda, que o tempo de trabalho anterior à apresentação do empregado para serviço militar obrigatório será computado no período aquisitivo, desde que ele compareça ao estabelecimento dentro de noventa dias da data em que se verificar a respectiva baixa.

4. Interrupção – Tipificação

a) Cumprimento de encargos públicos específicos, em geral de curta duração.

Exemplos: Comparecimento judicial como jurado (art. 430 do CPP), testemunha (art. 822 da CLT) ou parte (Súmula nº 155 do TST). Vide art. 473, VIII, da CLT.

b) Afastamento do trabalho por motivo de doença ou acidente do trabalho, até 15 (quinze) dias.

Art. 75, *caput*, do Decreto nº 3.048/1999: "*Durante os primeiros quinze dias consecutivos de afastamento da atividade por motivo de doença, incumbe à empresa pagar ao segurado empregado o seu salário*".

Art. 75, § 1º, do Decreto nº 3.048/1999: "*Cabe à empresa que dispuser de serviço médico próprio ou em convênio o exame médico e o abono das faltas correspondentes aos primeiros quinze dias de afastamento*".

Súmula nº 282 do C. TST: "*Ao serviço médico da empresa ou ao mantido por esta última mediante convênio compete abonar os primeiros 15 (quinze) dias de ausência ao trabalho*".

O atestado para afastamento pode ser concedido por serviço médico da empresa, assim como por órgão previdenciário oficial. Vide o disposto nos §§ 3º e 4º do art. 75 do Decreto nº 3.048/1999.

c) Gozo de férias, nos termos do art. 142 da CLT.
d) Repouso semanal remunerado e feriados civis e religiosos.
e) Intervalos remunerados para repouso durante a jornada de trabalho.
f) Licença remunerada concedida pelo empregador.
g) Período em que não houver serviço, por culpa ou responsabilidade da empresa (art. 133, inciso III, da CLT).
h) Interrupção dos serviços na empresa, resultante de causas acidentais ou de força maior (art. 61, § 3º, da CLT).
i) Afastamento, até noventa dias, mediante requisição da autoridade competente, em razão da ocorrência de motivo relevante de interesse para a segurança nacional.

Art. 472, § 3º, da CLT: "*Ocorrendo motivo relevante de interesse para a segurança nacional, poderá a autoridade competente solicitar o afastamento do empregado do serviço ou do local de trabalho, sem que se configure a suspensão do contrato de trabalho*".

Art. 472, § 4º, da CLT: "*Durante os primeiros noventa dias desse afastamento, o empregado continuará percebendo sua remuneração*".

j) Hipóteses previstas no art. 473, I a IX, da CLT.

Obs. 1: A doutrina majoritária vem se posicionando no sentido de que o art. 473, III, da CLT não foi recepcionado pelo art. 10, § 1º, do ADCT da Constituição da República, que instituiu o prazo de cinco dias para a licença-paternidade.

Obs. 2: A Lei nº 11.304/2006 instituiu o inciso IX do art. 473 da CLT ("pelo tempo que se fizer necessário, quando, na qualidade de representante de entidade sindical, estiver participando de reunião oficial de organismo internacional do qual o Brasil seja membro").

k) Período de afastamento do representante dos empregados para atuar em comissão de conciliação prévia de âmbito empresarial, nos termos do § 2º do art. 625-B da CLT.

Art. 625-B, § 2º, da CLT: "*O representante dos empregados desenvolverá seu trabalho normal na empresa afastando-se de suas atividades apenas quando convocado para atuar como conciliador, sendo computado como tempo de trabalho efetivo o despendido nessa atividade*".

l) Tempo necessário para a empregada gestante realizar consultas médicas e exames complementares, nos moldes do art. 392, § 4º, II, da CLT.

Art. 392, § 4º, inciso II, da CLT: "*É garantido à empregada, durante a gravidez, sem prejuízo do salário e demais direitos: (...) II – dispensa do horário de trabalho pelo tempo necessário para a realização de, no mínimo, seis consultas médicas e demais exames complementares*".

m) Licença-maternidade (120 dias), nos termos dos arts. 392 da CLT e 7º, XVIII, da Constituição da República.

Art. 392, *caput*, da CLT: "*A empregada gestante tem direito à licença-maternidade de 120 (cento e vinte) dias, sem prejuízo do emprego e do salário*".

Este enquadramento é controvertido, existindo autores que entendem constituir hipótese de suspensão contratual, por não haver pagamento de salário pelo empregador, mas de benefício ("salário-maternidade") pago diretamente pela Previdência Social (ex: doméstica, adotantes e avulsas) ou por compensação efetuada pelo empregador (ex: seguradas em geral).

Apesar de não haver pagamento de salário pelo empregador, operam-se outros efeitos contratuais trabalhistas, como a contagem do tempo de serviço para todos os efeitos legais (13º salário, férias, gratificações etc.) e os depósitos do FGTS (art. 28, IV, do Decreto nº 99.684/1990).

Registre-se que a Lei nº 11.770/2008 instituiu o Programa Empresa Cidadã, destinado a prorrogar por sessenta dias a duração da licença-maternidade à empregada da pessoa jurídica que aderir ao respectivo programa, desde que a obreira a requeira até o final do primeiro mês após o parto.

Esta prorrogação será garantida, na mesma proporção, também à empregada que adotar ou obtiver guarda judicial para fins de adoção de criança.

Durante o período de prorrogação da licença-maternidade, a empregada terá direito à sua remuneração integral, a cargo do empregador, nos mesmos moldes devidos no período de percepção do salário-maternidade pago pelo regime geral de previdência social.

n) No caso de aborto, durante o período de duas semanas, conforme dispõe o art. 395 da CLT.

Art. 395 da CLT: "*Em caso de aborto não criminoso, comprovado por atestado médico oficial, a mulher terá um repouso remunerado de 2 (duas) semanas, ficando-lhe assegurado o direito de retornar à função que ocupava antes de seu afastamento*".

o) Afastamento do empregado para participação em atividade do Conselho Curador do FGTS, nos termos do art. 65, § 6º, do Decreto nº 99.684/1990.

Art. 65, § 6º, do Decreto nº 99.684/1990: "*As ausências ao trabalho dos representantes dos trabalhadores no Conselho Curador, decorrentes das atividades desse órgão, serão abonadas, computando-se como jornada efetivamente trabalhada para todos os fins e efeitos legais*".

p) Convocação pelas Forças Armadas do empregado para guerra, manobras ou manutenção da ordem interna, nos termos do art. 61, *caput*, da Lei nº 4.375/1964.

Art. 61, *caput*, da Lei nº 4.375/1964:

> *Os brasileiros, quando incorporados, por motivo de convocação para manobras, exercícios, manutenção da ordem interna ou guerra, terão assegurado o retorno ao cargo, função ou emprego que exerciam ao serem convocados e garantido o direito a 2/3 (dois terços) da respectiva remuneração, durante o tempo em que permanecerem incorporados; vencerão pelo Exército, Marinha ou Aeronáutica apenas as gratificações regulamentares.*

5. Interrupção e suspensão – Efeitos jurídicos comuns

Em ambas as situações jurídicas contratuais o empregador não pode exercer seu direito potestativo resilitório. Trata-se de vedação à resilição unilateral do contrato por ato empresarial.

Outra importante característica comum é a garantia de retorno do obreiro ao cargo anteriormente ocupado e de percepção das vantagens atribuídas à categoria no período de afastamento, quando cessada a causa interruptiva ou suspensiva do contrato de trabalho, conforme se infere da inteligência da norma do art. 471 da CLT.

Capítulo XVIII

ALTERAÇÃO DO CONTRATO DE TRABALHO

1. Introdução

A formação do contrato de trabalho acarreta um diversificado número de cláusulas a serem observadas pelas partes contratantes.

É certo que grande parte destas cláusulas contratuais encontra limites nas normas trabalhistas cogentes ou de ordem pública, que instituem o chamado "contrato mínimo legal", assim como nos instrumentos coletivos aplicáveis a determinadas categorias ou coletividade de trabalhadores.

Art. 444 da CLT: "*As relações contratuais de trabalho podem ser objeto de livre estipulação das partes interessadas em tudo quanto não contravenha às disposições de proteção ao trabalho, aos contratos coletivos que lhes sejam aplicáveis e às decisões das autoridades competentes*".

Os contratos em geral podem sofrer alterações subjetivas e objetivas.

São alterações contratuais subjetivas aquelas que atingem os respectivos sujeitos contratuais, os quais são substituídos na vigência do contrato.

São alterações contratuais objetivas aquelas que atingem as cláusulas do contrato (conteúdo contratual) ou circunstâncias envolventes à sua execução, as quais são alteradas ao longo da vigência do pacto.

2. Alterações subjetivas do contrato de trabalho

Nos contratos de trabalho, as alterações subjetivas restringem-se apenas ao pólo passivo da relação de emprego, ou seja, ao empregador, configurando-se o instituto da sucessão trabalhista ou de empregadores, prevista nos arts. 10 e 448 da CLT.

Isso porque um dos requisitos ou elementos fático-jurídicos da relação de emprego é a pessoalidade no tocante ao empregado. Como visto, o contrato de trabalho é *intuitu personae* com relação ao empregado.

3. Alterações objetivas do contrato de trabalho

As alterações contratuais objetivas são aquelas que atingem o conteúdo do contrato de trabalho.

3.1. Princípios

A disciplina das alterações objetivas do contrato de trabalho é regida por princípios informativos do Direito do Trabalho.

Esses princípios aplicáveis são: o da inalterabilidade contratual lesiva, o do direito de resistência obreira (*jus resistentiae*) e o do *jus variandi* empresarial.

3.1.1. Princípio da inalterabilidade contratual lesiva

Conforme a previsão contida no art. 468 da CLT: "*Nos contratos individuais de trabalho só é lícita a alteração das respectivas condições por mútuo consentimento, e ainda assim desde que não resultem, direta ou indiretamente, prejuízos ao empregado, sob pena de nulidade da cláusula infringente desta garantia*".

Nos contratos de trabalho, são vedadas alterações objetivas contratuais lesivas ao empregado (unilaterais ou bilaterais).

3.1.2. Princípio do direito de resistência do empregado

O princípio do direito de resistência obreiro (*jus resistentiae*) traduz-se na prerrogativa de o empregado se opor, validamente, a determinações ilícitas do empregador no contexto da relação de emprego.

É princípio que se aplica a partir do exercício irregular do poder diretivo por parte do empregador.

3.1.3. Princípio do *jus variandi* do empregador

O princípio do *jus variandi* consiste no conjunto de prerrogativas do empregador de proceder a ajustes ou adequações nas circunstâncias e critérios da prestação de serviços, sem afronta a disposições normativas ou contratuais (*jus variandi* ordinário), ou até mesmo promover modificações em cláusulas do próprio contrato de trabalho, caso normativamente autorizadas (*jus variandi* extraordinário).

É corolário do poder diretivo do empregador, concretizando-o no contexto da relação de emprego. O empregador é quem dirige a prestação dos serviços (art. 2º da CLT).

O *jus variandi* pode ser classificado em ordinário e extraordinário, de acordo com o objeto de sua atuação.

a) *Jus variandi* ordinário: Consiste em alterações unilaterais promovidas pelo empregador com relação a aspectos da prestação de serviços não regulados por normas jurídicas (autônomas ou heterônomas) ou pelo contrato.
b) *Jus variandi* extraordinário: traduz alterações unilaterais nas cláusulas do contrato de trabalho promovidas pelo empregado, autorizadas na ordem jurídica autônoma ou heterônoma.

Ex: arts. 7º, incisos VI (redução salarial), XIII (redução e compensação de jornada de trabalho) e XIV (jornada de trabalho em turnos ininterruptos de revezamento) da CF/1988 e 61, § 1º (sobrejornada por motivo de força maior, de serviços inadiáveis ou cuja inexecução possa acarretar manifesto prejuízo), da CLT, 468, parágrafo único, (reversão), 461, § 4º (readaptação funcional), 469, § 3º (transferência) e 450 (substituição provisória) da CLT e Súmulas nº 248 (supressão do adicional noturno por alteração do horário de trabalho), 265 (supressão do adicional de insalubridade ou de periculosidade) e 291 (supressão das horas extras) do C. TST.

3.2. Alterações objetivas qualitativas

São as alterações contratuais que incidem sobre a natureza das prestações pactuadas.

A principal alteração qualitativa que se destaca no cotidiano trabalhista é a alteração de função.

3.2.1. Alteração de função

Em regra, a função a ser exercida pelo empregado será aquela prevista no contrato de trabalho, independentemente da sua formação ou qualificação profissional.

No entanto, a real função exercida pelo empregado se sobrepõe àquela originalmente contratada, assim como a que se extrai da nomenclatura do respectivo cargo. Aplicação do princípio da primazia da realidade ("contrato realidade").

Art. 456, parágrafo único, da CLT: "*A falta de prova ou inexistindo cláusula expressa a tal respeito, entender-se-á que o empregado se obrigou a todo e qualquer serviço compatível com a sua condição pessoal*".

Enquanto as alterações funcionais favoráveis ao empregado são tidas como lícitas (quando acompanhadas das respectivas repercussões contratuais), as desfavoráveis ao obreiro são, em princípio, ilícitas, a teor do art. 468 da CLT.

De acordo com o grau de lesividade da alteração funcional promovida pelo empregado, pode-se acarretar a rescisão indireta do contrato de trabalho. Vide art. 483, alíneas *a* e *d*, da CLT.

Alterações funcionais lícitas:

a) Situações excepcionais ou de emergência: Alterações funcionais de curta duração, em caráter excepcional ou em situações de emergência, sem prejuízo salarial.
b) Substituições temporárias: Alterações funcionais envolvendo situações de substituição temporária ou de comissionamento interino. Essas alterações decorrem de fatores previsíveis e inerentes à dinâmica empresarial.

Art. 450 da CLT: "*Ao empregado chamado a ocupar, em comissão, interinamente, ou em substituição eventual ou temporária, cargo diverso do que exercer na empresa, serão garantidas a contagem do tempo naquele serviço, bem como volta ao cargo anterior*".

Súmula nº 159, item I, do C. TST: "*Enquanto perdurar a substituição que não tenha caráter meramente eventual, inclusive nas férias, o empregado substituto fará jus ao salário contratual do substituído*".

c) Destituições de cargos ou funções de confiança: alterações funcionais que decorrem do retorno ao cargo efetivo de emprego que ocupava cargo ou função de confiança.

Art. 468, parágrafo único, da CLT: "*Não se considera alteração unilateral a determinação do empregador para que o respectivo empregado reverta ao cargo efetivo, anteriormente ocupado, deixando o exercício de função de confiança*".

Súmula nº 372, item I, do C. TST: "*Percebida a gratificação de função por dez ou mais anos pelo empregado, se o empregador, sem justo motivo, revertê-lo a seu cargo efetivo, não poderá retirar-lhe a gratificação tendo em vista o princípio da estabilidade financeira*".

O retorno ao cargo efetivo de empregado ocupante de cargo ou função de confiança denomina-se "reversão". Trata-se de exemplo típico do exercício do *jus variandi* extraordinário do empregador, constituindo alteração funcional lícita, nos termos do art. 468, parágrafo único, da CLT.

O retorno ao cargo efetivo anterior de empregado ocupante de cargo efetivo superior denomina-se "retrocessão". Por se tratar de alteração funcional lesiva ao empregado, sem autorização normativa, é considerada ilícita.

O retorno ao cargo efetivo anterior de empregado ocupante de cargo efetivo superior, determinado com intuito punitivo, denomina-se "rebaixamento". Trata-se penalidade ilícita, em razão da falta de previsão legal específica.

d) Extinção de cargos ou funções: Consideram-se válidas as alterações funcionais que decorram da extinção de cargos ou funções, desde que não haja prejuízo moral e patrimonial ao empregado e que exista afinidade entre as respectivas funções.

e) Alteração de planos de cargos e salários ou de quadros de carreira: são consideradas válidas as alterações funcionais decorrentes de alteração de Planos de Cargos e Salários ou de Quadros de Carreira, desde que respeitados a qualificação profissional (ou consignada no contrato) do empregado e o nível salarial anterior.
f) Readaptação funcional: São consideradas válidas as alterações funcionais de empregados com deficiência física ou mental atestada pela Previdência Social. Não podem ser paradigmas para fins de equiparação salarial.

Art. 461, § 4º, da CLT: "*O trabalhador readaptado em nova função por motivo de deficiência física ou mental atestada pelo órgão competente da Previdência Social não servirá de paradigma para fins de equiparação salarial*".

g) Promoções

Promoção é o ato pelo qual o empregado é transferido, em caráter permanente, na estrutura de cargos e funções da empresa, de uma categoria ou cargo para outro(a) superior, com efetivas vantagens.

Abrange duas variantes: a promoção horizontal e a promoção vertical.

Promoção horizontal: Evolução funcional ascendente dentro do mesmo cargo ou categoria.

Promoção vertical: Evolução funcional ascendente para outro cargo ou categoria superior. É a promoção em sentido estrito.

A promoção passa a ser direito do empregado quando da existência de QC ou PCS com previsão de promoções alternadas por antiguidade e merecimento. Neste caso, em contrapartida, também constituirá obrigação do obreiro aceitar a respectiva promoção, ressalvada justificativa contratual efetivamente ponderável (ex: mudança de categoria profissional ou de residência).

3.3. Alterações objetivas quantitativas

São as alterações contratuais que atingem o montante das prestações pactuadas.

As principais alterações objetivas quantitativas são as atinentes à duração do trabalho e ao salário.

3.3.1. Ampliação da jornada de trabalho

São alterações ampliativas lícitas da duração do trabalho:

a) Ampliação por acordo de prorrogação de jornada de trabalho, nos termos do art. 59, *caput*, da CLT.
b) Ampliação por acordo de compensação de jornada de trabalho, nos termos dos arts. 59, § 2º, da CLT e 7º, XIII, da CF/1988. Vide Súmula nº 85 do C. TST.

c) Ampliação por motivo de força maior e para realização de serviços inadiáveis ou cuja inexecução provoque prejuízos manifestos, nos termos do art. 61, *caput* e § 2º, da CLT.
d) Ampliação para reposição de paralisações empresariais, nos termos do art. 61, § 3º, da CLT.

3.3.2. Redução da jornada de trabalho

São alterações redutoras lícitas da duração do trabalho:

a) Redução por ato unilateral do empregador ou bilateral das partes se não houver diminuição do salário do empregado. Possibilidade de redução salarial para atender a interesse extracontratual do empregado.
b) Redução decorrente de negociação coletiva, ainda que impliquem redução salarial (art. 7º, VI e XIII, da CF/1988).

Obs.: Não recepção dos arts. 503 da CLT e 2º, § 2º, da Lei nº 4.923/65 pelo art. 7º, VI, da CF/1988.

c) Supressão da jornada extraordinária desenvolvida ao longo do contrato, para fins de observância dos limites normativos. Noção de "salário condição". Vide Súmula nº 291 do C. TST.

3.3.3. Alteração de horário de trabalho

São alterações lícitas de horário de trabalho:

a) Alteração ocorrida dentro da mesma jornada padrão (diurna ou noturna), por inerente ao *jus variandi* empresarial, salvo se trouxer real e significativo prejuízo ao trabalhador (ex: existência de outro emprego).
b) Alteração de horário de trabalho noturno para o diurno, nos termos da Súmula nº 265 do C. TST. O trabalho noturno é considerado mais nocivo ao trabalhador. Este entendimento é controvertido na doutrina.

Em regra geral, é considerada ilícita a alteração do empregado de horário diurno para o noturno, ainda que respeitadas as normas atinentes ao adicional noturno e à redução da hora noturna, em razão do prejuízo pessoal, familiar e social ao trabalhador.

3.3.4. Alteração de salário

As alterações objetivas quantitativas também atingem o salário do obreiro, podendo ser classificadas em "positivas" (evoluções salariais) ou "negativas" (reduções salariais).

As alterações salariais positivas são consideradas lícitas, em razão de serem favoráveis ao empregado.

As alterações salariais negativas somente serão válidas se decorrerem de negociação coletiva, nos termos do art. 7º, VI, da CF/1988. Registre-se que a irredutibilidade é do salário nominal.

Por sua vez, a redução salarial indireta ocorre em razão de alteração em cláusula contratual distinta daquela que regula o salário do empregado, mas que nele repercute. É, em regra, ilícita, por ser lesiva ao obreiro, salvo autorização legal ou negociação coletiva. Pode, inclusive, ensejar a rescisão indireta do contrato de trabalho (art. 483, *d* e *g*, da CLT).

3.4. Alterações objetivas circunstanciais

As alterações circunstanciais são as que se referem à situação ambiental ou organizativa referente às prestações contratuais.

A principal alteração circunstancial no contexto da relação de emprego é a mudança de local de trabalho, também chamada "remoção" ou "transferência".

3.4.1. Alteração do local de trabalho

Estabelece a norma prevista no art. 469, *caput*, da CLT: "*Ao empregador é vedado transferir o empregado, sem a sua anuência, para localidade diversa da que resultar do contrato, não se considerando transferência a que não acarretar necessariamente a mudança do seu domicílio*".

Como regra geral, a ordem jurídica trabalhista veda a alteração do local de trabalho que importe mudança de residência do empregado (transferência ou remoção relevante) sem sua prévia anuência.

Obs: Em razão da mitigação da vontade obreira no contexto da relação de emprego, há entendimento no sentido de que a "anuência" a que se reporta o preceito legal refere-se ao atendimento de interesse pessoal do empregado.

Por sua vez, são consideradas lícitas as alterações de local de trabalho que não provoquem a mudança de residência do empregado (remoções não relevantes), pois situada dentro do *jus variandi* empresarial. Neste caso, porém, caberá ao empregador complementar as despesas com transporte.

Súmula nº 29 do C. TST: "*Empregado transferido, por ato unilateral do empregador, para local mais distante de sua residência, tem direito a suplemento salarial correspondente ao acréscimo da despesa de transporte*".

Dispõe o art. 469, § 1º, da CLT: "*Não estão compreendidos na proibição deste artigo os empregados que exerçam cargo de confiança e aqueles cujos contratos tenham como condição, implícita ou explícita, a transferência, quando esta decorra de real necessidade de serviço*".

Apesar de a validade da transferência destes empregados específicos não estar condicionada à sua prévia anuência, faz-se necessário que esta alteração do local de trabalho decorra de real necessidade de serviço.

Súmula nº 43 do C. TST: "*Presume-se abusiva a transferência de que trata o § 1º do art. 469 da CLT, sem comprovação da necessidade do serviço*".

Preconiza, ainda, o art. 469, § 2º, da CLT: "*É licita a transferência quando ocorrer extinção do estabelecimento em que trabalhar o empregado*".

Adicional de transferência:

O art. 469, § 3º, da CLT prevê:

> *Em caso de necessidade de serviço o empregador poderá transferir o empregado para localidade diversa da que resultar do contrato, não obstante as restrições do artigo anterior, mas, nesse caso, ficará obrigado a um pagamento suplementar, nunca inferior a 25% (vinte e cinco por cento) dos salários que o empregado percebia naquela localidade,* enquanto durar essa situação.
>
> OJ nº 113 da SBDI-1 do C. TST: "O fato de o empregado exercer cargo de confiança ou a existência de previsão de transferência no contrato de trabalho não exclui o direito ao adicional. *O pressuposto legal apto a legitimar a percepção do mencionado adicional é a transferência provisória*".

Por fim, estipula o art. 470 da CLT: "*As despesas resultantes da transferência correrão por conta do empregador*". Trata-se de ajuda de custo, de nítido caráter indenizatório, que não se integra ao salário contratual do empregado transferido.

Capítulo XIX

DURAÇÃO DO TRABALHO

1. Jornada e horário de trabalho

A jornada de trabalho é o período de tempo no qual o obreiro permanece à disposição do empregador, prestando serviços ou aguardando ordens.

O horário de trabalho compreende o início e o término da jornada de trabalho, assim como os intervalos concedidos durante o seu cumprimento.

Regra geral: limite de oito horas diárias e quarenta e quatro semanais, nos termos do art. 7º, XIII, da CF/1988. O que exceder a este limite é tido como trabalho extraordinário.

Art. 7º, XIII, da CF/1988: "*Duração do trabalho normal não superior a oito horas diárias e quarenta e quatro semanais, facultada a compensação de horários e a redução da jornada, mediante acordo ou convenção coletiva de trabalho*".

2. Hora extraordinária

2.1. Conceito

Hora extraordinária é a unidade horária de tempo em que o empregado se coloca à disposição do empregador (prestando serviços ou aguardando ordens) além da jornada normal de trabalho fixada em lei ou em norma coletiva.

2.2. Natureza jurídica

A corrente doutrinária prevalente atribui à hora extra a natureza jurídica de salário. Noção de "salário condição".

2.3. Integração

As horas extraordinárias habitualmente prestadas pelo empregado integram o seu salário para o cálculo das demais parcelas.

Indenização por Antigüidade – Súmula nº 24 do TST: "*Insere-se no cálculo da indenização por antiguidade o salário relativo a serviço extraordinário, desde que habitualmente prestado*".

Gratificação Natalina – Súmula nº 45 do TST: "*A remuneração do serviço suplementar, habitualmente prestado, integra o cálculo da gratificação natalina prevista na Lei nº 4.090, de 13/07/1962*".

FGTS – Súmula nº 63 do TST: "*A contribuição para o Fundo de Garantia do Tempo de Serviço incide sobre a remuneração mensal devida ao empregado, inclusive horas extras e adicionais eventuais*".

Aviso Prévio Indenizado – Art. 487, § 5º, da CLT: "*O valor das horas extraordinárias integra o aviso prévio indenizado*". Cancelamento da Súmula nº 94 do TST.

Férias – Art. 142, § 5º, da CLT: "*Os adicionais por trabalho extraordinário, noturno, insalubre ou perigoso serão computados no salário que servirá de base ao cálculo da remuneração das férias*".

Repouso Semanal e Feriado – art. 7º da Lei nº 609/1949 – Súmula nº 172 do TST: "Computam-se no cálculo do repouso remunerado as horas extras habitualmente prestadas".

2.4. Cálculo das horas extras

Hora Extra = (Salário Mensal, incluindo adicionais habituais / 220 horas) + 50% do valor da hora normal.

Adicional Noturno – Súmula nº 60, item I, do TST: "*O adicional noturno, pago com habitualidade, integra o salário do empregado para todos os efeitos*".

Adicional de Periculosidade – Súmula nº 132, item I, do TST: "*O adicional de periculosidade, pago em caráter permanente, integra o cálculo de indenização e de horas extras*".

Comissionista – Súmula nº 340 do TST: "*O empregado, sujeito a controle de horário, remunerado à base de comissões, tem direito ao adicional de, no mínimo, 50% (cinqüenta por cento) pelo trabalho em horas extras, calculado sobre o valor-hora das comissões recebidas no mês, considerando-se como divisor o número de horas efetivamente trabalhadas*".

Portuários – OJ nº 60, item II, da SBDI-1 do TST: "*Para o cálculo das horas extras prestadas pelos trabalhadores portuários, observar-se-á somente o salário básico percebido, excluídos os adicionais de risco e produtividade*".

Salário por produção – OJ nº 235 da SBDI-1 do TST: "*O empregado que recebe salário por produção e trabalha em sobrejornada faz jus à percepção apenas do adicional de horas extras*".

Cálculo do Valor das Horas Extras – Reflexos – Súmula nº 347 do TST: "*O cálculo do valor das horas extras habituais, para efeito de reflexos em verbas trabalhistas, observará o número de horas efetivamente prestadas e a ele aplica-se o valor do salário-hora da época do pagamento daquelas verbas*".

2.5. Supressão das horas extras

Cancelamento da Súmula nº 76 do TST: "*O valor das horas suplementares prestadas habitualmente, por mais de 2 (dois) anos, ou durante todo o contrato, se suprimidas, integra-se ao salário para todos os efeitos legais*". Na verdade, o referido verbete referia-se à incorporação das horas extras.

> Indenização – Súmula nº 291 do TST: A supressão, pelo empregador, do serviço suplementar prestado com habitualidade, durante pelo menos 1 (um) ano, assegura ao empregado o direito à indenização correspondente ao valor de 1 (um) mês das horas suprimidas para cada ano ou fração igual ou superior a seis meses de prestação de serviço acima da jornada normal. O cálculo observará a média das horas suplementares efetivamente trabalhadas nos últimos 12 (doze) meses, multiplicada pelo valor da hora extra do dia da supressão.

O adicional extraordinário corresponde à noção de "salário condição".

3. Trabalho extraordinário

3.1. Necessidade imperiosa

As hipóteses de necessidade imperiosa compreendem: a *força maior*, a *recuperação do tempo perdido em virtude de causas acidentais ou de força maior* e a *conclusão de serviços inadiáveis ou cuja inexecução possa acarretar prejuízos manifestos ao empregador* (art. 61, *caput* e §§ 1º a 3º, da CLT).

Art. 61, caput, da CLT: "*Ocorrendo necessidade imperiosa, poderá a duração do trabalho exceder do limite legal ou convencionado, seja para fazer face a motivo de força maior, seja para atender à realização ou conclusão de serviços inadiáveis ou cuja inexecução possa acarretar prejuízo manifesto*".

Art. 61, § 1º, da CLT: *O excesso, nos casos deste art., poderá ser exigido independentemente de acordo ou contrato coletivo e deverá ser comunicado, dentro de 10 (dez) dias, à autoridade competente em matéria de trabalho, ou, antes desse prazo, justificado no momento da fiscalização sem prejuízo dessa comunicação.*

Art. 61, § 2º, da CLT:

> *Nos casos de excesso de horário por motivo de força maior, a remuneração da hora excedente não será inferior à da hora normal. Nos demais casos de excesso previstos neste artigo, a remuneração será, pelo menos, 50% (cinqüenta por cento) superior à da hora normal, e o trabalho não poderá exceder de 12 (doze) horas, desde que a lei não fixe expressamente outro limite.*

Art. 61, § 3º, da CLT:

> *Sempre que ocorrer* interrupção do trabalho, resultante de causas acidentais, ou de força maior, que determinem a impossibilidade de sua realização, *a duração do trabalho poderá ser prorrogada pelo tempo necessário até o máximo de 2 (duas) horas, durante o número de dias indispensáveis à recuperação do tempo perdido, desde que não exceda de 10 (dez) horas diárias, em período não superior a 45 (quarenta e cinco) dias por ano, sujeita essa recuperação à prévia autorização da autoridade competente.*

a) Força maior:

A força maior consiste em todo acontecimento inevitável, em relação à vontade do empregador, e para realização do qual este não concorreu direta ou indiretamente (art. 501 da CLT).

Para parte da doutrina, deve ser adotado o limite de 12 (doze) horas de trabalho. Para outros, este limite estaria pautado na razoabilidade.

Deve ser assegurado, contudo, a percepção do adicional extraordinário previsto no art. 7º, XVI, da CF/1988.

Faz-se necessária a comunicação, dentro de 10 (dez) dias, à autoridade competente em matéria de trabalho, ou antes deste prazo, justificado no momento da fiscalização, sem prejuízo da referida comunicação (art. 61, § 1º, da CLT).

b) Recuperação do tempo perdido por causas acidentais ou de força maior:

As horas extras não podem exceder de duas horas diárias e por período não superior a 45 (quarenta e cinco) dias por ano, consecutivos ou não (art. 61, § 3º, da CLT). Exige-se a prévia autorização da autoridade competente (art. 61, § 3º, da CLT).

Também é devida a percepção do adicional extraordinário, nos termos do art. 7º, XVI, da CF/1988.

c) Serviços inadiáveis ou cuja inexecução possa acarretar prejuízos manifestos ao empregador:

São serviços emergenciais, que não podem ser postergados, sob pena de inequívoca perda do resultado útil do trabalho ou claro prejuízo reflexo. Ex: descarregamento e armazenamento de produtos perecíveis, aquecimento de forno e reparos em frigoríficos.

Adoção do limite de 12 (doze) horas diárias (art. 61, § 2º, da CLT).

Também se faz necessária a comunicação, dentro de dez dias, à autoridade competente em matéria de trabalho, ou antes deste prazo, justificado no momento da fiscalização, sem prejuízo da referida comunicação (art. 61, § 1º, da CLT).

3.2. Acordo de prorrogação de jornada de trabalho

Nos termos do art. 59, caput, da CLT: "*A duração normal do trabalho poderá ser acrescida de horas suplementares, em número não excedente de 2 (duas), mediante acordo escrito entre empregador e empregado, ou mediante contrato coletivo de trabalho*".

Desta forma, o acordo de prorrogação de jornada de trabalho, observado o limite de duas horas diárias, pode ser firmado por acordo individual escrito, ou através de instrumento coletivo.

Observe-se, porém, o direito à percepção do adicional extraordinário, conforme previsão contida no art. 59, § 1º, da CLT: "*Do acordo ou do contrato coletivo de trabalho deverá constar, obrigatoriamente, a importância da remuneração da hora suplementar, que será, pelo menos, 50% (cinqüenta por cento) superior à hora normal*".

Súmula nº 376, itens I e II, do TST: "I – *A limitação legal da jornada suplementar a duas horas diárias não exime o empregador de pagar todas as horas trabalhadas. II – O valor das horas extras habitualmente prestadas integra o cálculo dos haveres trabalhistas, independentemente da limitação prevista no 'caput' do art. 59 da CLT*".

Crítica: A perpetuação do trabalho extraordinário, que acaba perdendo a sua natureza excepcional.

3.3. Compensação de jornada de trabalho

O art. 7º, XIII, da CF/1988 faculta a compensação de horários e a redução da jornada, mediante acordo ou convenção coletiva de trabalho.

O C. Tribunal Superior do Trabalho uniformizou a matéria por meio da Súmula nº 85, itens I a IV.

> Súmula nº 85, item I, do TST: A compensação de jornada de trabalho deve ser ajustada por *acordo individual escrito, acordo coletivo ou convenção coletiva.*
>
> Súmula nº 85, item II, do TST: O acordo individual para compensação de horas é válido, **salvo se houver norma coletiva em sentido contrário**.
>
> Súmula nº 85, item III, do TST: O mero não-atendimento das exigências legais para a compensação de jornada, inclusive quando encetada mediante acordo tácito, não implica a repetição do pagamento das horas excedentes à jornada normal diária, se não dilatada a jornada máxima semanal, sendo devido apenas o respectivo adicional.

Súmula nº 85, item IV, do TST: A prestação de horas extras habituais descaracteriza o acordo de compensação de jornada. Nesta hipótese, as horas que ultrapassarem a jornada semanal normal deverão ser pagas como horas extraordinárias e, quanto àquelas destinadas à compensação, deverá ser pago a mais apenas o adicional por trabalho extraordinário.

3.3.1. Banco de horas

O art. 59, § 2º, da CLT dispõe:

Poderá ser dispensado o acréscimo de salário se, por força de acordo ou convenção coletiva de trabalho, o excesso de horas em um dia for compensado pela correspondente diminuição em outro dia, de maneira que não exceda, no período máximo de um ano, *à soma das jornadas semanais de trabalho previstas, nem seja ultrapassado o limite máximo de dez horas diárias.*

A redação original do art. 59, § 2º, da CLT estabelecia: "*se (...) o excesso de horas em um dia for compensado pela correspondente diminuição em outro dia, de maneira que não exceda o horário normal da semana nem seja ultrapassado o limite máximo de dez horas diárias [...]*".

A Lei nº 9.601/1998 reportou-se a período máximo de cento e vinte dias, que depois foi ampliado para um ano (MP nº 2.164-41, de 24/08/2001).

A jurisprudência uniformizada na Súmula nº 85 do TST não faz qualquer distinção entre o regime de compensação de jornada de trabalho e o novo banco de horas, de onde se deduz que este pode ser instituído por mero acordo individual.

Registre-se, por fim, a regra contida no art. 59, § 3º, da CLT:

Na hipótese de rescisão do contrato de trabalho sem que tenha havido a compensação integral da jornada extraordinária, na forma do parágrafo anterior, fará o trabalhador jus ao pagamento das horas extras não compensadas, calculadas sobre o valor da remuneração na data da rescisão.

a) Regime 12 x 36 horas de trabalho:

A jornada de trabalho em regime 12 x 36 horas sempre foi validada pela jurisprudência do TST, inclusive por acordo individual, na forma dos itens I e II da Súmula nº 85, não autorizando o pagamento de horas extraordinárias. É prática constante nos estabelecimentos hospitalares e no setor de vigilância.

O TST também não tem admitido a dobra salarial pelo repouso aos domingos e feriados, por entender que estes estariam embutidos nas trinta e seis horas de descanso.

Cumpre salientar também que a adoção do regime 12 x 36 não afasta a obrigatoriedade de concessão dos intervalos intrajornadas.

b) Semana espanhola:

OJ nº 323 da SBDI-1 do TST:

> É válido o sistema de compensação de horário quando a jornada adotada é a denominada 'semana espanhola', que alterna a prestação de 48 horas em uma semana e 40 horas em outra, não violando os arts. 59, § 2º, da CLT e 7º, XIII, da CF/1988 o seu ajuste mediante acordo ou convenção coletiva de trabalho.

c) Semana inglesa:

Possibilidade de compensação em face da supressão das horas trabalhadas aos sábados, com a respectiva distribuição das horas nos demais dias da semana, respeitado o limite de dez horas diárias e quarenta e quatro semanais, sob pena de descaracterização do regime (Súmula nº 85, item IV, do TST).

3.4. Prorrogação e compensação de jornada em condições insalubres e perigosas

Consoante a disposição do art. 60 da CLT:

> *Nas atividades insalubres, assim consideradas as constantes dos quadros mencionados no capítulo 'Da Segurança e da Medicina do Trabalho', ou que neles venham a ser incluídas por ato do Ministro do Trabalho, quaisquer prorrogações só poderão ser acordadas mediante licença prévia das autoridades competentes em matéria de higiene do trabalho, as quais, para esse efeito, procederão aos necessários exames locais e à verificação dos métodos e processos de trabalho, quer diretamente, quer por intermédio de autoridades sanitárias federais, estaduais e municipais, com quem entrarão em entendimento para tal fim.*

Os adicionais de insalubridade e de periculosidade integram, nestes casos, a base de cálculo da hora extraordinária.

Com relação à validade de instrumento coletivo de compensação de jornada em atividade insalubre, vale destacar o entendimento sumulado abaixo.

Súmula nº 349 do TST: "*A validade de acordo coletivo ou convenção coletiva de compensação de jornada de trabalho em atividade insalubre prescinde da inspeção prévia da autoridade competente em matéria de higiene do trabalho (art. 7º, XIII, da CF/1988; art. 60 da CLT)*".

3.5. Minutos que antecedem ou sucedem a jornada

Estabelece o art. 58, § 1º, da CLT: "*Não serão descontadas nem computadas como jornada extraordinária as variações de horário no registro de ponto não excedentes de cinco minutos, observado o limite máximo de dez minutos diários*".

No mesmo sentido, o posicionamento uniforme da Súmula nº 366 do TST:

> *Não serão descontadas nem computadas como jornada extraordinária as variações de horário do registro de ponto não excedentes de cinco minutos, observado o limite máximo de dez minutos diários. Se ultrapassado esse limite, será considerada como extra a totalidade do tempo que exceder a jornada normal.*

3.6. Horas *in itinere*

Segundo a dicção do art. 4º da CLT: "*Considera-se como de serviço efetivo o período em que o empregado esteja à disposição do empregador, aguardando ou executando ordens, salvo disposição especial expressamente consignada.*"

Em conseqüência, estipula o art. 58, § 2º, da CLT:

> *O tempo despendido pelo empregado até o local de trabalho e para o seu retorno, por qualquer meio de transporte, não será computado na jornada de trabalho, salvo quando,* tratando-se de local de difícil acesso ou não servido por transporte público, o empregador fornecer a condução.

As horas *in itinere* correspondem ao tempo de deslocamento do empregado até o local de trabalho e para o seu retorno, em condução fornecida, direta ou indiretamente, pelo empregador, quando se tratar de local de difícil acesso ou não servido por transporte público regular.

Cômputo na Jornada de Trabalho – Súmula nº 90, item I, do TST: "*O tempo despendido pelo empregado, em condução fornecida pelo empregador, até o local de trabalho de difícil acesso, ou não servido por transporte público regular, e para o seu retorno é computável na jornada de trabalho*".

Incompatibilidade de Horários – Súmula nº 90, item II, do TST: "*A incompatibilidade entre os horários de início e término da jornada do empregado e os do transporte público regular é circunstância que também gera o direito às horas 'in itinere'*".

Insuficiência de Transporte Público – Súmula nº 90, item III, do TST: "*A mera insuficiência de transporte público não enseja o pagamento de horas 'in itinere'*".

Transporte Público em Parte do Trajeto – Súmula nº 90, item IV, do TST: "*Se houver transporte público regular em parte do trajeto percorrido em condução da empresa, as horas 'in itinere' remuneradas limitam-se ao trecho não alcançado pelo transporte público*".

Horas Extras – Súmula nº 90, item V, do TST: "*Considerando que as horas 'in itinere' são computáveis na jornada de trabalho, o tempo que extrapola a jornada legal é considerado como extraordinário e sobre ele deve incidir o adicional respectivo*".

3.7. Sobreaviso

a) Sobreaviso – Conceito – Ferroviário – Art. 244, § 2º, da CLT:

> Considera-se de 'sobreaviso' o empregado efetivo que permanecer em sua própria casa, aguardando a qualquer momento o chamado para o serviço. Cada escala de 'sobreaviso' será, no máximo, de vinte e quatro horas. As horas de 'sobreaviso', para todos os efeitos, serão contadas à razão de 1/3 (um terço) do salário normal".

b) Prontidão – Conceito – Ferroviário – Art. 244, § 3º, da CLT:

> *Considera-se de 'prontidão' o empregado que ficar nas dependências da estrada, aguardando ordens. A escala de prontidão será, no máximo, de doze horas. As horas de prontidão serão, para todos os efeitos, contadas à razão de 2/3 (dois terços) do salário-hora normal.*

c) Uso de Aparelho BIP – OJ nº 49 da SBDI-1 do TST: "*O uso do aparelho BIP pelo empregado, por si só, não carateriza o regime de sobreaviso, uma vez que o empregado não permanece em sua residência aguardando, a qualquer momento, convocação para o serviço*".

3.8. Turnos ininterruptos de revezamento

O turno ininterrupto de revezamento pressupõe trabalho em horários com sucessivas modificações, em atividade empresarial contínua.

O TST vem entendendo como turno ininterrupto o trabalho que se alterna em horários diferentes, laborando o empregado nos períodos diurno e noturno.

Neste sentido, o entendimento consubstanciado na OJ nº 360 da SBDI-1 do C. TST:

> Faz jus à jornada especial prevista no art. 7º, XIV, da CF/1988 o trabalhador que exerce suas atividades em sistema de alternância de turnos, ainda que em dois turnos de trabalho, que compreendam, no todo ou em parte, o horário diurno e o noturno, pois submetido à alternância de horário prejudicial à saúde, sendo irrelevante que a atividade da empresa se desenvolva de forma ininterrupta.

Jornada de Trabalho – Art. 7º, inciso XIV, da CF/1988: "*jornada de seis horas para o trabalho realizado em turnos ininterruptos de revezamento, salvo negociação coletiva*".

Súmula nº 423 do TST: "*Estabelecida jornada superior a seis horas e limitada a oito horas por meio de regular negociação coletiva, os empregados submetidos a turnos ininterruptos de revezamento não tem direito ao pagamento da 7ª e 8ª horas como extras*".

Ferroviários – OJ nº 274 da SBDI-1 do TST: "*O ferroviário submetido a escalas variadas, com alternância de turnos, faz jus à jornada especial prevista no art. 7º, XIV, da CF/1988*".

Empregado Horista – OJ nº 275 da SBDI-1 do TST: "*Inexistindo instrumento coletivo fixando jornada diversa, o empregado horista submetido a turno ininterrupto de revezamento faz jus ao pagamento das horas extraordinárias laboradas além da 6ª, bem como ao respectivo adicional*".

Intervalos de Repouso – Súmula nº 360 do TST: "*A interrupção do trabalho destinada a repouso e alimentação, dentro de cada turno, ou o intervalo para repouso semanal, não descaracteriza o turno de revezamento com jornada de 6 (seis) horas previsto no art. 7º, XIV, da CF/1988*".

3.9. Jornada em regime de tempo parcial

Considera-se trabalho em regime de tempo parcial aquele cuja duração não exceda a vinte e cinco horas semanais, nos termos do art. 58-A da CLT.

O salário a ser pago aos empregados sob o regime de tempo parcial será proporcional à sua jornada de trabalho, em relação aos empregados que cumprem, nas mesmas funções, tempo integral (art. 58-A, § 1º, da CLT).

A adoção do regime de tempo parcial, para os atuais empregados, deve ser feita mediante opção manifestada perante a empresa, na forma prevista em instrumento coletivo (art. 58-A, § 2º, da CLT).

Conforme o art. 59, § 4º, da CLT: "*Os empregados sob o regime de tempo parcial não poderão prestar horas extras*".

3.10. Hipóteses legais de exclusão do regime de duração do trabalho

Primeira hipótese – art. 62, inciso I, da CLT: "*Os empregados que exercem atividade externa incompatível com a fixação de horário de trabalho, devendo tal condição ser anotada na Carteira de Trabalho e Previdência Social e no registro de empregados*".

Se o empregado exercente de atividade externa estiver sujeito a controle de jornada, resta autorizado o pagamento de horas extraordinárias.

Tacógrafo – OJ nº 332 da SBDI-1 do TST: "*O tacógrafo, por si só, sem a existência de outros elementos, não serve para controlar a jornada de trabalho de empregado que exerce atividade externa*".

Segunda hipótese – art. 62, inciso II, da CLT: "*Os gerentes, assim considerados os exercentes de cargos de gestão, aos quais se equiparam, para efeito do disposto neste artigo, os diretores e chefes de departamento ou filial*".

A redação anterior do art. 62, *b*, da CLT excluía do regime da duração do trabalho, os gerentes, assim entendidos os que, investidos de mandato, em forma legal, exerciam encargos de gestão e, pelo padrão mais elevado de vencimentos, diferenciavam-se dos demais empregados.

A existência de mandato (poder de representação) não é mais pressuposto à exclusão do regime de duração do trabalho. Houve, de fato, uma ampliação do tipo legal "gerente", para fins celetistas.

Padrão Remuneratório – Art. 62, parágrafo único, da CLT: "*O regime previsto neste capítulo será aplicável aos empregados mencionados no inciso II deste artigo, quando o salário do cargo de confiança, compreendendo a gratificação de função, se houver, for inferior ao valor do respectivo salário efetivo acrescido de 40% (quarenta por cento)*".

Obs: Há doutrina no sentido de que o art. 62, II, da CLT estabelece presunção relativa favorável ao empregador, entendendo pela aplicação do regime de duração de trabalho ao gerente, quando restar efetivamente comprovado o controle de sua jornada de trabalho.

3.11. Intervalos na jornada de trabalho

a) Intervalos interjornadas:

> Art. 66 da CLT: *Entre duas jornadas de trabalho haverá um período mínimo de onze horas consecutivas para descanso.*
>
> Súmula nº 110 do TST: No regime de revezamento, as horas trabalhadas em seguida ao repouso semanal de 24 horas, com prejuízo do intervalo mínimo de 11 horas consecutivas para descanso entre jornadas, devem ser remuneradas como extraordinárias, inclusive com o respectivo adicional.
>
> OJ nº 355 da SBDI-1 do TST: O desrespeito ao intervalo mínimo interjornadas previsto no art. 66 da CLT acarreta, por analogia, os mesmos efeitos previstos no § 4º do art. 71 da CLT e na Súmula nº 110 do TST, devendo-se pagar a integralidade das horas que foram subtraídas do intervalo, acrescidas do respectivo adicional.

b) Intervalos intrajornadas:

Art. 71, caput, da CLT: "*Em qualquer trabalho contínuo, cuja duração exceda de seis horas, é obrigatória a concessão de um intervalo para repouso ou alimentação, o qual será, no mínimo, de uma hora e, salvo acordo escrito ou contrato coletivo em contrário, não poderá exceder de duas horas*".

Art. 71, § 1º, da CLT: "*Não excedendo de seis horas o trabalho, será, entretanto, obrigatório um intervalo de quinze minutos quando a duração ultrapassar quatro horas*".

Estes intervalos intrajornadas não são computados na duração do trabalho, nos termos do § 2º do art. 71 da CLT.

Súmula nº 118 do TST: "*Os intervalos concedidos pelo empregador na jornada de trabalho, não previstos em lei, representam tempo à disposição da empresa, remunerados como serviço extraordinário, se acrescidos ao final da jornada*".

O limite mínimo de uma hora para repouso ou alimentação somente poderá ser reduzido por ato do Ministro do Trabalho, se o estabelecimento atender às exigências atinentes à organização em refeitórios e quando os respectivos empregados não estiverem sob regime de trabalho extraordinário (art. 71, § 3º, da CLT).

> OJ nº 342 da SBDI-1 do TST: "É inválida cláusula de acordo ou convenção coletiva de trabalho contemplando a supressão ou redução do intervalo intrajornada porque este constitui medida de higiene, saúde e segurança do trabalho, garantido por norma de ordem pública (art. 71 da CLT e art. 7º, XXII, da CF/1988), infenso à negociação coletiva.
>
> Art. 71, § 4º, da CLT (inserido pela Lei nº 8.923/1994): *Quando o intervalo para repouso e alimentação, previsto neste artigo, não for concedido pelo empregador*, **este ficará obrigado a remunerar o período correspondente com um acréscimo de no mínimo cinqüenta por cento sobre o valor da remuneração da hora normal de trabalho**.

Antes do advento da Lei nº 8.923/1994, que introduziu a norma prevista no § 4º do art. 71 da CLT, a não concessão do intervalo intrajornada implicava apenas a aplicação de sanção administrativa.

> Cancelamento da Súmula nº 88 do TST: "O desrespeito ao intervalo mínimo entre dois turnos de trabalho, sem importar em excesso na jornada efetivamente trabalhada, não dá direito a qualquer ressarcimento ao obreiro, por tratar-se apenas de infração sujeita a penalidade administrativa (art. 71 da CLT)".
>
> OJ nº 307 da SBDI-1 do TST: "Após a edição da Lei nº 8.923/1994, a não-concessão total ou parcial do intervalo intrajornada mínimo, para repouso e alimentação, implica o pagamento total do período correspondente, com acréscimo de, no mínimo, 50% sobre o valor da remuneração da hora normal de trabalho (art. 71 da CLT)".

A hora correspondente ao intervalo não concedido deve ser paga como extraordinária.

> OJ nº 354 da SBDI-1 do TST: "Possui natureza salarial a parcela prevista no art. 71, § 4º, da CLT, com redação introduzida pela Lei nº 8.923, de 27 de julho de 1994, quando não concedido ou reduzido pelo empregador o intervalo mínimo intrajornada para repouso e alimentação, repercutindo, assim, no cálculo de outras parcelas salariais".

Empregado Rural – art. 5º da Lei nº 5.889/1973: "Em qualquer trabalho contínuo de duração superior a seis horas, *será obrigatória a concessão de um intervalo para repouso ou alimentação observados os usos e costumes da região, não se computando este intervalo na duração do trabalho.* Entre duas jornadas de trabalho haverá um período mínimo de onze horas consecutivas para descanso".

c) Pausas e descansos:

Em princípio, os intervalos e descansos não são computados na duração do trabalho, nos termos do art. 71, § 2º, da CLT. Há, contudo, exceções, senão vejamos.

Mecanografia – Art. 72 da CLT: *Nos serviços permanentes de mecanografia (datilografia, escrituração ou cálculo), a cada período de noventa minutos de trabalho consecutivo corresponderá um repouso de dez minutos não deduzidos da duração normal de trabalho.*

Digitadores – Súmula nº 346 do TST: "Os digitadores, por aplicação analógica do art. 72 da CLT, equiparam-se aos trabalhadores nos serviços de mecanografia (datilografia, escrituração ou cálculo), razão pela qual têm direito a intervalos de descanso de 10 (dez) minutos a cada 90 (noventa) de trabalho consecutivo".

Serviços Frigoríficos – Art. 253 da CLT: *Para os empregados que trabalham no interior das câmaras frigoríficas e para os que movimentam mercadorias do ambiente quente ou normal para o frio e vice-versa, depois de uma hora e quarenta minutos de trabalho contínuo, será assegurado um período de vinte minutos de repouso, computado esse intervalo como de trabalho efetivo.*

Minas de Subsolo – Art. 298 da CLT: *Em cada período de três horas consecutivas de trabalho, será obrigatória uma pausa de quinze minutos para repouso, a qual será computada na duração normal de trabalho efetivo.*

4. Trabalho noturno

4.1. Caracterização e efeitos jurídicos

a) Meio Urbano: É o trabalho realizado entre as 22 (vinte e duas) horas de um dia e as 5 (cinco) horas do dia seguinte, nos termos do art. 73, § 2º, da CLT.

Art. 73, *caput*, da CLT: "*Salvo nos casos de revezamento semanal ou quinzenal, o trabalho noturno terá remuneração superior à do diurno e, para esse efeito, sua remuneração terá um acréscimo de 20% (vinte por cento), pelo menos, sobre a hora diurna*".

Súmula nº 213 do STF: "*É devido o adicional de serviço noturno ainda que sujeito o empregado ao regime de revezamento*".

Art. 73, § 1º, da CLT: "*A hora do trabalho noturno será computada como de 52 (cinqüenta e dois) minutos e 30 (trinta) segundos*".

Súmula nº 214 do STF: "*A duração legal da hora de serviço noturno (52 minutos e 30 segundos) constitui vantagem suplementar, que não dispensa o salário adicional*".

b) Meio Rural: Na lavoura, é o trabalho realizado entre as 21 (vinte e uma) horas de um dia e as 5 (cinco) horas do dia seguinte; na pecuária, entre as 20 (vinte) horas de um dia e as 4 (quatro) horas do dia seguinte, nos termos dos arts. 7º, *caput*, da Lei nº 5.889/1973 e 11, parágrafo único, do Decreto nº 73.626/1974.

O adicional noturno é de 25% (vinte por cento) sobre a remuneração normal, conforme previsão contida nos arts. 7º, parágrafo único, da Lei nº 5.889/1973, e 11, *caput*, do Decreto nº 73.626/1974.

Para o empregado rural, não há previsão específica de redução da hora noturna, sendo esta, portanto, de 60 (sessenta) minutos.

c) Portuários: O trabalho noturno é realizado entre as 19 (dezenove) horas de um dia e as 7 (sete) horas do dia seguinte, nos termos do art. 4º, § 1º, da Lei nº 4.860/1965.

OJ nº 60, item I, da SBDI-1 do TST: "*A hora noturna no regime de trabalho no porto, compreendida entre dezenove horas e sete horas do dia seguinte, é de sessenta minutos*". (art. 4º, § 1º, da Lei nº 4.860/1965).

À falta de previsão legal específica, o adicional noturno a ser aplicado é de 20% (vinte por cento).

4.2. Trabalho noturno inerente à natureza da atividade da empresa

> Art. 72, § 3º, da CLT: *O acréscimo a que se refere o presente artigo, em se tratando de empresas que não mantêm, pela natureza de suas atividades, trabalho noturno habitual, será feito tendo em vista os quantitativos pagos por trabalhos diurnos de natureza semelhante. Em relação às empresas cujo trabalho noturno decorra da natureza de suas atividades, o aumento será calculado sobre o salário mínimo geral vigente na região, não sendo devido quando exceder desse limite, já acrescido da percentagem.*
> Súmula nº 313 do STF: Provada a identidade entre o trabalho diurno e o noturno, é devido o adicional, quanto a este, sem a limitação do art. 73, § 3º, da CLT, independentemente da natureza da atividade do empregador.

4.3. Prorrogação do trabalho noturno

Art. 73, § 5º, da CLT: "*Às prorrogações do trabalho noturno aplica-se o disposto neste Capítulo*".

Súmula nº 60, item II, do TST: "*Cumprida integralmente a jornada no período noturno e prorrogada esta, devido é também o adicional quanto às horas prorrogadas. Exegese do art. 73, § 5º, da CLT*".

4.4. Adicional noturno

a) Base de cálculo:

O adicional noturno incide sobre o valor da hora diurna (art. 73, *caput*, da CLT). As gorjetas não integram esta base de cálculo (Súmula nº 354 do TST).

OJ nº 259 da SBDI-1 do TST: "*O adicional de periculosidade deve compor a base de cálculo do adicional noturno, já que também neste horário o trabalhador permanece sob as condições de risco*".

b) Integração:

Súmula nº 60, item I, do TST: "*O adicional noturno, pago com habitualidade, integra o salário do empregado para todos os efeitos*".

OJ nº 97 da SBDI-1 do TST: "*O adicional noturno integra a base de cálculo das horas extras prestadas no período noturno*".

O adicional noturno corresponde à noção de "salário condição".

4.5. Restrições ao trabalho noturno

a) Menor: É vedação absoluta do trabalho noturno aos menores de 18 anos, nos termos dos arts. 7º, XXXIII, da CF/1988, 404 da CLT e 8º da Lei nº 5.889/1973.
b) Mulher: Não sofre qualquer restrição especial. As vedações dos arts. 379 e 380 da CLT foram revogadas pela Lei nº 7.855/1989, além de se chocarem com as disposições contidas nos arts. 5º, *caput* e inciso I, e 7º, inciso XX, da CF/1988.
c) Bancário: o art. 224, § 1º, da CLT estabelece que a duração do trabalho ficará compreendida entre sete e vinte e duas horas. Desta forma, o trabalho noturno seria, em regra, proibido ao segmento bancário.

Exceções: Os empregados que exercem o cargo de confiança bancário (art. 224, § 2º, da CLT). Os executores de tarefa pertinente ao movimento de compensação de cheques ou pertinente à computação eletrônica (art. 1º, *caput*, Decreto-Lei nº 546/1969), assim como os casos especiais de atividade bancária de outra natureza, mediante autorização do Ministro do Trabalho e da Administração (art. 1º, § 4º, do Decreto-Lei nº 546/1969).

5. Duração do trabalho – Ônus da prova

Em regra, é ônus do empregado a prova do trabalho extraordinário, por se tratar de fato constitutivo do direito ao pagamento de horas extras, nos termos dos arts. 818 da CLT e 333, I, do CPC.

> Art. 74, § 2º, da CLT: *Para os estabelecimentos de mais de dez trabalhadores será obrigatória a anotação da hora de entrada e de saída, em registro manual, mecânico ou eletrônico, conforme instruções a serem expedidas pelo Ministério do Trabalho, devendo haver pré-assinalação do período de repouso.*
>
> Súmula nº 338, item I, do TST: "É ônus do empregador que conta com mais de 10 (dez) empregados o registro da jornada de trabalho na forma do art. 74, § 2º, da CLT. A não-apresentação injustificada dos controles de freqüência gera presunção relativa de veracidade da jornada de trabalho, a qual pode ser elidida por prova em contrário".
>
> Súmula nº 338, item II, do TST: "A presunção de veracidade da jornada de trabalho, ainda que prevista em instrumento normativo, pode ser elidida por prova em contrário". Aplicação do princípio da primazia da realidade.
>
> Horário Britânico – Inversão do Ônus da Prova – Súmula nº 338, item III, do TST: "Os cartões de ponto que demonstram horários de entrada e saída uniformes são inválidos como meio de prova, invertendo-se o ônus da prova, relativo às horas extras, que passa a ser do empregador, prevalecendo a jornada da inicial se dele não se desincumbir".

Capítulo XX

FÉRIAS

1. Conceito

É o descanso anual remunerado assegurado a todo empregado, com vistas ao restabelecimento da energia laborativa e de sua condição física e psíquica, bem como a integração na vida familiar e sócio-comunitária.

2. Classificação

As férias podem ser classificadas em individuais e coletivas.

As *férias individuais*, como o próprio nome indica, são aquelas concedidas individualmente, a cada empregado em particular.

As *férias coletivas* podem ser concedidas a todos os empregados de uma empresa ou de determinados estabelecimentos ou setores da empresa.

3. Período aquisitivo e duração das férias

Para obter direito às férias anuais remuneradas, o empregado deve laborar durante o chamado "período aquisitivo".

O período aquisitivo é de 12 meses de vigência do contrato de trabalho.

> Art. 130 da CLT: *Após cada período de 12 (doze) meses de vigência do contrato de trabalho, o empregado terá direito a férias, na seguinte proporção: I – 30 (trinta) dias corridos, quando não houver faltado ao serviço mais de 5 (cinco) vezes; II – 24 (vinte e quatro) dias corridos, quando houver tido de 6 (seis) a 14 (quatorze) faltas; III – 18 (dezoito) dias corridos, quando houver tido de 15 (quinze) a 23 (vinte e três) faltas; e IV – 12 (doze) dias corridos, quando houver tido de 24 (vinte e quatro) a 32 (trinta e duas) faltas.*

Se o empregado tiver mais de trinta e duas faltas injustificadas, passa a não ter direito à concessão das férias.

Art. 130, § 1º, da CLT: "*É vedado descontar, do período de férias, as faltas do empregado ao serviço*".

A assiduidade do obreiro é critério utilizado pela lei à delimitação do período de descanso. No entanto, é vedado o desconto direto das faltas injustificadas no período de férias do empregado.

Regime de tempo parcial:

> Art. 130-A da CLT: *Na modalidade do regime de tempo parcial, após cada período de doze meses de vigência do contrato de trabalho, o empregado terá direito a férias, na seguinte proporção: I – dezoito dias, para a duração do trabalho semanal superior a vinte e duas horas, até vinte e cinco horas; II – dezesseis dias, para a duração do trabalho semanal superior a vinte horas, até vinte e duas horas; III – quatorze dias, para a duração do trabalho semanal superior a quinze horas, até vinte horas; IV – doze dias, para a duração do trabalho semanal superior a dez horas, até quinze horas; V – dez dias, para a duração do trabalho semanal superior a cinco horas, até dez horas; e VI – oito dias, para a duração do trabalho semanal igual ou inferior a cinco horas.*
>
> Art. 130-A, parágrafo único, da CLT: *O empregado contratado sob o regime de tempo parcial que tiver mais de sete faltas injustificadas ao longo do período aquisitivo terá o seu período de férias reduzido à metade.*

Ausências justificadas:

> Art. 131 da CLT: *Não será considerada falta ao serviço, para os efeitos do artigo anterior, a ausência do empregado: I – nos casos referidos no art. 473; II – durante o licenciamento compulsório da empregada por motivo de maternidade ou aborto, observados os requisitos para percepção do salário-maternidade custeado pela Previdência Social; III – por motivo de acidente do trabalho ou enfermidade atestada pelo Instituto Nacional do Seguro Social – INSS, excetuada a hipótese do inciso IV do art. 133; IV – justificada pela empresa, entendendo-se como tal a que não tiver determinado o desconto do correspondente salário; V – durante a suspensão preventiva para responder a inquérito administrativo ou de prisão preventiva, quanto for impronunciado ou absorvido; e VI – nos dias em que não tenha havido serviço, salvo na hipótese do inciso III do art. 133.*
>
> Súmula nº 89 do C. TST: "Se as faltas já são justificadas pela lei, consideram-se como ausências legais e não serão descontadas para o cálculo do período de férias".
>
> Serviço Militar Obrigatório – Art. 132 da CLT: *O tempo de trabalho anterior à apresentação do empregado para serviço militar obrigatório será computado no período aquisitivo, desde que ele compareça ao estabelecimento dentro de 90 (noventa) dias da data em que se verificar a respectiva baixa.*

Perda do Direito às Férias:

Art. 133 da CLT: Não terá direito a férias o empregado que, no curso do período aquisitivo: *I – deixar o emprego e não for readmitido dentro de 60 (sessenta) dias subseqüentes à sua saída; II – permanecer em gozo de licença, com percepção de salários, por mais de 30 (trinta) dias; III – deixar de trabalhar, com percepção do salário, por mais de 30 (trinta) dias, em virtude de paralisação parcial ou total dos serviços da empresa; e IV – tiver percebido da Previdência Social prestações de acidente de trabalho ou de auxílio-doença por mais de 6 (seis) meses, embora descontínuos.*

Anotação na CTPS – art. 133, § 1º, da CLT: "A interrupção da prestação de serviços deverá ser anotada na Carteira de Trabalho e Previdência Social".

Novo Período Aquisitivo – art. 133, § 2º, da CLT: *Iniciar-se-á o decurso de novo período aquisitivo quando o empregado, após o implemento de qualquer das condições previstas neste artigo, retornar ao serviço.*

Paralisação da Empresa – Comunicação ao MTE – art. 133, § 3º, da CLT: *Para os fins previstos no inciso III deste artigo a empresa comunicará ao órgão local do Ministério do Trabalho, com antecedência mínima de 15 (quinze) dias, as datas de início e fim da paralisação total ou parcial dos serviços da empresa, e, em igual prazo, comunicará, nos mesmos termos, ao sindicato representativo da categoria profissional, bem como afixará aviso nos respectivos locais de trabalho.*

4. Período concessivo e época das férias

Após a aquisição do direito às férias, elas devem ser concedidas pelo empregador, respeitando o período concessivo, que é de 12 meses seguintes ao término do período aquisitivo.

Período Concessivo – art. 134 da CLT: *As férias serão concedidas por ato do empregador, em um só período, nos 12 (doze) meses subseqüentes à data em que o empregado tiver adquirido o direito.*

Fracionamento das Férias – art. 134, § 1º, da CLT: *Somente em casos excepcionais serão as férias concedidas em 2 (dois) períodos, um dos quais não poderá ser inferior a 10 (dez) dias corridos.*

Vedação ao Fracionamento – art. 134, § 2º, da CLT: *Aos menores de 18 (dezoito) anos e aos maiores de 50 (cinqüenta) anos de idade, as férias serão sempre concedidas de uma só vez.*

Registro e Documentação das Férias:

Recibo de Notificação – art. 135 da CLT: *A concessão das férias será participada, por escrito, ao empregado, com antecedência de, no mínimo, 30 (trinta) dias. Dessa participação o interessado dará recibo.*

Anotação na CTPS – art. 135, § 1º, da CLT: *O empregado não poderá entrar no gozo das férias sem que apresente ao empregador sua Carteira de Trabalho e Previdência Social, para que nela seja anotada a respectiva concessão.*

Registro – art. 135, § 2º, da CLT: *A concessão das férias será, igualmente, anotada no livro ou nas fichas de registro dos empregados.*

Época de Concessão das Férias:

Regra – art. 136 da CLT: *A época da concessão das férias será a que melhor consulte os interesses do empregador.*

Membros de Família – art. 136, § 1º, da CLT: *Os membros de uma família, que trabalharem no mesmo estabelecimento ou empresa, terão direito a gozar férias no mesmo período, se assim o desejarem e se disto não resultar prejuízo para o serviço.*

Estudante – art. 136, § 2º, da CLT: *O empregado estudante, menor de 18 (dezoito) anos, terá direito a fazer coincidir suas férias com as férias escolares.*

Dever do Empregado – art. 138 da CLT: *Durante as férias, o empregado não poderá prestar serviços a outro empregador, salvo se estiver obrigado a fazê-lo em virtude de contrato de trabalho regularmente mantido com aquele.*

Este dispositivo legal é utilizado como fundamento à possibilidade de coexistência de mais de um contrato de trabalho. Desta forma, a exclusividade não é requisito da relação de emprego.

5. Férias coletivas

Art. 139 da CLT: *Poderão ser concedidas férias coletivas a todos os empregados de uma empresa ou de determinados estabelecimentos ou setores da empresa.*

Fracionamento – art. 139, § 1º, da CLT: *As férias poderão ser gozadas em 2 (dois) períodos anuais desde que nenhum deles seja inferior a 10 (dez) dias corridos.*

Comunicação ao MTE – art. 139, § 2º, da CLT: *Para os fins previstos neste artigo, o empregador comunicará ao órgão local do Ministério do Trabalho, com a antecedência mínima de 15 (quinze) dias, as datas de início e fim das férias, precisando quais os estabelecimentos ou setores abrangidos pela medida.*

Exceção: De acordo com o art. 55, V, da Lei Complementar nº 123/2006, as microempresas e as empresas de pequeno porte são dispensadas desta comunicação.

Notificação do Sindicato – art. 139, § 3º, da CLT: *Em igual prazo, o empregador enviará cópia da aludida comunicação aos sindicatos representativos da respectiva categoria profissional, e providenciará a afixação de aviso nos locais de trabalho.*

Férias Proporcionais – art. 140 da CLT: *Os empregados contratados há menos de 12 (doze) meses gozarão, na oportunidade, férias proporcionais, iniciando-se, então, novo período aquisitivo.*

Se as férias coletivas forem concedidas em período superior àquele que o empregado tem direito, os dias restantes devem ser considerados como licença remunerada, pois o risco da atividade é do empregador (alteridade).

6. Remuneração das férias

O empregado, quando do gozo das férias, deve receber a remuneração devida à época da concessão, acrescida, no mínimo, de um terço.

Art. 7º, XVII, da CF/1988: "*gozo de férias anuais remuneradas com, pelo menos, um terço a mais do que o salário normal*".

Art. 142 da CLT: *O empregado perceberá, durante as férias, a remuneração que lhe for devida na data da sua concessão.*

Súmula nº 7 do C. TST: "*A indenização pelo não-deferimento das férias no tempo oportuno será calculada com base na remuneração devida ao empregado na época da reclamação ou, se for o caso, na da extinção do contrato*".

Súmula nº 328 do C. TST: "*O pagamento das férias, integrais ou proporcionais, gozadas ou não, na vigência da CF/1988, sujeita-se ao acréscimo do terço previsto no respectivo art. 7º, XVII*".

OJ Transitória nº 50 da SBDI-I do C. TST: "*O abono de férias decorrente de instrumento normativo e o abono de 1/3 (um terço) previsto no art. 7º, XVII, da CF/1988 têm idêntica natureza jurídica, destinação e finalidade, constituindo-se "bis in idem" seu pagamento simultâneo, sendo legítimo o direito do empregador de obter compensação de valores porventura pagos*".

Empregado Horista – art. 142, § 1º, da CLT: *Quando o salário for pago por hora com jornadas variáveis, apurar-se-á a média do período aquisitivo, aplicando-se o valor do salário na data da concessão das férias.*

Salário-Tarefa – art. 142, § 2º, da CLT: *Quando o salário for pago por tarefa tomar-se-á por base a média da produção no período aquisitivo do direito a férias, aplicando-se o valor da remuneração da tarefa na data da concessão das férias.*

Súmula nº 149 do C. TST: "*A remuneração das férias do tarefeiro deve ser calculada com base na média da produção do período aquisitivo, aplicando-se-lhe a tarifa da data da concessão*".

Empregado Comissionista – art. 142, § 3º, da CLT: *Quando o salário for pago por percentagem, comissão ou viagem, apurar-se-á a média percebida pelo empregado nos 12 (doze) meses que precederem à concessão das férias.*

OJ nº 181 da SBDI-1 do C. TST: "*O valor das comissões deve ser corrigido monetariamente para em seguida obter-se a média para efeito de cálculo de férias, 13º salário e verbas rescisórias*".

Salário-Utilidade – art. 142, § 4º, da CLT: *A parte do salário paga em utilidades será computada de acordo com a anotação na Carteira de Trabalho e Previdência Social.*

Integração de Adicionais – art. 142, § 5º, da CLT: *Os adicionais por trabalho extraordinário, noturno, insalubre ou perigoso serão computados no salário que servirá de base ao cálculo da remuneração das férias.*

Média Duodecimal dos Adicionais – art. 142, § 6º, da CLT: *Se, no momento das férias, o empregado não estiver percebendo o mesmo adicional do período aquisitivo, ou quando o valor deste não tiver sido uniforme será computada a média duodecimal recebida naquele período, após a atualização das importâncias pagas, mediante incidência dos percentuais dos reajustamentos salariais supervenientes.*

Súmula nº 253 do C. TST: "*A gratificação semestral não repercute no cálculo das horas extras, das férias e do aviso prévio, ainda que indenizados. Repercute, contudo, pelo seu duodécimo na indenização por antigüidade e na gratificação natalina*".

Época do Pagamento – art. 145 da CLT: *O pagamento da remuneração das férias e, se for o caso, o do abono referido no art. 143 serão efetuados até 2 (dois) dias antes do início do respectivo período.*

Recibo de Pagamento – art. 145, parágrafo único, da CLT: *O empregado dará quitação do pagamento, com indicação do início e do termo das férias.*

Abono Pecuniário de Férias:

Art. 143 da CLT: *É facultado ao empregado converter 1/3 (um terço) do período de férias a que tiver direito em abono pecuniário, no valor da remuneração que lhe seria devida nos dias correspondentes.*

Prazo de Requerimento – art. 143, § 1º, da CLT: *O abono de férias deverá ser requerido até 15 (quinze) dias antes do término do período aquisitivo.*

Férias Coletivas – Acordo Coletivo de Trabalho – art. 143, § 2º, da CLT: *Tratando-se de férias coletivas, a conversão a que se refere este artigo deverá ser objeto de acordo coletivo entre o empregador e o sindicato representativo da respectiva categoria profissional, independendo de requerimento individual a concessão do abono.*

Regime de Tempo Parcial – Vedação – art. 143, § 3º, da CLT: *O disposto neste artigo não se aplica aos empregados sob o regime de tempo parcial.*

Assim como o pagamento da remuneração das férias, o abono pecuniário também deve ser efetuado até dois dias antes do início do respectivo período, nos termos do art. 145 da CLT.

Efeitos – art. 144 da CLT: *O abono de férias de que trata o artigo anterior, bem como o concedido em virtude de cláusula do contrato de trabalho, do regulamento da empresa, de convenção ou acordo coletivo, desde que não excedente de vinte dias do salário, não integrarão a remuneração do empregado para os efeitos da legislação do trabalho.*

O abono pecuniário e o abono especial de férias, este último desde que não exceda a vinte dias do salário, não integram a remuneração do empregado para os efeitos da legislação do trabalho, nem o salário-de-contribuição, para fins de incidência de contribuição previdenciária (art. 28, § 9º, *e*, 6, da Lei nº 8.212/1991).

Férias concedidas após o período concessivo:

Art. 137 da CLT: *Sempre que as férias forem concedidas após o prazo de que trata o art. 134, o empregador pagará em dobro a respectiva remuneração.*

O empregador, além de ter de conceder as férias remuneradas, acrescida do terço constitucional, deve pagar ao empregado a chamada "dobra das férias", também com o terço previsto no art. 7º, XVII, da CF/1988.

A dobra também é devida quando o empregado, apesar de remunerado, não gozar efetivamente o respectivo período de férias.

A dobra das férias tem natureza jurídica de penalidade, por não ter o empregador observado o período de concessão. Além disso, trata-se de indenização devida ao empregado (art. 28, § 9º, *d*, da Lei nº 8.212/1991), por não ter usufruído as férias no período devido.

A natureza remuneratória limita-se à remuneração das férias, incluindo o terço constitucional.

Súmula nº 81 do C. TST: "*Os dias de férias gozados após o período legal de concessão deverão ser remunerados em dobro*".

Medida Judicial – art. 137, § 1º, da CLT: *Vencido o mencionado prazo sem que o empregador tenha concedido as férias, o empregado poderá ajuizar reclamação pedindo a fixação, por sentença, da época de gozo das mesmas.*

Fixação de *Astreintes* – art. 137, § 2º, da CLT: *A sentença cominará pena diária de 5% (cinco por cento) do salário mínimo da região, devida ao empregado até que seja cumprida.*

Expedição de Ofício ao MTE – art. 137, § 3º, da CLT: *Cópia da decisão judicial transitada em julgado será remetida ao órgão local do Ministério do Trabalho, para fins de aplicação da multa de caráter administrativo.*

7. Efeitos da cessação do contrato de trabalho

Art. 146 da CLT: *Na cessação do contrato de trabalho, qualquer que seja a sua causa, será devida ao empregado a remuneração simples ou em dobro, conforme o caso, correspondente ao período de férias cujo direito tenha adquirido.*

As férias adquiridas, e ainda não gozadas, são sempre devidas, de forma simples (férias simples) ou em dobro (férias vencidas), e a título indenizatório, independentemente da natureza do término do contrato de trabalho.

> Férias Proporcionais – Após 12 Meses de Serviço – art. 146, parágrafo único, da CLT: *Na cessação do contrato de trabalho, após 12 (doze) meses de serviço, o empregado, desde que não haja sido demitido por justa causa, terá direito à remuneração relativa ao período incompleto de férias, de acordo com o art. 130, na proporção de 1/12 (um doze avos) por mês de serviço ou fração superior a 14 (quatorze) dias.*
>
> Súmula nº 171 do C. TST: "Salvo na hipótese de dispensa do empregado por justa causa, a extinção do contrato de trabalho sujeita o empregador ao pagamento da remuneração das férias proporcionais, ainda que incompleto o período aquisitivo de 12 (doze) meses (art. 147 da CLT)".
>
> Súmula nº 328 do C. TST: "O pagamento das férias, integrais ou proporcionais, gozadas ou não, na vigência da CF/1988, sujeita-se ao acréscimo do terço previsto no respectivo art. 7º, XVII".
>
> Férias Proporcionais – Antes de 12 Meses de Serviço – art. 147 da CLT: *O empregado que for despedido sem justa causa, ou cujo contrato de trabalho se extinguir em prazo predeterminado, antes de completar 12 (doze) meses de serviço, terá direito à remuneração relativa ao período incompleto de férias, de conformidade com o disposto no artigo anterior.*
>
> Férias Proporcionais – Antes de 12 Meses de Serviço – Pedido de Demissão – Súmula nº 261 do C. TST: "O empregado que se demite antes de complementar 12 (doze) meses de serviço tem direito a férias proporcionais" (Convenção nº 132 da OIT).
>
> Férias Proporcionais – Culpa Recíproca – Súmula nº 14 do C. TST: "Reconhecida a culpa recíproca na rescisão do contrato de trabalho (art. 484 da CLT), o empregado tem direito a 50% (cinqüenta por cento) do valor do aviso prévio, do décimo terceiro salário e das férias proporcionais".
>
> Cessação do Contrato de Trabalho – Férias – Natureza Jurídica – art. 148 da CLT: "*A remuneração das férias, ainda quando devida após a cessação do contrato de trabalho, terá natureza salarial, para os efeitos do art. 449*".

Na realidade, este dispositivo estabelece que as férias, mesmo quando devidas após o término do contrato de trabalho, constituem crédito privilegiado nos processos de falência e de recuperação judicial.

As férias indenizadas com 1/3, de forma simples ou em dobro, não têm natureza remuneratória, mas indenizatória, inclusive para fins previdenciários (art. 28, § 9º, *d*, da Lei nº 8.212/1991).

OJ nº 195 da SBDI-I do C. TST: "*Não incide a contribuição para o FGTS sobre as férias indenizadas*".

8. Prescrição

Violado o direito subjetivo de usufruir as férias ou de receber a remuneração devida, nasce ao empregado a pretensão de exigir a satisfação do seu direito, que deve ser exercido no prazo prescricional de que trata o art. 7º, XXIX, da CF/1988.

Prescrição – Créditos Trabalhistas – art. 7º, XXIX, da CF/1988: "*ação, quanto aos créditos resultantes das relações de trabalho, com prazo prescricional de cinco anos para os trabalhadores urbanos e rurais, até o limite de dois anos após a extinção do contrato de trabalho*".

O dispositivo constitucional estabelece a prescrição bienal, a ser aplicada após a extinção do contrato de trabalho, e a prescrição qüinqüenal, aplicável no curso do referido contrato.

Prescrição – Férias – Regra Especial – art. 149 da CLT: *A prescrição do direito de reclamar a concessão das férias ou o pagamento da respectiva remuneração é contada do término do prazo mencionado no art. 134 ou, se for o caso, da cessação do contrato de trabalho.*

Assim, no curso do contrato de trabalho, as pretensões devem ser exigidas no prazo prescricional de cinco anos, contados da violação do direito. No caso das férias, seja quanto à concessão, ou com relação ao pagamento de sua remuneração, o prazo prescricional, durante a vigência da relação de emprego, inicia-se somente após o término do período concessivo das férias (que é de 12 meses subseqüentes ao período aquisitivo).

Capítulo XXI

ESTABILIDADE E GARANTIA PROVISÓRIA DE EMPREGO

A) Estabilidade no emprego

Estabilidade é a vantagem jurídica de natureza permanente conferida ao empregado em razão de circunstância tipificada de caráter geral, assegurando a manutenção do vínculo de emprego, independentemente da vontade do empregador.

1. Estabilidade decenal

Teve origem na Lei nº 4.682/1923 (Lei Elói Chaves), que criou as Caixas de Aposentadoria e Pensões dos Ferroviários, garantindo a estabilidade depois de dez anos de serviços aos empregados da respectiva categoria profissional.

> Art. 492 da CLT: *O empregado que contar mais de 10 (dez) anos de serviço na mesma empresa não poderá ser despedido senão por motivo de falta grave ou circunstância de força maior, devidamente comprovadas.*
>
> Art. 494 da CLT: *O empregado acusado de falta grave poderá ser suspenso de suas funções, mas a sua despedida só se tornará efetiva após o inquérito e que se verifique a procedência da acusação.*

A resolução contratual por culpa do empregado deve ser precedida de inquérito para apuração de falta grave, sendo facultado ao empregador a suspensão preventiva do obreiro faltoso, nos termos do art. 494 da CLT.

A ação de inquérito deve ser ajuizada dentro do prazo decadencial de trinta dias contados da suspensão do empregado faltoso (art. 853 da CLT).

> Conversão da Estabilidade em Indenização – Art. 496 da CLT: *Quando a reintegração do empregado estável for desaconselhável, dado o grau de incompatibilidade resultante do dissídio, especialmente quando for o empregador pessoa física, o tribunal*

do trabalho poderá converter aquela obrigação em indenização devida nos termos do artigo seguinte.

Extinção da Empresa – art. 497 da CLT: *Extinguindo-se a empresa, sem a ocorrência de motivo de força maior, ao empregado estável despedido é garantida a indenização por rescisão do contrato por prazo indeterminado, paga em dobro.*

Fechamento do Estabelecimento – Art. 498 da CLT: *Em caso de fechamento do estabelecimento, filial ou agência, ou supressão necessária de atividade, sem ocorrência de motivo de força maior, é assegurado aos empregados estáveis, que ali exerçam suas funções, direito à indenização, na forma do artigo anterior.*

Cargo de Confiança – Art. 499 da CLT: *Não haverá estabilidade no exercício dos cargos de diretoria, gerência ou outros de confiança imediata do empregador, ressalvado o cômputo do tempo de serviço para todos os efeitos legais.*

Reversão – Art. 499, § 1º, da CLT: *Ao empregado garantido pela estabilidade que deixar de exercer cargo de confiança, é assegurada, salvo no caso de falta grave, a reversão ao cargo efetivo que haja anteriormente ocupado.*

Dispensa Obstativa – Art. 499, § 3º, da CLT: *A despedida que se verificar com o fim de obstar ao empregado a aquisição de estabilidade sujeitará o empregador a pagamento em dobro da indenização prescrita nos arts. 477 e 478.*

Súmula nº 26 do TST (Cancelada): "Presume-se obstativa à estabilidade a despedida, sem justo motivo, do empregado que alcançar nove anos de serviço na empresa".

Pedido de Demissão – art. 500 da CLT: *O pedido de demissão do empregado estável só será válido quando feito com a assistência do respectivo Sindicato e, se não o houver, perante autoridade local competente do Ministério do Trabalho e Previdência Social ou da Justiça do Trabalho.*

Com o advento da CF/1988, tornou-se obrigatório o regime do FGTS (art. 7º, III, da CF/1988), incompatível com a referida estabilidade decenal.

Restou assegurado o direito adquirido dos empregados que, à data da promulgação da CF/1988, já gozavam da estabilidade decenal (art. 14, *caput*, da Lei nº 8.036/1990).

FGTS – Opção Retroativa – art. 14, § 3º, da Lei nº 8.036/1990: *Os trabalhadores poderão a qualquer momento optar pelo FGTS com efeito retroativo a 1º de janeiro de 1967 ou à data de sua admissão, quando posterior àquela.*

Súmula nº 98, itens I e II, do TST: "I – A equivalência entre os regimes do Fundo de Garantia do Tempo de Serviço e da estabilidade prevista na CLT é meramente jurídica e não econômica, sendo indevidos valores a título de reposição de diferenças; II – A estabilidade contratual ou a derivada de regulamento de empresa são compatíveis com o regime do FGTS. Diversamente ocorre com a estabilidade legal (decenal, art. 492 da CLT), que é renunciada com a opção pelo FGTS".

2. Estabilidade do art. 19 do ADCT da CF/1988:

Esta estabilidade alcança os servidores públicos celetistas da Administração Pública direta, autárquica e fundacional (empregados públicos).

> Art. 19 do ADCT: *Os servidores públicos civis da União, dos Estados, do Distrito Federal e dos Municípios, da administração direta, autárquica e das fundações públicas, em exercício na data da promulgação da Constituição, há pelo menos cinco anos continuados, e que não tenham sido admitidos na forma regulada no art. 37, da Constituição, são considerados estáveis no serviço público.*
>
> OJ nº 364 da SBDI-1 do TST: "Fundação instituída por lei e que recebe dotação ou subvenção do Poder Público para realizar atividades de interesse do Estado, ainda que tenha personalidade jurídica de direito privado, ostenta natureza de fundação pública. Assim, seus servidores regidos pela CLT são beneficiários da estabilidade excepcional pre-vista no art. 19 do ADCT".

3. Estabilidade do art. 41 da CF/1988:

> Art. 41, *caput*, da CF/1988: *São estáveis após três anos de efetivo exercício os servidores nomeados para cargo de provimento efetivo em virtude de concurso público.*
>
> Art. 41, § 1º, da CF/1988: *O servidor público estável só perderá o cargo: I – em virtude de sentença judicial transitada em julgado; II – mediante processo administrativo em que lhe seja assegurada ampla defesa; III – mediante procedimento de avaliação periódica de desempenho, na forma de lei complementar, assegurada ampla defesa.*
>
> Art. 41, § 4º, da CF/1988: *Como condição para a aquisição da estabilidade, é obrigatória a avaliação especial de desempenho por comissão instituída para essa finalidade.*
>
> Súmula nº 390, itens I e II, do TST: "I – O servidor público celetista da administração direta, autárquica ou fundacional é beneficiário da estabilidade prevista no art. 41 da CF/1988; II – Ao empregado de empresa pública ou de sociedade de economia mista, ainda que admitido mediante aprovação em concurso público, não é garantida a estabilidade prevista no art. 41 da CF/1988".

4. Estabilidade por ato empresarial

Viabilidade da estabilidade estipulada pela estrita vontade unilateral do empregador ou por acordo bilateral das partes, respeitadas as devidas exigências concernentes a situações especiais.

Súmula nº 355 do TST: "*O aviso DIREH nº 2, de 12/12/1984, que concedia estabilidade aos empregados da CONAB, não tem eficácia, porque não aprovado pelo Ministério ao qual a empresa se subordina*".

B) Garantias provisórias de emprego

Garantia de emprego é a vantagem jurídica de natureza transitória conferida ao empregado em razão de circunstância contratual ou pessoal de caráter especial, assegurando a manutenção do vínculo de emprego por delimitado período de tempo, independentemente da vontade do empregador.

Também denominada estabilidade provisória ou temporária.

1. Dirigente sindical

A garantia provisória de emprego prevista nos arts. 543, § 3º, da CLT e 8º, VIII, da CF/1988 destina-se aos dirigentes de entidades sindicais, titulares e suplentes, para resguardar a independência da atuação no exercício do mandato, assegurando-lhes condições para a defesa dos interesses da categoria.

> Art. 543, § 3º, da CLT: *Fica vedada a dispensa do empregado sindicalizado ou associado, a partir do momento do registro de sua candidatura a cargo de direção ou representação de entidade sindical ou de associação profissional, até 1 (um) ano após o final do seu mandato, caso seja eleito inclusive como suplente,* salvo se cometer falta grave devidamente apurada nos termos desta Consolidação.
>
> Art. 8º, inciso VIII, da CF/1988: *é vedada a dispensa do empregado sindicalizado a partir do registro da candidatura a cargo de direção ou representação sindical e, se eleito, ainda que suplente, até um ano após o final do mandato, salvo se cometer falta grave nos termos da lei.*

É uma limitação temporária ao direito potestativo de resilição contratual por parte do empregador, para propiciar ao representante da categoria profissional independência e segurança no exercício do mandato.

De acordo com o § 4º do art. 543 da CLT, considera-se cargo de direção ou de representação sindical aquele cujo exercício ou indicação decorre de eleição prevista em lei.

> Súmula nº 369, item II, do TST: "O art. 522 da CLT, que limita a sete o número de dirigentes sindicais, foi recepcionado pela Constituição Federal de 1988".
>
> Membros do Conselho Fiscal – OJ nº 365 da SBDI-1 do TST: "Membro de conselho fiscal de sindicato não tem direito à estabilidade prevista nos arts. 543, § 3º, da CLT e 8º, VIII, da CF/1988, porquanto não representa ou atua na defesa de direitos da categoria respectiva, tendo sua competência limitada à fiscalização da gestão financeira do sindicato (art. 522, § 2º, da CLT)".

Dirigentes de Associação Profissional: a estabilidade provisória prevista no art. 543, § 3º, da CLT, quanto aos dirigentes de associação profissional, não foi recepcionada pelo texto constitucional (art. 8º, I e VIII, da CF/1988). Isso porque as associações profissionais não são mais pré-requisitos à criação de um sindicato.

Cancelamento da Súmula nº 222 do TST: "*Os dirigentes de associações profissionais, legalmente registradas, gozam de estabilidade provisória no emprego*".

Delegados Sindicais: Os associados dirigentes de seções ou delegacias instituídas pelo sindicato não gozam da estabilidade provisória, posto que não são eleitos, mas indicados pela direção da entidade sindical.

Comunicação do Registro da Candidatura: A entidade sindical deve comunicar por escrito à empresa, dentro de 24 (vinte e quatro) horas, o dia e a hora do registro da candidatura do seu empregado e, em igual prazo, sua eleição e posse.

Súmula nº 369, item I, do TST: "*É indispensável a comunicação, pela entidade sindical, ao empregador, na forma do § 5º do art. 543 da CLT*".

Não sendo feita a comunicação em 24 horas, o empregado não adquire a estabilidade a partir do registro da candidatura. No entanto, a jurisprudência do TST no sentido de que a comunicação fora do prazo, porém no curso do contrato, não afasta a garantia pelo período posterior à efetiva comunicação até um ano após o término do mandato.

Falta Grave: A falta grave justificadora da resolução contratual por culpa do dirigente sindical deve restar apurada em inquérito judicial (art. 853 da CLT).

> Súmula nº 197 do STF: "O empregado com representação sindical só pode ser despedido mediante inquérito em que se apure falta grave".
> Súmula nº 379 do TST: "O dirigente sindical somente poderá ser dispensado por falta grave mediante a apuração em inquérito judicial, inteligência dos arts. 494 e 543, §3º, da CLT".

O art. 659, X, da CLT autoriza a concessão de medida liminar em reclamação trabalhista que vise reintegrar no emprego dirigente sindical afastado, suspenso ou dispensado pelo empregador.

Contrato de Experiência: Por se tratar de modalidade de contrato por prazo determinado (art. 443, § 2º, *c*, da CLT), em que o empregado se encontra em regime de prova, não é assegurada a estabilidade provisória.

> Aviso Prévio – Súmula nº 369, item V, do TST: "O registro da candidatura do empregado a cargo de dirigente sindical durante o período de aviso prévio, ainda que indenizado, não lhe assegura a estabilidade, visto que inaplicável a regra do § 3º do art. 543 da Consolidação das Leis do Trabalho".

Se a função exercida pelo empregado na empresa não corresponder à da categoria profissional do sindicato para o qual foi eleito, torna-se inviável a concessão da estabilidade provisória sindical.

> Súmula nº 369, item III, do TST: "O empregado de categoria diferenciada eleito dirigente sindical só goza de estabilidade se exercer na empresa atividade pertinente à categoria profissional do sindicato para o qual foi eleito dirigente".

Extinção da Empresa – Súmula nº 369, item IV, do TST: "Havendo extinção da atividade empresarial no âmbito da base territorial do sindicato, não há razão para subsistir a estabilidade".

2. Representantes de empregados na CIPA

É obrigatória a constituição de Comissão Interna de Prevenção de Acidentes (CIPA), de conformidade com instruções expedidas pelo Ministério do Trabalho, nos estabelecimentos ou locais de obra nelas especificadas (art. 163, caput, da CLT).

A regulamentação das atribuições, da composição e do funcionamento das CIPAs é da competência do Ministério do Trabalho e Emprego (art. 163, parágrafo único, da CLT).

Cada CIPA será composta de representantes da empresa e dos empregados, de acordo com os critérios que vierem a ser adotados na regulamentação de que trata o parágrafo único do artigo anterior (art. 164, *caput*, da CLT).

Os representantes dos empregadores, titulares e suplentes, serão por eles designados (art. 164, § 1º, da CLT).

Os representantes dos empregados, titulares e suplentes, serão eleitos em escrutínio secreto, do qual participem, independentemente de filiação sindical, exclusivamente os empregados interessados (art. 164, § 2º, da CLT).

O mandato dos membros eleitos da CIPA terá a duração de um ano, permitida uma reeleição (art. 164, § 3º, da CLT).

O empregador designará, anualmente, dentre os seus representantes, o Presidente da CIPA e os empregados elegerão, dentre eles, o Vice-Presidente (art. 164, § 5º, da CLT).

As regras sobre a Comissão Interna de Prevenção de Acidentes (CIPA) encontram-se previstas na NR 5 da Portaria nº 3.214/1978.

O art. 165 da CLT confere a estabilidade provisória apenas aos titulares da representação dos empregados na CIPA, não a estendendo aos membros suplentes.

O fundamento dessa garantia provisória de emprego reside na necessidade de conferir autonomia ao cipeiro no exercício do mandato.

Art. 165, *caput*, da CLT: "*Os titulares da representação dos empregados nas CIPA(s) não poderão sofrer despedida arbitrária, entendendo-se como tal a que não se fundar em motivo disciplinar, técnico, econômico ou financeiro*".

A partir da promulgação da Constituição da República de 1988, conferiu-se esta garantia de emprego ao empregado eleito, incluindo os suplentes, para o cargo de direção de comissões internas de prevenção de acidentes, desde o registro de sua candidatura até um ano após o final de seu mandato.

Art. 10, inciso II, alínea "a", do ADCT: *fica vedada a dispensa arbitrária ou sem justa causa: a) do empregado eleito para cargo de direção de comissões internas de prevenção de acidentes, desde o registro de sua candidatura até um ano após o final de seu mandato*".

Suplente – Súmula nº 339, item I, do TST: "O suplente da CIPA goza da garantia de emprego prevista no art. 10, II, "a", do ADCT a partir da promulgação da Constituição Federal de 1988".

Não se exige o ajuizamento de inquérito judicial para apuração de eventual ato faltoso praticado pelo cipeiro, pois a ordem jurídica não estabelece essa exigência.

A estabilidade não alcança o representante indicado pelo empregador, mas somente o empregado eleito pelos colegas.

Extinção do Estabelecimento – Súmula nº 339, item II, do TST: "A estabilidade provisória do cipeiro não constitui vantagem pessoal, mas garantia para as atividades dos membros da CIPA, que somente tem razão de ser quando em atividade a empresa. Extinto o estabelecimento, não se verifica a despedida arbitrária, sendo impossível a reintegração e indevida a indenização do período estabilitário".

3. Empregada gestante

Esta garantia de emprego tem por fundamento a proteção à maternidade. Assim, a gestante goza da referida estabilidade independentemente da ciência da gravidez por parte do empregador no ato da dispensa (concepção objetiva).

Art. 10, inciso II, alínea "b", do ADCT: "*fica vedada a dispensa arbitrária ou sem justa causa: (...) b) da empregada gestante, desde a confirmação da gravidez até cinco meses após o parto*".

Súmula nº 244, item I, do TST: "O desconhecimento do estado gravídico pelo empregador não afasta o direito ao pagamento da indenização decorrente da estabilidade".

Reintegração no Emprego – Súmula nº 244, item II, do TST: "A garantia de emprego à gestante só autoriza a reintegração se esta se der durante o período de estabilidade. Do contrário, a garantia restringe-se aos salários e demais direitos correspondentes ao período de estabilidade".

Contrato de Experiência – Súmula nº 244, item III, do TST: "Não há direito da empregada gestante à estabilidade provisória na hipótese de admissão mediante contrato de experiência, visto que a extinção da relação de emprego, em face do término do prazo, não constitui dispensa arbitrária ou sem justa causa".

Empregada Doméstica – Art. 4º-A da Lei nº 5.859/1972 (introduzido pela Lei nº 11.324/2006): *É vedada a dispensa arbitrária ou sem justa causa da empregada doméstica gestante desde a confirmação da gravidez até 5 (cinco) meses após o parto.*

A jurisprudência do TST vem entendendo que a extinção da empresa ou do estabelecimento não afasta o direito à proteção da maternidade, sendo devido o pagamento da indenização equivalente ao pagamento dos salários e demais consectários legais decorrentes do período da estabilidade.

4. Empregado acidentado

Art. 118 da Lei nº 8.213/1991: *O segurado que sofreu acidente do trabalho tem garantida, pelo prazo mínimo de doze meses, a manutenção do seu contrato de trabalho na empresa, após a cessação do auxílio-doença acidentário, independentemente de percepção de auxílio-acidente.*

Existência de corrente doutrinária que pugnava pela inconstitucionalidade do referido dispositivo legal, haja vista a exigência contida nos arts. 7º, I, da CF/1988 e 10 do ADCT acerca da regulamentação da proteção da relação de emprego por meio de lei complementar.

> Constitucionalidade – Súmula nº 378, item I, do TST: "É constitucional o art. 118 da Lei nº 8.213/1991 que assegura o direito à estabilidade provisória por período de 12 meses após a cessação do auxílio-doença ao empregado acidentado".
>
> Pressupostos – Súmula nº 378, item II, do TST: "São pressupostos para a concessão da estabilidade o afastamento superior a 15 dias e a conseqüente percepção do auxílio doença acidentário, salvo se constatada, após a despedida, doença profissional que guarde relação de causalidade com a execução do contrato de emprego".

5. Diretores de cooperativas

Art. 55 da Lei nº 5.764/1971: *Os empregados de empresas que sejam eleitos diretores de sociedades cooperativas pelos mesmos criadas, gozarão das garantias asseguradas aos dirigentes sindicais pelo art. 543 da Consolidação das Leis do Trabalho (Decreto-Lei n. 5.452, de 1º de maio de 1943).*

A garantia provisória de emprego vai desde o registro da candidatura e, se eleito, até um ano após o término do mandato.

A finalidade dessa estabilidade provisória é assegurar a independência das cooperativas e preservar-lhes a existência, impedindo que o empregador do dirigente interfira nos destinos de seus órgãos.

Suplente – OJ nº 253 da SBDI-1 do TST: "*O art. 55 da Lei nº 5.764/1971 assegura a garantia de emprego apenas aos empregados eleitos diretores de Cooperativas, não abrangendo os membros suplentes*".

6. Representantes dos empregados em Comissão de Conciliação Prévia de âmbito empresarial

A Comissão de Conciliação Prévia instituída no âmbito da empresa deve ser composta de, no mínimo, dois e, no máximo, dez membros, sendo a metade de seus membros indicada pelo empregador e outra metade eleita pelos empregados, em escrutínio secreto, fiscalizado pelo sindicato de categoria profissional (art. 625-B, *caput* e inciso I, da CLT).

Deve haver na Comissão tantos suplentes quantos forem os representantes titulares, e o mandato dos seus membros, titulares e suplentes é de um ano, permitida uma recondução (art. 625-B, II e III, da CLT).

Art. 625-B, § 1º, da CLT: *É vedada a dispensa dos representantes dos empregados membros da Comissão de Conciliação Prévia, titulares e suplentes, até um ano após o final do mandato, salvo se cometerem falta, nos termos da lei.*

A doutrina vem se manifestando pelo início da garantia de emprego a partir do registro da candidatura, sob pena de se viabilizar a dispensa de candidato que não atenda à ideologia patronal.

7. Representante dos empregados no Conselho Curador do FGTS

> Indicação – Art. 3º, § 3º, da Lei nº 8.036/1990: *Os representantes dos trabalhadores e dos empregados e seus respectivos suplentes serão indicados pelas respectivas centrais sindicais e confederações nacionais e nomeados pelo Ministro do Trabalho e da Previdência Social, e terão mandato de 2 (dois) anos, podendo ser reconduzidos uma única vez.*
>
> Garantia de Emprego – Art. 3º, § 9º, da Lei nº 8.036/1990: *Aos membros do Conselho Curador, enquanto representantes dos trabalhadores, efetivos e suplentes, é assegurada a estabilidade no emprego, da nomeação até um ano após o término do mandato de representação, somente podendo ser demitidos por motivo de falta grave,* regularmente comprovada através de processo sindical".

8. Representantes dos empregados no Conselho Previdenciário

> Indicação – Art. 3º, § 2º, da Lei nº 8.213/1991: *Os representantes dos trabalhadores em atividade, dos aposentados, dos empregadores e seus respectivos suplentes serão indicados pelas centrais sindicais e confederações nacionais.*
>
> Garantia de Emprego – Art. 3º, § 7º, da Lei nº 8.213/1991: *Aos membros do CNPS, enquanto representantes dos trabalhadores em atividade, titulares e suplentes, é assegurada a estabilidade no emprego, da nomeação até um ano após o término do mandato de representação, somente podendo ser demitidos por motivo de falta grave,* regularmente comprovada através de processo judicial.

9. Estabilidade – Súmulas importantes

a) Súmula nº 348 do TST: "É inválida a concessão do aviso prévio na fluência da garantia de emprego, ante a incompatibilidade dos dois institutos".

b) Súmula nº 371 do TST: "A projeção do contrato de trabalho para o futuro, pela concessão do aviso prévio indenizado, tem efeitos limitados às vantagens econômicas obtidas no período de pré-aviso, ou seja, salários, reflexos e verbas rescisórias. No caso de concessão de auxílio-doença no curso do aviso prévio, todavia, só se concretizam os efeitos da dispensa depois de expirado o benefício previdenciário".

c) Súmula nº 396, itens I e II, do TST: "I – Exaurido o período de estabilidade, são devidos ao empregado apenas os salários do período compreendido entre a data da despedida e o final do período de estabilidade, não lhe sendo assegurada a reintegração no emprego; II – Não há nulidade por julgamento 'extra petita' da decisão que deferir salário quando o pedido for de reintegração, dados os termos do art. 496 da CLT".

Capítulo XXII

AVISO PRÉVIO

1. Conceito

O aviso prévio pode ser conceituado como sendo a comunicação que um dos sujeitos da relação de emprego faz ao outro no sentido de que pretende pôr fim ao contrato de trabalho.

Pode ser concedido tanto pelo empregador, como também pelo empregado, de acordo com quem comunica a intenção de proceder à ruptura da relação de emprego.

2. Fundamentos

Art. 7º, inciso XXI, da CF/1988: "*aviso prévio proporcional ao tempo de serviço, sendo no mínimo de trinta dias, nos termos da lei*".

A proporcionalidade do aviso prévio é matéria que se encontra pendente de regulamentação legal. Neste particular, o dispositivo constitucional é norma de eficácia limitada.

OJ nº 84 da SBDI-1 do C. TST: "*A proporcionalidade do aviso prévio, com base no tempo de serviço, depende da legislação regulamentadora, visto que o art. 7º, inciso XXI, da CF/1988 não é auto-aplicável*".

Todavia, não é a integralidade do inciso XXI do art. 7º da CF/1988 uma norma de eficácia limitada. Isso porque o prazo mínimo de trinta dias quanto ao aviso prévio apresenta-se plenamente eficaz e auto-aplicável.

> Art. 487, *caput*, e incisos I e II, da CLT: *Não havendo prazo estipulado, a parte que, sem justo motivo, quiser rescindir o contrato deverá avisar a outra da sua resolução com a antecedência mínima de: I – oito dias, se o pagamento for efetuado por semana ou tempo inferior (*não recepcionado pelo art. 7º, inciso XXI, da CF/1988*)*; e *II –*

trinta dias aos que perceberem por quinzena ou mês, ou que tenham mais de 12 (doze) meses de serviço na empresa.

3. Contagem do prazo

Por se tratar de prazo regulado pelo direito material, aplica-se a regra do art. 132 do Código Civil, nos termos do art. 8º, parágrafo único, da CLT.

Súmula nº 380 do C. TST: "*Aplica-se a regra prevista no "caput" do art. 132 do Código Civil de 2002 à contagem do prazo do aviso prévio, excluindo-se o dia do começo e incluindo o do vencimento*".

4. Forma

A lei não exige forma específica para a concessão do aviso prévio, fazendo incidir o princípio da liberdade das formas.

No entanto, para efeitos práticos, recomenda-se que o aviso prévio seja formulado na forma escrita, para facilitar eventual necessidade de prova.

5. Finalidade

O aviso prévio, conforme o sujeito que o conceda, apresentará objetivos distintos.

Sendo o empregador quem o concede, a finalidade do aviso prévio é possibilitar que o empregado possa procurar novo emprego durante este período, antes do efetivo término do contrato de trabalho.

Súmula nº 348 do C. TST: "*É inválida a concessão do aviso prévio na fluência da garantia de emprego, ante a incompatibilidade dos dois institutos*".

Se o aviso prévio é concedido pelo empregado, a finalidade é fazer com que o empregador encontre outro empregado para substituir o comunicante.

6. Cabimento

O aviso prévio é cabível na hipótese de contrato de trabalho que seja por prazo indeterminado, nos termos do art. 487, *caput*, da CLT.

Nos contratos por prazo determinado, não se cogita de aviso prévio para a cessação, ressalvada o disposto no art. 481 do diploma celetista (cláusula assecuratória do direito recíproco de rescisão nos contratos a prazo).

Súmula nº 163 do C. TST: "*Cabe aviso prévio nas rescisões antecipadas dos contratos de experiência, na forma do art. 481 da CLT*".

Não se aplica também o aviso prévio aos contratos de trabalho temporário, regulados pela Lei nº 6.019/1974.

Cabe a concessão do aviso prévio, enquanto dever do empregador, nos casos de dispensa sem justa causa e de rescisão indireta, nos termos dos arts. 487, *caput*, e § 4º, da CLT.

Também é devido ao empregado o aviso prévio, quando da cessação da atividade da empresa, conforme a Súmula nº 44 do C. TST.

Como dever do empregado, o aviso prévio é devido ao empregador no pedido de demissão, por força do art. 487, *caput*, da CLT.

Conseqüências da Falta de Concessão do Aviso Prévio:

As conseqüências da ausência do aviso prévio dependem do exame de quem tinha o dever de concedê-lo:

a) Por parte do empregado: Acarreta ao empregador o direito de descontar os salários correspondentes ao prazo respectivo, nos termos do art. 487, § 2º, da CLT.

Art. 487, § 2º, da CLT: *A falta de aviso prévio por parte do empregado dá ao empregador o direito de descontar os salários correspondentes ao prazo respectivo.*

Esse desconto deve ser feito quando da quitação das verbas resilitórias, cujo limite é fixado pelo art. 477, § 5º, da CLT.

Em juízo, esse direito pode ser argüido pelo empregador, na contestação, na forma de compensação (art. 767 da CLT e Súmulas nº 18 e 48 do C. TST).

b) Por parte do empregador: Acarreta ao empregado o direito aos salários correspondentes ao prazo do aviso prévio, garantida sempre a integração desse período no seu tempo de serviço, nos termos do art. 487, § 1º, da CLT.

Art. 487, § 1º, da CLT: *A falta do aviso prévio por parte do empregador dá ao empregado o direito aos salários correspondentes ao prazo do aviso, garantida sempre a integração desse período no seu tempo de serviço.*

A partir da falta de concessão do aviso prévio pelo empregador, o obreiro passa a ter o direito de receber o chamado "aviso prévio indenizado", que integra o tempo de serviço do trabalhador.

> Art. 487, § 6º, da CLT: *O reajustamento salarial coletivo, determinado no curso do aviso prévio, beneficia o empregado pré-avisado da despedida, mesmo que tenha recebido antecipadamente os salários correspondentes ao período do aviso, que integra seu tempo de serviço para todos os efeitos legais.*
>
> FGTS – Súmula nº 305 do C. TST: "O pagamento relativo ao período de aviso prévio, trabalhado ou não, está sujeito a contribuição para o FGTS".
>
> Indenização de 40% do FGTS – OJ nº 42, item II, da SBDI-1 do C. TST: "O cálculo da multa de 40% do FGTS deverá ser feito com base no saldo da conta vinculada na data do efetivo pagamento das verbas rescisórias, desconsiderada a projeção do aviso prévio indenizado, por ausência de previsão legal".

Baixa na CTPS – OJ nº 82 da SBDI-1 do C. TST: "A data de saída a ser anotada na CTPS deve corresponder à do término do prazo do aviso prévio, ainda que indenizado".

Início do Prazo Prescricional – OJ nº 83 da SBDI-1 do C. TST: "A prescrição começa a fluir no final da data do término do aviso prévio. Art. 487, § 1º, CLT".

"Aviso Prévio Cumprido em Casa": o empregador autoriza o empregado a não comparecer ao trabalho durante o período do aviso prévio. Não se verifica a sua nulidade, posto que o aviso prévio atingirá sua finalidade (procura de novo emprego). Todavia, aplicar-se-á, para pagamento das verbas resilitórias, o prazo previsto no art. 477, § 6º, "b", da CLT.

OJ nº 14 da SBDI-1 do C. TST: "Em caso de aviso prévio cumprido em casa, o prazo para pagamento das verbas rescisórias é até o décimo dia da notificação de despedida".

Salário-Tarefa – art. 487, § 3º, da CLT: "Em se tratando de salário pago na base de tarefa, o cálculo, para os efeitos dos parágrafos anteriores, será feito de acordo com a média dos últimos 12 (doze) meses de serviço".

Horas Extraordinárias – art. 487, § 5º, da CLT: "O valor das horas extraordinárias habituais integra o aviso prévio indenizado".

7. Cumprimento

Se o empregado pede demissão e concede o aviso prévio ao empregador, o contrato de trabalho continua a vigorar normalmente até o fim do prazo do aviso, quando cessa o vínculo de emprego.

No aviso prévio concedido pelo empregador, a prestação de serviços recebe tratamento diferenciado, nos termos do art. 488, *caput* e parágrafo único, da CLT.

Art. 488, *caput*, da CLT: *O horário normal de trabalho do empregado, durante o prazo do aviso, e se a rescisão tiver sido promovida pelo empregador, será reduzido de 2 (duas) horas diárias, sem prejuízo do salário integral.*

Normalmente, a referida redução de horário é estabelecida de modo que o empregado tenha a sua data de saída antecipada. Todavia, não se exige que seja somente dessa forma, nada impedindo que a referida redução ocorra quanto ao horário de entrada.

Súmula nº 230 do C. TST: "*É ilegal substituir o período que se reduz da jornada de trabalho, no aviso prévio, pelo pagamento das horas correspondentes*".

Não sendo observada a referida redução de horário, o aviso prévio será devido novamente, ainda que de forma indenizada, posto não haver cumprido seu objetivo.

Art. 488, parágrafo único, da CLT: *É facultado ao empregado trabalhar sem a redução das 2 (duas) horas diárias previstas neste artigo, caso em que poderá faltar ao serviço, sem prejuízo do salário integral, por 1 (um) dia, na hipótese do inciso I, e por 7 (sete) dias corridos, na hipótese do inciso II do art. 487 desta Consolidação.*

Trata-se de faculdade do empregado, podendo optar pela redução de duas horas diárias, ou pela ausência durante sete dias corridos, sem prejuízo do salário integral.

Neste último caso, dos sete dias corridos, o mais comum é que fiquem para o período final do contrato de trabalho. Entretanto, é possível estabelecer-se outra forma, contanto que seja observado o referido período mínimo, a ser concedido de forma contínua, e não intercalada.

Empregado Rural – art. 15 da Lei nº 5.889/1973: *Durante o prazo do aviso prévio, se a rescisão tiver sido promovida pelo empregador, o empregado rural terá direito a um dia por semana, sem prejuízo do salário integral, para procurar outro trabalho.*

Obs.: O art. 7º, inciso XXI, da CF/1988 não regulamenta o direito ao aviso prévio, o que é objeto de legislação infraconstitucional.

Renúncia pelo Empregado – Súmula nº 276 do C. TST: "*O direito ao aviso prévio é irrenunciável pelo empregado. O pedido de dispensa de cumprimento não exime o empregador de pagar o respectivo valor, salvo comprovação de haver o prestador dos serviços obtido novo emprego*".

Se o empregado solicitar a dispensa do cumprimento, em razão da obtenção de novo emprego, não fará jus ao salário referente aos dias de aviso prévio não cumprido.

No caso de faltas injustificadas do empregado na vigência do aviso prévio, assiste ao empregador o direito de descontar os valores correspondentes aos respectivos dias.

No aviso prévio concedido pelo empregado, o empregador pode liberá-lo do cumprimento, desde que o obreiro não tenha mais interesse em prestar serviços no período do aviso. Neste caso, o empregado não terá direito ao salário respectivo.

A jurisprudência não vem reconhecendo o direito a estabilidade no curso do aviso prévio.

> Dirigente Sindical – Súmula nº 369, item V, do C. TST: "O registro da candidatura do empregado a cargo de dirigente sindical durante o período de aviso prévio, ainda que indenizado, não lhe assegura a estabilidade, visto que inaplicável a regra do § 3º do art. 543 da Consolidação das Leis do Trabalho".
>
> Efeitos do Aviso Prévio Indenizado – Auxílio-Doença – Súmula nº 371 do C. TST: "A projeção do contrato de trabalho para o futuro, pela concessão do aviso prévio indenizado, tem efeitos limitados às vantagens econômicas obtidas no período de pré-aviso, ou seja, salários, reflexos e verbas rescisórias. No caso de concessão de auxílio-doença no curso do aviso prévio, todavia, só se concretizam os efeitos da dispensa depois de expirado o benefício previdenciário".

8. Justa causa no aviso prévio

Durante o aviso prévio trabalhado, por se tratar de tempo de serviço do empregado, pode ocorrer que qualquer das partes incorra em falta grave, ensejando a resolução do contrato de trabalho.

> Falta Grave do Empregador – art. 490 da CLT: *O empregador que, durante o prazo do aviso prévio dado ao empregado, praticar ato que justifique a rescisão imediata do contrato, sujeita-se ao pagamento da remuneração correspondente ao prazo do referido aviso, sem prejuízo da indenização que for devida.*

A justa causa patronal, durante o aviso prévio, acarreta ao empregado o direito de resolver o contrato de trabalho, recebendo a remuneração do período correspondente ao aviso, bem como as verbas decorrentes da rescisão indireta.

Justa Causa do Empregado – art. 491 da CLT: *O empregado que, durante o prazo do aviso prévio, cometer qualquer das faltas consideradas pela lei como justas para a rescisão, perde o direito ao restante do respectivo prazo.*

Ocorrendo a falta grave do empregado, este perde os direitos decorrentes da dispensa sem justa causa ou do pedido de demissão, conforme a hipótese em foco, passando a receber apenas as verbas atinentes à dispensa motivada.

Súmula nº 73 do C. TST: "*A ocorrência de justa causa, salvo a de abandono de emprego, no decurso do prazo do aviso prévio dado pelo empregador, retira do empregado qualquer direito às verbas rescisórias de natureza indenizatória*".

A ressalva quanto ao abandono de emprego justifica-se porque, no período em questão, o empregado pode ter de assumir novo emprego, não tendo como continuar prestando serviços durante o aviso prévio.

9. Reconsideração do aviso prévio

Havendo a reconsideração quanto à concessão do aviso prévio, que deve ocorrer antes do término de seu prazo, a outra parte tem a faculdade de aceitá-la ou não.

Art. 489 da CLT: *Dado o aviso prévio, a rescisão torna-se efetiva depois de expirado o respectivo prazo, mas, se a parte notificante reconsiderar o ato, antes de seu termo, à outra parte é facultado aceitar ou não a reconsideração.*

Em caso de aceitação expressa ou tácita do pedido de reconsideração do aviso prévio, o contrato seguirá vigorando.

Art. 489, parágrafo único, da CLT: *Caso seja aceita a reconsideração ou continuando a prestação depois de expirado o prazo, o contrato continuará a vigorar, como se o aviso prévio não tivesse sido dado.*

A reconsideração pode ser exercitada no aviso prévio trabalhado. No indenizado, o contrato cessa de imediato, constituindo ato jurídico perfeito.

Capítulo XXIII

CESSAÇÃO DO CONTRATO DE TRABALHO

1. Modalidades de término do contrato de trabalho – Classificações

O término do contrato de trabalho pode decorrer de fatores extintivos diversificados, os quais tendem à produção de efeitos jurídicos diversos.

No processo de classificação das modalidades de extinção do contrato de trabalho, destacam-se as seguintes terminologias:

a) Resilição contratual: Compreende todas as modalidades de ruptura do contrato de trabalho por exercício lícito da vontade das partes: *resilição unilateral por ato do empregado* (pedido de demissão), *resilição unilateral por ato do empregador* (dispensa imotivada ou sem justa causa) e *resilição bilateral* (distrato).

b) Resolução contratual: Compreende todas as modalidades de ruptura do contrato de trabalho por ato faltoso de qualquer das partes: *resolução contratual por culpa do empregado* (dispensa motivada ou por justa causa), *resolução contratual por culpa do empregador* (rescisão indireta) e *resolução contratual por culpa de ambas as partes* (culpa recíproca).

Obs: Há autores que também apontam a resolução contratual por implemento de condição resolutiva (Mauricio Godinho). Ex: art. 475, § 2º, da CLT.

c) Rescisão contratual: Corresponde à ruptura do contrato de trabalho em razão de nulidade. Ex: contratos de servidores públicos não aprovados em concurso público (Súmula nº 363 do TST) e que tenham por objeto atividade ilícita (OJ nº 199 da SBDI-1 do TST).

d) Extinção contratual: Corresponde às modalidades não abrangidas pelas demais espécies de ruptura do contrato de trabalho, constituindo um quarto grupo de formas extintivas do contrato de trabalho: pela aposentadoria compulsória; pela extinção da empresa ou do estabelecimento por motivo de força maior ou por morte do empregador, sendo este pessoa física; pela morte do empregado e pela falência.

2. Efeitos da extinção do contrato de trabalho

De acordo com a modalidade de contrato de trabalho e da natureza de sua ruptura, diversificam-se as verbas rescisórias devidas, além das contratuais eventualmente vencidas ou que vencem antecipadamente em razão do término do contrato.

2.1. Contratos de trabalho por prazo determinado

a) Extinção normal pelo advento de seu termo final: levantamento dos depósitos do FGTS, sem indenização compensatória de 40% (arts. 18 e 20, I e IX, da Lei nº 8.036/1990); 13º salário proporcional (art. 7º do Decreto nº 57.155/1965 e Lei nº 9.011/1995); férias proporcionais acrescidas do terço constitucional (art. 147 da CLT e Súmula nº 328 do TST).
b) Dispensa antecipada por ato do empregador, em contratos de trabalho a prazo sem cláusula assecuratória do direito recíproco de rescisão antecipada: levantamento dos depósitos do FGTS; 13º salário proporcional; férias proporcionais acrescidas do terço constitucional; multa do art. 479 da CLT (Súmula nº 125 do TST) e indenização compensatória de 40% sobre os depósitos do FGTS (art. 9º, §§ 1º e 2º, do Decreto nº 99.684/1990).
c) Dispensa antecipada por ato do empregador, em contratos de trabalho a prazo com cláusula assecuratória do direito recíproco de rescisão antecipada (art. 481 da CLT): aviso prévio; 13º salário proporcional; férias proporcionais acrescidas do terço constitucional e depósitos do FGTS com indenização compensatória de 40%.
d) Pedido de demissão antecipado pelo empregado, em contratos de trabalho a prazo sem cláusula assecuratória do direito recíproco de rescisão antecipada: 13º salário proporcional e férias proporcionais acrescidas do terço constitucional (Súmula nº 261 do TST). Não restará autorizado o levantamento dos depósitos do FGTS. Indenização prevista no art. 480 da CLT.
e) Pedido de demissão antecipado pelo empregado, em contratos de trabalho a prazo com cláusula assecuratória do direito recíproco de rescisão antecipada (art. 481 da CLT): 13º salário proporcional e férias proporcionais acrescidas do terço constitucional (Súmula nº 261 do TST). Não ensejará o levantamento dos depósitos do FGTS. O empregado deverá conceder o aviso prévio ao empregador (art. 487, § 2º, da CLT).

f) Dispensa por justa causa: não terá o empregado direito a qualquer verba rescisória, mas apenas os valores já vencidos ao longo do contrato ou cujo vencimento foi antecipado pela rescisão. Ex: saldo de salários e férias.
g) Rescisão indireta: levantamento dos depósitos do FGTS; 13º salário proporcional; férias proporcionais acrescidas do terço constitucional; multa do art. 479 da CLT (Súmula nº 125 do TST) e indenização compensatória de 40% sobre os depósitos do FGTS (art. 9º, §§ 1º e 2º, do Decreto nº 99.684/1990).

2.2. Contratos de trabalho por prazo indeterminado

a) Dispensa imotivada, arbitrária ou sem justa causa: aviso prévio; 13º salário proporcional; férias proporcionais acrescidas do terço constitucional e liberação dos depósitos do FGTS com indenização compensatória de 40%.

O prazo do aviso prévio integra o contrato de trabalho, para todos os efeitos legais (art. 487, § 1º, da CLT e OJ nº 82 da SBDI-1 do TST).

Súmula nº 276 do TST: "*O direito ao aviso prévio é irrenunciável pelo empregado. O pedido de dispensa de cumprimento não exime o empregador de pagar o respectivo valor, salvo comprovação de haver o prestador dos serviços obtido novo emprego*".

O empregador procederá à baixa na CTPS do empregado (com projeção do aviso prévio – OJ nº 82 da SBDI-1 do TST), à entrega do Termo de Rescisão Contratual com código para saque do FGTS e à emissão das guias CD/SD (comunicação de dispensa e seguro desemprego).

b) Pedido de demissão pelo empregado: 13º salário proporcional e férias proporcionais acrescidas do terço constitucional (Súmula nº 261 do TST). Não cabe levantamento do FGTS e indenização compensatória de 40% e as guias para obtenção do seguro-desemprego. O aviso prévio deverá ser concedido pelo empregado (art. 487, § 2º, da CLT), salvo liberação do empregador quanto ao seu cumprimento.
c) Distrato: apesar de ser juridicamente possível, é, do ponto de vista técnico-jurídico, inviável, em razão da impossibilidade de supressão de verbas trabalhistas. Há corrente doutrinária no sentido de serem devidas todas as verbas rescisórias próprias à dispensa sem justa causa.

Obs. 1: A hipótese pode ocorrer na prática, observando-se em sede de acordo judicial que homologa a cessação do vínculo de emprego, com baixa na CTPS, bem como pagamento de verbas rescisórias (pactuadas no termo judicial).

O art. 20 da Lei nº 8.036/1990 não enumera o distrato como hipótese a autorizar a movimentação da conta vinculada do FGTS do empregado. No entanto, o levantamento destes depósitos pode constar no termo do acordo judicial.

Obs. 2: Figura muito próxima ao distrato seria o ato de adesão do empregado ao Plano de Desligamento Voluntário instituído pelo empregador – PDV, com pagamento de indenização compensatória cumulada com todas as verbas inerentes à dispensa imotivada.

OJ nº 356 da SBDI-1 do C. TST: "*Os créditos tipicamente trabalhistas reconhecidos em juízo não são suscetíveis de compensação com a indenização paga em decorrência da adesão do trabalhador a Programa de Incentivo à Demissão Voluntária (PDV)*".

d) Dispensa por justa causa: Esta modalidade de resolução contratual suprime o direito do empregado ao recebimento de qualquer das parcelas rescisórias antes enumeradas. Cabe somente a baixa na CTPS (sem qualquer anotação desabonadora – art. 29, § 4º, da CLT) e a entrega do Termo de Rescisão Contratual, com referência ao tipo de dispensa. É devido, contudo, o pagamento de verbas contratuais vencidas, que independem da natureza da ruptura do contrato (férias, saldo de salários etc.).

Justa causa: A justa causa, por consistir mácula na vida laboral do obreiro, deve ser robustamente comprovada pelo empregador (arts. 818 da CLT e 333, II, do CPC).

Na aplicação desta penalidade trabalhista máxima, devem ser observados os requisitos da *tipificidade* e da *gravidade*, da *culpabilidade* do empregado, do *nexo de causalidade entre a falta e a sanção*, da *adequação e da proporcionalidade entre a falta e a sanção*, da *imediatidade da punição*, da *ausência de perdão tácito*, da *inalteração da punição*, da *ausência de discriminação*, da *singularidade da sanção* (*non bis in idem*) e, de acordo com a natureza e a gravidade da falta, *do caráter pedagógico da gradação das penas.*

> Rol Principal – Art. 482, alíneas *a* a *k*, da CLT: *Constituem justa causa para rescisão do contrato de trabalho pelo empregador: a) ato de improbidade; b) incontinência de conduta ou mau procedimento; c) negociação habitual por conta própria ou alheia sem permissão do empregador, e quando constituir ato de concorrência à empresa para a qual trabalha o empregado, ou for prejudicial ao serviço; d) condenação criminal do empregado, passada em julgado, caso não tenha havido suspensão da execução da pena; e) desídia no desempenho das respectivas funções; f) embriaguez habitual ou em serviço; g) violação de segredo da empresa; h) ato de indisciplina ou de insubordinação; i) abandono de emprego; j) ato lesivo da honra ou da boa fama praticado no serviço contra qualquer pessoa, ou ofensas físicas, nas mesmas condições, salvo em caso de legítima defesa, própria ou de outrem; k) ato lesivo da honra ou da boa fama ou ofensas físicas praticadas contra o empregador e superiores hierárquicos, salvo em caso de legítima defesa, própria ou de outrem; e l) prática constante de jogos de azar.*

1ª Questão: O alcoolismo e a toxicomania são doenças catalogadas no Código Internacional de Doenças (CID). Interpretação à luz do disposto no art. 482, alínea *f*, da CLT? Dispensa por justa causa ou afastamento previdenciário para tratamento?

2ª Questão: Configuração do abandono de emprego? Elemento Subjetivo: A intenção do empregado em não retornar ao trabalho. Elemento Objetivo: Ausência injustificada e prolongada por mais de 30 dias.

> Abandono de Emprego – Súmula nº 32 do TST: "Presume-se o abandono de emprego se o trabalhador não retornar ao serviço no prazo de 30 (trinta) dias após a cessação do benefício previdenciário nem justificar o motivo de não o fazer".
> Circunstância Especial – Art. 158, parágrafo único, alíneas "*a*" e "*b*", da CLT: considera ato faltoso do empregado a sua recusa injustificada à observância das instruções expedidas pelo empregador quanto à saúde e segurança no trabalho, ou ao uso de equipamentos de proteção individual fornecidos pela empresa.
> Categorias Específicas: arts. 433, incisos I a III (aprendiz); 508 (bancário) e 240, parágrafo único (ferroviário), da CLT.

e) Rescisão indireta: esta modalidade de ruptura contratual confere ao obreiro o direito às verbas rescisórias inerentes à dispensa imotivada: aviso prévio (com projeção); 13º salário proporcional; férias proporcionais acrescidas do terço constitucional; liberação do FGTS (art. 20, I, da Lei nº 8.036/1990), com indenização compensatória de 40%.

O empregador procederá à baixa na CTPS (com projeção do aviso prévio – OJ nº 82 da SBDI-1 do TST), à entrega do Termo de Rescisão Contratual, com código de saque do FGTS e à emissão das guias CD/SD.

> Art. 483, alíneas "*a*" a "*g*", da CLT: *O empregado poderá considerar rescindido o contrato e pleitear a devida indenização quando: a) forem exigidos serviços superiores às suas forças, defesos por lei, contrários aos bons costumes, ou alheios ao contrato; b) for tratado pelo empregador ou por seus superiores hierárquicos com rigor excessivo; c) correr perigo manifesto de mal considerável; d) não cumprir o empregador as obrigações do contrato; e) praticar o empregador ou seus prepostos, contra ele ou pessoas de sua família, ato lesivo da honra e boa fama; f) o empregador ou seus prepostos ofenderem-no fisicamente, salvo em caso de legítima defesa, própria ou de outrem; g) o empregador reduzir o seu trabalho, sendo este por peça ou tarefa, de forma a afetar sensivelmente a importância dos salários.*
> Art. 483, § 3º, da CLT: *Nas hipóteses das letras "d" e "g", poderá o empregado pleitear a rescisão de seu contrato de trabalho e o pagamento das respectivas indenizações, permanecendo ou não no serviço até final decisão do processo.*

f) Culpa recíproca: Esta modalidade de resolução do contrato de trabalho pressupõe decisão judicial.

Art. 484 da CLT: *Havendo culpa recíproca no ato que determinou a rescisão do contrato de trabalho, o Tribunal de Trabalho reduzirá a indenização à que seria devida em caso de culpa exclusiva do empregador, por metade.*

> Indenização compensatória – Art. 18, § 2º, da Lei nº 8.036/1990: *Quando ocorrer despedida por culpa recíproca ou força maior, reconhecida pela Justiça do Trabalho, o percentual de que trata o § 1º será de vinte por cento.*
> Súmula nº 14 do TST: "Reconhecida a culpa recíproca na rescisão do contrato de trabalho (art. 484 da CLT), o empregado tem direito a 50% (cinqüenta por cento) do valor do aviso prévio, do décimo terceiro salário e das férias proporcionais".

É autorizado o levantamento dos depósitos do FGTS, nos termos do art. 20, inciso I, da Lei nº 8.036/1990.

g) Extinção da empresa ou do estabelecimento: Este fator extintivo do contrato de trabalho tem recebido tratamento semelhante à dispensa injusta, por considerar que esta decisão se coloca dentro do âmbito do poder diretivo do empregador, sendo inerente ao risco do empreendimento (art. 2º da CLT).

Súmula nº 44 do TST: "*A cessação da atividade da empresa, com o pagamento da indenização, simples ou em dobro, não exclui, por si só, o direito do empregado ao aviso prévio*".

Neste contexto, a extinção da empresa ou do estabelecimento acarreta o pagamento das verbas rescisórias típicas à resilição unilateral por ato do empregador.

h) Extinção da empresa por força maior: A extinção da empresa ou do estabelecimento por motivo de força maior reduz pela metade as indenizações rescisórias, nos termos do art. 502, *caput* e incisos I e II, da CLT (antiga indenização prevista nos arts. 477 e 478 da CLT).

Força Maior – Conceito – Art. 501 da CLT: *Entende-se como força maior todo acontecimento inevitável, em relação à vontade do empregador, e para a realização do qual este não concorreu, direta ou indiretamente.*

Obs.: Problemas financeiros em face de políticas econômicas e/ou dificuldades de mercado não são reconhecidas como força maior (previsibilidade e assunção dos riscos da atividade econômica pelo empregador). A falência também não é considerada força maior.

Força maior x caso fortuito – Teorias:

a) Caso fortuito seria o evento imprevisível, enquanto a força maior, o fato inevitável.
b) A força maior seria gerada por fato humano, enquanto que o caso fortuito decorreria de eventos da natureza.
c) A força maior seria o evento inevitável decorrente da natureza, como os desastres naturais, enquanto que o caso fortuito seria imprevisível, sendo gerado por fato humano, como falhas mecânicas (posição prevalente).

Imprevidência do Empregador – Art. 501, § 1º, da CLT: *A imprevidência do empregador exclui a razão de força maior.*

Situação Econômica da Empresa – Art. 501, § 2º, da CLT: "*À ocorrência do motivo de força maior que não afetar substancialmente, nem for suscetível de afetar, em tais condições, a situação econômica e financeira da empresa, não se aplicam as restrições desta Lei referentes ao disposto neste Capítulo.*

Indenização – Art. 502, *caput* e incisos I a III, da CLT: *Ocorrendo motivo de força maior que determine a extinção da empresa, ou de um dos estabelecimentos em que trabalhe o empregado, é assegurada a este, quando despedido, uma indenização na forma seguinte: I – sendo estável, nos termos dos arts. 477 e 478; II – não tendo direito à estabilidade, metade da que seria devida em caso de rescisão sem justa causa; III – havendo contrato por prazo determinado, aquela a que se refere o art. 479 desta Lei, reduzida igualmente à metade.*

Redução pela metade da indenização compensatória de 40% sobre os depósitos do FGTS, nos termos do art. 18, § 2º, da Lei nº 8.036/1990.

Levantamento dos depósitos do FGTS autorizado pelo art. 20, I, da Lei nº 8.036/1990.

Não há previsão legal para redução de outras verbas rescisórias. Vide, por exemplo, o disposto na Súmula nº 44 do TST. Desta forma, há entendimento no sentido de que o aviso prévio seria devido, além do pagamento das demais verbas rescisórias (décimo terceiro salário proporcional e férias proporcionais acrescidas do terço constitucional).

Porém, quanto ao aviso prévio, registre-se a existência de forte doutrina no sentido de ser incabível o seu pagamento na hipótese de extinção da empresa por força maior.

d) Fato do príncipe (*factum principis*): No caso de extinção do contrato de trabalho em virtude de paralisação temporária ou definitiva do trabalho, por força de ato de autoridade, prevalecerá o pagamento de indenização, mas a cargo da pessoa jurídica de direito público e não do empregador.

A boa doutrina considera o fato do príncipe como espécie de força maior, exigindo, para sua configuração, a inevitabilidade e a imprevisibilidade, além de não ter concorrido o empregador para sua realização.

Trata-se de instituto de difícil tipificação, posto que não abrange aquelas situações que se enquadrem no risco do próprio empreendimento e cuja previsibilidade seja razoável.

Art. 486, *caput*, da CLT: *No caso de paralisação temporária ou definitiva do trabalho, motivada por ato de autoridade municipal, estadual ou federal, ou pela promulgação de lei ou resolução que impossibilite a continuação da atividade, prevalecerá o pagamento da indenização, que ficará a cargo do governo responsável.*

A jurisprudência vem considerando que muitas dessas medidas legais e administrativas do Estado, ainda que afetem gravemente a empresa, estariam situadas dentro do risco empresarial. Ex: desvalorizações cambiais, planos econômicos, mudanças nas regras de preços e tarifas etc.

A indenização prevista no art. 486 da CLT corresponde, na atualidade, à indenização compensatória de 40% sobre os depósitos do FGTS e à prevista no art. 479 da CLT.

Todas as verbas resilitórias, devidas na dispensa injusta, permanecem como direito do empregado.

Quanto ao aviso prévio, há corrente no sentido de que este teria natureza indenizatória, a ser suportado pelo ente público. Outra corrente sustenta ser indevido o seu pagamento, por se tratar de modalidade de força-maior.

e) Falência: A jurisprudência tem considerado que a extinção do contrato de trabalho em decorrência de falência da empresa isenta a massa falida do pagamento das multas previstas nos arts. 467 e 477, § 8º, da CLT.

Súmula nº 388 do TST: "*A Massa Falida não se sujeita à penalidade do art. 467 e nem à multa do § 8º do art. 477, ambos da CLT*".

A falência se situa dentro dos riscos inevitáveis do empreendimento e, por isso, implicaria o pagamento das verbas rescisórias típicas à dispensa injusta. Vide art. 449, *caput*, da CLT (os direitos oriundos da existência do contrato de trabalho subsistem em caso de falência).

É devido o aviso prévio. Aplicação da Súmula nº 44 do TST.

Registre-se que a falência não acarreta necessariamente a extinção do contrato de trabalho.

f) Morte do empregado: Em razão da pessoalidade inerente à figura do empregado no contexto da relação de emprego, a morte do obreiro implica a extinção do contrato de trabalho.

Desse modo, aos sucessores trabalhistas do empregado falecido (art. 1º da Lei nº 6.858/1980) será devido o pagamento do 13º salário proporcional e as férias proporcionais acrescidas do terço constitucional, além da liberação dos depósitos do FGTS (art. 20, IV, da Lei nº 8.036/1990).

Não haverá pagamento de aviso prévio, indenização compensatória de 40% sobre os depósitos do FGTS e indenizações dos arts. 479 e 480 da CLT.

Obs.: Se a morte do empregado for decorrência de perigo manifesto de mal considerável, configurar-se-á a hipótese de pagamento das verbas atinentes à rescisão indireta (art. 483, *c*, da CLT).

g) Extinção do contrato de trabalho pelo falecimento do empregador pessoa física: A morte do empregador pessoa física ou firma individual faculta ao empregado rescindir o contrato de trabalho.

Art. 483, § 2º, da CLT: *No caso de morte do empregador constituído em empresa individual, é facultado ao empregado rescindir o contrato de trabalho.*

Sendo o empregador pessoa física, caso ele faleça, mas não haja a extinção da atividade empresarial, há autorização para o empregado pedir demissão, sem ter de conceder aviso prévio, justamente em razão do motivo estabelecido em lei.

Caberá o saque dos depósitos do FGTS, sem a indenização compensatória de 40% (art. 20, II, *in fine*, da Lei nº 8.036/1990) e o pagamento do 13º salário proporcional e das férias proporcionais acrescidas do terço constitucional. Não haverá aviso prévio, nem tampouco o pagamento das indenizações dos arts. 479 e 480 da CLT.

Há entendimento no sentido de que somente seria autorizado pelo art. 20, II, da Lei nº 8.036/1990 a movimentação dos depósitos do FGTS no caso de o falecimento do empregador individual acarretar a extinção da atividade empresarial.

h) Extinção da empresa pelo falecimento do empregador: No caso de a morte do empregador acarretar o término do empreendimento, extinguir-se-á o contrato de trabalho.

Art. 485 da CLT: *Quando cessar a atividade da empresa, por morte do empregador, os empregados terão direito, conforme o caso, à indenização a que se referem os art. 477 e 497.*

Esta hipótese se refere ao empregador pessoa física, pois somente este pode vir a falecer.

Neste caso, diversamente da hipótese prevista no art. 483, § 2º, da CLT, havendo a cessão da atividade econômica, o que se verifica é a dispensa do empregado, o qual não suporta os ônus advindos do risco do empreendimento.

Serão devidas as seguintes parcelas: aviso prévio (Súmula nº 44 do TST); 13º salário proporcional; férias proporcionais acrescidas do terço constitucional; liberação dos depósitos do FGTS (art. 20, II, da Lei nº 8.036/1990) com a indenização compensatória de 40%.

3. Fundo de Garantia por Tempo de Serviço

a) Recolhimento

> Art. 15, *caput*, da Lei nº 8.036/1990: *Para os fins previstos nesta lei, todos os empregadores ficam obrigados a depositar, até o dia 7 (sete) de cada mês, em conta bancária vinculada, a importância correspondente a 8 (oito) por cento da remuneração paga ou devida, no mês anterior, a cada trabalhador, incluídas na remuneração as parcelas de que tratam os arts. 457 e 458 da CLT e a gratificação de Natal a que se refere a Lei nº 4.090, de 13 de julho de 1962, com as modificações da Lei nº 4.749, de 12 de agosto de 1965".*

b) Empregador

Art. 15, § 1º, da Lei nº 8.036/1990: *Entende-se por empregador a pessoa física ou a pessoa jurídica de direito privado ou de direito público, da administração pública direta, indireta ou fundacional de qualquer dos Poderes, da União, dos Estados, do Distrito Federal e dos Municípios, que admitir trabalhadores a seu serviço, bem assim aquele que, regido por legislação especial, encontrar-se nessa condição ou figurar como fornecedor ou tomador de mão-de-obra, independente da responsabilidade solidária e/ ou subsidiária a que eventualmente venha obrigar-se.*

c) Trabalhador

Art. 15, § 2º, da Lei nº 8.036/1990: *Considera-se trabalhador toda pessoa física que prestar serviços a empregador, a locador ou tomador de mão-de-obra, excluídos os eventuais, os autônomos e os servidores públicos civis e militares sujeitos a regime jurídico próprio.*

d) Hipóteses de movimentação da conta vinculada

Art. 20, I a XVII, da Lei nº 8.036/1990: *A conta vinculada do trabalhador no FGTS poderá ser movimentada nas seguintes situações: I – despedida sem justa causa, inclusive a indireta, de culpa recíproca e de força maior; II – extinção total da empresa, fechamento de quaisquer de seus estabelecimentos, filiais ou agências, supressão de parte de suas atividades, declaração de nulidade do contrato de trabalho nas condições do art. 19-A, ou ainda falecimento do empregador individual sempre que qualquer dessas ocorrências implique rescisão de contrato de trabalho, comprovada por declaração escrita da empresa, suprida, quando for o caso, por decisão judicial transitada em julgado; III – aposentadoria concedida pela Previdência Social; IV – falecimento do trabalhador, sendo o saldo pago a seus dependentes, para esse fim habilitados perante a Previdência Social, segundo o critério adotado para a concessão de pensões por morte. Na falta de dependentes, farão jus ao recebimento do saldo da conta vinculada os seus sucessores previstos na lei civil, indicados em alvará judicial, expedido a requerimento do interessado, independente de inventário ou arrolamento; V – pagamento de parte das prestações decorrentes de financiamento habitacional concedido no âmbito do Sistema Financeiro da Habitação (SFH), desde que: a) o mutuário conte com o mínimo de 3 (três) anos de trabalho sob o regime do FGTS, na mesma empresa ou em empresas diferentes; b) o valor bloqueado seja utilizado, no mínimo, durante o prazo de 12 (doze) meses; c) o valor do abatimento atinja, no máximo, 80 (oitenta) por cento do montante da prestação; VI – liquidação ou amortização extraordinária do saldo devedor de financiamento imobiliário, observadas as condições estabelecidas pelo Conselho Curador, dentre elas a de que o financiamento seja concedido no âmbito do SFH e haja interstício mínimo de 2 (dois) anos para cada movimentação; VII – pagamento total ou parcial do preço da aquisição de moradia própria, observadas as seguintes condições:*

a) o mutuário deverá contar com o mínimo de 3 (três) anos de trabalho sob o regime do FGTS, na mesma empresa ou empresas diferentes; b) seja a operação financiável nas condições vigentes para o SFH; VIII – quando o trabalhador permanecer três anos ininterruptos, a partir de 1º de junho de 1990, fora do regime do FGTS, podendo o saque, neste caso, ser efetuado a partir do mês de aniversário do titular da conta; IX – extinção normal do contrato a termo, inclusive o dos trabalhadores temporários regidos pela Lei nº 6.019, de 3 de janeiro de 1974; X – suspensão total do trabalho avulso por período igual ou superior a 90 (noventa) dias, comprovada por declaração do sindicato representativo da categoria profissional; XI – quando o trabalhador ou qualquer de seus dependentes for acometido de neoplasia maligna; XII – aplicação em quotas de Fundos Mútuos de Privatização, regidos pela Lei nº 6.385, de 7 de dezembro de 1976, permitida a utilização máxima de 50 % (cinqüenta por cento) do saldo existente e disponível em sua conta vinculada do Fundo de Garantia por Tempo de Serviço, na data em que exercer a opção; XIII – quando o trabalhador ou qualquer de seus dependentes for portador do vírus HIV; XIV – quando o trabalhador ou qualquer de seus dependentes estiver em estágio terminal, em razão de doença grave, nos termos do regulamento; XV – quando o trabalhador tiver idade igual ou superior a setenta anos; XVI – necessidade pessoal, cuja urgência e gravidade decorra de desastre natural, conforme disposto em regulamento, observadas as seguintes condições: a) o trabalhador deverá ser residente em áreas comprovadamente atingidas de Município ou do Distrito Federal em situação de emergência ou em estado de calamidade pública, formalmente reconhecidos pelo Governo Federal; b) a solicitação de movimentação da conta vinculada será admitida até 90 (noventa) dias após a publicação do ato de reconhecimento, pelo Governo Federal, da situação de emergência ou de estado de calamidade pública; e c) o valor máximo do saque da conta vinculada será definido na forma do regulamento; e XVII – integralização de cotas do FI-FGTS, respeitado o disposto na alínea i do inciso XIII do caput do art. 5º desta Lei, permitida a utilização máxima de 10% (dez por cento) do saldo existente e disponível na data em que exercer a opção.

4. Penalidades

a) Multa do art. 477, § 8º, da CLT: A inobservância do prazo previsto no § 6º do art. 477 da CLT acarreta o pagamento de multa administrativa por trabalhador e de multa em favor do empregado, no valor correspondente ao seu salário, devidamente corrigido, salvo se, comprovadamente, der causa à mora.

   Art. 477, § 8º, da CLT: *A inobservância do disposto no § 6º deste artigo sujeitará o infrator à multa de 160 BTN, por trabalhador, bem assim ao pagamento da multa a favor do empregado, em valor equivalente ao seu salário, devidamente corrigido pelo índice de variação do BTN, salvo quando, comprovadamente, o trabalhador der causa à mora.*

Inaplicabilidade desta multa à massa falida, nos termos da Súmula nº 388 do TST.

> Contagem do Prazo – OJ nº 162 da SBDI-1 do TST: "A contagem do prazo para quitação das verbas decorrentes da rescisão contratual prevista no art. 477 da CLT exclui necessariamente o dia da notificação da demissão e inclui o dia do vencimento, em obediência ao disposto no art. 132 do Código Civil de 2002 (art. 125 do Código Civil de 1916)".
>
> Pessoa Jurídica de Direito Público – OJ nº 238 da SBDI-1 do TST: "Submete-se à multa do art. 477 da CLT a pessoa jurídica de direito público que não observa o prazo para pagamento das verbas rescisórias, pois nivela-se a qualquer particular, em direitos e obrigações, despojando-se do "jus imperii" ao celebrar um contrato de emprego".

Obs.: Na hipótese de cumprimento do aviso prévio em casa, o prazo para pagamento das verbas rescisórias será de dez dias contados da notificação da dispensa (art. 477, § 6º, alínea "*b*", da CLT), sob pena de pagamento da multa prevista no art. 477, § 8º, da CLT (OJ nº 14 da SBDI-1 do TST).

Fundada Controvérsia – OJ nº 351 da SBDI-1 do TST: "*Incabível a multa prevista no art. 477, § 8º, da CLT, quando houver fundada controvérsia quanto à exigência da obrigação cujo inadimplemento gerou a multa*".

b) Multa do art. 467 da CLT

> Art. 467 da CLT: *Em caso de rescisão de contrato de trabalho, havendo controvérsia sobre o montante das verbas rescisórias, o empregador é obrigado a pagar ao trabalhador, à data do comparecimento à Justiça do Trabalho, a parte incontroversa dessas verbas, sob pena de pagá-las acrescidas de cinqüenta por cento.*
>
> Art. 467, parágrafo único, da CLT: *O disposto no* caput *não se aplica à União, aos Estados, ao Distrito Federal, aos Municípios, e às autarquias e fundações públicas*" (MP nº 2.180-35/2001).

Crítica: A exceção acima institui injustificável privilégio às entidades públicas e grosseira discriminação em desfavor de seus empregados.

Inaplicabilidade desta multa à massa falida, nos termos da Súmula nº 388 do TST.

5. Formalidades

> Menor Empregado – Art. 439, segunda parte, da CLT: É lícito ao menor firmar recibo pelo pagamento dos salários. Tratando-se, porém, de rescisão do contrato de trabalho, é vedado ao menor de 18 (dezoito) anos dar, sem assistência dos seus responsáveis legais, quitação ao empregador pelo recebimento da indenização que lhe for devida.
>
> Empregado – Tempo de Serviço Superior a 1 Ano – Art. 477, § 1º, da CLT: *O pedido de demissão ou recibo de quitação de rescisão, do contrato de trabalho, firmado*

por empregado com mais de 1 (um) ano de serviço, só será válido quando feito com a assistência do respectivo Sindicato ou perante a autoridade do Ministério do Trabalho e Previdência Social.

Obs.: Nos termos do art. 477, § 3º, da CLT, quando não existir na localidade nenhum dos órgãos previstos no parágrafo primeiro, a assistência será prestada pelo representante do Ministério Público ou, onde houver, pelo Defensor Público e, na falta ou impedimento deste, pelo Juiz de Paz.

Especificação do Termo de Rescisão – Art. 477, § 2º, da CLT: *O instrumento de rescisão ou recibo de quitação, qualquer que seja a causa ou forma de dissolução do contrato, deve ter especificada a natureza de cada parcela paga ao empregado e discriminado o seu valor, sendo válida a quitação, apenas, relativamente às mesmas parcelas.*

Pedido de Demissão – Empregado Estável – Art. 500 da CLT: *O pedido de demissão do empregado estável só será válido quando feito com a assistência do respectivo Sindicato e, se não o houver, perante autoridade local competente do Ministério do Trabalho e Previdência Social ou da Justiça do Trabalho.*

Capítulo XXIV

PRESCRIÇÃO E DECADÊNCIA

1. Prescrição

Art. 189 do Código Civil: *Violado o direito, nasce para o titular a pretensão, a qual se extingue, pela prescrição, nos prazos a que aludem os arts. 205 e 206.*

Na concepção moderna, a prescrição é a perda da pretensão pelo decurso do tempo, em razão da inércia do seu titular. Resta ultrapassada a concepção clássica que relaciona o instituto prescricional à perda do direito de ação.

Obs.: O sujeito passivo do direito subjetivo de ação é o Estado, enquanto o sujeito ativo da demanda é o devedor. Pronunciada a prescrição, extingue-se o processo com resolução do mérito (art. 269, IV, do CPC).

Na prescrição, opera-se a inexigibilidade de um direito subjetivo, que ao contrário do direito potestativo, é passível de violação (*actio nata*). Esgota-se a possibilidade de exigir judicialmente a prestação descumprida pelo devedor (ação de natureza condenatória).

2. Decadência

A decadência acarreta a perda de um direito potestativo em face da inércia do titular quanto ao seu exercício em determinado período de tempo.

Os direitos potestativos não são passíveis de violação, posto que o sujeito passivo encontra-se em estado de sujeição, não tendo obrigação de realizar qualquer prestação em favor do autor.

Esses direitos conferem a determinadas pessoas o poder de influir, com uma manifestação de vontade, na situação jurídica de outras, sem o concurso da vontade destas.

O perecimento ou caducidade de um direito potestativo pela contumácia do seu titular no tempo é peculiar às ações de natureza constitutiva.

3. Distinções

Primeira distinção: A prescrição atinge direitos subjetivos; a decadência atinge direitos potestativos.

Segunda distinção: A prescrição acarreta a extinção da pretensão (exigibilidade de prestação positiva ou negativa); a decadência implica a extinção do próprio direito (potestativo).

Terceira distinção: A prescrição começa a fluir a partir do descumprimento da prestação (violação do direito subjetivo); a decadência inicia sua fluência a partir do nascimento do próprio direito (potestativo).

Quarta distinção: A prescrição surge essencialmente da lei; a decadência pode advir de norma jurídica autônoma ou heterônoma, de instrumentos contratuais ou até mesmo de declarações unilaterais de vontade.

Quinta distinção: A prescrição se submete às causas impeditivas, suspensivas e interruptivas previstas nos arts. 197 a 202 do Código Civil; a decadência não se submete a estas causas, salvo disposição legal em contrário (art. 207 do Código Civil).

Sexta distinção: A prescrição é pronunciada de ofício pelo juiz (art. 219, § 5º, do CPC, com redação dada pela Lei nº 11.280/2006); a decadência prevista em lei pode ser conhecida de ofício pelo juiz, enquanto que a convencional depende de argüição da parte interessada (arts. 210 e 211 do Código Civil).

Obs.: O Tribunal Superior do Trabalho vem se posicionando pela incompatibilidade da argüição *ex officio* da prescrição com os princípios que regem o Direito do Trabalho, notadamente o da proteção do empregado.

> Argüição pelo Ministério Público do Trabalho – OJ nº 130 da SBDI-1 do TST: "*Ao exarar o parecer na remessa de ofício, na qualidade de 'custos legis', o Ministério Público não tem legitimidade para argüir a prescrição em favor de entidade de direito público, em matéria de direito patrimonial (arts. 194 do CC de 2002 e 219, § 5º, do CPC)*".

Sétima distinção: a prescrição, depois de consumada, é renunciável tácita ou expressamente (art. 191 do Código Civil); é nula a renúncia à decadência fixada em lei (art. 209 do Código Civil).

4. Momento de argüição da prescrição

> Art. 162 do Código Civil de 1916: *A prescrição pode ser alegada, em qualquer* instância, *pela parte a quem aproveita.*
> Art. 193 do Código Civil de 2002: *A prescrição pode ser alegada em qualquer* grau de jurisdição, *pela parte a quem aproveita.*
> Súmula nº 153 do TST: "*Não se conhece de prescrição não argüida na instância ordinária.*

A impossibilidade de argüição da prescrição em instância extraordinária se deve à necessidade de prequestionamento, enquanto pressuposto intrínseco de admissibilidade dos recursos de natureza extraordinária.

A restrição à instância ordinária deve ser combinada com a observância do princípio constitucional do contraditório (art. 5º, LV, da CF/1988). Por isso, a melhor doutrina vem entendendo pela possibilidade de argüição até a apresentação das razões de recurso ordinário.

Segundo este entendimento, a argüição de prescrição em sustentação oral violaria o princípio do contraditório e a disposição contida no art. 554 do CPC ("a fim de sustentarem as razões do recurso").

5. Início da contagem do prazo prescricional

De acordo com a doutrina objetiva de Savigny, a fluência da prescrição se inicia com a violação do direito. É o que se depreende da norma prevista no art. 189 do Novo Código Civil.

No entanto, a melhor doutrina vem se posicionando no sentido de que a prescrição também é um fenômeno subjetivo, cujo prazo começa a fluir a partir do momento em que o titular do direito violado toma ciência da lesão.

6. Causas impeditivas e suspensivas da prescrição

Previsão das causas impeditivas e suspensivas nos arts. 197 a 199 do Código Civil.

Hipóteses Aplicáveis ao Direito do Trabalho:

a) A menoridade, nos termos do art. 440 da CLT: *Contra os menores de 18 anos não corre nenhum prazo de prescrição.*

b) A incapacidade absoluta, nos termos do art. 198, I, do Código Civil: *Também não corre a prescrição: I – contra os incapazes de que trata o art. 3º.*

A incapacidade absoluta do titular da pretensão, em vez de causa impeditiva da prescrição, poderá transformar-se em causa suspensiva, se a incapacidade for superveniente ao início da fluência do prazo prescricional.

c) O não vencimento do prazo e a pendência de condição suspensiva, nos termos do art. 199, I e II, do Código Civil: *Não corre igualmente a prescrição: I – pendendo condição suspensiva; II – não estando vencido o prazo*".

Nessas hipóteses, o direito não é exigível, não servindo de fundamento ao ajuizamento de ação. A prescrição inicia seu curso no instante que nasce a ação (critério da *actio nata*).

d) A ausência do país em serviço público da União, dos Estados ou dos Municípios, nos termos do art. 198, II, do Código Civil: *Também não corre a prescrição: (...) II – contra os ausentes do País em serviço público da União, dos Estados ou dos Municípios*".
e) O período de serviço nas Forças Armadas, em tempo de guerra, nos termos do art. 198, III, do Código Civil: *Também não corre a prescrição: (...) III – contra os que se acharem servindo nas Forças Armadas, em tempo de guerra.*
f) O período compreendido entre a provocação da Comissão de Conciliação Prévia e a declaração de conciliação frustrada ou de esgotamento do prazo para a conciliação, nos termos do art. 625-G da CLT.

7. Causas interruptivas da prescrição

Previsão no art. 202 do Código Civil, o qual dispõe que a interrupção da prescrição somente poderá ocorrer uma vez.

Hipóteses Aplicáveis ao Direito do Trabalho:

a) A propositura de ação trabalhista, ainda que arquivada, nos termos da Súmula nº 268 do TST: "*A ação trabalhista, ainda que arquivada, interrompe a prescrição somente em relação aos pedidos idênticos*".

Inaplicabilidade do art. 202, I, do Código Civil, visto que a citação, na Justiça do Trabalho, independe de despacho judicial.

b) Pelo protesto judicial e pessoal feito ao devedor, nos termos do art. 202, II, do Código Civil.
c) Por qualquer ato judicial que constitua em mora o devedor, nos termos do art. 202, V, do Código Civil.
d) Por qualquer ato inequívoco, ainda que extrajudicial, que importe reconhecimento do direito pelo devedor, nos termos do art. 202, inciso VI, do Código Civil.

8. Prescrição trabalhista – Empregados urbanos e rurais

> Art. 7º, inciso XXIX, da CF/1988: *Ação, quanto aos créditos resultantes das relações de trabalho, com prazo prescricional de cinco anos para os trabalhadores urbanos e rurais, até o limite de dois anos após a extinção do contrato de trabalho.*
>
> Contagem do Prazo – Súmula nº 308, item I, do TST: "Respeitado o biênio subseqüente à cessação contratual, a prescrição da ação trabalhista concerne às pretensões imediatamente anteriores a cinco anos, contados da data do ajuizamento da reclamação e, não, às anteriores ao qüinqüênio da data da extinção do contrato".
>
> Aviso Prévio Indenizado – OJ nº 83 da SBDI-1 do TST: "A prescrição começa a fluir no final da data do término do aviso prévio. Art. 487, § 1º, CLT".

8.1. Prescrição total e parcial

Súmula nº 294 do TST: *Tratando-se de ação que envolva pedido de prestações sucessivas decorrente de alteração do pactuado, a prescrição é total, exceto quando o direito à parcela esteja também assegurado por preceito de lei.*

a) Prescrição Parcial: Se a lesão do direito atingir prestações sucessivas fundadas em preceito de lei, a prescrição será parcial, alcançando somente as verbas que se venceram há mais de cinco anos, contados do ajuizamento da ação. Nesta hipótese, a lesão do direito renova-se mês a mês.

Obs.: Tem prestígio na jurisprudência a interpretação ampla de "preceito de lei" a que se reporta a Súmula nº 294 do TST, para corresponder a "norma jurídica". Desta forma, a prescrição total só atingiria parcelas derivadas de contrato e de ato unilateral do empregador.

b) Prescrição total: Se a lesão decorrer de ato que traduza manifestação instantânea do empregador, caracterizada por uma alteração do contrato de trabalho, a prescrição será total, fluindo a partir do momento em que se consolidou o ato único do empregador.

8.2. Prescrição – Anotação da CTPS

Art. 11, § 1º, da CLT: *O disposto neste artigo não se aplica às ações que tenham por objeto anotações para fins de prova junto à Previdência Social.*

Não flui a prescrição da pretensão cujo objeto seja a anotação da CTPS ou de outro documento para fins de prova junto à Previdência Social, por se tratar de ação meramente declaratória.

Cancelamento da Súmula nº 64 do C. TST: "*A prescrição para reclamar contra anotação de carteira profissional, ou omissão desta, flui da data de cessação do contrato de trabalho*".

8.3. Prescrição – Períodos descontínuos de trabalho

Súmula nº 156 do TST: "*Da extinção do último contrato começa a fluir o prazo prescricional do direito de ação em que se objetiva a soma de períodos descontínuos de trabalho*".

8.4. Prescrição do FGTS

Súmula nº 206 do TST: "*A prescrição da pretensão relativa às parcelas remuneratórias alcança o respectivo recolhimento da contribuição para o FGTS*".

A prescrição referente à obrigação principal alcança a obrigação acessória.

Súmula nº 362 do TST: "*É trintenária a prescrição do direito de reclamar contra o não-recolhimento da contribuição para o FGTS, observado o prazo de 2 (dois) anos após o término do contrato de trabalho*".

Aplicação do disposto nos arts. 7º, inciso XXIX, da CF/1988 e 23, § 5º, da Lei nº 8.036/1990.

8.5. Prescrição e mudança de regime jurídico

Súmula nº 382 do TST: "*A transferência do regime jurídico de celetista para estatutário implica extinção do contrato de trabalho, fluindo o prazo da prescrição bienal a partir da mudança de regime*".

8.6. Prescrição intercorrente

A prescrição intercorrente é a que flui no transcurso do processo judicial.

Súmula nº 327 do STF: "*O direito trabalhista admite a prescrição intercorrente*".

A jurisprudência admitia a prescrição intercorrente, desde que resultasse da inércia do autor na prática de atos de sua responsabilidade.

Súmula nº 114 do TST: "*É inaplicável na Justiça do Trabalho a prescrição intercorrente*". Aplicação dos arts. 765 e 878 da CLT e 130 do CPC.

Alguns autores entendem aplicável a prescrição intercorrente na execução, quando da omissão reiterada do exeqüente no processo, em que ele abandona a execução por um prazo superior a dois anos.

Capítulo XXV

MEIO AMBIENTE DE TRABALHO

1. Conceito de meio ambiente

É o conjunto de condições, leis, influências, e interações de ordem física, química e biológica, que permite, abriga e rege a vida em todas as suas formas (art. 3º, I, da Lei nº 6.938/1981 – Lei de Política Nacional do Meio Ambiente).

O meio ambiente de trabalho insere-se no contexto do meio ambiente como um todo, o qual integra o rol dos direitos fundamentais, tendo por objetivo o respeito à dignidade da pessoa humana (CF/1988, art. 1º, III).

Referência Expressa – Art. 200, inciso VIII, da CF/1988: *Ao sistema único de saúde compete, além de outras atribuições, nos termos da lei: (...) VIII – colaborar na proteção do meio ambiente, nele compreendido o do trabalho.*

O direito ao meio ambiente ecologicamente equilibrado é incluído entre os direitos fundamentais de terceira geração ou dimensão.

Importantes direitos trabalhistas diretamente relacionados à segurança e medicina do trabalho (ex: os adicionais de insalubridade e de periculosidade) integram o rol de direitos sociais, os quais figuram como direitos humanos fundamentais de segunda geração ou dimensão.

> Art. 7º, XXII, da CF/1988: *Redução dos riscos inerentes ao trabalho, por meio de normas de saúde, higiene e segurança.*
> Art. 7º, XXIII, da CF/1988: "*Adicional de remuneração para as atividades penosas, insalubres ou perigosas, na forma da lei.*
> Art. 225, *caput*, da CF/1988: *Todos têm direito ao meio ambiente ecologicamente equilibrado, bem de uso comum do povo e essencial à sadia qualidade de vida, impondo-se ao Poder Público e à coletividade o dever de defendê-lo e preservá-lo para as presentes e futuras gerações.*

2. Segurança e medicina do trabalho

Deveres do Empregador – art. 157, I a IV, da CLT: *Cabe às empresas: I – cumprir e fazer cumprir as normas de segurança e medicina do trabalho; II – instruir os empregados, através de ordens de serviço, quanto às precauções a tomar no sentido de evitar acidentes do trabalho ou doenças ocupacionais; III – adotar as medidas que lhes sejam determinadas pelo órgão regional competente; e IV – facilitar o exercício da fiscalização pela autoridade competente.*

Deveres do Empregado – art. 158, I e II, da CLT: *Cabe aos empregados: I – observar as normas de segurança e medicina do trabalho, inclusive as instruções de que trata o item II do artigo anterior; e II – colaborar com a empresa na aplicação dos dispositivos deste Capítulo".*

Falta Grave do Empregado – art. 158, parágrafo único, alíneas *a* e *b*, da CLT: *Constitui ato faltoso do empregado a recusa injustificada: a) à observância das instruções expedidas pelo empregador na forma do item II do artigo anterior; b) ao uso dos equipamentos de proteção individual fornecidos pela empresa.*

Competência da Delegacia Regional do Trabalho – art. 156, I a III, da CLT: *Compete especialmente às Delegacias Regionais do Trabalho, nos limites de sua jurisdição: I – promover a fiscalização do cumprimento das normas de segurança e medicina do trabalho; II – adotar as medidas que se tornem exigíveis, em virtude das disposições deste Capítulo, determinando as obras e reparos que, em qualquer local de trabalho, se façam necessárias; e III – impor as penalidades cabíveis por descumprimento das normas constantes deste Capítulo, nos termos do art. 201.*

3. Insalubridade

Atividades Insalubres – Conceito – art. 189 da CLT: *Serão consideradas atividades ou operações insalubres aquelas que, por sua natureza, condições ou métodos de trabalho, exponham os empregados a agentes nocivos à saúde, acima dos limites de tolerância fixados em razão da natureza e da intensidade do agente e do tempo de exposição aos seus efeitos.*

Quadro do MTE – art. 190, *caput*, da CLT: *O Ministério do Trabalho aprovará o quadro das atividades e operações insalubres e adotará normas sobre os critérios de caracterização da insalubridade, os limites de tolerância aos agentes agressivos, meios de proteção e o tempo máximo de exposição do empregado a esses agentes".*

As atividades e operações insalubres encontram-se inseridas na NR 15 da Portaria nº 3.214/1978, a qual descreve os agentes químicos, físicos e biológicos prejudiciais à saúde do empregado, bem como os respectivos limites de tolerância.

Essas normas incluirão medidas de proteção do organismo do trabalhador nas operações que produzem aerodispersóides tóxicos, irritantes, alérgicos ou incômodos (art. 190, parágrafo único, da CLT).

Súmula nº 460 do E. STF: "Para efeito do adicional de insalubridade, a perícia judicial em reclamação trabalhista não dispensa o enquadramento da atividade entre as insalubres, que é ato da competência do Ministério do Trabalho".

OJ nº 4, item I, da SBDI-1 do C. TST: "Não basta a constatação da insalubridade por meio de laudo pericial para que o empregado tenha direito ao respectivo adicional, sendo necessária a classificação da atividade insalubre na relação oficial elaborada pelo Ministério do Trabalho".

Lixo Urbano – OJ nº 4, item II, da SBDI-1 do C. TST: "A limpeza em residências e escritórios e a respectiva coleta de lixo não podem ser consideradas atividades insalubres, ainda que constatadas por laudo pericial, porque não se encontram dentre as classificadas como lixo urbano na Portaria do Ministério do Trabalho".

Reclassificação ou Descaracterização – Súmula nº 248 do C. TST: "A reclassificação ou a descaracterização da insalubridade, por ato da autoridade competente, repercute na satisfação do respectivo adicional, sem ofensa a direito adquirido ou ao princípio da irredutibilidade salarial.

Eliminação ou Neutralização – art. 191, I e II, da CLT: *A eliminação ou a neutralização da insalubridade ocorrerá: I – com a adoção de medidas que conservem o ambiente de trabalho dentro dos limites de tolerância; e II – com a utilização de equipamentos de proteção individual ao trabalhador, que diminuam a intensidade do agente agressivo a limites de tolerância*".

Caberá às Delegacias Regionais do Trabalho, (atualmente, Superintendências Regionais do Trabalho) comprovada a insalubridade, notificar as empresas, estipulando prazos para sua eliminação ou neutralização (art. 191, parágrafo único, da CLT).

Adicional de Insalubridade – art. 192 da CLT: *O exercício de trabalho em condições insalubres, acima dos limites de tolerância estabelecidos pelo Ministério do Trabalho, assegura a percepção de adicional respectivamente de 40% (quarenta por cento), 20% (vinte por cento) e 10% (dez por cento) do salário-mínimo da região, segundo se classifiquem nos graus máximo, médio e mínimo.*

Base de Cálculo – Súmula Vinculante nº 4 do E. STF: "Salvo nos casos previstos na Constituição, o salário mínimo não pode ser usado como indexador de base de cálculo de vantagem de servidor público ou de empregado, nem ser substituído por decisão judicial."

Diante da inconstitucionalidade do art. 192 da CLT, o TST cancelou a OJ nº 2 da SBDI-1 ("Adicional de insalubridade. Base de cálculo. Mesmo na vigência da CF/1988: salário mínimo") e a Súmula nº 17 ("*O adicional de insalubridade devido a empregado que, por força de lei, convenção coletiva ou sentença normativa, percebe salário profissional será sobre este calculado*"), atribuindo nova redação à Súmula nº 228.

Súmula nº 228 do C. TST: "*A partir de 9 de maio de 2008, data da publicação da Súmula Vinculante nº 4 do Supremo Tribunal Federal, o adicional de insalubridade será calculado sobre o salário básico, salvo critério mais vantajoso fixado em instrumento coletivo*".

O STF, através de seu Presidente, deferiu medida liminar para suspender a aplicação da Súmula nº 228/TST na parte em que permite a utilização do salário básico para calcular o adicional de insalubridade, por ofensa à Súmula Vinculante nº 04 (Reclamação nº 6.266-0- DF, julgado em 15/07/2008).

> Aparelhos Protetores – Eliminação – Súmula nº 80 do C. TST: "A eliminação da insalubridade mediante fornecimento de aparelhos protetores aprovados pelo órgão competente do Poder Executivo exclui a percepção do respectivo adicional".
>
> Intermitência – Súmula nº 47 do C. TST: "O trabalho executado em condições insalubres, em caráter intermitente, não afasta, só por essa circunstância, o direito à percepção do respectivo adicional".
>
> Integração – Súmula nº 139 do C. TST: "Enquanto percebido, o adicional de insalubridade integra a remuneração para todos os efeitos legais".
>
> Aparelhos de Proteção – Efeitos – Súmula nº 289 do C. TST: "O simples fornecimento do aparelho de proteção pelo empregador não o exime do pagamento do adicional de insalubridade. Cabe-lhe tomar as medidas que conduzam à diminuição ou eliminação da nocividade, entre as quais as relativas ao uso efetivo do equipamento pelo empregado".

4. Periculosidade

> Atividades Perigosas – Conceito – art. 193 da CLT: *São consideradas atividades ou operações perigosas, na forma da regulamentação aprovada pelo Ministério do Trabalho, aquelas que, por sua natureza ou métodos de trabalho, impliquem o contato permanente com inflamáveis ou explosivos em condições de risco acentuado.*

As atividades e operações perigosas encontram-se indicadas na NR 16 da Portaria nº 3.214/1978.

> Adicional de Periculosidade – art. 193, § 1º, da CLT: *O trabalho em condições de periculosidade assegura ao empregado um adicional de 30% (trinta por cento) sobre o salário sem os acréscimos resultantes de gratificações, prêmios ou participações nos lucros da empresa.*
>
> Adicional de Periculosidade – Base de Cálculo – Súmula nº 191 do C. TST: "O adicional de periculosidade incide apenas sobre o salário básico e não sobre este acrescido de outros adicionais. Em relação aos eletricitários, o cálculo do adicional de periculosidade deverá ser efetuado sobre a totalidade das parcelas de natureza salarial".

Eletricitários – Base de Cálculo – OJ nº 279 da SBDI-1 do C. TST: "O adicional de periculosidade dos eletricitários deverá ser calculado sobre o conjunto de parcelas de natureza salarial".
Radiação Ionizante ou Substância Radioativa – OJ nº 345 da SBDI-1 do C. TST: "A exposição do empregado à radiação ionizante ou à substância radioativa enseja a percepção do adicional de periculosidade, pois a regulamentação ministerial (Portarias do Ministério do Trabalho nºs 3.393, de 17/12/1987, e 518, de 07/04/2003), ao reputar perigosa a atividade, reveste-se de plena eficácia, porquanto expedida por força de delegação legislativa contida no art. 200, caput, e inciso VI, da CLT. No período de 12/12/2002 a 06/04/2003, enquanto vigeu a Portaria nº 496 do Ministério do Trabalho, o empregado faz jus ao adicional de insalubridade".
Sistema Elétrico de Potência – OJ nº 324 da SBDI-1 do C. TST: "É assegurado o adicional de periculosidade apenas aos empregados que trabalham em sistema elétrico de potência em condições de risco, ou que o façam com equipamentos e instalações elétricas similares, que ofereçam risco equivalente, ainda que em unidade consumidora de energia elétrica".
Cabistas, Instaladores e Reparadores – OJ nº 347 da SBDI-1 do C. TST: "É devido o adicional de periculosidade aos empregados cabistas, instaladores e reparadores de linhas e aparelhos de empresas de telefonia, desde que, no exercício de suas funções, fiquem expostos a condições de risco equivalente ao do trabalho exercido em contato com sistema elétrico de potência".
Exposição Eventual, Intermitente e Permanente – Súmula nº 364, itens I e II, do C. TST: "I – Faz jus ao adicional de periculosidade o empregado exposto permanentemente ou que, de forma intermitente, sujeita-se a condições de risco. Indevido, apenas, quando o contato dá-se de forma eventual, assim considerado o fortuito, ou o que, sendo habitual, dá-se por tempo extremamente reduzido. II – A fixação do adicional de periculosidade, em percentual inferior ao legal e proporcional ao tempo de exposição ao risco, deve ser respeitada, desde que pactuada em acordos ou convenções coletivos".
Insalubridade x Periculosidade – art. 193, § 2º, da CLT: *O empregado poderá optar pelo adicional de insalubridade que porventura lhe seja devido.*

5. Normas comuns à insalubridade e à periculosidade

O direito do empregado ao adicional de insalubridade ou de periculosidade cessará com a eliminação do risco à sua saúde ou integridade física, nos termos desta Seção e das normas expedidas pelo Ministério do Trabalho (art. 194 da CLT).

A caracterização e a classificação da insalubridade e da periculosidade, segundo as normas do Ministério do Trabalho, far-se-ão através de perícia a cargo de Médico do Trabalho ou Engenheiro do Trabalho, registrados no Ministério do Trabalho (art. 195, *caput*, da CLT).

> Agente Nocivo Diverso do Apontado na Inicial – Súmula nº 293 do C. TST: "A verificação mediante perícia de prestação de serviços em condições nocivas, considerado agente insalubre diverso do apontado na inicial, não prejudica o pedido de adicional de insalubridade".
> Médico x Engenheiro do Trabalho – OJ nº 165 da SBDI-1 do C. TST: "O art. 195 da CLT não faz qualquer distinção entre o médico e o engenheiro para efeito de caracterização e classificação da insalubridade e periculosidade, bastando para a elaboração do laudo seja o profissional devidamente qualificado".
> Insalubridade – Local de Trabalho Desativado – OJ nº 278 da SBDI-1 do C. TST: "A realização de perícia é obrigatória para a verificação de insalubridade. Quando não for possível sua realização, como em caso de fechamento da empresa, poderá o julgador utilizar-se de outros meios de prova".

É facultado às empresas e aos sindicatos das categorias profissionais interessadas requererem ao Ministério do Trabalho a realização de perícia em estabelecimento ou setor deste, com o objetivo de caracterizar e classificar ou delimitar as atividades insalubres ou perigosas (art. 195, § 1º, da CLT).

Argüida em juízo insalubridade ou periculosidade, seja por empregado, seja por Sindicato em favor de grupo de associado, o juiz designará perito habilitado na forma deste artigo, e, onde não houver, requisitará perícia ao órgão competente do Ministério do Trabalho (art. 195, § 2º, da CLT).

O disposto nos parágrafos anteriores não prejudica a ação fiscalizadora do Ministério do Trabalho, nem a realização *ex officio* da perícia (art. 195, § 3º, da CLT).

> Efeitos Pecuniários – art. 196 da CLT: Os efeitos pecuniários decorrentes do trabalho em condições de insalubridade ou periculosidade serão devidos a contar da data da inclusão da respectiva atividade nos quadros aprovados pelo Ministro do Trabalho, respeitadas as normas do art. 11.
> Materiais e Substâncias Perigosas ou Nocivas – art. 197, caput, da CLT: Os materiais e substâncias empregados, manipulados ou transportados nos locais de trabalho, quando perigosos ou nocivos à saúde, devem conter, no rótulo, sua composição, recomendações de socorro imediato e o símbolo de perigo correspondente, segundo a padronização internacional.

Os estabelecimentos que mantenham as atividades previstas neste artigo afixarão, nos setores de trabalho atingidos, avisos ou cartazes, com advertência quanto aos materiais e substâncias perigosos ou nocivos à saúde (art. 197, parágrafo único, da CLT).

Capítulo XXVI

TUTELA DO TRABALHO DA MULHER

1. Introdução

Não foram recepcionados pelo art. 5º, I, da CF/1988, que assegura a igualdade de direitos e obrigações entre homens e mulheres, todos aqueles preceitos da CLT, não revogados expressamente por lei posterior, que afrontem a este princípio isonômico.

O art. 7º, XX, da CF/1988 assegura a proteção do mercado de trabalho da mulher, mediante incentivos específicos, nos termos da lei.

2. Duração, condições de trabalho e discriminação contra a mulher

Os preceitos que regulam o trabalho masculino são aplicáveis ao trabalho feminino, naquilo em que não colidirem com a proteção especial instituída no Capítulo III (CLT, art. 372, *caput*).

O art. 372, parágrafo único, da CLT, dispõe: *Não é regido pelos dispositivos a que se refere este artigo o trabalho nas oficinas em que sirvam exclusivamente pessoas da família da mulher e esteja esta sob a direção do esposo, do pai, da mãe, do tutor ou do filho*". No entanto, a configuração do liame empregatício, independentemente do gênero, resta condicionada à existência dos pressupostos previstos nos arts. 2º e 3º da CLT.

A duração normal de trabalho da mulher será de oito horas diárias, exceto nos casos para os quais for fixada duração inferior (CLT, art. 373). Necessidade de observância dos limites diário e semanal previstos no art. 7º, XIII, da CF/1988.

Ressalvadas as disposições legais destinadas a corrigir as distorções que afetam o acesso da mulher ao mercado de trabalho e certas especificidades estabelecidas nos acordos trabalhistas, é vedado: publicar ou fazer publicar anúncio de emprego no qual haja referência ao sexo, à idade, à cor ou situação familiar, salvo quando a natureza da atividade a ser exercida, pública e notoriamente, assim o exigir; recusar emprego, promoção ou motivar a dispensa do trabalho em razão de sexo, idade, cor, situação familiar ou estado de gravidez, salvo quando a natureza da atividade seja notória e publicamente incompatível; considerar o sexo, a idade, a cor ou situação familiar como variável determinante para fins de remuneração, formação profissional e oportunidades de ascensão profissional; exigir atestado ou exame, de qualquer natureza, para comprovação de esterilidade ou gravidez, na admissão ou permanência no emprego; impedir o acesso ou adotar critérios subjetivos para deferimento de inscrição ou aprovação em concursos, em empresas privadas, em razão de sexo, idade, cor, situação familiar ou estado de gravidez; e proceder o empregador ou preposto a revistas íntimas nas empregadas ou funcionárias (CLT, art. 373-A, *caput*, I a VI).

A vedação à realização de revistas íntimas pelo empregador abrange também os empregados ou funcionários, por força do art. 5º, I, da CF/1988.

Essas vedações não obstam a adoção de medidas temporárias que visem ao estabelecimento das políticas de igualdade entre homens e mulheres, em particular as que se destinam a corrigir as distorções que afetam a formação profissional, o acesso ao emprego e as condições gerais de trabalho da mulher (CLT, art. 373-A, parágrafo único). Aplicação da noção de "discriminação positiva ou inversa", através de "ações afirmativas".

A adoção de medidas de proteção ao trabalho das mulheres é considerada de ordem pública, não justificando, em hipótese alguma, a redução de salário (CLT, art. 377).

3. Trabalho noturno

O trabalho noturno das mulheres terá salário superior ao diurno (CLT, art. 381, *caput*). Vide o disposto no art. 7º, IX, da CF/1988.

Os salários serão acrescidos de uma percentagem adicional de 20% (vinte por cento), no mínimo (CLT, arts. 73 e 381, § 1º).

Cada hora do período noturno de trabalho das mulheres terá cinqüenta e dois minutos e trinta segundos (CLT, arts. 73, § 2º e 381, § 2º).

No meio rural, aplicam-se as disposições da Lei nº 5.889/1973 relativas ao trabalho noturno.

4. Períodos de descanso

Entre 2 (duas) jornadas de trabalho, haverá um intervalo de onze horas consecutivas, no mínimo, destinado ao repouso (CLT, arts. 66 e 382).

Durante a jornada de trabalho, será concedido à empregada um período para refeição e repouso não inferior a uma hora nem superior a duas horas salvo a hipótese prevista no art. 71, § 3º (CLT, art. 383).

O art. 384 da CLT estabelece que, em caso de prorrogação do horário normal, será obrigatório um descanso de quinze minutos no mínimo, antes do início do período extraordinário do trabalho. Segundo entendimento adotado pelo Plenário do C. Tribunal Superior do Trabalho, esta norma foi recepcionada pelo art. 5º, inciso I, da CF/88, não obstante a existência de posicionamentos doutrinários em sentido contrário.

O descanso semanal será de 24 (vinte e quatro) horas consecutivas e coincidirá no todo ou em parte com o domingo, salvo motivo de conveniência pública ou necessidade imperiosa de serviço, a juízo da autoridade competente, na forma das disposições gerais, caso em que recairá em outro dia (CLT, art. 385, *caput*).

Devem ser observados os preceitos da legislação geral sobre a proibição de trabalho nos feriados civis e religiosos (CLT, art. 385, parágrafo único).

Nos termos do art. 386 da CLT, havendo trabalho aos domingos, será organizada uma escala de revezamento quinzenal, que favoreça o repouso dominical. Há entendimento doutrinário no sentindo de que esta norma não teria sido recepcionada pelos arts. 5º, I, e 7º, XX, da CF/1988.

5. Métodos e locais de trabalho

Toda empresa é obrigada: a prover os estabelecimentos de medidas concernentes à higienização dos métodos e locais de trabalho, tais como ventilação e iluminação e outros que se fizerem necessários à segurança e ao conforto das mulheres, a critério da autoridade competente; a instalar bebedouros, lavatórios, aparelhos sanitários; dispor de cadeiras ou bancos, em número suficiente, que permitam às mulheres trabalhar sem grande esgotamento físico; a instalar vestiários com armários individuais privativos das mulheres, exceto os estabelecimentos comerciais, escritórios, bancos e atividades afins, em que não seja exigida a troca de roupa e outros, a critério da autoridade competente em matéria de segurança e higiene do trabalho, admitindo-se como suficientes as gavetas ou escaninhos, onde possam as empregadas guardar seus pertences; e a fornecer, gratuitamente, a juízo da autoridade competente, os recursos de proteção individual, tais como óculos, máscaras, luvas e roupas especiais, para a defesa dos olhos, do aparelho respiratório e da pele, de acordo com a natureza do trabalho (CLT, art. 389, *caput*, I a IV).

Os estabelecimentos em que trabalharem pelo menos trinta mulheres com mais de dezesseis anos de idade terão local apropriado onde seja permitido às empregadas guardar sob vigilância e assistência os seus filhos no período da amamentação. (CLT, art. 389, § 1º).

A exigência do § 1º poderá ser suprida por meio de creches distritais mantidas, diretamente ou mediante convênios, com outras entidades públicas ou privadas, pelas próprias empresas, em regime comunitário, ou a cargo do SESI, do SESC, da LBA ou de entidades sindicais (CLT, art. 389, § 2º). Vide a Portaria nº 3.296/1986 do Ministério do Trabalho e Emprego, que prevê a substituição da concessão de creche pelo pagamento, pelo empregador, do "reembolso creche".

Ao empregador é vedado empregar a mulher em serviço que demande o emprego de força muscular superior a vinte quilos para o trabalho contínuo, ou vinte e cinco quilos para o trabalho ocasional (CLT, art. 390, *caput*). Não está compreendida na determinação deste artigo a remoção de material feita por impulsão ou tração de vagonetes sobre trilhos, de carros de mão ou quaisquer aparelhos mecânicos (CLT, art. 390, parágrafo único).

As vagas dos cursos de formação de mão-de-obra, ministrados por instituições governamentais, pelos próprios empregadores ou por qualquer órgão de ensino profissionalizante, serão oferecidas aos empregados de ambos os sexos (CLT, art. 390-B).

As empresas com mais de cem empregados, de ambos os sexos, deverão manter programas especiais de incentivos e aperfeiçoamento profissional da mão-de-obra (CLT, art. 390-C).

A pessoa jurídica poderá associar-se a entidade de formação profissional, sociedades civis, sociedades cooperativas, órgãos e entidades públicas ou entidades sindicais, bem como firmar convênios para o desenvolvimento de ações conjuntas, visando à execução de projetos relativos ao incentivo ao trabalho da mulher (CLT, art. 390-E).

6. Proteção à maternidade

Não constitui justo motivo para a rescisão do contrato de trabalho da mulher o fato de haver contraído matrimônio ou de encontrar-se em estado de gravidez (CLT, art. 391, *caput*). Vide os arts. 5º, XLI, e 7º, XX e XXX, da CF/1988; 10, II, *b*, do ADCT, e 1º da Lei nº 9.029/1995.

Não serão permitidos em regulamentos de qualquer natureza contratos coletivos ou individuais de trabalho, restrições ao direito da mulher ao seu emprego, por motivo de casamento ou de gravidez (CLT, art. 391, parágrafo único).

Mediante atestado médico, à mulher grávida é facultado romper o compromisso resultante de qualquer contrato de trabalho, desde que este seja prejudicial à gestação (CLT, art. 394).

Em caso de aborto não-criminoso, comprovado por atestado médico oficial, a mulher terá um repouso remunerado de duas semanas, ficando-lhe assegurado o direito de retornar à função que ocupava antes de seu afastamento (CLT, art. 395).

Para amamentar o próprio filho, até que este complete seis meses de idade, a mulher terá direito, durante a jornada de trabalho, a dois descansos especiais, de meia hora cada um (CLT, art. 396, *caput*). Quando o exigir a saúde do filho, o período de seis meses poderá ser dilatado, a critério da autoridade competente (CLT, art. 396, parágrafo único).

O SESI, o SESC, a LBA e outras entidades públicas destinadas à assistência à infância manterão ou subvencionarão, de acordo com suas possibilidades financeiras, escolas maternais e jardins de infância, distribuídos nas zonas de maior densidade de trabalhadores, destinados especialmente aos filhos das mulheres empregadas (CLT, art. 397).

O Ministro do Trabalho e Emprego conferirá diploma de benemerência aos empregadores que se distinguirem pela organização e manutenção de creches e de instituições de proteção aos menores em idade pré-escolar, desde que tais serviços se recomendem por sua generosidade e pela eficiência das respectivas instalações (CLT, art. 399).

Os locais destinados à guarda dos filhos das operárias durante o período da amamentação deverão possuir, no mínimo, um berçário, uma saleta de amamentação, uma cozinha dietética e uma instalação sanitária (CLT, art. 400).

6.1. Licença-maternidade

A empregada gestante tem direito à licença-maternidade de cento e vinte dias, sem prejuízo do emprego e do salário. (CLT, art. 392, *caput*, c/c CF/1988, art. 7º, XVIII).

A empregada deve, mediante atestado médico, notificar o seu empregador da data do início do afastamento do emprego, que poderá ocorrer entre o vigésimo oitavo dia antes do parto e ocorrência deste (CLT, art. 392, § 1º).

Os períodos de repouso, antes e depois do parto, poderão ser aumentados de duas semanas cada um, mediante atestado médico (CLT, art. 392, § 2º).

Em caso de parto antecipado, a mulher terá direito aos cento e vinte dias previstos neste artigo (CLT, art. 392, § 3º).

É garantido à empregada, durante a gravidez, sem prejuízo do salário e demais direitos: transferência de função, quando as condições de saúde o exigirem, assegurada a retomada da função anteriormente exercida, logo após o retorno ao trabalho; e dispensa do horário de trabalho pelo tempo necessário para a realização de, no mínimo, seis consultas médicas e demais exames complementares (CLT, art. 392, § 4º, *caput*, I e II).

Registre-se que a Lei nº 11.770/2008 instituiu o Programa Empresa Cidadã, destinado a prorrogar por sessenta dias a duração da licença-maternidade à empregada da pessoa jurídica que aderir ao respectivo programa, desde que a obreira a requeira até o final do primeiro mês após o parto.

Esta prorrogação será garantida, na mesma proporção, também à empregada que adotar ou obtiver guarda judicial para fins de adoção de criança.

Durante o período de prorrogação da licença-maternidade, a empregada terá direito à sua remuneração integral, a cargo do empregador, nos mesmos moldes devidos no período de percepção do salário-maternidade pago pelo regime geral de previdência social.

6.2. Licença-maternidade na adoção e na guarda judicial

À empregada que adotar ou obtiver guarda judicial para fins de adoção de criança será concedida licença-maternidade nos termos do art. 392, observado o disposto no seu § 5º (CLT, art. 392-A, *caput*).

No caso de adoção ou guarda judicial de criança até um ano de idade, o período de licença será de cento e vinte dias (CLT, art. 392-A, § 1º).

No caso de adoção ou guarda judicial de criança a partir de um ano até quatro anos de idade, o período de licença será de sessenta dias (CLT, art. 392-A, § 2º).

No caso de adoção ou guarda judicial de criança a partir de quatro anos até oito anos de idade, o período de licença será de trinta dias (CLT, art. 392-A, § 3º).

A licença-maternidade só será concedida mediante apresentação do termo judicial de guarda à adotante ou guardiã (CLT, art. 392-A, § 4º).

Capítulo XXVII

TUTELA DO TRABALHO DO MENOR

1. Introdução

Nos termos do art. 227, *caput*, da CF/1988, é dever da família, da sociedade e do Estado assegurar à criança e ao adolescente, com absoluta prioridade, o direito à vida, à saúde, à alimentação, à educação, ao lazer, à profissionalização, à cultura, à dignidade, ao respeito, à liberdade e à convivência familiar e comunitária, além de colocá-los a salvo de toda forma de negligência, discriminação, exploração, violência, crueldade e opressão.

O direito a essa proteção especial abrange, entre outros, os seguintes aspectos: idade mínima de quatorze anos para admissão ao trabalho, observado o disposto no art. 7º, XXXIII; garantia de direitos previdenciários e trabalhistas; e garantia de acesso do trabalhador adolescente à escola (CF/1988, art. 227, § 3º, I a III).

O art. 7º da Lei nº 8.069/1990 (ECA) assegura à criança e ao adolescente a proteção à vida e à saúde, mediante a efetivação de políticas sociais públicas que permitam o nascimento e o desenvolvimento sadio e harmonioso, em condições dignas de existência.

2. Idade e trabalhos noturno, perigoso e insalubre

Art. 7º, inciso XXXIII, da CF/1988: *Proibição de trabalho noturno, perigoso ou insalubre a menores de dezoito e de qualquer trabalho a menores de dezesseis anos, salvo na condição de aprendiz, a partir de quatorze anos.* Neste mesmo sentido, os arts. 403, *caput*, 404 e 405, I, da CLT.

Esses serviços perigosos e insalubres estão arrolados no Anexo I, da Portaria nº 20 do Ministério do Trabalho e Emprego, constantes de quadros aprovados pelo Diretor do Departamento de Segurança e Saúde no Trabalho.

3. Serviços prejudiciais

Além das vedações constantes nos artigos acima especificados, o parágrafo único do art. 403 da CLT estabelece que o trabalho do menor não poderá ser realizado em locais prejudiciais à sua formação, ao seu desenvolvimento físico, psíquico, moral e social e em horários e locais que não permitam a freqüência à escola.

O art. 405, II, da CLT também proíbe o trabalho do menor em locais ou serviços prejudiciais à sua moralidade.

Considera-se prejudicial à moralidade do menor o trabalho: prestado de qualquer modo, em teatros de revista, cinemas, boates, casinos, cabarés, *dancings* e estabelecimentos análogos; em empresas circenses, em funções de acróbata, saltimbanco, ginasta e outras semelhantes; de produção, composição, entrega ou venda de escritos, impressos, cartazes, desenhos, gravuras, pinturas, emblemas, imagens e quaisquer outros objetos que possam, a juízo da autoridade competente, prejudicar sua formação moral, e consistente na venda, a varejo, de bebidas alcoólicas (CLT, art. 405, § 3º, *a* a *d*).

Nas localidades em que existirem, oficialmente reconhecidas, instituições destinadas ao amparo dos menores jornaleiros, só aos que se encontrem sob o patrocínio dessas entidades será outorgada a autorização do trabalho a que alude o § 2º (CLT, art. 405, § 4º).

Por força do art. 405, § 5º, da CLT, ao empregador é vedado empregar o menor em serviços que demande o emprego de força muscular superior a vinte quilos para o trabalho contínuo, ou vinte e cinco quilos para o trabalho ocasional. Não está compreendida nessa determinação a remoção de material feita por impulsão ou tração de vagonetes sobre trilhos, de carros de mão ou quaisquer aparelhos mecânicos.

O Juiz de Menores poderá autorizar ao menor o trabalho a que se referem as letras *a* e *b* do § 3º do art. 405, desde que a representação tenha fim educativo ou a peça de que participe não possa ser prejudicial à sua formação moral; e que se certifique ser a ocupação do menor indispensável à própria subsistência ou à de seus pais, avós ou irmãos e não advir nenhum prejuízo à sua formação moral. (CLT, art. 406, *caput*, I e II).

Verificado pela autoridade competente que o trabalho executado pelo menor é prejudicial à sua saúde, ao seu desenvolvimento físico ou a sua moralidade, poderá ela obrigá-lo a abandonar o serviço, devendo a respectiva empresa, quando for o caso, proporcionar ao menor todas as facilidades para mudar de funções. (CLT, art. 407, *caput*).

Quando a empresa não tomar as medidas possíveis e recomendadas pela autoridade competente para que o menor mude de função, configurar-se-á a rescisão do contrato de trabalho, na forma do art. 483. (CLT, art. 407, parágrafo único).

Ao responsável legal do menor é facultado pleitear a extinção do contrato de trabalho, desde que o serviço possa acarretar para ele prejuízos de ordem física ou moral (CLT, art. 408).

4. Deveres dos representantes legais e do empregador

É dever dos responsáveis legais de menores, pais, mães, ou tutores, afastá-los de empregos que diminuam consideravelmente o seu tempo de estudo, reduzam o tempo de repouso necessário à sua saúde e constituição física, ou prejudiquem a sua educação moral (CLT, art. 424).

Os empregadores de menores de dezoito anos são obrigados a velar pela observância, nos seus estabelecimentos ou empresas, dos bons costumes e da decência pública, bem como das regras da segurança e da medicina do trabalho (CLT, art. 425).

É dever do empregador, na hipótese do art. 407, proporcionar ao menor todas as facilidades para mudar de serviço (CLT, art. 426).

O empregador, cuja empresa ou estabelecimento ocupar menores, será obrigado a conceder-lhes o tempo que for necessário para a freqüência às aulas (CLT, art. 427, *caput*).

Os estabelecimentos situados em lugar onde a escola estiver a maior distancia que dois quilômetros e que ocuparem, permanentemente, mais de trinta menores analfabetos, de quatorze a dezoito anos, serão obrigados a manter local apropriado em que lhes seja ministrada a instrução primária (CLT, art. 427, parágrafo único).

5. Duração do trabalho

A duração do trabalho do menor regular-se-á pelas disposições legais relativas à duração do trabalho em geral, com as restrições estabelecidas no Capítulo IV (CLT, art. 411).

Após cada período de trabalho efetivo, quer contínuo, quer dividido em 2 (dois) turnos, haverá um intervalo de repouso, não inferior a onze horas (CLT, art. 412).

É vedado prorrogar a duração normal diária do trabalho do menor, salvo: até mais duas horas, independentemente de acréscimo salarial, mediante convenção ou acordo coletivo, desde que o excesso de horas em um dia seja compensado pela diminuição em outro, de modo a ser observado o limite máximo de quarenta e oito horas semanais ou outro inferior legalmente fixada; e, excepcionalmente, por motivo de força maior, até o máximo de doze horas, com acréscimo salarial de pelo menos cinqüenta por cento sobre a hora normal e desde que o trabalho do menor seja imprescindível ao funcionamento do estabelecimento (CLT, art. 413, *caput*, I e II; c/c CF/1988, art. 7º, XIII e XVI).

Na prorrogação do horário normal de trabalho, será obrigatório um descanso de quinze minutos, no mínimo, antes do início do período extraordinário do trabalho (CLT, arts. 384 e 413, parágrafo único).

Quando o menor de dezoito anos for empregado em mais de um estabelecimento, as horas de trabalho em cada um serão totalizadas (CLT, art. 414).

Capítulo XXVIII

DIREITO COLETIVO DO TRABALHO

1. A liberdade sindical na Constituição da República de 1988

A Constituição da República de 1988 enuncia a liberdade de associação profissional ou sindical, nos termos do *caput* de seu art. 8º.

Todavia, as disposições contidas no mesmo art. 8º, em seus incisos II e IV, constituem verdadeira afronta ao princípio da liberdade sindical, visto impor a unicidade sindical compulsória por categoria e autorizar contribuições obrigatórias em favor das associações que formam o sistema confederativo de representação sindical.

CF/1988 x CLT

A Carta Magna, ao impor a unicidade sindical por categoria (art. 8º, II) e validar a contribuição anual obrigatória instituída por lei em favor do sistema confederativo de representação sindical (art. 8º, IV), recepcionou as normas da CLT sobre tais matérias.

Exemplos: arts. 511 (Da Associação em Sindicatos), 570 (Do Enquadramento Sindical) e 578 (Da Contribuição Sindical) da CLT.

A associação profissional não mais se constitui em fase preliminar obrigatória da investidura sindical, quando cabia ao Ministro do Trabalho a expedição da "Carta de Reconhecimento" em favor da associação mais representativa (art. 519 da CLT).

Direito de Sindicalização na CF/1988:

O direito de sindicalização foi amplamente assegurado pela CF/1988.

O art. 8º da CF/1988 se refere a todos os trabalhadores e empresários que desenvolvem atividades privadas, inclusive com relação as empresas públicas e as sociedades de economia mista, por lhes serem aplicáveis o regime jurídico das empresas privadas (art. 173, § 1º).

Servidor Público:

A Constituição da República de 1988 estendeu o direito de sindicalização aos servidores públicos civis (art. 37, VI), tratando-se de direito subjetivo exercitável, não carecendo, pois, de regulamentação infraconstitucional.

Enquanto não for instituído diploma legal disciplinando a matéria, aplicam-se as disposições gerais contidas na Constituição e na CLT.

Obs.: O E. STF já se posicionou pela aplicabilidade ao servidor público civil das disposições contidas no art. 8º da CF/1988.

Os servidores públicos militares, compreendendo os membros das Forças Armadas, das Polícias Militares e dos Corpos de Bombeiros Militares estão impedidos de se sindicalizar (art. 42, § 1º e 142, § 3º, IV).

2. A unicidade sindical

Art. 8º, II, da CF/1988: *É vedada a criação de mais de uma organização sindical, em qualquer grau, representativa de categoria profissional ou econômica, na mesma base territorial, que será definida pelos trabalhadores ou empregadores interessados, não podendo ser inferior à área de um Município.*

Instituição da unicidade compulsória de representação sindical por categoria. Assim, conforme entendimento já emanado do E. STF, foram recepcionadas as disposições contidas no art. 511 e 570 da CLT.

Impossibilidade de representação sindical por ofícios, profissões, empresa ou estabelecimento, ressalvadas as categorias profissionais diferenciadas.

Esse monopólio de representação sindical não se restringe aos associados, mas a todos os integrantes da categoria, sendo aplicável em qualquer grau da estrutura sindical.

A unicidade compulsória de representação sindical por categoria afronta a liberdade sindical preconizada na Convenção nº 87 da OIT.

A OIT aceita a unidade fática de representação, exigindo apenas que o sistema jurídico possibilite a pluralidade de associações, em qualquer nível.

3. Conceito de categoria

O conceito de categoria pode ser extraído da norma prevista no *caput* do art. 511 da CLT.

É a coletividade de empresários, empregados, agentes ou trabalhadores autônomos ou profissionais liberais que exerçam, respectivamente, a mesma atividade ou profissão ou atividades ou profissões similares ou conexas.

3.1. Classificação

a) Categoria econômica (art. 511, § 1º, da CLT): Vínculo social básico constituído pela solidariedade de interesses econômicos dos que empreendem atividades idênticas, similares ou conexas.

b) Categoria profissional (art. 511, § 2º, da CLT): Expressão social elementar decorrente da similitude de condições de vida oriunda da profissão ou trabalho em comum, em situação de emprego na mesma atividade econômica ou em atividades econômicas similares ou conexas.

Obs.: O empregado compõe a categoria profissional correspondente à categoria econômica a que pertence a empresa em que trabalha, pouco importando a função que exerça.

c) Categoria profissional diferenciada (art. 511, § 3º, da CLT): É a que se forma dos empregados que exerçam profissões ou funções diferenciadas por força de estatuto profissional especial ou em conseqüência de condições de vida singulares.

Exemplos: aeronautas, aeroviários, agenciadores de publicidade, jornalistas, músicos profissionais, oficiais gráficos, publicitários, secretárias, entre outros (vide quadro em anexo ao art. 577 da CLT).

4. Enquadramento sindical

> Art. 570 da CLT: *Os sindicatos constituir-se-ão, normalmente, por categorias econômicas ou profissionais específicas, na conformidade da discriminação do quadro das atividades e profissões a que se refere o art. 577 ou segundo as subdivisões que, sob proposta da Comissão do Enquadramento Sindical de que trata o art. 576, forem criadas pelo Ministério do Trabalho.*

O Texto Constitucional recepcionou o sistema de enquadramento sindical por meio de categorias econômicas ou profissionais específicas, em razão da unicidade compulsória de representação sindical por categoria prevista no inciso II do art. 8º.

O quadro de atividades e profissões aprovado pelo art. 577 da CLT tornou-se incompatível com a norma prevista no art. 8º, I, da CF/1988. Serve apenas como modelo que, em geral, vem sendo respeitado pelos grupos interessados.

Após a Constituição da República de 1988, a criação de entidade sindical não depende da existência ou não da respectiva categoria no enquadramento de que dispõe o art. 577 da CLT, mas da observância dos conceitos de categorias econômica, profissional e profissional diferenciada, enunciados no art. 511 do diploma consolidado.

Critério de categorias conexas ou similares:

O art. 570, *caput*, da CLT estabelece como regra de enquadramento sindical o critério por categorias específicas. Contudo, em determinados casos, esse enquadramento pode se viabilizar pelo critério de categorias conexas ou similares. (art. 570, p.u., da CLT).

> Art. 570, parágrafo único, da CLT: *Quando os exercentes de quaisquer atividades ou profissões se constituírem, seja pelo número reduzido, seja pela natureza mesma dessas atividades ou profissões, seja pelas afinidades existentes entre elas, em condições tais que não se possam sindicalizar eficientemente pelo critério de especificidade de categoria, é-lhes permitido sindicalizar-se pelo critério de categorias similares ou conexas, entendendo-se como tais as que se acham compreendidas nos limites de cada grupo constante do quadro de atividades e profissões.*

Critério da atividade preponderante:

Quando uma empresa dedicar-se a duas ou mais atividades econômicas, que correspondam a categorias distintas, tanto ela quanto seus empregados deverão ser representados pelos sindicatos de empregadores ou de trabalhadores referentes à atividade preponderante.

Atividade Preponderante (art. 581, § 2º, da CLT): É a atividade que caracteriza a unidade de produto, operação ou objetivo final, para cuja obtenção todas as demais atividades convirjam, em regime de conexão funcional.

Haverá atividade preponderante se todos os estabelecimentos ou setores da empresa operarem, integrados e exclusivamente, para a obtenção de determinado bem ou serviço.

Os setores que realizam atividades distintas e independentes devem ser incorporados às respectivas categorias econômicas.

Se a atividade desenvolvida por um estabelecimento ou departamento puder ser destacada, sem que o funcionamento da empresa seja afetado na consecução do seu principal objetivo, aquela será independente para fins de sindicalização.

5. Desmembramento de categorias

> Art. 571 da CLT: Qualquer das atividades ou profissões concentradas na forma do parágrafo único do artigo anterior poderá dissociar-se do sindicato principal, formando um sindicato específico, desde que o novo sindicato, a juízo da Comissão do Enquadramento Sindical, ofereça possibilidade de vida associativa regular e de ação sindical eficiente.

O desmembramento de categoria não mais depende de pronunciamento da aludida Comissão (até porque já extinta) ou do Ministério do Trabalho.

A concentração ou o desmembramento de categorias depende, preliminarmente, de decisão da assembléia dos sindicatos interessados, especialmente convocados para esse fim.

6. Sindicato

6.1. Conceito

É a associação coletiva de natureza privada que tem por finalidade o estudo, a defesa e a coordenação de interesses econômicos ou profissionais de todos os que, como empregadores, empregados, agentes ou trabalhadores autônomos, ou profissionais liberais, exerçam, respectivamente, a mesma atividade ou profissão ou atividades ou profissões similares ou conexas.

6.2. Organização sindical brasileira

A Constituição da República da 1988, em seu art. 8º, *caput*, e incisos I a VIII, enuncia a liberdade de associação profissional ou sindical, ditando os exatos contornos dos princípios da liberdade e da autonomia sindicais, nos seguintes termos:

> *I – a lei não poderá exigir autorização do Estado para a fundação de sindicato, ressalvado o registro no órgão competente, vedadas ao Poder Público a interferência e a intervenção na organização sindical;*
> *II – é vedada a criação de mais de uma organização sindical, em qualquer grau, representativa de categoria profissional ou econômica, na mesma base territorial, que será definida pelos trabalhadores ou empregadores interessados, não podendo ser inferior à área de um Município;*
> *III – ao sindicato cabe a defesa dos direitos e interesses coletivos ou individuais da categoria, inclusive em questões judiciais ou administrativas;*
> *IV – a assembléia geral fixará a contribuição que, em se tratando de categoria profissional, será descontada em folha, para custeio do sistema confederativo da representação sindical respectiva, independentemente da contribuição prevista em lei;*
> *V – ninguém será obrigado a filiar-se ou a manter-se filiado a sindicato;*
> *VI – é obrigatória a participação dos sindicatos nas negociações coletivas de trabalho;*
> *VII – o aposentado filiado tem direito a votar e ser votado nas organizações sindicais; e*
> *VIII – é vedada a dispensa do empregado sindicalizado a partir do registro da candidatura a cargo de direção ou representação sindical e, se eleito, ainda que suplente, até um ano após o final do mandato, salvo se cometer falta grave nos termos da lei".*

O art. 8º, I, da CF/1988 veda a autorização estatal para a criação de sindicato e a interferência e intervenção do Poder Público na organização sindical. Aplicação do princípio da autonomia sindical.

Inadmissibilidade de controle político-administrativo do sindicato por parte do Estado (Poder Executivo – Ministério do Trabalho e Emprego).

Registro no órgão competente (MTE/SRT): finalidade cadastral, como forma de controle da unicidade sindical (STF, MI 144-8-SP, Pleno, Rel. Min. Sepúlveda Pertence, DJU 28/05/93, p. 10.381).

6.2.1. Estrutura sindical externa

Adotou-se a estrutura piramidal constituída, na base, pelos sindicatos, seguidos das federações, e, no topo, as confederações.

As centrais sindicais são órgãos de cúpula, intercategoriais, de âmbito nacional, coordenando os demais órgãos, sem integrar o sistema sindical confederativo regulado na Constituição da República.

A Lei nº 11.648/2008 dispõe sobre o reconhecimento formal das centrais sindicais para os fins que especifica, alterando a CLT. Em seu art. 1º, a referida lei dispõe que estas são entidades de representação geral dos trabalhadores, constituídas em âmbito nacional, tendo como atribuições e prerrogativas:

a) coordenar a representação dos trabalhadores por meio das organizações sindicais a elas filiadas;
b) participar de negociações em fóruns, colegiados de órgãos públicos e demais espaços de diálogo social que possuam composição tripartite, nos quais estejam em discussão assuntos de interesse geral dos trabalhadores.

Nos termos do art. 1º, parágrafo único, da Lei nº 11.648/2008, considera-se central sindical a entidade associativa de direito privado composta por organizações sindicais de trabalhadores.

No piso do sistema, existe um sindicato único, organizado em categoria, com base territorial não inferior à área de um Município (art. 8º, II, da CF/1988). Não recepção do art. 517 da CLT (distrito municipal). Possibilidade de sindicatos intermunicipais, estaduais, interestaduais e nacional.

Federação (art. 534 da CLT): conjugação de pelo menos 05 sindicatos da mesma categoria.

Confederação (art. 535 da CLT): conjugação de pelo menos 03 federações, respeitadas as respectivas categorias, com sede em Brasília.

6.2.2. Estrutura sindical interna

Art. 522 da CLT: Diretoria (03 a 07 membros) + Conselho Fiscal (03 membros), que serão eleitos pela assembléia geral. Designação de delegados sindicais pela diretoria (art. 523 da CLT).

Conforme já exposto, a Súmula nº 369, item II, do C. TST uniformiza entendimento no sentido de que houve a recepção da limitação prevista no art. 522 da CLT pela nova ordem constitucional.

6.2.3. Registro sindical

Não houve a recepção dos arts. 515 a 521 da CLT pelo art. 8º, I, da CF/1988 (*a lei não poderá exigir autorização do Estado para a fundação de sindicato, ressalvado o registro no órgão competente, vedadas ao Poder Público a interferência e a intervenção na organização sindical*).

Também não foram recepcionados pela nova ordem constitucional todos os dispositivos da CLT, atinentes à organização dos sindicatos, que possam consistir em afronta à autonomia sindical.

Os sindicatos, inicialmente, devem ser registrados no correspondente Cartório de Registro Civil de Pessoas Jurídicas, como qualquer outra associação.

Em seguida, deve ser feito o registro no Ministério do Trabalho e Emprego (Secretaria das Relações de Trabalho), para fins de cadastro e controle da unicidade sindical, conforme já entendimento do STF. É a partir deste registro que o sindicato adquire personalidade sindical.

6.2.4. Funções e prerrogativas

a) Função representativa: A principal função/prerrogativa é a de representação das respectivas categorias. A função representativa abrange uma dimensão privada (sindicato x empregadores), administrativa (sindicato x Estado), pública (sindicato x sociedade civil) e judicial (defesa da categoria e filiados. Vide art. 8º, III, da CF/1988).
b) Função negocial: Participação obrigatória dos sindicatos representantes das classes profissionais nas negociações coletivas (art. 8º, VI, da CF/1988).
c) Função assistencial: Prestação de serviços a seus associados ou, em alguns casos, a todos os membros da categoria.
d) Funções econômicas e políticas (controvérsia): Proibição de atividade econômica (art. 564 da CLT) e de atividade política (art. 521, *d*, da CLT).

6.2.5. Receitas sindicais

a) Contribuição sindical obrigatória ("imposto sindical"): Receita anual, em favor do sistema sindical, exigida de todos os integrantes das respectivas categorias. No caso de empregado, corresponde a um dia de trabalho, sendo descontada na folha de pagamento do mês de março. Vide arts. 578 a 610 da CLT e Lei nº 11.648/2008.

Recepcionada pelo art. 8º, IV, da CF/1988. Contribuição prevista em lei, incidindo sobre todos os membros componentes da categoria, sindicalizados ou não. Daí a sua natureza parafiscal.

Não deixa de constituir afronta ao princípio da liberdade e da autonomia sindicais. Resquício do sistema corporativista sindical.

b) Contribuição confederativa: prevista no art. 8º, IV, da CF/1988. Fixada pela assembléia geral, para custeio do sistema confederativo de representação sindical.

Súmula nº 666 do STF: Exigível apenas dos filiados aos sindicatos. Vide, ainda, o Precedente Normativo nº 119 do TST e a Orientação Jurisprudencial nº 17 da SDC do TST.

c) Contribuição assistencial: Prevista em instrumentos normativos negociados (acordos coletivos de trabalho e convenções coletivas de trabalho), normalmente para desconto em folha de pagamento em algumas parcelas ao longo do ano.

Precedente normativo nº 119 do TST: Exigível apenas dos trabalhadores filiados ao sindicato, sob pena de nulidade, em razão de afronta à liberdade sindical preconizada no inciso V do art. 8º da CF/1988. Vide, ainda, a OJ nº 17 da SDC do TST.

Outras denominações: taxa de reforço sindical, contribuição de fortalecimento sindical, entre outras.

d) Mensalidade sindical: Consiste em parcela mensal paga apenas pelos filiados aos sindicatos, traduzindo-se em modalidade voluntária de contribuição.

7. Negociação coletiva

A negociação coletiva constitui um dos mais importantes métodos de resolução de conflitos coletivos de trabalho.

Trata-se de modalidade de autocomposição, em que a solução é conduzida pelas próprias partes envolvidas no conflito.

Métodos de solução de conflitos

a) Autocomposição: Os próprios sujeitos originais em confronto buscam a solução do conflito, sem intervenção de outros agentes no processo de pacificação (renúncia/aceitação, submissão ou resignação/transação). Ex: negociação coletiva (transação coletiva negociada).

Obs: São instrumentos-fins da negociação coletiva o acordo coletivo, a convenção coletiva de trabalho e o contrato coletivo de trabalho (este último ainda não institucionalizado em nosso sistema).

b) Heterocomposição: A solução do conflito decorre da intervenção de agente exterior à relação conflituosa. Ex: jurisdição, arbitragem, conciliação e mediação.

c) Autotutela: Um dos sujeitos envolvidos no conflito busca, de forma unilateral, a imposição de seu interesse em face do outro e da própria comunidade. Ex: greve e locaute.

7.1. Convenção e acordo coletivos de trabalho

No Brasil, são diplomas negociais coletivos a convenção coletiva de trabalho e o acordo coletivo de trabalho.

O contrato coletivo de trabalho ainda não se encontra institucionalizado na ordem jurídica brasileira (como lei ou como costume).

7.1.1. Definição

a) Convenção coletiva de trabalho (art. 611, *caput*, da CLT): *É o acordo de caráter normativo pelo qual dois ou mais sindicatos representativos de categorias econômicas e profissionais estipulam condições de trabalho aplicáveis, no âmbito das respectivas representações, às relações individuais de trabalho.*

Características: resultante de negociação entre entidades sindicais; eficácia restrita ao âmbito das categorias envolvidas (econômica e profissional) e produção de normas jurídicas e de cláusulas contratuais.

Trata-se de contrato social privado produtor de regras jurídicas.

b) Acordo coletivo de trabalho (art. 611, § 1º, da CLT): *É o acordo de caráter normativo pelo qual o sindicato representativo de determinada categoria profissional e uma ou mais empresas da correspondente categoria econômica estipulam condições de trabalho aplicáveis, no âmbito das respectivas empresas, às relações individuais de trabalho.*

Características: participação obrigatória do sindicato profissional (art. 8º, VI, da CF/1988); resultante de negociação entre sindicato obreiro e uma ou mais empresas; eficácia restrita aos trabalhadores e empresas envolvidos e produção de normas jurídicas e de cláusulas contratuais.

7.1.2. Distinções

A distinção opera-se em duplo aspecto: Sujeitos pactuantes e abrangência das regras jurídicas.

a) Convenção coletiva de trabalho: Negociação entre entidades sindicais representativas de categorias profissional e econômica, com abrangência correspondente à base territorial de representação das respectivas categorias.
b) Acordo coletivo de trabalho: Negociação entre sindicato profissional e uma ou mais empresas (seres coletivos), com abrangência correspondente aos trabalhadores e empresas envolvidos.

7.1.3. Normatização

A Constituição da República de 1988 promoveu o reconhecimento dos acordos e convenções coletivos de trabalho (art. 7º, XXVI) e a participação obrigatória dos sindicatos na negociação coletiva (art. 8º, VI).

Obs.: Objeto de Negociação Coletiva (art. 7º, VI, XIII, XIV e XVI).

Autonomia Sindical (art. 8º, I, da CF/1988) x CLT (Título VI):

Logo após a promulgação da CF/1988, ganhou prestígio a interpretação de que o Título VI da CLT não teria sido recepcionado pela norma ordem constitucional (art. 8º, I). Ex: arts. 612 e 614.

Com o passar do tempo, a jurisprudência foi entendendo cada vez menor a incompatibilidade entre a CF/1988 e a CLT. Vide Orientações Jurisprudenciais nº 13, 21 e 34 da SDC/TST.

Atenção: Cancelamento das OJ's 13 e 21 da SDC/TST (*quórum* deliberativo previsto no art. 612 da CLT). Permanência da OJ 34 da SDC/TST (depósito administrativo do instrumento normativo).

Não recepção do art. 617, § 1º, da CLT (substituição do sindicato em negociação coletiva pela federação ou pela confederação) pelo art. 8º, inciso VI, da CF/1988.

7.1.4. Legitimação

Os sindicatos profissionais são legitimados pela ordem jurídica a participar de negociação coletiva, sob o ponto de vista dos trabalhadores (art. 8º, VI, da CF/1988).

Sob o ponto de vista dos empregadores, essa legitimação pode ser direta (acordo coletivo de trabalho) ou por meio das entidades sindicais representativas das correspondentes categorias econômicas (convenção coletiva de trabalho).

a) Categorias inorganizadas: Vide art. 611, § 2º, da CLT (legitimidade da federação ou da confederação para celebrar convenção coletiva de trabalho). Aplicação do mesmo critério em se tratando de acordo coletivo de trabalho.
b) Centrais sindicais: Não têm legitimidade para participar de negociação coletiva, em razão de não integrarem a estrutura sindical. A Lei nº 11.648/2008 não atribui essa legitimidade às centrais sindicais, até porque seria necessária, para isso, a alteração do art. 8º, VI, da CF/1988.
c) Servidor público celetista: Inaplicabilidade do instituto da negociação coletiva (art. 39, § 3º, da CLT). Inconstitucionalidade da negociação coletiva realizada entre sindicatos de servidores públicos celetistas e os respectivos entes públicos (posicionamento do STF).

Obs.: A Convenção nº 154 da OIT, ratificada pelo Brasil, de fomento à negociação coletiva, refere-se também à Administração Pública (art. 1º, 3).

7.1.5. Forma

Os diplomas coletivos são instrumentos formais e solenes. Devem ser elaborados por escrito, com divulgação pública razoável e observância de exigências e procedimentos próprios.

A solenidade é da natureza do instituto, em função de constituir mecanismo criador de regras jurídicas.

Vide a Instrução Normativa nº 01 da SRT/MTE, de 24/03/2004 (dispõe sobre depósito, registro e arquivo de convenções coletivas e acordos coletivos de trabalho nos órgãos do MTE).

7.1.6. Vigência

Art. 614, § 1º, da CLT: *As Convenções e os Acordos entrarão em vigor 3 (três) dias após a data da entrega dos mesmos no órgão referido neste artigo.*

Tendência jurisprudencial pela recepção. Vide OJ nº 34 da SDC do TST.

7.1.7. Duração

Art. 614, § 3º, da CLT: *Não será permitido estipular duração de Convenção ou Acordo superior a 2 (dois) anos.*

7.1.8. Prorrogação, revisão, denúncia, revogação e extensão

Art. 615 da CLT: *A prorrogação, a revisão, a denúncia, a revogação dos diplomas negocias coletivos devem observar as mesmas regras que disciplinam a celebração original destes instrumentos.*

Extensão: Não há previsão legal acerca da extensão da convenção e do acordo coletivo de trabalho para além das bases de representação. Necessidade de submissão ao mesmo procedimento e formalidades de negociação coletiva.

7.1.9. Hierarquia

Art. 620 da CLT: *As condições estabelecidas em Convenção, quando mais favoráveis, prevalecerão sobre as estipuladas em Acordo.*

Exceção: Se a convenção coletiva de trabalho ressalvar a celebração de acordo coletivo de trabalho. Neste caso, ainda que menos favorável, prevalecerá o acordo coletivo de trabalho celebrado.

Tal regra é projeção do princípio da norma mais favorável ao trabalhador. Da mesma forma, prevalecerá o acordo coletivo de trabalho se este for mais favorável ao obreiro. Faz-se, todavia, necessária a mitigação desta norma quando da existência de conflito aparente de princípios, provocando uma ponderação de interesses.

7.1.10. Efeitos no contrato de trabalho

a) Teoria da aderência irrestrita: As cláusulas coletivas negociadas aderem de forma permanente aos contratos de trabalho, não mais podendo ser suprimidas. Aplicação do art. 468 da CLT. Ex: José Augusto Rodrigues Pinto.
b) Teoria da aderência limitada pelo prazo: As cláusulas coletivas negociadas vigoram pelo prazo estipulado nos respectivos diplomas, não integrando de forma definitiva os contratos de trabalho. Aplicação do mesmo critério estabelecido na Súmula nº 277 do TST. É o entendimento predominante na jurisprudência atual.
c) Teoria da aderência limitada por revogação: As cláusulas coletivas negociadas vigorariam até que novo diploma negocial os revogasse, de forma expressa ou tácita. Vide o disposto no art. 1º, § 1º, da Lei nº 8.542/1992 (revogado pela Lei nº 10.192/2001). É critério fortalecedor da negociação coletiva.

7.1.11. Limites da negociação coletiva

As normas coletivas negociadas prevalecem sobre as normas heterônomas estatais, quando:

a) implementam padrão setorial de direitos superior ao padrão geral decorrente da legislação heterônoma estatal;
b) transacionam setorialmente parcelas trabalhistas de indisponibilidade apenas relativa (pela natureza ou pela existência de permissivo jurídico heterônomo).

A criatividade jurídica da negociação coletiva não prevalece mediante ato de renúncia ou de transação quanto a direitos de indisponibilidade absoluta.

Trata-se, segundo o eminente jurista mineiro Mauricio Godinho Delgado (*op. cit.*), da aplicação do princípio da adequação setorial negociada.

8. Greve

8.1. Conceito

Art. 2º da Lei nº 7.783/1989: *Suspensão coletiva, temporária e pacífica, total ou parcial, de prestação pessoal de serviços a empregador.*

8.2. Natureza jurídica

A natureza jurídica da greve, atualmente, é de um direito fundamental de caráter coletivo, resultante da autonomia privada coletiva inerente às sociedades democráticas (art. 9º da CF/1988).

A greve permanece como modalidade de autotutela, de coerção coletiva.

8.3. Características

a) Natureza coletiva: A greve é um movimento de caráter coletivo, podendo ser total ou parcial, ou seja, englobar todo o conjunto de empresas, estabelecimentos e/ou setores.
b) Sustação provisória das atividades contratuais: A greve implica a suspensão provisória das atividades laborativas pelos trabalhadores em face de seu empregador ou tomador de serviços. Trata-se de omissão coletiva quanto ao cumprimento das obrigações contratuais pela classe obreira.
c) Exercício de coerção coletiva e direta: A greve consiste em modalidade de autotutela, utilizada como instrumento de pressão coletiva, com vistas ao restabelecimento, ao menos em tese, do equilíbrio sócio-econômico entre a classe obreira e empresarial.

Obs.1: Esta característica não autoriza a prática de atos de violência contra o empregador, seu patrimônio e os demais trabalhadores. Vide arts. 9º, § 2º, da CF/1988 e 15, *caput*, da Lei nº 7.783/1989.

Obs. 2: A simples adesão pacífica a movimento grevista, ainda que considerado inválido oportunamente, não constitui ato ilícito, nem mesmo trabalhista. Vide Súmula nº 316 do STF.

d) Objetivos da greve: Interesses econômico-profissionais, pertinentes ao contrato de trabalho (adoção e/ou revisão de condições contratuais ou ambientais de trabalho).

Art. 9º, *caput*, da CF/1988: *É assegurado o direito de greve, competindo aos trabalhadores decidir sobre a oportunidade de exercê-lo e sobre os interesses que devam por meio dele defender. Idêntica redação no art. 1º da Lei nº 7.783/1989 (Lei de Greve).*

Corrente Ampliativa: Não há qualquer limitação imposta pela ordem jurídica, cabendo aos trabalhadores decidirem sobre os interesses a serem defendidos.

> Art. 3º, *caput*, da Lei nº 7.783/1989: Frustrada a negociação *ou verificada a impossibilidade de recurso via arbitral, é facultada a cessação coletiva do trabalho.*
> Art. 8º da Lei nº 7.783/1989: A Justiça do Trabalho, *por iniciativa de qualquer das partes ou do Ministério Público do Trabalho,* decidirá sobre a procedência, total ou não, ou improcedência das reivindicações, *cumprindo ao Tribunal publicar, de imediato, o competente acórdão.* Vide art. 114, §§§ 1º, 2º e 3º, da CF/1988.

Corrente restritiva: O objeto da greve está limitado a reivindicações que possam ser disciplinadas em convenção ou acordo coletivos, sentença arbitral ou sentença normativa. Em suma, postulações de natureza econômico-profissionais, que digam respeito a condições contratuais e ambientais de trabalho.

8.4. Sujeito ativo

Art. 4º da Lei nº 7.783/1989: Atribuição à entidade sindical da legitimidade ativa e ao comando do procedimento de greve. A expressão "entidade sindical" abrange sindicatos, federações e confederações.

Nas categorias inorganizadas em sindicato, o sujeito ativo será a federação e, na sua falta, a respectiva confederação.

8.5. Efeitos

Art. 7º, *caput*, da Lei nº 7.783/1989: *Observadas as condições previstas nesta Lei*, a participação em greve suspende o contrato de trabalho, *devendo as relações obrigacionais durante o período ser regidas pelo acordo, convenção, laudo arbitral ou decisão da Justiça do Trabalho.*

Em regra, a greve acarreta a suspensão do contrato de trabalho, significando que os dias parados, em princípio, não são pagos, nem computados para fins contratuais, salvo disposição contrária em instrumento normativo ou decisão judicial.

Art. 7º, parágrafo único, da Lei nº 7.783/1989: *Vedação quanto à rescisão do contrato de trabalho durante a greve e à contratação de trabalhadores substitutos*, exceto nas hipóteses previstas nos arts. 9º e 14.

Obs.1: O empregador não pode alegar justa causa pela simples adesão pacífica do trabalhador ao movimento grevista. Vide Súmula nº 316 do STF.

Obs. 2: Alguns doutrinadores entendem pela possibilidade de aplicação da regra da *exceção do contrato não cumprido*, implicando mera interrupção do contrato de trabalho, quando a greve decorra de inobservância por parte da empresa de cláusulas contratuais relevantes e de regras legais.

8.6. Extensão

O art. 9º, *caput*, da CF/1988 firma extensão bastante ampla do direito de greve no segmento privado.

Objeto da greve: Interesses estritamente contratuais trabalhistas x interesses mais amplos (greves política e de solidariedade).

Oportunidade da greve: A amplitude conferida pelo art. 9º da CF/1988 sempre foi mitigada pelo princípio da lealdade e transparência nas negociações coletivas. Assim sendo, constitui abuso do direito de greve sua manutenção após a celebração de acordo, convenção ou decisão da Justiça do Trabalho (art. 14, *caput*, da Lei nº 7.783/1989).

Exceções:

a) Descumprimento de cláusulas ou condições (art. 14, parágrafo único, I, da Lei nº 7.783/1989).
b) Ocorrência de modificações substanciais e inesperadas na situação de fato vivenciada pelas classes interessadas. Aplicação da regra *rebus sic stantibus* (art. 14, parágrafo único, II, da Lei nº 7.783/1989).

8.7. Limites

8.7.1. Serviços ou atividades essenciais

A primeira limitação ao direito de greve diz respeito aos serviços ou atividades essenciais.

Art. 9º, § 1º, da CF/1988: *A lei definirá os serviços ou atividades essenciais e disporá sobre o atendimento das necessidades inadiáveis da comunidade.*

Relação: Enumeração dos serviços ou atividades essenciais no art. 10, I a XI, da Lei nº 7.783/1989.

Atendimento: Os sindicatos, empregadores e trabalhadores ficam obrigados, de comum acordo, a garantir, durante a greve, a prestação dos serviços indispensáveis ao atendimento das necessidades inadiáveis da comunidade (art. 11, *caput*, da Lei nº 7.783/1989).

Definição: *São necessidades inadiáveis da comunidade aquelas que, não atendidas, coloquem em perigo iminente a sobrevivência, a saúde ou a segurança da população* (art. 11, parágrafo único, da Lei nº 7.783/1989).

Art. 12 da Lei nº 7.783/1989: Garantia por parte do Poder Público de assegurar à população a prestação dos serviços indispensáveis, em caso de inobservância. Vide o disposto na OJ nº 38 da SDC do TST (abusividade da greve, quando não assegurado o atendimento das necessidades inadiáveis dos usuários dos serviços).

8.8. Abusos

O art. 9º, § 2º, da CF/1988 dispõe que os abusos cometidos sujeitam os responsáveis às penas da lei.

Art. 15 da Lei nº 7.783/1989: *A responsabilidade pelos atos praticados, ilícitos ou crimes cometidos, no curso da greve, será apurada, conforme o caso, segundo a legislação trabalhista, civil ou penal.*

Obs.: A responsabilidade penal pode ser extraída dos tipos instituídos nos arts. 197 a 202 do Código Penal (Crimes contra a Organização do Trabalho).

Na esteira deste mesmo entendimento, o art. 9º, *caput*, da Lei nº 7.783/1989 dispõe acerca da manutenção dos serviços cuja paralisação resulte em prejuízo irreparável, pela deterioração irreversível de bens, máquinas e equipamentos, bem como a manutenção daqueles essenciais à retomada das atividades empresariais após a cessação do movimento grevista. Não havendo acordo, resta autorizado ao empregador, enquanto durar a greve, a contratação direta dos respectivos serviços (art. 9º, parágrafo único, da Lei nº 7.783/1989).

> Art. 6º, § 1º, da Lei nº 7.783/1989: *Veda a violação ou constrangimento de direitos e garantias fundamentais de outrem.*
> Art. 6º, § 2º, da Lei nº 7.783/1989: *Veda o constrangimento de trabalhadores para comparecimento ao trabalho, bem como a prática de atos que frustrem a divulgação do movimento grevista.*
> Art. 6º, § 3º, da Lei nº 7.783/1989: *As manifestações e atos de persuasão utilizados pelos grevistas não podem impedir o acesso ao trabalho nem causar ameaça ou dano à propriedade ou pessoa.*

8.9. Requisitos

A ordem infraconstitucional estabelece requisitos para a validade do movimento grevista, com vistas à civilidade do exercício do respectivo direito.

Obs.: A greve abusiva não gera efeitos (OJ nº 10 da SDC do TST).

Primeiro requisito: Real tentativa de negociação antes da deflagração do movimento. Vide o art. 3º, *caput*, da Lei nº 7.783/1989.

Obs.: OJ nº 11 da SDC do TST ("É abusiva a greve levada a efeito sem que as partes hajam tentado, direta e pacificamente, solucionar o conflito que lhe constitui o objeto").

Segundo requisito: Aprovação da respectiva assembléia de trabalhadores, respeitados os critérios e formalidades de convocação e *quórum* estabelecidos no estatuto sindical. Vide o art. 4º da Lei nº 7.783/1989.

Terceiro requisito: Concessão do aviso prévio à parte adversa. Regra geral, com antecedência de quarenta e oito horas da paralisação (art. 3º, parágrafo único, da Lei nº 7.783/1989).

Obs: Em se tratando de serviços ou atividades essenciais, o prazo será de setenta e duas horas da paralisação, incluindo os usuários (art. 13 da Lei nº 7.783/1989).

Quarto requisito: Observância das necessidades inadiáveis da comunidade (arts. 9º, § 1º, da CF/1988 e 10 a 12 da Lei nº 7.783/1989).

8.10. Direitos e deveres dos grevistas

Direitos: Arts. 6º, incisos I e II e 7º, *caput* (proteção contra a dispensa pelo empregador – suspensão do contrato de trabalho) e parágrafo único (proteção contra a contratação de trabalhadores substitutos), da Lei nº 7.783/1989.

Deveres: Atendimento dos serviços inadiáveis da comunidade (art. 11 da Lei nº 7.783/1989); manutenção de serviços cuja paralisação possam causar danos irreparáveis à empresa ou que sejam essenciais à retomada das atividades empresariais (art. 9º da Lei nº 7.783/1989); não deflagração de greve após celebração de instrumentos normativos ou decisão judicial relativa ao movimento (art. 14 da Lei nº 7.783/1989); respeito aos direitos e garantias fundamentais de outrem (art. 6º, § 1º, da Lei nº 7.783/1989); não adoção de quaisquer atos de violência moral ou material (art. 6º, § 3º, da Lei nº 7.783/1989).

8.11. Direito de greve do servidor público

Servidor público civil: *O direito de greve será exercido nos termos e nos limites definidos em lei específica*" (art. 37, VII, da CF/1988).

STF: Norma constitucional de eficácia limitada, conforme o entendimento abaixo ementado:

> Mandado de injunção coletivo. Direito de greve do servidor público civil. Evolução desse direito no constitucionalismo brasileiro. Modelos normativos no direito comparado. Prerrogativa jurídica assegurada pela Constituição (art. 37, VII. Impossibilidade de seu exercício antes da edição de lei complementar. Omissão legislativa. Hipótese de sua configuração. Reconhecimento do estado de mora do congresso nacional. Impetração por entidade de classe. Admissibilidade. Writ concedido. Direito de greve no serviço público: O preceito constitucional que reconheceu o direito de greve ao servidor público civil constitui norma de eficácia meramente limitada, desprovida, em conseqüência, de auto-aplicabilidade, razão pela qual, para atuar plenamente, depende da edição da lei complementar exigida pelo próprio texto da Constituição. A mera outorga constitucional do direito de greve ao servidor público civil não basta – ante a ausência de auto-aplicabilidade da norma constante do art. 37, VII, da Constituição – para justificar o seu imediato exercício. O exercício do direito público subjetivo de greve outorgado aos servidores civis só se revelará possível depois da edição da lei complementar reclamada pela Carta Política. A lei complementar referida – que vai definir os termos e os limites do exercício do direito de greve no serviço público – constitui requisito de aplicabilidade e de operatividade da norma inscrita no art. 37, VII, do texto constitucional. Essa situação de lacuna técnica, precisamente por inviabilizar o exercício do direito de greve, justifica a utilização e o deferimento do mandado de injunção. A inércia estatal configura-se, objetivamente, quando o excessivo e irrazoável retardamento na efetivação da prestação legislativa – não obstante a ausência,

na Constituição, de prazo pré-fixado para a edição da necessária norma regulamentadora – vem a comprometer e a nulificar a situação subjetiva de vantagem criada pelo texto constitucional em favor dos seus beneficiários. Mandado de Injunção Coletivo: A jurisprudência do Supremo Tribunal Federal firmou-se no sentido de admitir a utilização, pelos organismos sindicais e pelas entidades de classe, do mandado de injunção coletivo, com a finalidade de viabilizar, em favor dos membros ou associados dessas instituições, o exercício de direitos assegurados pela Constituição. Precedentes e doutrina.(STF, MI 20/DF, Pleno, Rel. Min. Celso de Mello, DJ 22/11/1996).

Obs.: Com a EC nº 19/1998, a expressão "lei complementar" foi substituída por "lei específica".

O Supremo Tribunal Federal, afastando-se da orientação inicialmente perfilhada no sentido de o mandado de injunção estar limitado à declaração da existência da mora legislativa para a edição de norma regulamentadora específica, passou, sem assumir compromisso com o exercício de uma típica função legislativa, a aceitar a possibilidade de uma regulação provisória pelo próprio Judiciário. A Suprema Corte concluiu julgamento de três mandados de injunção impetrados, respectivamente, pelo Sindicato dos Servidores Policiais Civis do Espírito Santo – SINDIPOL, pelo Sindicato dos Trabalhadores em Educação do Município de João Pessoa – SINTEM, e pelo Sindicato dos Trabalhadores do Poder Judiciário do Estado do Pará – SINJEP, em que se pretendia fosse garantido aos seus associados o exercício do direito de greve previsto no art. 37, VII, da CF/1988. O Tribunal, por maioria, conheceu dos mandados de injunção e propôs a solução para a omissão legislativa com a aplicação, no que couber, da Lei 7.783/1989, que dispõe sobre o exercício do direito de greve na iniciativa privada. MI 670/ES, rel. orig. Min. Maurício Corrêa, rel. p/ o acórdão Min. Gilmar Mendes, 25/10/2007. (MI-670)

Servidor Público Militar: Aos membros das Forças Armadas, das Polícias Militares e dos Corpos de Bombeiros Militares (art. 42, § 1º e 142, § 3º, IV, da CF/1988) são vedados os direitos de sindicalização e de greve.

9. Locaute (*lockout*)

9.1. Conceito

É a suspensão provisória das atividades da empresa, estabelecimento ou setor, realizada por determinação empresarial, com o objetivo de frustrar negociação coletiva ou dificultar o atendimento de reivindicações dos trabalhadores.

É vedado expressamente na ordem jurídica brasileira (art. 17, *caput*, da Lei nº 7.783/1989), assim como na maior parte dos países.

O locaute é considerado um mecanismo de autotutela de interesses empresariais socialmente injusto, uma vez que os empregadores já detêm naturais instrumentos de pressão coletiva (ex: direito potestativo de resilição contratual).

9.2. Efeitos

A prática do locaute assegura aos trabalhadores o direito à percepção dos salários durante o período de paralisação (art. 17, parágrafo único, da Lei nº 7.783/1989). Implica, na verdade, a interrupção do contrato de trabalho, sendo devidos não somente os salários, mas todas as demais parcelas decorrentes da relação jurídica de emprego.

Obs.: Possibilidade de o locaute ensejar a rescisão indireta do contrato de trabalho (resolução contratual), por descumprimento do contrato e da ordem jurídica, com supedâneo no art. 483, *d*, da CLT.

10. Exercícios de fixação

I – Concurso da OAB/MG 2008.2 – OAB/MG – Agosto/2008

1. **Analise as proposições a seguir e assinale a alternativa CORRETA:**
   I. A Consolidação das Leis do Trabalho é fonte material do Direito do Trabalho;
   II. O Acordo Coletivo do Trabalho é fonte formal do Direito do Trabalho;
   III. A doutrina é fonte formal do Direito do Trabalho;
   IV. A Revolução Industrial e a concentração do proletariado em torno das fábricas são fontes materiais do Direito do Trabalho.
   a) Apenas III e IV estão incorretas.
   b) II e IV estão corretas.
   c) I, II e III estão corretas.
   d) Apenas I e III estão corretas.

2. **Acorde o entendimento jurisprudencial consolidado do Tribunal Superior do Trabalho, relativamente ao instituto da equiparação salarial, é CORRETO afirmar:**
   a) Não é possível a equiparação salarial de trabalho intelectual.
   b) O conceito de mesma localidade de que trata o art. 461 da CLT não inclui municípios distintos da mesma região metropolitana.
   c) É do empregador o ônus probatório do fato impeditivo, extintivo ou impeditivo de direito à equiparação salarial.
   d) Para fins e efeitos isonômicos, empregado e paradigma devem exercer os mesmos cargos, inclusive, com a mesma denominação.

3. **Constituem causas de suspensão do Contrato de Trabalho, EXCETO:**
   a) Afastamento previdenciário por motivo de acidente de trabalho, a partir do 10º (décimo) dia.
   b) Prestação de serviço militar.
   c) Eleição para cargo de direção sindical.
   d) Suspensão disciplinar.

4. **Acorde o direito constitucional trabalhista, assinale a alternativa INCORRETA:**
a) Ao sindicato cabe a defesa dos direitos e interesses coletivos ou individuais da categoria em questões judiciais ou administrativas.
b) O aposentado filiado tem direito a votar e ser votado nas organizações sindicais.
c) Ninguém será obrigado a filiar-se ou manter-se filiado a sindicato.
d) É vedada a dispensa do empregado sindicalizado, candidato a cargo de direção ou representação sindical, a partir do êxito no processo eletivo e, se homologada a eleição, ainda que suplente, até um ano após o final do mandato, salvo se cometer falta grave nos termos da lei.

5. **São trabalhadores regidos pela CLT, EXCETO:**
a) Bancários.
b) Cooperados.
c) Ferroviários.
d) Químicos.

II – Concurso da OAB/MG 2008.I – OAB/MG – Abril/2008

1. **Assinale a opção INCORRETA:**
a) Os sindicatos só podem celebrar convenção coletiva por deliberação de assembléia geral, especialmente convocada para esse fim.
b) Havendo conflito entre normas de acordo coletivo e convenção coletiva, prevalecem as primeiras, tendo em vista a aplicação do princípio segundo o qual a norma especial revoga a geral.
c) As federações representativas de categorias econômicas ou profissionais poderão celebrar convenções coletivas de trabalho para reger as relações das categorias a elas vinculadas, inorganizadas em sindicatos, no âmbito de suas representações.
d) A participação do sindicato representativo da categoria profissional dos trabalhadores é sempre obrigatória nas negociações coletivas.

2. **Sobre o contrato a tempo determinado, marque a opção CORRETA:**
a) Caso não satisfeitos seus requisitos de validade, é nulo de pleno direito.
b) Se extinto por cumprimento do prazo prefixado, serão devidas as seguintes verbas rescisórias: 13º salário proporcional, férias proporcionais com 1/3, liberação do FGTS com a indenização de 40%.
c) Não poderá exceder de dois anos, e está sujeito a uma única prorrogação.
d) Caso contenha cláusula assecuratória do direito recíproco de rescisão antes de expirado o prazo ajustado, e sendo tal direito exercido pelo empregador, deverá ele pagar ao empregado, a título de indenização, a remuneração a que teria direito até o termo do contrato.

3. **Sobre equiparação salarial é CORRETO afirmar:**
a) Paradigma e paragonado devem ter diferença no emprego superior a dois anos.
b) O desnível salarial com origem em decisão judicial que beneficiou o paradigma afasta a equiparação de salário, tendo em vista decorrer de vantagem pessoal.

c) É possível a equiparação salarial em empresa com pessoal organizado em quadro de carreira, desde que seja indicado um paradigma.
d) Atendidos os requisitos exigidos pelo art. 461, CLT, é possível a equiparação salarial de trabalho intelectual, podendo ser avaliado por sua perfeição técnica, cuja aferição terá critérios objetivos.

4. **Joana foi admitida há mais de cinco anos, como cozinheira, pela empresa Solanche Ltda. Trabalhava dentro da siderúrgica Soaço S.A., três dias por semana (segunda, quarta e sexta-feira), preparando e servindo refeições para seus empregados. O vínculo entre Joana e a siderúrgica é de:**
a) prestação de serviço, tendo em vista a licitude da terceirização;
b) trabalho autônomo, tendo em vista a eventualidade do serviço (três dias por semana);
c) relação de emprego, tendo em vista a ilicitude da terceirização;
d) trabalho doméstico, regulado pela Lei n. 5.859 de 11/12/1972.

5. **Sobre o instituto das férias, marque a opção INCORRETA:**
a) Não terá direito a férias o empregado que, no curso do período aquisitivo, deixar de trabalhar, com percepção do salário, por mais de trinta dias, em virtude de paralisação parcial ou total dos serviços da empresa.
b) Vencido o período concessivo sem que o empregador tenha concedido as férias, o empregado poderá ajuizar ação pedindo a fixação, por sentença, da época do gozo das mesmas, devendo a decisão cominar pena diária de 5% do salário mínimo, até que seja cumprida.
c) Durante o período de férias, o empregado não poderá prestar serviços a outro empregador, tendo em vista tratar-se de norma afeta à medicina e segurança do trabalho.
d) O empregado, se desejar, pode converter 1/3 do período de férias a que tem direito em abono pecuniário, exceção feita àqueles que trabalham sob regime de tempo parcial.

III – Concurso da OAB/SP 2008.I – Cespe UnB – Maio/2008

1. **Acerca da jornada de trabalho, assinale a opção correta:**
a) Se o empregador fornecer transporte ao empregado, no início ou no fim da jornada de trabalho, o tempo do percurso deve ser contado como hora *in itinere*, se o local de trabalho for de difícil acesso ou se não for servido por transporte público regular.
b) O adicional de horas extras deve ser, no máximo, 50% superior à hora normal.
c) O repouso semanal de 24 horas consecutivas deverá ser obrigatoriamente aos domingos.
d) Os intervalos de descanso intrajornada devem ser, em qualquer caso, de duas horas.

2. **Quanto ao salário *in natura*, assinale a opção correta:**
a) Devem ser considerados como salário pago os equipamentos fornecidos aos empregados e utilizados no local de trabalho.
b) O transporte de ida e volta para o trabalho bem como o vale-transporte têm natureza salarial.
c) Compreendem-se no salário as prestações *in natura* que a empresa, por força do contrato ou do costume, fornecer habitualmente ao empregado.
d) É permitido o pagamento do salário por meio de alimentação, habitação, vestuário e bebidas alcoólicas.

3. **Com relação ao entendimento jurisprudencial dominante sobre a aposentadoria espontânea do empregado, assinale a opção correta:**
   a) A aposentadoria espontânea extingue o contrato de trabalho, desobrigando para sempre o empregador do pagamento da multa de 40% sobre os depósitos do FGTS do período anterior à aposentadoria.
   b) A aposentadoria voluntária extingue o contrato de trabalho, ainda que o empregado continue a trabalhar na empresa após a concessão do benefício previdenciário.
   c) A aposentadoria espontânea extingue o contrato de trabalho, salvo se o empregado voltar a trabalhar em outra empresa.
   d) A concessão da aposentadoria voluntária ao trabalhador não extingue, instantânea e automaticamente, o vínculo de emprego, não ficando o empregador desonerado de indenizar o empregado, arbitrariamente despedido, da multa de 40% sobre depósitos de FGTS anteriores à aposentadoria.

IV – Concurso da OAB/SP 2007.3 – Cespe UnB – Janeiro/2008

1. **O contrato de trabalho por prazo determinado, em nenhuma hipótese, poderá ser estipulado por prazo superior a:**
   a) 120 dias;
   b) 180 dias;
   c) 2 anos;
   d) 3 anos.

2. **Para os trabalhadores maiores de 18 anos, considerando-se o contrato de trabalho que perdurar por mais de 3 anos, a prescrição do direito de reclamar a concessão das férias ou o pagamento da respectiva remuneração é:**
   a) contada do término do prazo do período concessivo, ou, se for o caso, da cessação do contrato de trabalho;
   b) contada do término do prazo do período aquisitivo;
   c) contada a partir da data em que o trabalhador completar 19 anos;
   d) inexistente, visto que tal direito é imprescritível.

3. **Assinale a opção correta quanto à dispensa arbitrária ou sem justa causa de empregada doméstica gestante:**
   a) É vedada a dispensa arbitrária ou sem justa causa da empregada doméstica gestante desde a confirmação da gravidez até 5 meses após o parto.
   b) É vedada a dispensa arbitrária ou sem justa causa da empregada doméstica gestante desde a confirmação da gravidez até 90 dias após o parto.
   c) É vedada a dispensa arbitrária ou sem justa causa da empregada doméstica gestante desde a confirmação da gravidez até 120 dias após o parto.
   d) Inexiste, no ordenamento jurídico brasileiro, qualquer vedação para a dispensa arbitrária ou sem justa causa da empregada doméstica gestante.

4. **O contrato de aprendizagem deve ser celebrado com indivíduo:**
   a) maior de 14 anos e menor de 24 anos, exceto com relação aos portadores de deficiência, caso em que a idade máxima não se aplica;
   b) maior de 12 anos e menor de 16 anos;
   c) maior de 12 anos e menor de 18 anos;
   d) maior de 15 anos de idade, sem limite máximo de idade, desde que comprovado que o trabalhador esteja recebendo treinamento em ofício ou profissão.

V – Concurso da OAB/BR 2008.1 – Cespe UnB – Maio/2008

1. **João, motorista da Empresa de Ônibus Expresso Ltda., trabalhava na linha que ligava dois Municípios, em um mesmo estado, distantes 400 km um do outro. Findo o contrato de trabalho sem justa causa, João ingressou com reclamação trabalhista contra a empresa, pleiteando o pagamento de horas extras. A empresa juntou aos autos os relatórios diários emitidos pelo tacógrafo do ônibus, afirmando que tais relatórios comprovavam que João não laborava em jornada extraordinária. Considerando a situação hipotética apresentada, assinale a opção correta:**
   a) O tacógrafo, sem a existência de outros elementos, não serve para controlar a jornada de trabalho do empregado que exerce jornada externa.
   b) O tacógrafo, por si só, é um elemento capaz de demonstrar a jornada de trabalho, já que é o espelho do tempo de duração da viagem, comprovando, assim, a jornada de trabalho.
   c) O tacógrafo não comprova jornada de trabalho em nenhuma hipótese, pois serve, apenas, para controlar a velocidade do ônibus.
   d) O tacógrafo não serve como prova, pois não existe dispositivo na CLT que assim o classifique.

2. **Francisco trabalhava na Empresa ABC Ltda., a qual, encerradas suas atividades, dispensou todos os seus empregados sem justa causa. Francisco resolveu, então, ingressar com reclamação trabalhista para obter o pagamento do adicional de insalubridade. Com base na situação hipotética apresentada, assinale a opção correta:**
   a) Não é possível estabelecer condenação por adicional de insalubridade, visto que, com o encerramento das atividades da empresa, a realização da perícia torna-se inviável.
   b) Quando não for possível a realização da perícia, por motivo de encerramento das atividades da empresa, o juiz pode utilizar-se de outros meios de prova para julgar o pedido de pagamento de adicional de insalubridade.
   c) Ocorrendo o encerramento das atividades da empresa, fica prejudicado o pedido de pagamento do adicional de insalubridade, pois fica descaracterizada a atividade em condições insalubres.
   d) Uma vez que trabalhou em condições insalubres durante todo o vínculo com a empresa, vindo a pleitear o pagamento do adicional somente após a ruptura do contrato de trabalho, caracteriza-se a renúncia tácita por parte de Francisco ao adicional.

3. **Manuel foi contratado como trabalhador rural por uma empresa de pequeno porte, localizada em um município de 20.000 habitantes, na zona rural, e que beneficiava e distribuía leite no âmbito municipal. Manuel dirigia o caminhão da empresa, fazendo a coleta de leite diretamente nas fazendas da região e levando o produto até a empresa. Ao ser demitido sem justa causa, Manuel ingressou com reclamação trabalhista, pleiteando o seu enquadramento funcional como motorista e, não, como trabalhador rural. Com relação a essa situação hipotética, assinale a opção correta:**
   a) Assiste razão a Manuel, visto que, tendo dirigido o caminhão, a função ficou caracterizada como motorista.
   b) Assiste razão a Manuel, pois trabalhador rural é apenas aquele que exerce funções diretamente no campo.
   c) Não assiste razão a Manuel, pois é considerado trabalhador rural o motorista que, trabalhando no âmbito de empresa cuja atividade é preponderantemente rural, não enfrenta o trânsito de estradas e cidades.
   d) Não assiste razão a Manuel, visto que, desde a admissão, teve conhecimento prévio do trabalho e das condições de trabalho a que se sujeitaria.

4. **Constitui direito aplicável à categoria dos empregados domésticos:**
a) o seguro-desemprego, em caso de desemprego involuntário;
b) o repouso semanal remunerado, preferencialmente aos domingos;
c) a remuneração do trabalho noturno superior à do diurno;
d) o salário-família.

5. **Não é cabível contrato de trabalho por prazo determinado em:**
a) serviço cuja natureza ou transitoriedade justifique a predeterminação do prazo;
b) atividades empresariais de caráter transitório;
c) contrato de empreitada;
d) contrato de experiência.

VI – Concurso da OAB/BR 2007.3 – Cespe UnB – Janeiro/2008

1. **A contagem do prazo da estabilidade de empregada gestante tem como marco inicial a data:**
a) do parto;
b) da comunicação ao empregador da confirmação da gravidez;
c) da concepção do feto;
d) da confirmação da gravidez.

2. **José, que prestou concurso público para concorrer a uma vaga em uma empresa pública estadual, foi aprovado, tendo iniciado suas atividades em 20 de outubro de 2003. Em 20 de outubro de 2007, José foi demitido sem justa causa.**
Considerando a situação hipotética acima, assinale a opção correta:
a) A José não é garantida a estabilidade prevista na Constituição Federal, sendo possível a sua demissão sem justa causa.
b) Como se trata de empresa pública, José deveria ter sido contratado segundo as regras da Lei nº 8.112/1990, e não poderia ter sido demitido sem justa causa.
c) José não poderia ter sido demitido sem justa causa, visto que já adquirira a estabilidade prevista na Constituição Federal, por ter, à época da demissão, mais de três anos de efetivo exercício.
d) A demissão, sem justa causa, de José somente seria possível em caso de extinção da empresa.

3. **Joel, advogado do Banco Cifrão S.A., ingressou com uma reclamação trabalhista alegando que, por exercer a advocacia no banco, é detentor de função de confiança e, conseqüentemente, possui direito a gratificação.**
Considerando essa situação hipotética, assinale a opção correta:
a) Por exercer a advocacia em um banco, Joel tem direito à gratificação de um terço do seu salário, já que ocupa função de confiança.
b) A função de advogado, em banco, é equiparada à de gerente, em razão da importância da sua função, e, por esse motivo, Joel deve receber gratificação.
c) O advogado não deve receber gratificação, pois, como advogado, não pode exercer cargo de confiança no banco.
d) O advogado não tem direito à gratificação pleiteada, pois o fato de exercer a advocacia não é suficiente para qualificar a função como de confiança.

4. **Joaquim foi aposentado por invalidez no dia 3 de agosto de 2001 e, no dia 30 de outubro de 2007, o INSS cancelou a aposentadoria por considerar que, tendo cessado o motivo da invalidez, Joaquim estaria, a partir daquela data, apto novamente a exercer normalmente suas funções.**
Considerando a situação hipotética acima, assinale a opção correta:
a) Joaquim teria o direito de retornar ao emprego.
b) O INSS não poderia ter cancelado a aposentadoria por invalidez após o transcurso de cinco anos.
c) O cancelamento da aposentadoria por invalidez não garantiria o retorno de Joaquim ao emprego.
d) A aposentadoria por invalidez é definitiva, portanto não poderia ser cancelada em nenhuma situação.

5. **A partir do mês de agosto de 2007, a empresa Pedra Branca Ltda., onde trabalha Alberto, deixou de pagar os salários dos empregados, alegando sérias dificuldades financeiras, mas sempre sustentando que viabilizaria novos contratos para resolver a crise. Durante 4 meses seguidos, Alberto trabalhou sem receber os salários.**
Considerando a situação hipotética acima, assinale a opção correta:
a) Alberto pode pleitear na justiça do trabalho a rescisão indireta do seu contrato de trabalho, por descumprimento das cláusulas contratuais por parte do empregador.
b) Alberto pode deixar de trabalhar, por iniciativa própria, até que a empresa regularize o pagamento dos salários.
c) Dificuldade financeira grave é motivo justificante para a empresa atrasar temporariamente o salário dos empregados.
d) Não existe qualquer tipo de irregularidade praticada pela empresa, que pode atrasar, por até 6 meses, o pagamento de salários, sem que essa atitude justifique rescisão do contrato por parte do empregado.

6. **Jurandir, empregado da Empresa Alfa Ltda., em um domingo, quando gozava seu descanso semanal remunerado, discutiu com Pedro em um bar, agredindo-o fisicamente. No processo criminal movido por Pedro, por lesões corporais leves, Jurandir se beneficiou da suspensão condicional do processo, mediante o pagamento de cestas básicas a uma instituição de caridade, além da restrição de não poder se ausentar da cidade enquanto perdurasse o período de suspensão. Ao tomar conhecimento do processo criminal, André, proprietário da Empresa Alfa, demitiu Jurandir por justa causa.**
Com relação à situação hipotética acima, assinale a opção correta:
a) A suspensão condicional do processo, por ser uma espécie de condenação criminal, é motivo suficiente para a demissão por justa causa aplicada a Jurandir.
b) O processo criminal não é motivo para demissão por justa causa, salvo nos casos de condenação imposta que torne impossível a continuidade do trabalho.
c) A conduta praticada por Jurandir é ofensiva à boa fama da empresa, o que ensejaria uma demanda por danos morais, mas não justificaria demissão por justa causa.
d) A demissão por justa causa foi bem aplicada, haja vista o mau procedimento de Jurandir.

VII – Concurso da OAB/MG 2007.3 – OAB/MG – Dezembro/2007

1. **Sobre associação profissional e sindicato, marque a opção incorreta:**
   a) Não é necessária a autorização do Estado para a fundação de sindicato, mas deve ser ele registrado no órgão competente.
   b) A assembléia geral fixará a contribuição que, em se tratando de categoria profissional, será descontada em folha, para custeio do sistema confederativo da representação sindical respectiva.
   c) O aposentado filiado pode votar, mas não pode ser votado nas organizações sindicais.
   d) Não é permitida a criação de mais de uma organização sindical, em qualquer grau, representativa de categoria profissional ou econômica, na mesma base territorial.

2. **Marque a opção incorreta. Não terá direito às férias, o empregado que, no curso do período aquisitivo:**
   a) tiver percebido da Previdência Social prestações de acidente do trabalho ou de auxílio-doença por mais de seis meses, ainda que descontínuos;
   b) permanecer em gozo de licença, com percepção de salários, por mais de trinta dias;
   c) deixar de trabalhar, com percepção de salário, por mais de trinta dias, em virtude de paralisação parcial ou total dos serviços da empresa;
   d) deixar o emprego e não for readmitido dentro de trinta dias subseqüentes à sua saída.

3. **Sobre convenções e acordos coletivos, marque a opção incorreta:**
   a) As convenções e acordos coletivos deverão conter obrigatoriamente disposição sobre o processo de sua revogação.
   b) As convenções e acordos coletivos deverão conter obrigatoriamente disposição sobre o prazo de sua vigência.
   c) Os sindicatos representativos de categorias econômicas ou profissionais e as empresas, quando provocados, não podem recusar-se à negociação coletiva.
   d) Não será permitido estipular duração de Convenção ou Acordo com prazo superior a dois anos.

4. **Sobre jornada de trabalho, marque a opção incorreta:**
   a) Considera-se trabalho em regime de tempo parcial aquele cuja duração não exceda vinte e cinco horas semanais.
   b) Os empregados sujeitos ao regime de tempo parcial podem prestar horas extras.
   c) É admissível cláusula de norma coletiva prevendo a possibilidade de prorrogação de jornada para empregados que trabalham em atividades insalubres.
   d) O chamado banco de horas é permitido por lei, desde que seja, também, expressamente autorizado por acordo ou convenção coletiva.

5. **Marque a opção correta. Além do pagamento em dinheiro, compreende-se no salário para todos os efeitos legais:**
   a) alimentação;
   b) previdência privada;
   c) seguro de vida;
   d) assistência médica prestada diretamente ou por meio de seguro-saúde.

6. **São direitos assegurados aos trabalhadores domésticos, exceto:**
a) salário mínimo fixado em lei;
b) duração do trabalho normal não superior a oito horas diárias e quarenta e quatro semanais;
c) férias de 30 dias corridos com 1/3 a mais de salário, após cada período de 12 meses de trabalho prestado à mesma pessoa ou família;
d) estabilidade para gestantes desde a confirmação da gravidez até cinco meses depois do parto.

VIII – Concurso da OAB/MG 2007.2 – OAB/MG – Agosto/2007

1. **Analise as proposições abaixo, assinalando com a letra "F" aquelas que constituem afirmativas falsas e com a letra "V" aquelas afirmativas consideradas verdadeiras, indicando, em seguida, a alternativa que compõe a seqüência correta:**
( ) Considerando o princípio da norma mais favorável, é correto afirmar que a Constituição da República é a norma jurídica maior que exerce esta função na pirâmide normativa do direito do trabalho.
( ) Existe norma específica que define, no âmbito do direito do trabalho, o assédio moral, tal e qual se verifica no ordenamento jurídico penal o instituto do assédio sexual.
( ) A Consolidação das Leis do Trabalho (CLT) e a Lei.8.036, de 11/05/1990, são fontes formais do direito do trabalho, de natureza estatal.
( ) A Organização Internacional do Trabalho (OIT) é um organismo internacional, criado pelo Tratado de Versailles (1919), com sede em Nova Iorque (EUA), onde o Brasil tem assento por ser filiado à ONU.
a) F, V, V e F.
b) F, F, V e V.
c) V, V, F e V.
d) V, F, V e F.

2. **De acordo com o ordenamento jurídico constitucional vigente, são direitos comuns dos trabalhadores urbanos, rurais e domésticos, EXCETO:**
a) 13º salário, aviso prévio e FGTS.
b) 13º salário, repouso semanal remunerado e licença maternidade.
c) salário mínimo, férias e repouso semanal remunerado.
d) irredutibilidade salarial, aviso prévio e licença paternidade.

3. **É competência especial das Delegacias Regionais do Trabalho, nos respectivos limites de sua jurisdição, as seguintes atribuições, EXCETO:**
a) impor as penalidades cabíveis por descumprimento das normas constantes do Capítulo específico da CLT que trata da matéria da Segurança e da Medicina do Trabalho;
b) promover a fiscalização do cumprimento das normas de Segurança e Medicina do Trabalho;
c) instituir e promover junto às empresas e empregadores a Campanha Nacional de Prevenção de Acidentes do Trabalho;
d) adotar as medidas que se tornem exigíveis, em virtude das disposições do Capítulo da CLT que tratam da Segurança e da Medicina do Trabalho, determinando as obras e reparos que, em qualquer local de trabalho, se façam necessárias.

4. **Sobre a Comissão Interna de Prevenção de Acidentes (CIPA) pode-se afirmar:**
   a) A constituição da CIPA é uma obrigação do empregador que deverá observar a NR-5 da Portaria n. 3.214/78, do Ministério do Trabalho.
   b) O Presidente da CIPA é eleito pelos empregados.
   c) Todos os cipeiros, inclusive os suplentes, gozam da estabilidade provisória, por força de previsão constitucional.
   d) O mandato dos membros da CIPA é de dois anos, permitida uma reeleição.

5. **Apenas em relação ao direito de férias (vencidas e proporcionais), como verbas rescisórias a serem pagas, analise o caso a seguir proposto, considerando a prescrição e com base na data desta prova, marque a alternativa CORRETA. Um determinado Trabalhador urbano foi admitido aos serviços de uma Empresa em 16/07/2000 e foi dispensado, sem justa causa e sem cumprimento do aviso prévio, em 10/08/2007. Ocorre, porém, que este empregado, durante o referido contrato de trabalho, nunca gozou férias, apesar de nunca ter faltado ao trabalho. Você, como Advogado deste trabalhador, deverá informá-lo de quais férias vencidas e proporcionais ele tem direito de receber:**
   a) Faz jus ao recebimento das férias relativas aos seguintes períodos aquisitivos: 2001/2002; 2002/2003; 2003/2004; 2004/2005; 2005/2006, em dobro e 2006/2007 de forma simples. Além das férias retro, faz jus a 2/12 de férias proporcionais, relativas ao período de 2007. Deverá ser acrescido um terço sobre o montante apurado.
   b) Faz jus ao recebimento das férias relativas aos seguintes períodos aquisitivos: 2003/2004; 2004/2005; 2005/2006, em dobro e 2006/2007 de forma simples. Além das férias retro, faz jus a 1/12 de férias proporcionais, relativas ao período de 2007. Deverá ser acrescido um terço sobre o montante apurado.
   c) Faz jus ao recebimento das férias relativas aos seguintes períodos aquisitivos: 2000/2001; 2001/2002; 2003/2004; 2004/2005, em dobro e 2006/2007 de forma simples. Além das férias retro, faz jus a 1/12 de férias proporcionais, relativas ao período de 2007. Deverá ser acrescido um terço sobre o montante apurado.
   d) Faz jus ao recebimento das férias relativas aos seguintes períodos aquisitivos: 2002/2003; 2003/2004; 2004/2005; 2005/2006, em dobro e 2006/2007 de forma simples. Além das férias retro, faz jus a 1/12 de férias proporcionais, relativas ao período de 2007. Deverá ser acrescido um terço sobre o montante apurado.

6. **Assinale a alternativa que estiver CORRETA:**
   a) A Carteira de Trabalho e Previdência Social deverá ser anotada, quanto à data de admissão do empregado, obrigatoriamente, no prazo de cinco dias.
   b) O descanso interjornada deverá ser de no mínimo onze horas consecutivas.
   c) O pagamento do salário deverá ser efetuado no máximo até o quinto dia do mês subseqüente ao vencido.
   d) Toda transferência do empregado enseja o direito à percepção do adicional de transferência.

7. **Sobre as espécies legais dos contratos de trabalho a termo é correto afirmar, EXCETO:**
   a) O de experiência tem como limite três meses.
   b) Não é devido aviso prévio, exceto quando o contrato contiver cláusula assecuratória do direito recíproco de rescisão antes de expirar o respectivo termo.

c) Com exceção do contrato de experiência, os contratos a termo não poderão ser estipulados por mais de dois anos.
d) Os contratos de trabalho por prazo determinado previsto na Lei 9.601, de 21/01/1998, somente poderão ser firmados mediante negociação coletiva.

8. **Sobre a contribuição sindical é correto afirmar, EXCETO:**
a) É devida por todos empregados urbanos.
b) Somente estão obrigados a pagar a referida contribuição os empregados associados ao sindicato.
c) O recolhimento da contribuição sindical do empregado deverá ser efetuado no mês de abril de cada ano, cujo valor será descontado pelo empregador na folha de pagamento do mês de março.
d) A importância arrecadada é distribuída da seguinte forma: 5% para a confederação correspondente; 15% para a federação; 60% para o sindicato respectivo; e 20% para a "Conta Especial Emprego e Salário".

9. **Assinale a alternativa CORRETA:**
a) O empregado poderá faltar ao serviço, sem prejuízo do respectivo salário, todas as vezes que esta ocorrer em razão de doação voluntária de sangue devidamente comprovada.
b) Todo estudante poderá exigir que o período de gozo das suas férias coincida com o período das férias escolares.
c) É devido o aviso prévio na rescisão indireta.
d) A concessão pelo empregador de plano de assistência médica, sem a participação do empregado nos custos, integra para todos os efeitos seu salário, quando esta benesse for habitual.

IX – Concurso da OAB/MG 2007.1 – OAB/MG – Abril/2007

1. **Com base na CLT, é possível afirmar que não serão computados como jornada extraordinária, as variações de horário no registro de ponto dos minutos:**
a) não excedentes a 15 (quinze) minutos antes e depois da jornada de trabalho, no total de 30 (trinta) minutos;
b) não excedentes a 20 (vinte) minutos antes e depois da jornada de trabalho, no total de 40 (quarenta) minutos;
c) não excedentes a 05 (cinco) minutos antes e depois da jornada de trabalho, no total de 10 (dez) minutos;
d) não excedentes a 7'' e 30' (sete minutos e trinta segundos) antes e depois da jornada de trabalho, no total de 15 (quinze) minutos.

2. **São formas passíveis de punição ao empregado celetista, exceto:**
a) multa pecuniária;
b) advertência verbal;
c) suspensão;
d) advertência escrita.

3. **Com relação à Nova Lei de Recuperação Judicial e Extrajudicial de Empresas (Lei n. 11.101, de 09 de fevereiro de 2.005) e seus reflexos do Direito do Trabalho, é possível afirmar que, na falência, os créditos trabalhistas terão privilégios na habilitação até o valor de:**
   a) 100 (cem) salários mínimos;
   b) 1.000 (mil) salários mínimos;
   c) 150 (cento e cinqüenta) salários mínimos;
   d) 500 (mil e quinhentos) salários mínimos.

4. **De acordo com a Lei nº 6.019, de 03 de janeiro de 1974, o contrato temporário pode ser celebrado por:**
   a) até 03 (três) meses, renováveis por mais 03 (três) meses;
   b) até 01 (um) ano, renovável por período igual;
   c) até 02 (dois) anos, renovável por mais 01 (um) ano;
   d) até 05 (cinco) anos, renovável por mais 02 (dois) anos.

5. **É exigência da Lei de Estágio (Lei nº 6.494, de 07 de dezembro de 1977):**
   a) assinatura de CTPS;
   b) recolhimento do FGTS;
   c) seguro de vida;
   d) pagamento de férias.

6. **Classificam-se como fontes formais autônomas do Direito do Trabalho, EXCETO:**
   a) Acordo coletivo de trabalho;
   b) Convenção coletiva de trabalho;
   c) Contrato coletivo de trabalho;
   d) Medida Provisória.

7. **A expressão que completa a lacuna, é:**
   "Neste sentido, o ____________ é caracterizado pela degradação deliberada das condições de trabalho onde prevalecem atitudes e condutas negativas dos chefes em relação a seus subordinados, constituindo uma experiência subjetiva que acarreta prejuízos práticos e emocionais para o trabalhador e a organização."
   a) assédio sexual;
   b) poder diretivo legal;
   c) assédio moral;
   d) dano material.

X – Concurso da OAB/SP 2007.2 – Cespe UnB – Agosto/2007

1. **Tendo em vista o princípio da irrenunciabilidade de direitos trabalhistas, é correto afirmar que se:**
   a) veda a renúncia, mas aceita-se a transação sobre determinados direitos quando houver expressa previsão legal para tanto;
   b) veda tanto a renúncia quanto a transação;
   c) aceita a renúncia se formalizada por escrito, por ocasião da admissão;
   d) aceita a renúncia se o empregado for maior e capaz.

2. **Com respeito ao contrato de experiência, é lícito afirmar que:**
   a) poderá ser contratado por 90 (noventa) dias e prorrogado por mais 90 (noventa);
   b) não poderá exceder o prazo de 90 (noventa) dias;
   c) poderá ser firmado por prazo não superior a 02 (dois) anos, autorizada a prorrogação por mais 02 (dois) anos;
   d) poderá ser firmado por prazo não superior a 02 (dois) anos, vedada a prorrogação.

3. **No conceito de remuneração, é correto afirmar que:**
   a) as gorjetas pagas por terceiros não compõem a remuneração;
   b) o transporte fornecido pelo empregador, destinado ao deslocamento para o trabalho e retorno, em percurso servido ou não por transporte público, é considerado salário;
   c) a assistência médica, fornecida pelo empregador prestada diretamente ou mediante seguro-saúde, é considerada salário;
   d) não se incluem nos salários as ajudas de custo, assim como as diárias para viagem que não excedam 50% (cinqüenta por cento) do salário percebido pelo empregado.

4. **Em se tratando de aplicação da justa causa, é correto afirmar que:**
   a) em nenhuma hipótese será concedido o aviso prévio;
   b) quando decorrente de ato de improbidade, é válida desde que seja concedido o aviso prévio;
   c) quando decorrente de ato de indisciplina, é válida desde que seja concedido o aviso prévio;
   d) quando decorrente de ato de desídia no desempenho das respectivas funções, é válida desde que seja concedido o aviso prévio.

5. **No que se refere ao sistema de organização sindical brasileiro, é correto afirmar que:**
   a) o sistema é o da unicidade sindical, sendo vedada a criação de mais de uma organização sindical na mesma base territorial, que não poderá ser inferior à área de um Estado;
   b) o sistema vigente é o da pluralidade sindical;
   c) o sistema é o da unicidade sindical, sendo vedada a criação de mais de uma organização sindical na mesma base territorial, que não poderá ser inferior à área de um Município;
   d) o sistema vigente é misto, sendo facultada a unicidade ou a pluralidade.

6. **A estabilidade da empregada gestante está assegurada:**
   a) desde a confirmação da gravidez até 05 (cinco) meses após o parto;
   b) desde a confirmação da gravidez e enquanto perdurar a licença maternidade, com duração de 120 (cento e vinte) dias;
   c) desde a confirmação da gravidez até 12 (doze) meses após o parto;
   d) desde a confirmação da gravidez até 06 (seis) meses após o parto.

7. **A estabilidade dos membros da CIPA atinge:**
   a) a todos os membros, tanto os representantes dos empregados quanto os dos empregadores;
   b) apenas membros titulares e suplentes que tenham sido eleitos pelos empregados, sendo que não poderão sofrer despedida arbitrária, entendendo-se como tal a que não se fundar em motivo disciplinar, técnico, econômico ou financeiro;
   c) apenas o Presidente e o Vice-Presidente da CIPA;
   d) apenas membros titulares, pouco importando sejam representantes do empregador ou eleitos pelos empregados.

XI – Concurso da OAB/SP 2007.I – VUNESP – Abril/2007

1. **Tendo em vista o princípio da primazia da realidade, é correto afirmar que:**
   a) simples documento firmado por pessoa alfabetizada, por ocasião da admissão no emprego, renunciando aos direitos trabalhistas, tem plena validade;
   b) para o Direito do Trabalho, a verdade real deve prevalecer sobre a forma;
   c) simples documento firmado por pessoa alfabetizada, por ocasião da admissão no emprego, renunciando aos direitos trabalhistas, tem plena validade, desde que em presença de duas testemunhas;
   d) toda prestação de serviços configura relação de emprego.

2. **Ante os princípios que regem o Poder Diretivo do empregador, pode o Regulamento da Empresa dispor sobre:**
   a) exigência do uso de uniformes não convencionais, em caráter punitivo, para empregados que tiverem faltas não justificadas;
   b) exigência de presença semanal do empregado a culto religioso;
   c) horário do início da jornada, quer para o setor administrativo, quer para o setor da produção;
   d) origem social, raça e sexo do candidato a emprego.

3. **Para a consideração da relação de emprego do trabalhador tido como empregado doméstico, a seguinte característica é a mais relevante:**
   a) o grau de instrução do trabalhador;
   b) o valor da remuneração paga, em relação ao mercado de trabalho;
   c) a jornada diária de trabalho não exceder de 08 (oito) horas;
   d) que os serviços sejam prestados de natureza contínua e de finalidade não lucrativa à pessoa ou entidade familiar, no âmbito residencial destas.

4. **Muito embora a prestação de serviços a título oneroso seja realizada fora do estabelecimento, ficará caracterizada a relação de emprego se o trabalho for:**
   a) externo, mas não eventual, e ostentando as características da subordinação e da pessoalidade;
   b) externo e não exclusivo, mas o prestador comunicar-se por meio eletrônico, mensalmente, com o tomador dos serviços;
   c) externo e não exclusivo, mas o prestador comunicar-se por meio eletrônico, a cada 15 (quinze) dias, com o tomador dos serviços;
   d) executado no domicílio do trabalhador, embora de forma eventual, mas podendo ser substituído por outras pessoas da família.

5. **Entre os contratos de trabalho, inexiste regramento na lei brasileira para a hipótese:**
   a) de trabalho da chamada mãe social;
   b) de trabalho avulso do portuário;
   c) de contrato de safra;
   d) do contrato de equipe.

6. **Com respeito ao trabalho do menor, é correta a seguinte afirmação:**
   a) A homologação da rescisão contratual com o pagamento das verbas rescisórias devidas exige a presença dos responsáveis e acompanhamento de um membro do Ministério Público do Trabalho, sob pena de nulidade.
   b) Não pode firmar quaisquer recibos de pagamentos, sequer dos próprios salários, sem a assistência dos responsáveis legais.
   c) É lícito ao menor firmar individualmente recibo de pagamento de seu salário.
   d) A homologação da rescisão contratual, com o pagamento das verbas rescisórias devidas, exige a presença dos responsáveis e, ainda assim, somente terá validade se efetuada perante a Justiça do Trabalho.

XII – Concurso da OAB/SP 2006.3 – VUNESP – Janeiro/2007

1. **O prazo legal para a compensação de horas excedentes, no sistema do banco de horas, corresponde a:**
   a) uma semana;
   b) um mês;
   c) um mês, salvo diversamente disposto em convenção ou acordo coletivo de trabalho, observado o limite máximo de seis meses;
   d) um ano.

2. **Sobre o quadro de atividades insalubres, é correto dizer que:**
   a) está indicado na CLT;
   b) é definido por meio de ato do Ministério do Trabalho;
   c) é definido por meio de ato do Ministério da Saúde;
   d) é definido por meio de perícia judicial.

3. **Sobre as férias coletivas, é correto dizer que abrangem:**
   a) pelo menos, dez empregados;
   b) pelo menos, cem empregados;
   c) uma empresa, determinados estabelecimentos da empresa ou, pelo menos, setores da empresa;
   d) a totalidade dos empregados de um estabelecimento da empresa.

4. **Sobre a regulamentação legal do trabalho noturno, é CORRETO dizer que:**
   a) em se tratando de empregado urbano, são devidos adicional e hora fictamente reduzida;
   b) embora compreenda o mesmo horário para trabalhadores urbanos e rurais, confere apenas aos primeiros o direito à hora fictamente reduzida, atribuindo aos últimos tão-somente o direito a adicional remuneratório;
   c) confere os mesmos direitos a trabalhadores urbanos e rurais;
   d) não abrange o trabalho realizado em regime de revezamento que ultrapassa o período de uma semana.

5. **Dispõe o art. 525, da CLT:** ***Art. 525 – É vedada a pessoas físicas ou jurídicas, estranhas ao Sindicato, qualquer interferência na sua administração ou nos seus serviços. Parágrafo único – Estão excluídos dessa proibição: a) os delegados do Ministério do Trabalho, Indústria e Comércio, especialmente designados pelo Ministro ou por quem o represente.*** **Pode-se afirmar que:**
   a) não mais está em vigor a regra do art. 525, parágrafo único, alínea "*a*", da CLT, ainda que não tenha sido ela expressamente revogada;
   b) não mais existe a possibilidade de delegação, pelo Ministério do Trabalho, da atribuição que lhe cabe, de interferir na administração do sindicato, por se tratar de competência exclusiva do próprio Ministro;
   c) atualmente compete apenas ao Presidente da República o exercício da competência prevista no art. 525, parágrafo único, alínea "*a*", da CLT;
   d) permanece em vigor a prerrogativa prevista no art. 525, parágrafo único, alínea "*a*", da CLT, observada, todavia, a necessidade de prévia aprovação da interferência pelo Ministério Público do Trabalho, a quem cabe designar o interventor.

6. **São categorias referidas em lei, no âmbito da organização sindical brasileira:**
   a) as categorias econômicas, homogêneas e heterogêneas, e as categorias profissionais, homogêneas e heterogêneas;
   b) as categorias econômicas, as categorias profissionais e as categorias profissionais diferenciadas;
   c) as categorias econômicas, as categorias profissionais e as categorias socioprofissionais;
   d) as categorias econômicas, as categorias sociais e as categorias socioeconômicas.

XIII – Concurso da OAB/RJ 2007.2 – Cespe UnB – Outubro/2007

1. **A rescisão indireta do contrato de trabalho ocorre quando:**
   a) o empregado comete uma das faltas capituladas nas alíneas do art. 482 da Consolidação das Leis do Trabalho (CLT);
   b) a empresa encerra suas atividades por motivo de força maior;
   c) o empregado pede demissão;
   d) o empregado considera o contrato rescindido por culpa do empregador, em alguma das hipóteses previstas no art. 483 da CLT.

2. **Sobre o Fundo de Garantia do Tempo de Serviço (FGTS), assinale a opção correta:**
   a) O empregado poderá fazer jus ao saque das quantias depositadas se for acometido de neoplasia maligna.
   b) Ao trabalhador optante pelo FGTS, após a promulgação da Constituição Federal da República de 1988, ficou garantida a estabilidade decenal.
   c) A titularidade da conta vinculada é do empregado, todavia, este poderá movimentá-la apenas com a anuência do empregador e nas hipóteses previstas em lei.
   d) O empregador não tem a obrigação de proceder aos depósitos no FGTS dos empregados nas hipóteses de interrupção do contrato de trabalho.

3. **Assinale a opção incorreta:**
   a) O empregado poderá deixar de comparecer ao serviço, sem prejuízo do salário, nos dias em que estiver comprovadamente realizando provas de exame vestibular para ingresso em estabelecimento de ensino superior.
   b) Os titulares da comissão interna de prevenção de acidentes de trabalho, bem como todos e quaisquer suplentes que a integrem, não poderão sofrer despedida arbitrária.
   c) O empregado poderá considerar rescindido o contrato e pleitear a devida indenização quando correr perigo manifesto de mal considerável.
   d) No que tange à estabilidade prevista na CLT, o empregado acusado de falta grave poderá ser suspenso de suas funções para a apuração do fato, sendo certo que a despedida só se tornará efetiva após inquérito em que se verifique a procedência da acusação.

4. **O mercado de trabalho privilegia a mão-de-obra qualificada. Atenta a essa realidade, a legislação trabalhista faz incidir sobre o contrato de estágio e sobre o contrato de aprendizagem regras específicas. A respeito dessas regras, assinale a opção incorreta:**
   a) Tanto o contrato de estágio quanto o contrato de aprendizagem podem atrair a legislação-padrão celetista aplicável ao contrato individual de trabalho (art. 442, CLT), se não satisfeitos os requisitos formais e materiais previstos em lei.
   b) O contrato de aprendizagem gera vínculo de emprego, enquanto o contrato de estágio não gera vínculo de emprego.

c) O caráter híbrido do contrato de aprendizagem, ao mesmo tempo prestação de serviço e aprendizado metódico de ofício, exige o recolhimento de FGTS, em iguais condições com o empregado típico.
d) Ajudas de custo ou outras espécies de retribuição proporcionadas ao estagiário pela empresa tomadora não possuem natureza salarial.

XIV – Concurso da OAB/RJ 2007.I – OAB/RJ – Abril/2007

1. **Acerca do instituto da negociação coletiva de trabalho, assinale a opção incorreta:**
a) É obrigatória a participação dos sindicatos nas negociações coletivas de trabalho.
b) É assegurada a irredutibilidade de salários, salvo negociação coletiva.
c) Mediante a negociação coletiva, é possível a flexibilização das regras legais aplicáveis à medicina do trabalho.
d) O acordo ou a convenção coletiva de trabalho firmados com o sindicato representativo da categoria profissional podem estabelecer banco de horas.

2. **Com referência ao conflito entre normas de acordo coletivo de trabalho e convenção coletiva de trabalho, no direito brasileiro, assinale a opção correta:**
a) Aplicar-se-á apenas um instrumento normativo, tendo em vista o princípio do conglobamento amplo.
b) Prevalecerão as normas do acordo coletivo, em decorrência da aplicação do princípio segundo o qual a norma especial revoga a geral.
c) Prevalecerão aquelas que a assembléia geral determinar, nos termos da CLT.
d) As condições estabelecidas em convenção, quando mais favoráveis, prevalecerão sobre as estipuladas em acordo.

3. **Assinale a opção correta:**
a) Para fazer jus ao adicional de transferência, basta que o empregado seja removido de setor no trabalho.
b) O adicional de periculosidade é calculado sobre o salário-base do empregado, na base de 10%, 20% ou 40%, e de acordo com grau de risco da atividade.
c) As verbas rescisórias incontroversas somente podem ser quitadas na primeira audiência se forem acrescidas da multa de 50%.
d) O pedido de demissão ou recibo de quitação de rescisão do contrato de trabalho, firmado por empregado com mais de um ano de serviço, só será válido quando feito com a assistência do respectivo sindicato ou perante a autoridade do Ministério do Trabalho e Emprego.

4. **Assinale a opção incorreta:**
a) Além do pagamento em dinheiro, compreendem-se no salário, para todos os efeitos legais, a alimentação, a habitação e o vestuário concedidos *in natura* que a empresa, por força do contrato ou do costume, fornecer habitualmente ao empregado.
b) O adicional de insalubridade fixado pela legislação trabalhista corresponde sempre a 30% do salário mínimo, independentemente de previsão contratual.
c) Integram o salário não só a importância fixa estipulada, como também as comissões, percentagens, gratificações ajustadas, diárias para viagens e abonos pagos pelo empregador.
d) As diárias para viagens e as ajudas de custo são verbas contratuais, sendo que a primeira integra o salário, em princípio, para todos os efeitos, se exceder 50% do salário-base diário do empregado, o que não acontece com as ajudas de custo, que, em princípio, não integram o salário do trabalhador.

5. **Sobre a duração do contrato de trabalho, à luz da dogmática trabalhista, assinale a opção incorreta:**
a) A duração do contrato de trabalho se presume indeterminada.
b) As hipóteses de contrato com duração determinada estão previstas na CLT e na legislação extravagante e apresentam requisitos de validade.
c) Quando não satisfeitos os requisitos de validade de contratos a termo, o contrato é nulo de pleno direito.
d) O contrato de trabalho temporário envolve uma relação trilateral, que abrange a empresa de trabalho temporário, a empresa tomadora de serviços e o empregado.

XV – Concurso da OAB/GO 2007.1 – Cespe UnB – Junho/2007

1. **A respeito do contrato de prestação de serviços, julgue os itens que se seguem, de acordo com a jurisprudência do TST:**
I. A contratação de trabalhadores por empresa interposta é ilegal, formando-se o vínculo diretamente com o tomador dos serviços, salvo no caso de trabalho temporário.
II. A União pode ser condenada subsidiariamente nas verbas trabalhistas de empregado de empresa particular prestadora de serviços, desde que tenha participado da relação processual e conste do título executivo judicial.
III. A contratação irregular de trabalhador, mediante empresa interposta, não gera vínculo de emprego com os órgãos da administração pública direta, indireta ou fundacional.
Assinale a opção correta.
a) Apenas o item I está certo.
b) Apenas o item II está certo.
c) Apenas o item III está certo.
d) Todos os itens estão certos.

2. **A fiscalização do cumprimento das normas de segurança e medicina do trabalho compete:**
a) ao Ministério do Trabalho e Emprego;
b) às delegacias regionais do trabalho;
c) às empresas;
d) aos TRTs.

3. **Os direitos expressamente previstos para a empregada doméstica não incluem o(a):**
a) licença-maternidade;
b) hora extra;
c) fundo de garantia por tempo de serviço;
d) 13º salário.

4. **No que diz respeito ao instituto da estabilidade, previsto no art. 41 da Constituição Federal, julgue os itens subseqüentes:**
I. O servidor público celetista da administração direta, autárquica ou fundacional é beneficiário da estabilidade.
II. Empregados de empresas públicas ou de sociedade de economia mista gozam dos benefícios da estabilidade, desde que aprovados em concurso público.

III. O instituto da estabilidade não se aplica a empregados ou servidores que se submetam ao regime celetista.

Assinale a opção correta.

a) Apenas o item I está certo.
b) Apenas o item II está certo.
c) Apenas o item III está certo.
d) Todos os itens estão certos.

XVI – Concurso da OAB/RS 2007.3 – OAB/RS – Dezembro/2007

1. **Quanto ao contrato individual de trabalho, considere as assertivas abaixo:**

I. É imprescindível a determinação do prazo.

II. Sendo o contrato verbal, o trabalhador não terá seus direitos garantidos, tornando-se necessário o ajuizamento de ação trabalhista para reivindicá-los.

III. A CLT não exige forma à celebração do pacto laboral, podendo o ajuste se dar tácita ou expressamente, sem prejuízo dos direitos previstos em lei.

Quais são corretas?

a) Apenas I.
b) Apenas III.
c) Apenas I e III.
d) I, II e III.

2. **Considere as assertivas abaixo sobre os requisitos necessários para o reconhecimento da relação de emprego:**

I. São requisitos necessários para a existência da relação de emprego: subordinação, onerosidade, pessoalidade e não-eventualidade.

II. A existência dos requisitos estabelecidos na CLT para que seja reconhecida a relação de emprego não poderá ser demonstrada através de provas documental e testemunhal.

III. O trabalho voluntário contém todos os requisitos de uma relação de emprego.

Quais são corretas?

a) Apenas I.
b) Apenas II.
c) Apenas III.
d) Apenas I e III.

3. **Assinale a assertiva correta sobre o empregado integrante de categoria profissional diferenciada:**

a) Tem direito a receber vantagens decorrentes de normas coletivas de sua categoria, desde que seu sindicato profissional tenha dado ciência ao empregador do registro das mesmas no órgão ministerial competente.
b) Não tem direito a receber vantagens decorrentes de norma coletiva da qual seu empregador não participou através de entidade de classe que o representasse.
c) Para receber vantagens de normas coletivas, deve filiar-se ao sindicato da categoria profissional majoritária no seu local de trabalho.
d) É vedada a filiação a sindicato diferente daquele ao qual é filiada mais da metade dos empregados do estabelecimento.

4. **Sobre a remuneração do trabalho prestado na relação de emprego, assinale a assertiva correta:**
   a) Para os trabalhadores urbanos, o adicional noturno é parcela salarial condicionada ao trabalho durante o horário noturno, em nenhuma hipótese admitindo-se seja computado após as 5 horas do dia seguinte.
   b) Para todos os trabalhadores rurais, na lavoura, o adicional noturno é devido quando o trabalho ocorrer entre as 20 horas de um dia e as 4 horas do dia seguinte.
   c) Quando do trabalho extravagante, o empregado comissionista puro não tem direito ao recebimento do valor da hora de trabalho acrescida do adicional de horas extras, mas tão-somente do valor do adicional de horas extras.
   d) O adicional de periculosidade integra a base de cálculo do adicional noturno.

5. **Sobre o contrato de aprendizagem, considere as assertivas abaixo:**
   I. É contrato de trabalho especial, ajustado por escrito ou tacitamente e por prazo determinado.
   II. Tem como prazo de validade período não inferior a 1 ano e não superior a 2 anos.
   III. Para os fins do contrato, no caso de aprendiz portador de deficiência mental, a comprovação da escolaridade deve considerar, sobretudo, as habilidades e competências relacionadas com a profissionalização.
   Quais são corretas?
   a) Apenas I.
   b) Apenas II.
   c) Apenas III.
   d) Apenas I e III.

XVII – Concurso da OAB/RS 2007.2 – OAB/RS – Agosto/2007

1. **O princípio segundo o qual o empregado não pode privar-se voluntariamente de uma ou mais vantagens concedidas pelo Direito do Trabalho em seu benefício é denominado princípio:**
   a) da irrenunciabilidade dos direitos trabalhistas;
   b) da continuidade da relação de emprego;
   c) da força obrigatória dos contratos ou *pacta sunt servanda*;
   d) da unicidade contratual.

2. **Considere as assertivas abaixo sobre contrato de trabalho:**
   I. Para ser considerado como tal, o contrato de trabalho deverá conter expressamente a fixação do salário e da jornada de labor.
   II. Para ter validade, o contrato de trabalho deverá necessariamente estar assinado pelo empregado, pelo empregador e por 2 testemunhas; estas últimas poderão ser dispensadas por livre pactuação das partes.
   III. O contrato de trabalho do menor aprendiz deverá ser necessariamente escrito e estar anotado na CTPS.
   Quais são corretas?
   a) Apenas III.
   b) Apenas I e II.
   c) Apenas II e III.
   d) I, II e III.

3. **As licenças para casamento, para gestante e em virtude de nascimento de filho correspondem, respectivamente, a:**
   a) suspensão, interrupção e interrupção do contrato de trabalho;
   b) suspensão, interrupção e suspensão do contrato de trabalho;
   c) interrupção, suspensão e suspensão do contrato de trabalho;
   d) interrupção, interrupção e interrupção do contrato de trabalho.

4. **Quando as férias forem concedidas após o período concessivo, a remuneração deverá ser paga:**
   a) em dobro;
   b) em dobro, acrescida do terço constitucional;
   c) de forma simples;
   d) de forma simples, acrescida do terço constitucional.

5. **Sobre convenções coletivas de trabalho, considere as assertivas abaixo:**
   I. Deverão conter obrigatoriamente direitos e deveres dos empregados e das empresas.
   II. Sua duração não poderá ser superior a 1 ano.
   III. As modificações introduzidas, por força de revisão ou revogação parcial de suas cláusulas, passarão a vigorar 8 dias após a realização do depósito no Ministério do Trabalho e Emprego.
   Quais são corretas?
   a) Apenas I.
   b) Apenas II.
   c) Apenas I e III.
   d) I, II e III.

6. **Sobre rescisão contratual, considere as assertivas abaixo:**
   I. O ato da assistência poderá ser objeto de cobrança de taxa do trabalhador ou empregador por parte do sindicato homologador.
   II. No caso de inobservância, por parte do empregador,dos prazos estipulados para o pagamento das verbas rescisórias, será devida por este uma multa no valor equivalente ao salário do trabalhador demitido.
   III. No contrato com termo estipulado, em caso de despedida sem justa causa do empregado, caberá ao empregador pagar-lhe, a título de indenização e por metade, a remuneração a que teria direito até o termo do contrato.
   Quais são corretas?
   a) Apenas I.
   b) Apenas II.
   c) Apenas II e III.
   d) I, II e III.

7. **Sobre férias coletivas, considere as assertivas abaixo:**
   I. Poderão ser gozadas em mais de 2 períodos anuais.
   II. Os empregados contratados há menos de 12 meses gozarão férias proporcionais, iniciando-se novo período aquisitivo.
   III. O empregador deverá comunicar ao Ministério do Trabalho e Emprego, com antecedência mínima de 15 dias, as datas de início e de fim das férias.

Quais são corretas?
a) Apenas I.
b) Apenas II.
c) Apenas II e III.
d) I, II e III.

XVIII – Concurso da OAB/RS 2007.I – OAB/RS – Abril/2007

1. **Sobre a rescisão do contrato de trabalho, considere as assertivas abaixo:**
   I. O pagamento das parcelas rescisórias ou daquelas constantes do recibo de quitação poderá ser efetuado até o primeiro dia útil imediato ao término do contrato.
   II. Na localidade onde não houver sindicato de trabalhadores da categoria a que pertence o empregado demitido ou autoridade do Ministério do Trabalho, a assistência na homologação da rescisão contratual se dará pelo representante do Ministério Público, pelo Defensor Público ou, na falta ou impedimento destes, pelo Juiz do Trabalho.
   III. Atos de improbidade, abandono de emprego e violação de segredo da empresa, dentre outros, constituem justa causa para rescisão do contrato de trabalho pelo empregador.
   Quais são corretas?
   a) Apenas I.
   b) Apenas II.
   c) Apenas I e III.
   d) I, II e III.

2. **Sobre as férias anuais, considere as assertivas abaixo:**
   I. Após cada período de 12 meses de vigência do contrato de trabalho, o empregado terá direito a férias na proporção de 30 dias corridos, quando não houver faltado ao serviço mais de 3 vezes.
   II. Somente em casos excepcionais as férias poderão ser concedidas em 2 períodos, sendo que um deles não poderá ser inferior a 15 dias corridos.
   III. O pagamento da remuneração das férias será efetuado até 2 dias antes do início do período.
   Quais são corretas?
   a) Apenas I.
   b) Apenas III.
   c) Apenas II e III.
   d) I, II e III.

3. **O princípio do Direito do Trabalho segundo o qual o contrato de trabalho tem validade por tempo indeterminado é denominado:**
   a) princípio da unicidade contratual;
   b) princípio da continuidade da relação de emprego;
   c) princípio da força obrigatória dos contratos ou *pacta sunt servanda*;
   d) princípio da irrenunciabilidade dos direitos trabalhistas.

4. **Considere os princípios abaixo:**
   I. ***In dubio pro operario*: na dúvida aplica-se a regra mais favorável ao empregado.**
   II. **Da norma favorável ao trabalhador: havendo conflito de interesses, terá aplicação a norma que atenda melhor aos interesses do empregado.**
   III. **Da condição mais benéfica: uma vantagem já conquistada não pode ser reduzida, devendo-se respeitar os direitos adquiridos.**

   Quais deles se vinculam ao princípio da proteção?
   a) Apenas I.
   b) Apenas II.
   c) Apenas II e III.
   d) I, II e III.

5. **Sobre o salário pago através de comissões, considere as assertivas abaixo:**
   I. **Não integra o cálculo de horas extras eventualmente prestadas por empregado sujeito a controle de horário.**
   II. **Não integra o cálculo da indenização decorrente da não-concessão de férias eventualmente devidas.**
   III. **É devido, mesmo que exigível somente após o término do contrato de trabalho.**

   Quais são corretas?
   a) Apenas I.
   b) Apenas III.
   c) Apenas II e III.
   d) I, II e III.

XIX – Concurso da OAB/PR 2007.2 – OAB/PR – Agosto/2007

1. **Assinale a alternativa CORRETA:**
   a) O contrato de trabalho por prazo determinado é a regra no sistema trabalhista brasileiro.
   b) A Lei nº 9.601/1998 (que dispõe sobre o contrato de trabalho por prazo determinado) prevê alguns tipos de estabilidade provisória no emprego, mesmo nos contratos por prazo determinado.
   c) O prazo máximo do contrato de experiência é de 3 (três) meses.
   d) O prazo máximo do contrato por prazo determinado é de 60 (sessenta) meses.

2. **Sobre contrato de aprendizagem, assinale a alternativa INCORRETA:**
   a) Não necessita ser escrito, podendo ser tácito.
   b) O prazo será de, no máximo, 2 (dois) anos.
   c) É garantido o salário mínimo hora, salvo condição mais favorável.
   d) O aprendiz deverá ter idade mínima de 14 (quatorze) e máxima de 24 (vinte e quatro) anos, exceto no caso de aprendizes portadores de deficiência, com qualquer idade.

3. **Assinale a alternativa CORRETA:**
   a) A remuneração é uma das espécies do gênero salário.
   b) O salário complessivo ocorre quando o empregador paga englobadamente os valores, sendo permitido por lei.
   c) O empregador poderá pagar todo o salário do seu empregado no sistema conhecido como *in natura*.
   d) Em caso de prejuízo causado pelo empregado, por culpa deste, o empregador poderá descontar de seu salário,desde que expressamente acordado com aquele ou, mesmo sem o acordo escrito, quando houver dolo.

4. **Assinale a alternativa CORRETA:**
   a) O intervalo intrajornada, para o empregado que trabalha por 5 (cinco) horas diárias, é de 15 (quinze) minutos.
   b) É permitido, na legislação pátria, intervalo inferior a uma hora, mesmo quando o empregado trabalhar 8 (oito)horas diárias, desde que o mesmo aceite por escrito.
   c) O intervalo do digitador será de 5 (cinco) minutos a cada hora, para executar ginástica laboral.
   d) A regra geral é de computar o horário de intervalo dentro da jornada de trabalho.

5. **Sobre a interrupção de contrato de trabalho, assinale a alternativa INCORRETA:**
   a) O empregado poderá interromper o contrato uma vez a cada 12 (doze) meses em razão de doação de sangue.
   b) No caso de matrimônio de professor, a interrupção será de 9 (nove) dias.
   c) O empregado poderá interromper o seu contrato de emprego por um dia, no caso de nascimento de filho.
   d) A interrupção do contrato de trabalho do empregado poderá ocorrer pelo tempo que se fizer necessário, quando o mesmo tiver de comparecer em juízo.

6. **Assinale a alternativa CORRETA:**
   a) A greve deverá ser comunicada com antecedência mínima de 24 (vinte e quatro) horas.
   b) A greve para serviços ou atividades essenciais obriga as entidades sindicais ou os trabalhadores a comunicarem a decisão aos empregadores e aos usuários com antecedência mínima de 72 (setenta e duas) horas da paralisação.
   c) O empregador poderá sempre contratar empregados para substituir os grevistas.
   d) A greve será sempre considerada interrupção do contrato de trabalho.

7. **Sobre o adicional de transferência, nos termos da Consolidação das Leis do Trabalho e da jurisprudência iterativa do Tribunal Superior do Trabalho, assinale a alternativa CORRETA:**
   a) Será indevido quando a transferência for provisória.
   b) Será indevido quando se tratar de empregado que exerce de cargo de confiança.
   c) Será indevido quando a transferência for definitiva.
   d) Será indevido na hipótese de previsão contratual de transferência.

XX – Concurso da OAB/PR 2007.I – OAB/PR – Abril/2007

1. **Sobre o contrato de trabalho, assinale a alternativa INCORRETA:**
   a) O contrato de experiência repudia o aviso prévio no caso de rescisão sem justa causa antes do término estabelecido, salvo se nele existir cláusula assecuratória do direito recíproco de rescisão antecipada.
   b) O contrato de trabalho por prazo determinado, que objetive admissões que representem acréscimo no número de empregados da empresa, nos termos da Lei nº 9.601/1998, depende de acordo coletivo de trabalho ou convenção coletiva de trabalho.
   c) O contrato de aprendizagem, observada a Consolidação das Leis do Trabalho, é permitido ao maior de 14 (quatorze) e menor de 24 (vinte e quatro) anos.
   d) O contrato de trabalho temporário, ainda que necessariamente estabelecido por escrito, é permitido para atender à necessidade transitória de substituição de pessoal próprio ou acréscimo extraordinário de serviços, razão pela qual descabe a anotação em Carteira de Trabalho e Previdência Social da condição de temporário.

2. Sobre a alteração do contrato de trabalho, segundo a jurisprudência iterativa do Tribunal Superior do Trabalho, assinale a alternativa INCORRETA:

a) As cláusulas regulamentares, que revoguem ou alterem vantagens deferidas anteriormente, só atingirão os trabalhadores admitidos após a revogação ou alteração do regulamento.

b) A transferência para o período diurno de trabalho implica a perda do direito ao adicional noturno, salvo se pago por período superior a dois anos.

c) Tratando-se de ação que envolva pedido de prestações sucessivas decorrentes de alteração do pactuado, a prescrição é total, exceto quando o direito à parcela esteja também assegurado por preceito de lei.

d) Diante da inexistência de previsão expressa em contrato ou em instrumento normativo, a alteração de data de pagamento pelo empregador não representa alteração contratual vedada, desde que observado o prazo legal à quitação salarial.

3. Sobre o trabalho da mulher nos termos da lei, assinale a alternativa INCORRETA:

a) Ao empregador ou preposto é vedado proceder a revistas íntimas.

b) Ao empregador é vedado empregar a mulher em serviço que demande o emprego de força muscular superior a 20 (vinte) quilos, para o trabalho contínuo, ou 25 (vinte e cinco) quilos, para o trabalho ocasional.

c) Mediante atestado médico, à mulher grávida é facultado romper o compromisso resultante de qualquer contrato de trabalho, desde que este seja prejudicial à gestação.

d) A licença maternidade é privativa à mulher gestante, não sendo extensível à empregada adotante.

4. Sobre as justas causas, assinale a alternativa INCORRETA:

a) O assédio sexual é hipótese de incontinência de conduta.

b) O descumprimento de ordem patronal específica é hipótese de insubordinação.

c) O descumprimento de ordem patronal genérica é hipótese de indisciplina.

d) A ofensa física contra o empregador é hipótese de desídia.

5. Sobre salário e remuneração, assinale a alternativa INCORRETA:

a) Não são consideradas salariais as utilidades fornecidas pelo empregador ao seu empregado à conta de assistência médica, seguro de vida e previdência privada.

b) Não são consideradas salariais as diárias para viagem que não excedam a 50% (cinqüenta por cento) do salário percebido pelo empregado, vendedor viajante.

c) A habitação e a alimentação fornecidas como salário-utilidade deverão atender aos fins a que se destinam e não poderão exceder, respectivamente, a 20% (vinte por cento) e 25% (vinte e cinco por cento) do salário-contratual.

d) Não são consideradas salariais as utilidades fornecidas pelo empregador ao seu empregado à conta de transporte, destinado ao deslocamento para o trabalho e retorno, em percurso servido ou não por transporte público, e os uniformes utilizados no local de trabalho.

6. Sobre os adicionais de insalubridade e periculosidade, segundo a jurisprudência iterativa do Tribunal Superior do Trabalho, assinale a alternativa INCORRETA:

a) O adicional de periculosidade é de 30% (trinta por cento) sobre o salário base dos empregados que executam suas atividades expostos a explosivos e combustíveis e de 30% (trinta por cento) sobre o conjunto das parcelas de natureza salarial dos empregados que executam suas atividades com linhas energizadas de alta potência.

b) A base de cálculo do adicional de insalubridade será sempre o salário-base recebido pelo empregado.
c) A fixação do adicional de periculosidade, em percentual inferior ao legal e proporcional ao tempo de exposição aos riscos, deve ser respeitada, desde que pactuada em acordos ou convenções coletivas.
d) A reclassificação ou descaracterização da insalubridade ou periculosidade, por ato de autoridade competente, repercute na satisfação do respectivo adicional, que pode ser suprimido, sem caracterizar ofensa ao direito adquirido ou violação ao princípio da irredutibilidade salarial.

7. **Assinale a alternativa CORRETA:**
a) É possível a criação de mais de uma organização sindical, em qualquer grau, representativa de igual categoria profissional ou econômica, na mesma base territorial ou Município.
b) A fundação do sindicato está condicionada à autorização do Poder Público.
c) É obrigatória a filiação do trabalhador ao sindicato de sua categoria profissional.
d) O suplente de cargo de direção ou representação sindical tem garantia de emprego desde a sua eleição até um ano após o término do mandato, salvo se cometer falta grave nos termos da lei.

8. **Analise as afirmativas abaixo e assinale a alternativa CORRETA:**
I. É obrigatória a participação dos sindicatos nas negociações coletivas de trabalho.
II. Nenhuma disposição de contrato individual de trabalho que contrarie normas de convenção ou acordo coletivo de trabalho poderá prevalecer na execução do mesmo, sendo considerada nula de pleno direito.
III. As federações e, na falta destas, as confederações representativas das categorias econômicas e profissionais poderão celebrar convenções coletivas de trabalho para reger as relações das categorias a elas vinculadas, inorganizadas em sindicatos, no âmbito de suas representações.
IV. É válida a cláusula de termo aditivo que prorroga o acordo coletivo para prazo indeterminado.
a) Todas as afirmativas estão corretas.
b) Apenas as afirmativas I, II e III estão corretas.
c) Apenas as afirmativas I, II e IV estão corretas.
d) Apenas as afirmativas I e II estão corretas.

9. **Assinale a alternativa INCORRETA:**
a) A lei não veda a realização de greve por parte dos trabalhadores de empresas que desenvolvem serviços ou atividades essenciais à sociedade, embora dê tratamento legal distinto para sua realização de modo não abusivo.
b) O direito de greve é um direito de caráter coletivo e não individual que visa a paralisação da produção ou serviço.
c) Finda a greve, firmado o acordo ou convenção coletiva de trabalho, os benefícios decorrentes da vitória do movimento grevista devem sempre ser estendidos a todos os membros da categoria, associados ou não ao sindicato, mesmo àqueles que não participaram do movimento.
d) Durante o período de greve o empregador pode promover a rescisão do contrato de trabalho dos grevistas e proceder a contração de trabalhadores substitutos.

XXI – Concurso da OAB/BR 2007.2 – Cespe UnB – Agosto/2007

1. **A empresa Rio Corrente Ltda. funcionava em um único estabelecimento e empregava 15 funcionários. No mês de setembro, uma forte chuva de granizo destruiu por completo o estabelecimento onde funcionava a empresa, de forma que os prejuízos econômicos sofridos tornaram inviável a sua continuidade. Nos quadros da empresa, não havia nenhum empregado que gozasse de estabilidade.**
Nessa situação hipotética, a empresa deve rescindir os contratos de trabalho de seus empregados:
a) com fundamento no motivo de força maior, e pagar indenização equivalente à metade da que seria devida em caso de rescisão sem justa causa;
b) com justa causa, mas pagar as verbas devidas como se a rescisão tivesse ocorrido sem justa causa;
c) sem justa causa, e pagar todas as verbas devidas previstas nos casos de rescisão sem justa causa;
d) com justa causa, com fundamento no motivo de força maior.

2. **João, funcionário da empresa Alfa, foi aposentado por invalidez em setembro de 2005. Diante da aposentadoria de João, a empresa Alfa contratou Francisco para substituí-lo, deixando clara para Francisco a situação interina de seu emprego, já que, se João fosse declarado apto a retornar ao trabalho, seria reintegrado em sua função. João recuperou sua capacidade de trabalho em outubro de 2006, tendo sua aposentadoria cancelada.**
Nessa situação, em relação a Francisco, a empresa Alfa:
a) deverá manter necessariamente o contrato de trabalho de Francisco, remanejando-o para outra função, já que João reassumirá sua função originária;
b) poderá rescindir o contrato de trabalho de Francisco, sem indenização, uma vez que o cientificou previamente da situação de interinidade do seu contrato de trabalho;
c) deve rescindir o contrato de trabalho, efetuando o pagamento da indenização devida pelo rompimento do contrato de trabalho;
d) poderá rescindir o contrato de trabalho com justa causa, uma vez que João assumirá novamente o cargo.

3. **A respeito de contrato de trabalho, assinale a opção correta:**
a) A mudança na propriedade ou na estrutura jurídica da empresa deverá, necessariamente, alterar os contratos de trabalho de seus empregados.
b) A justiça do trabalho não reconhece, em nenhuma hipótese, o contrato de trabalho verbal.
c) O contrato de experiência não poderá exceder o prazo de 90 dias.
d) O contrato de trabalho por prazo determinado poderá ser estipulado por prazo superior a 2 anos, desde que exista interesse das partes.

4. **Renato foi contratado pela empresa Casa Azul em outubro de 2005 para exercer suas funções no Município A. O contrato de trabalho de Renato previa, expressamente, a possibilidade de transferência em decorrência da necessidade do serviço. No mês de janeiro de 2007, a empresa transferiu Renato para o Município B, sob o argumento da necessidade do serviço, porém sem a comprovação da citada necessidade do serviço.**
Considerando a situação hipotética apresentada, assinale a opção correta:
a) Apesar de existir previsão de transferência no contrato de trabalho de Renato, a empresa deve comprovar a necessidade do serviço, pois, se não o fizer, a transferência presume-se abusiva.

b) A transferência não pode se concretizar, já que a legislação atual veda qualquer tipo de transferência de empregados, sendo garantida a inamovibilidade.
c) A transferência de Renato seguiu os parâmetros previstos na CLT, não existindo nenhuma irregularidade.
d) Renato sabia desde o início do pacto laboral que poderia ser transferido a qualquer tempo, já que o seu contrato previa tal possibilidade em caso de necessidade do serviço. Logo, a transferência ocorreu de forma correta.

5. Márcio ingressou com reclamação trabalhista contra a empresa Asa Branca, pleiteando o recebimento do adicional de insalubridade durante todo o período do pacto laboral, sob o argumento de que trabalhava em local insalubre. A empresa argumentou que não era devido o adicional de insalubridade, já que Márcio não trabalhava em caráter permanente em local insalubre, e, sendo assim, expunha-se a situação insalubre apenas de forma intermitente.
Diante da situação hipotética acima apresentada, assinale a opção correta:
a) Márcio tem o direito de receber o adicional de insalubridade, já que esse é um direito de todo trabalhador que exerça qualquer tipo de atividade, ainda que por tempo ínfimo, em local insalubre.
b) A simples alegação da intermitência do trabalho em local insalubre não afasta, por si só, o direito do empregado de receber o adicional.
c) O adicional de insalubridade deve ser pago aos empregados que trabalham em caráter permanente em ambientes ou locais insalubres. Sendo assim, Márcio não adquiriu o direito de recebê-lo.
d) A intermitência do trabalho em local insalubre afasta o direito do empregado de receber o adicional, pois não há exposição contínua à insalubridade. Logo, é correta a tese sustentada pela empresa.

6. Tito, empregado da empresa Pégasus Ltda., fumava no interior do escritório da empresa, desrespeitando ordem geral emanada da direção que proibia os empregados de fumarem nesse espaço. Diante dessa situação hipotética, assinale a opção correta:
a) A empresa jamais poderia emitir norma de proibição de fumar no interior do escritório, pois estaria utilizando do seu poder econômico para tolher a liberdade individual dos seus empregados.
b) A atitude praticada por Tito constitui motivo para a despedida por justa causa, consistente na desídia, ou seja, a falta culposa, já que agia com negligência em relação à proibição emanada da direção da empresa.
c) A atitude praticada por Tito constitui motivo para a despedida por justa causa, consistente em ato de indisciplina, já que descumpria ordens gerais do empregador dirigidas impessoalmente ao quadro de empregados.
d) Apesar de descumprir a ordem da direção de não fumar no interior do escritório, não cabe a aplicação da justa causa a Tito, já que a atitude praticada por ele constitui um estado de necessidade inerente ao vício de fumar, e não um ato de indisciplina.

7. **José, tabagista que consome um maço de cigarros por dia, é empregado de uma indústria de cigarros. Recebe por mês um salário de R$ 1.000,00 e uma quantidade de cigarros equivalente a um maço por dia de trabalho.**
Acerca da situação hipotética acima apresentada, assinale a opção correta:
a) Os cigarros fornecidos pela empresa a José integram o seu salário, já que a atitude da empresa atenua o seu gasto mensal, uma vez que José teria de comprar diariamente um maço de cigarros para suprir a sua necessidade de fumar.
b) Os cigarros fornecidos pela empresa a José não podem ser considerados como salário *in natura*.
c) Os cigarros fornecidos pela empresa a José constituem salário, já que são uma prestação habitual fornecida pela empresa.
d) Salário corresponde apenas ao valor em dinheiro pago pela empresa aos seus empregados, portanto, os cigarros fornecidos pela empresa a José não podem constituir salário.

8. **Amarildo, policial militar, trabalhava para a empresa Boliche e Cia. como agente de segurança, nos horários em que não estava a serviço da corporação militar. Na referida empresa, Amarildo cumpria expressamente as ordens emanadas da direção, recebia um salário mensal, e trabalhava de forma contínua e ininterrupta, todas as vezes que não estava escalado na corporação.**
Considerando a situação apresentada, assinale a opção correta:
a) Existe vínculo empregatício entre a empresa Boliche e Cia. e Amarildo, porém esse vínculo jamais poderá ser reconhecido, em razão da situação de militar de Amarildo.
b) É legítimo o reconhecimento da relação de trabalho entre Amarildo e a empresa Boliche e Cia., independentemente do eventual cabimento de penalidade disciplinar prevista no estatuto do policial militar.
c) Não existe vínculo empregatício entre Amarildo e a empresa Boliche e Cia., já que o trabalho prestado por Amarildo para essa empresa constitui trabalho eventual autônomo.
d) A justiça do trabalho não pode reconhecer nenhuma espécie de vínculo empregatício entre Amarildo e a empresa Boliche e Cia., já que Amarildo é policial militar.

GABARITO

I – Concurso da OAB/MG 2008.2 – OAB/MG – Agosto/2008

1 – B
2 – C
3 – A
4 – D
5 – B

II – Concurso da OAB/MG 2008.1 – OAB/MG – Abril/2008

1 – B
2 – C
3 – D
4 – A
5 – C

III – Concurso da OAB/SP 2008.1 – Cespe UnB – Maio/2008

1 – A
2 – C
3 – D

IV – Concurso da OAB/SP 2007.3 – Cespe UnB – Janeiro/2008

1 – C
2 – A
3 – A
4 – A

V – Concurso da OAB/BR 2008.1 – Cespe UnB – Maio/2008

1 – A
2 – B
3 – C
4 – B
5 – C

VI – Concurso da OAB/BR 2007.3 – Cespe UnB – Janeiro/2008

1 – D
2 – A
3 – D
4 – A
5 – A
6 – B

VII – Concurso da OAB/MG 2007.3 – OAB/MG – Dezembro/2007

1 – C
2 – D
3 – A
4 – B
5 – A
6 – B

VIII – Concurso da OAB/MG 2007.2 – OAB/MG – Agosto/2007

1 – D
2 – A
3 – C
4 – A
5 – A
6 – B
7 – A
8 – B
9 – C

IX – Concurso da OAB/MG 2007.1 – OAB/MG – Abril/2007

1 – C
2 – A
3 – C
4 – A
5 – C
6 – D
7 – C

X – Concurso da OAB/SP 2007.2 – Cespe UnB – Agosto/2007

1 – A
2 – B
3 – D
4 – A
5 – C
6 – A
7 – B

XI – Concurso da OAB/SP 2007.1 – VUNESP – Abril/2007

1 – B
2 – C
3 – D
4 – A
5 – D
6 – C

XII – Concurso da OAB/SP 2006.3 – VUNESP – Janeiro/2007

1 – D
2 – B
3 – C
4 – A
5 – A
6 – B

XIII – Concurso da OAB/RJ 2007.2 – Cespe UnB – Outubro/2007

1 – D
2 – A
3 – B
4 – C

XIV – Concurso da OAB/RJ 2007.1 – OAB/RJ – Abril/2007

1 – C
2 – D
3 – D
4 – B
5 – C

XV – Concurso da OAB/GO 2007.1 – Cespe UnB – Junho/2007

1 – D
2 – B
3 – B
4 – A

XVI – Concurso da OAB/RS 2007.3 – OAB/RS – Dezembro/2007

1 – B
2 – A
3 – B
4 – D
5 – C

XVII – Concurso da OAB/RS 2007.2 – OAB/RS – Agosto/2007

1 – A
2 – A
3 – D
4 – B
5 – A
6 – C
7 – C

XVIII – Concurso da OAB/RS 2007.1 – OAB/RS – Abril/2007

1 – C
2 – B
3 – B
4 – D
5 – B

XIX – Concurso da OAB/PR 2007.2 – OAB/PR – Agosto/2007

1 – B
2 – A
3 – D
4 – A
5 – C
6 – B
7 – C

XX – Concurso da OAB/PR 2007.1 – OAB/PR – Abril/2007

1 – D
2 – B
3 – D
4 – D
5 – C
6 – B
7 – D
8 – B
9 – D

XXI – Concurso da OAB/BR 2007.2 – Cespe UnB – Agosto/2007

1 – A

2 – B

3 – C

4 – A

5 – B

6 – C

7 – B

8 – B

OAB

Doutrina

Parte II

Direito Processual do Trabalho

DIREITO PROCESSUAL DO TRABALHO

1. Conceito

É o ramo da ciência jurídica que estuda e regulamenta o exercício, pelo Estado, da função jurisdicional.

2. Organização judiciária trabalhista

Necessidade da existência de um órgão do Judiciário para solucionar os conflitos entre o capital e o trabalho. Na Encíclica *Rerum Novarum* (1891) do Papa Leão XXXIII, encontramos uma orientação para criação de Tribunais trabalhistas.

No Brasil:

1932: Surgem as comissões mistas de conciliação para os dissídios coletivos e as JCJ para os dissídios individuais;

1934: A CF de 1934 criou a Justiça do Trabalho, porém não fazia parte do Judiciário;

1946: Com a CF de 1946, passou a integrar o Poder Judiciário, situação mantida pelas Cartas Constitucionais de 1967, EC/1969 e 1988.

3. Composição da Justiça do Trabalho

Art. 111 da CF de 1988.

Composta de um órgão de cúpula: TST, com sede em Brasília: § 1º do art. 111; composto de um Pleno, Órgão Especial, Seções Especializadas (Sedin e Sedic), Turmas e Corregedoria Geral.

Tribunais Regionais (em cada estado da federação, composto por um Órgão Especial, Seções Especializadas, Pleno e Turmas), e Corregedoria Regional.

Varas do Trabalho (primeira instância).

Juízes de Direito: arts. 668 e 669 da CLT; Lei Complementar 35, art. 14 e súmula 169 do TFR

Serviços Auxiliares da Justiça: arts. 710 a 721 da CLT: secretarias das Varas e das Turmas; cartórios dos juízos de direito; oficiais de Justiça e Avaliadores.

Corregedoria: órgão de fiscalização interna dos tribunais.

4. Competência: art. 114 da Constituição Federal

Conceito: Poder concedido a um juiz ou Tribunal para resolver um conflito concretamente. Chiovenda agrupou a competência em: critério objetivo: em razão do valor da causa e da matéria; funcional e territorial.

A Lei Maior estabeleceu a competência material (absoluta) da Justiça do Trabalho, para dirimir controvérsias envolvendo a relação de trabalho. Com a EC/45/2004, tal competência restou ampliada.

4.1. Competência material da Justiça do Trabalho antes da EC 45/2004

a) Lides entre trabalhadores e empregadores.
b) Lei nº 8984/1995.
c) Avulsos.
d) Organismos estrangeiros.
e) Administração Pública indireta e direta (somente os celetistas).
f) Questões previdenciárias vinculadas ao contrato de trabalho.

4.2. Competência material da Justiça do Trabalho após a EC 45/2004

a) Relação de trabalho (entes públicos de direito interno e externo; Administração Pública direta e indireta).
b) Greve.
c) Representação sindical entre sindicatos, entre trabalhadores e sindicatos e trabalhadores.
d) Consignatórias de contribuição sindical aforadas pelo empregador.
e) Mandado de segurança, *Habeas Corpus*, *Habeas Data* (em 1º grau de jurisdição).
f) Conflitos de competência entre órgãos com jurisdição trabalhista, salvo se envolver o STJ, neste caso, desloca para o STF.
g) Indenização por danos morais ou patrimoniais decorrentes da relação de trabalho.

h) Ações relacionadas as penalidades administrativas (Delegacia Regional do Trabalho).
i) Execuções de ofício das contribuições sociais decorrentes das sentenças trabalhistas.
j) Outras controvérsias.

4.3. Competência da Justiça do Trabalho e as relações de consumo

Há que se estabelecer diferenças entre as relações de consumo e a relação de trabalho para então firmar-se a competência da Justiça Especializada, assim vejamos:

Relação de Consumo:

a) Resultado bifronte.
b) Presta serviço no mercado de consumo (exemplo: empresa de jardinagem).
c) Guarda relação de dependência com cada contratado.
d) Justiça Comum, que protege o consumidor do serviço, art. 170 Constituição Federal.

Relação de Trabalho:

a) Relação de meio.
b) *Intuitu personae* (exemplo: o jardineiro).
c) Dependência somente com o empregador.
d) Justiça do Trabalho, aonde se tutela o Direito do Trabalho.

4.4. Critérios extraídos do Código de Defesa do Consumidor

1º) Art. 1º: Destinatário final é o consumidor.
2º) Art. 3º § 2º: O serviço prestado é aquele inserido em um mercado de consumo, excluindo as prestações personalíssimas (*intuitu personae*).

Temos que identificar se o tomador é um destinatário final e se o serviço prestado está em um mercado de consumo. Alguns doutrinadores, interpretando as inovações introduzidas pela EC 45/2004 na competência da Justiça do Trabalho afirmam que a idéia original que destacava a subordinação como nota característica do contrato de trabalho foi redimensionada para privilegiar o Direito do Trabalho para aqueles incluídos no mercado do trabalho, sugerindo a noção da "*parassubordinação*", que no Brasil deve ser utilizada para estender e não excluir o Direito do Trabalho às relações de trabalho em geral. Desta forma, qualquer trabalhador que prestar serviços, sob dependência, habitualidade e pessoalidade, pode dirigir-se à Justiça do Trabalho e buscar a tutela jurisdicional, quando então identificaremos se estamos diante de uma relação de consumo ou de trabalho.

4.5. Espécies de competência

a) Absoluta: Declarada de ofício (art. 113 CPC). Efeito: nulidade. Exemplos: matéria (*ratione materiae*), pessoa (*ratione personae*), funcional.

b) Relativa: Argüida pelas partes (art. 112 do CPC). Efeito: pode ser prorrogada se não alegada. Exemplos: territorial (*ratione loci*), art. 651 da CLT; local da prestação de serviços; ver também súmula 207 C.TST.

A decisão prolatada por juízo absolutamente incompetente é passível de ação rescisória (art. 485, II, do CPC).

Princípio da *perpetuatio jurisdictionis*: Uma vez fixada a competência em razão da matéria, não pode ser modificada por vontade das partes, art. 87 CPC, salvo se houver alteração legislativa.

Em dissídio coletivo não há o fenômeno da prorrogação de competência, pois são aforados originariamente nos TRTs, em que o suscitante possui base territorial. Será perante o TST, se a base territorial da categoria exceder o âmbito do Tribunal Regional respectivo. Exemplo: categorias de âmbito nacional como petroleiros, empregados do Banco do Brasil e CEF (arts. 677 e 702, I, da CLT).

4.6. A competência funcional

a) Horizontal: entre juízos de mesmo grau – Varas do Trabalho.
b) Vertical: entre juízos de graus hierarquicamente diferentes, Varas do Trabalho e TRT (competência recursal e originária).

4.7. Delegação de competência: art. 202 do CPC

Ocorre quando o juiz de grau superior delega funções específicas ao juízo de primeiro grau. Ex: nas ações rescisórias, em que há necessidade de produção de provas, como ouvir testemunhas ou realização de perícia. Esta delegação se efetiva através da carta de ordem.

4.8. Competência territorial na Justiça do Trabalho: art. 651 da CLT e súmula 207 do TST

Regra geral: local da prestação de serviços.

Exceções à regra geral: parágrafos do art. 651 da CLT:

a) Viajantes e pracistas.
b) Empregado brasileiro trabalhando no exterior. Ex.: empresas multinacionais.
c) Quando o empregador promove suas atividades fora do local do contrato o empregado pode aforar sua reclamação no local da celebração do contrato ou no da prestação de serviço. Ex.: artistas, ferroviários.

O legislador procurou atender às hipóteses excepcionais, visando facilitar para o trabalhador o acesso à Justiça, inclusive no que se refere à produção de provas.

4.9. Modificação de competência

A competência de um órgão jurisdicional, em razão do valor ou do lugar, pode ser modificada se ocorrerem alguns fenômenos, como a prevenção, a conexão, a continência e a litispendência.

a) Prevenção: art. 106 do CPC – Verifica-se quando várias varas do trabalho são competentes para apreciar uma mesma ação, firma-se a competência naquela que primeiro conheceu da lide, expedindo a notificação inicial.
b) Conexão: art. 103 do CPC – Quando entre duas ou mais ações, lhes for comum o objeto ou a causa de pedir. Ex.: na reclamação trabalhista o reclamante pede horas extras e em outra requer pagamento de diferenças de repouso semanal remunerado pela integração da jornada suplementar.
c) Continência: art. 104 do CPC – Quando entre duas ou mais ações há identidade de partes e de causa de pedir, mas o objeto de uma delas é mais amplo e alcança o das outras. Ex.: ação trabalhista na qual se pede aviso prévio e férias; outra ação trabalhista postulando aviso prévio, férias, horas extras, 13º salário, FGTS e baixa na CTPS.
d) Litispendência: Há tríplice identidade (partes, pedido e causa de pedir). Neste fenômeno processual, em que há repetição de ações idênticas, a competência desloca-se para a Vara do Trabalho que primeiro notificou as partes para a audiência inicial. Uma questão interessante e controvertida na doutrina e jurisprudência se refere à existência deste instituto quando a ação trabalhista for aforada pelo sindicato e o empregado, posteriormente, resolve ajuizar uma reclamação individualmente sem a participação do sindicato. Como ele será beneficiado na ação do sindicato, alguns afirmam existir a litispendência. O entendimento majoritário se inclina pela litispendência, desde que o nome do empregado conste na inicial para considerá-lo incluído nos limites subjetivos daquela ação trabalhista intentada pelo sindicato da categoria.

4.10. O juiz de direito e a jurisdição trabalhista: art. 668 da CLT

O juiz de direito somente será considerado investido da jurisdição trabalhista se em sua localidade não existirem Varas do Trabalho instaladas, cessando, contudo, sua competência se instalada a VT, ainda que o feito se encontre na fase de execução da sentença (súmula 105 do STJ). As decisões porventura prolatadas serão revistas pelo TRT.

4.11. Conflito de jurisdição: art. 803 da CLT

a) Entre varas e juízes de direito: julgados pelo TRT – Súmula 180.
b) Entre TRT e juízes – decididos pelo TST.
c) Entre a Justiça do Trabalho e a Justiça Comum – apreciado pelo STJ.

5. Ação

Principal meio para exigir a tutela jurisdicional a um direito subjetivo lesado.

Natureza jurídica: A teoria mais moderna classifica o direito de ação como um direito subjetivo, público e abstrato, distinto do direito que visa proteger. Do Estado se requer a tutela jurisdicional para solução de um caso concreto.

5.1. Elementos da ação

a) Sujeitos: Titulares dos interesses em conflito.
b) Objeto: Refere-se ao pedido do autor, a providência buscada junto ao Órgão Jurisdicional. Pode ser mediato (a obtenção da sentença) e imediato (o objeto pretendido – recebimento das verbas trabalhistas).
c) Causa de pedir: Consiste no fundamento daquela demanda, no qual o autor narra os fatos nos quais baseou seus pleitos.

5.2. Classificação das ações

a) Ações de conhecimento: em que se verificam os atos postulatórios (pedido e defesa), probatórios (instrução) e decisórios (decisões interlocutórias e sentença). Ex.: reclamação trabalhista, ação rescisória, ação anulatória, ação civil pública.

   As ações de conhecimento podem ser:

   1) Declaratórias (afirmam o direito).
   2) Constitutivas (visam a criar, modificar ou extinguir direitos).
   3) Condenatórias (conferem ao titular do direito de requisitar a execução, impondo ao sujeito passivo a obrigação reconhecida na sentença).

b) Ações executivas: Objetivam a realização de um direito exigível; cumpre o comando imposto na decisão judicial de mérito ou outro título que a lei conceda força executiva; por exemplo, o TAC (termo de ajustamento de conduta firmado no Ministério Público).
c) Ações cautelares: Concedem ao titular de um direito uma prestação jurisdicional provisória, resguardando assim o resultado útil da decisão de mérito que vier a ser prolatada, ante a possibilidade de perecimento daquele direito e da demora na decisão final.
d) Ações mandamentais: Através destas se obtém do julgador uma ordem para garantir ou proteger direito líquido e certo passível de ser lesionado ou ameaçado de lesão por ato de autoridade. Ex. Mandado de Segurança e *Habeas Corpus*.

5.3. Pressupostos processuais

São atributos que precisam ser preenchidos pelas partes, pois, se não observados, ensejam a extinção do feito sem julgamento do pedido principal (mérito), art. 267, IV, do CPC.

a) De existência: Órgão investido de jurisdição, pedido (demanda) e partes.

b) De validade: órgão competente, não suspeito ou impedido, demanda regularmente aforada, capacidade das partes. Os incapazes serão representados em juízo (art. 8º do CPC). No processo do Trabalho, a capacidade se alcança aos 18 anos.

5.4. Condições da ação

a) Legitimidade ativa: titular do direito subjetivo lesado – empregado ou empregador.

b) Legitimidade Passiva: sujeito que deveria respeitar o direito subjetivo lesado.

A legitimidade ou *ad causam* pode ser dividida em:

1) Ordinária (quando há coincidência entre o autor e o titular do direito subjetivo).

2) Extraordinária (nas hipóteses previstas em lei, que autoriza alguém que não é o titular do direito subjetivo, em nome próprio, defender direito alheio). Ex.: substituição processual – art. 6º do CPC. No processo do trabalho o sindicato sempre é o substituto oficial, não existindo a diversidade de substituto que encontramos na Justiça Comum.

Atenção: A legitimidade *ad causam* não se confunde com a legitimidade *ad processum*, pois esta se relaciona com a capacidade da parte para demandar em juízo, podendo ser necessária, em algumas situações, a representação ou assistência. Na Justiça Especializada os menores são representados, seja por seu representante legal, seja, na ausência deles, pelo Ministério Público (art. 793 da CLT).

c) Possibilidade jurídica do pedido: Não existe em nosso ordenamento jurídico nenhuma vedação ao que postula o autor.

d) Interesse de agir: A providência jurisdicional vindicada deve ser útil e necessária para o autor.

O não preenchimento de qualquer dessas condições ensejará a extinção do feito sem resolução do mérito, na forma do art. 267, VI, do CPC.

5.5. Cumulação de pedidos (objetiva)

A cumulação se verifica quando em um processo são reunidos diversos pleitos que poderiam subsistir em outra ação autônoma. Na Justiça do Trabalho é comum a cumulação de pedidos (objetiva), em razão da relação jurídica existente entre os atores sociais.

Requisitos para viabilizar a cumulação: art. 292 § 1º do CPC: compatibilidade entre os pleitos, competência do juízo, procedimento adequado.

5.6. Cumulação de partes (subjetiva)

Também denominada litisconsórcio. É a aglutinação, originária ou superveniente, voluntária ou coacta em um ou ambos os pólos da mesma demanda judicial. Pode ser:

1) Facultativa: As partes resolvem se litisconsorciar por motivos diversos, inclusive, economia processual e divisão de despesas.
2) Necessária: Há cumulação por exigência legal – art. 47 do CPC.
3) Unitário: Uma decisão para todos igualmente.
4) Simples: As decisões neste tipo de cumulação podem ser diferentes.
5) Ativo: Pluralidade de autores/reclamantes.
6) Passivo: Pluralidade de réus/reclamadas.
7) Originário: Desde o ajuizamento da ação.
8) Superveniente: Após o ajuizamento, com a defesa.

O art. 842 da CLT disciplina os litisconsórcios originário, ativo e facultativo.

5.7. Intervenção de terceiros

Terceiro é todo aquele que não é parte no processo, não figura como autor/reclamante ou réu/reclamado na relação processual estabelecida. A CLT é omissa quanto a este instituto, e durante muito tempo alguns doutrinadores afirmaram que o processo do trabalho não se compatibilizava com ele, pois alcançaria uma relação estranha aquela firmada entre o trabalhador e o empregador, escapando dos limites da competência material previstos no art. 114 da Constituição Federal.

O CPC elenca as seguintes hipóteses:

a) Assistência: Art. 50 CPC: Ato pelo qual um terceiro, voluntariamente, ingressa no feito em razão de interesse jurídico no resultado favorável ao assistido. Pode ser: simples (art. 50 CPC) ou litisconsorcial (art. 54 do CPC) e súmula 82 TST.
b) Oposição: Art. 56 do CPC: O terceiro busca se opor às partes na defesa de seus próprios interesses. Exemplo na Justiça do Trabalho: oposição incidental nos dissídios coletivos, quando dois ou mais sindicatos pretendem o reconhecimento de sua legitimidade como suscitante ou suscitado.
c) Denunciação à lide: Art. 71 do CPC: Constitui ação incidental, aforada pelo autor ou réu, com o fito de obter uma condenação que lhe assegure o ressarcimento contra o terceiro, que será condenado na mesma sentença. É obrigatória. Exemplos: evicção, sucessão.

d) Chamamento ao processo: Art. 77 do CPC: Não é obrigatório, facultando-se ao réu chamar os demais coobrigados para integrar o pólo passivo daquela demanda, na qualidade de litisconsortes, submetendo-os aos efeitos da sentença. Ex. no processo do trabalho: solidariedade (grupo econômico – art. 455 da CLT).

Essas hipóteses de cumulação de partes podem se misturar, como: facultativo e simples, necessário e unitário.

5.8. Desistência da ação

Momento Processual: A qualquer tempo antes da defesa, o autor pode desistir (art. 267, § 4º CPC), cabendo lembrar que no processo do trabalho, a defesa é entregue em audiência, assim a desistência pode operar-se até o momento da audiência de instrução. Após essa oportunidade, somente é possível a desistência com a concordância do réu/reclamado. A desistência só produz seus efeitos, qual seja, a extinção do feito sem resolução do mérito (art. 267, VIII, do CPC), após sua homologação judicial.

Este instituto processual distingue-se do reconhecimento do pedido pelos seguintes aspectos: a desistência é formulada pelo autor, até a defesa, e acarreta a extinção sem resolução do mérito. O reconhecimento do pedido é formulado pelo réu/reclamado, em qualquer fase do processo e enseja a extinção com julgamento do mérito (art. 269, II, do CPC). No caso do litisconsórcio, se apenas um deles desistir, a demanda prosseguirá quanto aos demais, conforme art. 298 do CPC.

5.9. Representação processual

Ao contrário do CPC, que estabelece que as partes não podem demandar sem o patrocínio de um advogado (art. 36 CPC), no processo do trabalho é assegurada às partes o *jus postulandi*, ou seja, o direito de postular em juízo autonomamente, sem nenhum advogado (art. 791 e 839 da CLT). Todavia, tal prática atualmente quase não se verifica, na medida em que poderia causar muitos prejuízos às partes, sobretudo no manejo dos recursos cabíveis, das provas a produzir.

Para demandar, o advogado deve estar regularmente constituído nos autos, através de procuração (art. 38 CPC), podendo praticar atos urgentes sem mandato, mas exige-se que providencie a regularização da representação em no máximo15 dias. No processo do trabalho, a figura do mandato tácito é muito comum, dada a informalidade que norteia esse processo especial, permitindo-se que o advogado que compareceu à audiência de conciliação e consignou seu nome na Ata possa praticar os atos necessários para o foro em geral (Súmula nº 164 do TST).

Art. 12 do CPC: Trata da representação de pessoas jurídicas, partes formais e entes públicos, prevalecendo para os entes públicos o mandato legal (OJ nº 149, 52, 200 da SDI-I do C.TST).

5.10. Sucessão processual

Pode ocorrer *inter vivos* (ex.: sucessão de empregadores, art. 10 e 448 da CLT) ou *causa mortis* (no caso de falecimento das partes, assumem os herdeiros).

6. Procedimento ordinário

O dissídio individual trabalhista inicia-se com a fase postulatória, que pode ser escrita (art. 840, § 1º da CLT) ou verbal (art. 840 da CLT), mais rara atualmente. A inicial deve observar os requisitos do art. 282 do CPC, dirigida ao Juiz do Trabalho do local da prestação de serviços, contendo os pedidos e seus fundamentos, nome e qualificação das partes.

O juiz poderá determinar a emenda da inicial se não observado o art. 282 do CPC.

Expede-se a notificação postal com a segunda via para o reclamado, assim que distribuída a inicial, comunicando o dia, horário e local da audiência de conciliação e julgamento (art. 841 da CLT), noticiando também ao reclamante.

A notificação enviada via postal, presume-se seu recebimento em 48 horas após a expedição, sendo esta uma presunção relativa, cabendo à parte interessada o ônus de provar seu recebimento após o prazo regular – Súmula nº 16 do TST.

No processo trabalhista a notificação não é pessoal, presumindo-se seu recebimento no local onde o empregador exerce suas atividades.

A citação por oficial de justiça também é modalidade prevista para a execução (art. 880, § 2º, da CLT); ex.: se o reclamado for incapaz ou oferecer resistência.

Citação por edital – art. 231 do CPC: Utilizada no processo do trabalho quando o reclamado possui endereço desconhecido.

A citação por carta precatória ou rogatória é manejada no processo do trabalho observando a regulamentação do CPC, arts. 202 a 212, ante a omissão da CLT. Muitas varas do trabalho se socorrem da publicação no diário oficial para realizar impulso processual ou informar o início do prazo recursal; todavia, a CLT é expressa quanto à notificação via postal, prevalecendo a publicação somente quando a parte inequivocamente tomar ciência do ato.

6.1. Modelo de petição inicial de reclamação trabalhista

EXCELENTÍSSIMO SENHOR JUIZ DO TRABALHO DA MMª VARA DO TRABALHO DO RIO DE JANEIRO

CAIO TIBURCIO, brasileiro, solteiro, residente e domiciliado na Rua ...CEP:..., por intermédio do procurador constituído, vem ajuizar, *nos termos do art. 852-A, da Consolidação das Leis do Trabalho*,

RECLAMAÇÃO TRABALHISTA

em face de EMPRESA TAL E TAL, localizada na Rua ...., nº ..., Rio de Janeiro/RJ, C.E.P: ...., pelas razões de fato e de direito que passa a expor:

O Reclamante foi admitido, em... (data completa), para prestar, na condição de (função), da Reclamada.

Responsabilizava-se pela realização das tarefas... (descrição das atividades).

Não teve anotada, porém, sua Carteira de Trabalho e Previdência Social.

Foi avençado pagamento de salário mensal equivalente a R$ ....(reais).

Trabalhava de segunda a sábado no horário de..., e folga semanal aos....

No dia ....(data da dispensa), foi dispensado, sem justa causa e sem aviso prévio.

A Reclamada jamais pagou 13º salário.

Quando do rompimento do contrato, não efetuou o pagamento das férias e 13º salário proporcionais.

As férias relativas ao período compreendido entre ..... e ...... não foram indenizadas.

O saldo salarial, referente aos últimos.... (quantidade exata) dias de efetiva prestação de serviços, também não foi quitado.

Ademais, o trabalho realizado, durante todo o período de vigência do contrato, nos domingos e feriados, sem qualquer folga compensatória, gera o direito à correspondente remuneração, em dobro, na forma da Lei nº 605/1949 (observando-se o entendimento consubstanciado na Orientação Jurisprudencial 93, da Colenda Seção Especializada em Dissídios Individuais, do Egrégio Tribunal Superior do Trabalho).

PELO EXPOSTO, o Reclamante postula o reconhecimento judicial do vínculo empregatício, nas condições acima apresentadas, e, conseqüentemente, a condenação da Reclamada na obrigação de anotar a respectiva Carteira de Trabalho e Previdência Social, desta fazendo constar o salário avençado; admissão, em ...., e baixa em .... (em virtude da projeção do aviso prévio – Orientação Jurisprudencial 82, da Colenda Seção Especializada em Dissídios Individuais, do Egrégio Tribunal Superior do Trabalho), com o pagamento das seguintes parcelas:

A) saldo salarial, referente aos últimos dias de efetiva prestação de serviços...R$ .... (... reais);

B) aviso prévio, com a integração do respectivo período no tempo de serviço, para todos os efeitos legais..............................R$ .... (....... reais);

C) férias relativas ao período compreendido entre .... de e ....(data precisa), com o terço constitucional..R$ .... (......... reais);

D) .... dias de férias, relativos ao período compreendido entre .... com o terço constitucional (em dobro, na forma do art. 137, da Consolidação das Leis do Trabalho, combinado com o art. 2º, do Decreto nº 71.885/1973)........................ R$ ..... (.... reais);

E) férias proporcionais, na fração de 03/12 (três doze avos), com o terço constitucional, já considerada a projeção do período relativo ao aviso prévio .... R$ .... (...... reais);

F) décimos terceiros salários relativos aos anos de .... R$ .... (.................. reais);

G) décimo terceiro salário proporcional, na fração de ....(......), já considerada a projeção do período relativo ao aviso prévio .... R$ .... (.......... reais);

H) remuneração, em dobro, na forma da Lei nº 605/1949, do trabalho nos domingos e feriados havidos em todo o período de vigência do contrato (observando-se o entendimento consubstanciado na Orientação Jurisprudencial 93, da Seção Especializada em Dissídios Individuais, do Egrégio Tribunal Superior do Trabalho)........................ R$ .... (.............. reais)

Requer, ainda:

Que, sobre os valores correspondentes aos direitos ora postulados, incidam juros e correção monetária (aqueles, desde o ajuizamento da Reclamação, sobre o valor da condenação, já atualizado monetariamente);

Que, ante as irregularidades perpetradas pela Reclamada, seja expedido ofício ao Instituto Nacional do Seguro Social, para que, no âmbito de suas atribuições, adote as providências cabíveis;

Que as *INTIMAÇÕES* relativas aos atos processuais praticados sejam encaminhadas ao endereço do Reclamante, aqui indicado.

O Reclamante requer, finalmente, a citação da Reclamada para comparecer à Audiência de Conciliação, Instrução e Julgamento, a fim de que, desejando fazê-lo, se defenda, sob pena de ser declarada a sua revelia, com a conseqüente presunção da veracidade dos fatos nesta petição afirmados.

Protesta pela produção de todas as provas em Direito admitidas e, desde logo, pela tomada do depoimento pessoal da Reclamada.

Atribui à causa o valor de R$ ....(.................. reais), para os fins de alçada.

Em atenção ao disposto no art. 4º, da Lei nº 1.060/1950, a Reclamante declara, ciente das repercussões legais desta declaração, não ter condições de responder pelas despesas do processo, solicitando, assim, que lhe sejam concedidos os benefícios da assistência judiciária gratuita.

Nestes termos,
Espera o integral acolhimento dos pedidos.
Rio de Janeiro, (data completa)

7. Procedimento sumaríssimo

Lei nº 9.957/2000: Introduziu modificações aos arts. 852-A a 852-I e 895 a 987-A da CLT.

Hipótese legal: Causas que não ultrapassem valor de 40 vezes o salário mínimo vigente na data do ajuizamento da ação trabalhista.

Segundo a melhor doutrina não há inconstitucionalidade nesta limitação, eis que a Lei Maior apenas veda a utilização do salário mínimo como fatos de correção de obrigações, a fim de desestimular a inflação, não se aplicando de forma mais ampla tal restrição, como ocorre nos recursos ou valores de alçada, que visam a emprestar maior celeridade aos feitos trabalhistas.

Exceções: demandas em que a Administração Pública, autárquica ou fundacional seja parte.

O art. 2º da lei 5.584/1970 teria sido revogado pela lei 9.957/2000?

Resposta: Atualmente com a lei 9.957/2000, temos dois procedimentos mais céleres: sumaríssimo da mencionada lei e o dito sumário da lei 5.584/1970, nas causas de alçada exclusiva das varas. Este é o entendimento da melhor doutrina, qual seja, a lei 9.957/2000 criou regra geral (exige a determinação dos pleitos associado ao valor), não revogando a regra especial do art. 2º da lei 5.584/1970 (nesta lei fala-se em pedido indeterminado, sendo o norte tão-somente o valor da causa).

7.1. Petição inicial

Deve conter:

a) Pedido certo e determinado, indicando o valor correspondente.
b) Citação: postal (regra geral), sendo vedada a editalícia.
c) A ação deve ser incluída em pauta em 15 dias.

Efeitos:

1) Arquivamento, se não atendida as letras a e b.
2) Pagamento de custas, havendo isenção para o autor beneficiário da justiça gratuita.

Há possibilidade de concessão de tutela antecipada desde que atendidos os requisitos do art. 273 do CPC.

7.2. Audiência de instrução e julgamento

É una a audiência nas causas de procedimento sumaríssimo; os incidentes serão resolvidos antes da sentença, e esta será proferida nesta oportunidade; o princípio da conciliação também aqui se manifesta, podendo o juiz empreender esforços para uma solução amigável.

7.3. Provas

Todas as admitidas em direito, possuindo o juiz ampla liberdade para indeferir as irrelevantes, observando-se o ônus de cada parte (arts. 818 da CLT e 333 do CPC).

7.4. Escolha do rito processual

É lícito ao jurisdicionado optar pelo procedimento ordinário em detrimento do sumaríssimo? Pode o juiz converter o rito sumaríssimo em ordinário ou vice-versa?

Resposta: Utilizando inadequadamente a parte o procedimento sumaríssimo, casos em que os pedidos são superiores ao patamar legal, o juiz deve realizar a imprescindível adequação, adotando o procedimento ordinário, aproveitando os atos processuais praticados; acerca da eleição pela parte do rito ordinário, a Lei nº 9.957 não previu a possibilidade de renúncia ao rito sumaríssimo à semelhança do que fez a Lei nº 9.099/1995 (rito sumário cível), cabendo salientar que o direito do trabalho não se harmoniza com renúncia de direitos, especialmente aqueles estabelecidos em normas de ordem pública. A grande celeuma ocorre quando a parte lança mão do procedimento sumário em detrimento do sumaríssimo, temos 3 correntes: 1ª) o juiz deve extinguir o feito sem apreciação do mérito, vez que a lei 9.957 é imperativa, não podendo ser afastada pela vontade das partes; 2ª) mais flexível, admite tal opção quando o rito sumaríssimo inviabilizaria o prosseguimento da ação. Exemplos: quando desconhecido o endereço da outra parte; pedidos cuja apuração dependa de perícia; cálculos de grande complexidade. Nestes casos, a porta do Judiciário não pode ser fechada, sob pena de violação ao art. 5º, XXXV, da CF. A própria Lei nº 9.957, ao consagrar a inquisitoriedade, assegurou instrumentos de condução e direção do processo comum, vide arts. 852-D e 852-I, § 1º, da CLT. Sendo o rito sumaríssimo impraticável ou prejudicial à parte, há que se admitir a conversão, solução também do cível (art. 277 § 5º, CPC).

7.5. Reconvenção

Incompatível com o procedimento sumaríssimo, devendo ser apresentada defesa comum, eis que inviável com a concentração imposta pelo art. 852-6 e 852-H da CLT.

7.6. Litisconsórcio

No processo do trabalho a regra é o litisconsórcio facultativo; contudo, deve ocorrer com a inicial, sendo evitado nas hipóteses em que gerar empecilho a celeridade legal imposta ao procedimento sumaríssimo.

7.7. Sentença

A lei exige uma breve exposição dos fatos, sendo desnecessário relatório; assim o juiz estará obrigado a noticiar a defesa, a instrução, os debates orais e as tentativas de conciliação, que são os fatos essenciais da audiência, aplicação do princípio da oralidade. Contudo, a fundamentação é exigida pela Lei nº 9.957/2000, sendo essencial (art. 852-I da CLT), acarretando a nulidade sua ausência. O princípio da identidade física do juiz no rito sumaríssimo é exigido, ante a concentração dos atos de instrução e julgamento.

7.8. Recursos

a) Cabe recurso ordinário da decisão da vara para o TRT; o parecer do Ministério Público é oral, na sessão de julgamento.
b) Com relação ao recurso de revista, não será admitido com base em divergência jurisprudencial, sendo possível apenas quando: 1) existir violação da CF; 2) a decisão estiver em desacordo com súmula de jurisprudência dominante do TST.
c) Cabem embargos de declaração.

8. Recursos

Formas de impugnação (de provocar o reexame da matéria) das decisões judiciais:

- recursos
- ações autônomas
  - rescisórias
  - anulatórias

8.1. Princípios aplicáveis aos recursos

a) Princípio do duplo grau de jurisdição: É a possibilidade de sujeitar à decisão a reexame em grau superior, visando diminuir os erros ou injustiças (art. 5º, LV, CF). Decisões contra a fazenda pública sujeitam-se ao duplo grau obrigatório: art. 1º, V – Dec. 779/1969.

Art. 475 – CPC

Súmula nº 303- TST

Art. 12, § único – Lei nº 1533/1951

Exceções ao duplo grau:

1) Sentença prolatada em dissídios de alçada das Varas do Trabalho, salvo se versar sobre matéria constitucional.
2) Decisões em exceções de suspeição e incompetência, salvo se terminativas (art. 799,§ 2º, CLT).
3) Termo de acordo (art. 836, parágrafo único da CLT).
4) Decisão que nega liminar em mandado de segurança.
5) Acordo em dissídio coletivo homologado pelo Tribunal, salvo se o recurso for interposto pelo Ministério Públlico (Lei nº 7.701/1988, art. 7º, § 5º).
6) sentença homologatória de laudo arbitral – Lei nº 9.099/1995, art. 41.

b) Princípio da unirrecorribilidade: Existe um tipo de recurso para cada decisão.

Exceções:

1) Interposição simultânea de Recurso Extraordinário e Recurso Especial.
2) Embargos Infringentes / Recurso Extraordinário.

c) Princípio da variabilidade: Art. 809, CPC/1939, mas ainda admitido na nova sistemática processual. Ocorre quando a parte interpõe equivocadamente um recurso, desiste e interpõe o correto, desde que no prazo.
d) Princípio da fungibilidade: Art. 810, CPC/1939, também aceito nos tribunais. O recurso interposto sob denominação errada pode ser aproveitado, salvo se ocorrer má-fé ou erro grosseiro.
e) Princípio da *non reformatio in pejus*: Art. 512, CPC – reforma para agravar a situação do vencido é vedada.
f) Lesividade = sucumbência.
g) Princípio de intertemporalidade: Se a lei criou novo recurso para determinada decisão, este somente valerá para os atos posteriores à promulgação da lei. Respeito aos recursos interpostos sob a égide da lei antiga.

8.2 Princípios específicos da Justiça do Trabalho

a) Princípio de instrumentalidade das formas: Art. 899, CLT. Na JT os recursos são interpostos por "simples petição".

b) Da irrecorribilidade das decisões interlocutórias: Art. 893, § 1º, CLT c/c S. 214, TST.
c) Princípio da devolutividade: Os recursos são recebidos no efeito meramente devolutivo, admitindo-se a execução provisória da sentença até a penhora (art. 899, CLT).

8.3. Pressupostos recursais

a) Subjetivos: ligados à legitimidade para recorrer (legitimação, capacidade, interesse):

- Parte Sucumbente (pode ser recíproca)
- Terceiro Interessado
- Ministério Público

Atenção ao recurso no litisconsórcio:

Regra geral: Um litisconsorte recorre, todos se beneficiam (art. 509, CPC), salvo se os interesses forem distintos.

b) Objetivos: São ligados ao recurso intrinsecamente.

b.1) Tempestividade: Na JT são oito dias, com exceção para os embargos declaratórios e revisão alçada.

Os litisconsortes representados por diferentes procuradores terão prazo em dobro (art. 191,CPC). União/Estados/Municípios/Autarquias/Fundações e o Ministério Público também têm prazo em dobro (art. 188,CPC c/c DL 779/1969, art. 1º).

b.2) Irrecorribilidade das decisões interlocutórias: São irrecorríveis na Justiça do Trabalho, bem como os dissídios de alçada exclusiva da vara.

c) Preparo

c.1) Custas: Súmula nº 36- ações plúrimas; OJ nº 158 SDI-1/TST – recolhimento via DARF eletrônico; OJ nº 104 SDI-1, condenação acrescida; Súmula nº 53 do TST, contagem do prazo da intimação do cálculo; art. 789, § 1º, CLT (pagamento e comprovação dentro do prazo de interposição do recurso).

c.2) Depósito: art. 899, § 4º e 5º da CLT, IN 03/93 e 26/2004 do C. TST – efetivado dentro do octídio legal, na conta vinculada do empregado.

Atenção: Questão dos honorários periciais: são considerados despesas e não parcela da condenação para a melhor doutrina.

d) Singularidade: Um recurso para cada decisão.

e) Adequação: O recurso próprio deve ser observado, porém há a flexibilidade da fungibilidade.

f) Legalidade: O recurso deve estar previsto em lei.

8.4. Efeitos Recursais

a) Suspensivo: Quando o apelo suspende o processo até julgamento do recurso, impede totalmente a execução.
b) Devolutivo: Art. 515, CPC. O apelo devolve ao órgão *ad quem* o conhecimento da matéria impugnada, não atingindo a execução.

Obs.: Na Justiça do Trabalho é comum a utilização da cautelar inominada para emprestar efeito suspensivo ao RO.

c) Regressivo: Opera-se quando o recurso se dirige ao mesmo órgão prolator de decisão recorrida. Ex.: Embargos declaratórios.
d) Diferido: Ocorre quando a apreciação de um recurso depende do julgamento de outro, interposto simultaneamente, mas versando sobre matéria diversa. Ex.: Recursos extraordinário e especial.

9. Recursos em espécie

9.1. Recurso ordinário = apelação cível (art. 895, CLT)

Cabível das decisões das varas do trabalho e das decisões de processos originários dos TRT (rescisórias, mandados de segurança, dissídios coletivos). Interponível em face das decisões que ponham fim ao processo com ou sem apreciação do mérito.

Prazo = oito dias (partes comuns) ou dezesseis dias (ente público e o Ministério Público), bem como listisconsórcio com patronos diferentes (art. 191, CPC).

Pode ser de ofício na hipótese de condenação do Poder Público (Dec. Lei nº 779/1969, art. 1º, V, c/c art. 475, II, CPC; Súmula nº 303, TST).

Efeitos: meramente devolutivo, via de regra, podendo ocorrer a execução provisória até a penhora.

Preparo:

a) Custas: Súmula nº 352 TST e Art. 789 § 1º CLT
b) Depósito: Art. 899, § 4º e 5º da CLT, IN 03/93 e 26/2004 do C. TST – efetivado dentro do octídio legal, na conta vinculada do empregado.

Discute-se na Doutrina se o Recurso Ordinário seria cabível da decisão dos embargos de terceiro. Para a maioria, sim, pois este é uma ação incidental e autônoma.

Para outros caberia agravo de petição, sendo os embargos de 3ª medida utilizada para liberação de bem contristado judicialmente, independente do momento processual. Uma terceira corrente admite o recurso ordinário contra embargos opostos por fase cognitiva e o agravo de petição, se foram opostos na fase executória.

9.2. Embargos de declaração

Prazo: Cinco dias/ art. 897-A da CLT.

A CLT não prevê tal medida como recurso, porém, a doutrina e jurisprudência são unânimes em admiti-lo como recurso especialíssimo, não sujeito a duplo grau.

Os embargos de declaração visam esclarecer alguma dúvida, omissão ou contradição da decisão. Função "acrisoladora".

Importantíssimo para prequestionar matéria que vier a ser objeto de recurso de revista: Súmulas nº 184 e 297 TST e Súmula nº 356 STF / Súmula nº 278 TST – efeito modificativo do julgado.

9.3. Agravo de instrumento

Art. 897 CLT, "b", CLT.

Cabimento: de negativa de seguimento de qualquer recurso. Objetiva destrancar recursos na Justiça do Trabalho, ao contrário da Justiça Comum, em que se utiliza para impugnar decisões interlocutórias.

IN 06/ de 08/02/1996 – uniformizou o procedimento do AI na JT.

IN 16/ de 05/10/2000 – uniformizou a interpretação da lei nº 9.756 de 17/12/1998 para o agravo de instrumento da Justiça do Trabalho;

Provimento do TST/CGJT, nº 1 de 14/11/2001 – uniformizou as rotinas de processamento dos agravos de instrumento nos autos principais.

Admissibilidade:

* súmula 272 TST
* prazo 8 dias.
* peças do traslado são de responsabilidade das partes: § 5º do art. 897 da CLT; são peças obrigatórias e facultativas.
* não tem preparo.

Efeito: Devolutivo, podendo ocorrer suspensão quando: CPC art. 527, II, c/c art. 558 e 520, IV CPC.

9.4. Recurso de revista

Art. 896, CLT.

Visa a uniformizar a jurisprudência dos tribunais trabalhistas, tendente a dirimir apenas questões jurídicas (técnicas), pertinentes à aplicabilidade ou interpretação de dispositivos legais, normativos ou contratuais. Não admite revolvimento de fatos e provas (súmula nº 126 TST).

Prazo: Oito dias/dezesseis dias (Ministério Público, entes do Decreto-lei nº 779/1969).

Preparo:
Súmula nº 128 TST
Súmulas nº 221 TST – Interpretação razoável.
297 TST – Prequestionamento.
296 TST – Divergência específica sobre o tema.

Multa: Quando manifestamente protelatórios.
Súmula 98 STJ: Os embargos que visam prequestionar não podem ser tidos como protelatórios.

Requisitos de admissibilidade extrínsecos do recurso revista: { prazo de 8 dias; preparo }

Requisitos de admissibilidade intrínsecos: A comprovação de alguma das hipóteses elencadas pelo art. 896 CLT.

9.5. Agravo de petição

a) Art. 897, alínea *a*, da CLT.
b) Recurso específico do processo de execução trabalhista.
c) Prazo de 8 dias.
d) Preparo: não há custas nem depósito, pois geralmente o juízo de execução já se encontra garantido em razão do depósito efetuado por ocasião dos embargos à execução.

Pressuposto específico do agravo de petição: delimitação da matéria impugnada, sob pena de não conhecimento: art. 897, § 1º, da CLT.

9.6. Agravo regimental

Previsto nos regimentos internos dos tribunais e no TRT/1ª Região tem prazo de 8 dias (art. 113 RI).

Não há custas.

Hipóteses comuns na Justiça do Trabalho:

a) Indeferimento liminar de mandado de segurança, rescisória. Dissídio coletivo.
b) Despacho que concede ou nega liminar em M. Seg. e cautelares.
c) Decisões proferidas pelo Corregedor, julgadas pelo Órgão Especial

10. Modelos de recursos

10.1. Agravo de petição

EXMO. SR. DR. JUIZ DO TRABALHO DA .... VARA DO RIO DE JANEIRO (juízo de execução)

Nome do agravante (geralmente empregador), nos autos da ação trabalhista nº....., que se encontra em execução, vem mui respeitosamente, por seu advogado infra-assinado, perante V. Exa., não se conformando com o r. decisão de fls.. que julgou os embargos à execução, com fundamento no art. 897, letra "a" da CLT, apresentar

AGRAVO DE PETIÇÃO

pelos motivos deduzidos nas razões em anexo.

Termos em que, requer se digne V. Exa. deferir o processamento do presente, imediatamente à Superior Instância.

P. Deferimento.
Rio de Janeiro,........ (data completa)

Nome do advogado signatário
OAB/RJ....

Órgão Julgador: EXMO. SR. DR. DESEMBARGADOR FEDERAL DO TRABALHO DO TRIBUNAL REGIONAL DO TRABALHO DA ...REGIÃO

AGRAVANTE:
AGRAVADO:

RAZÕES DO AGRAVO DE PETIÇÃO

Egrégia Turma,

Impõe-se o recebimento e provimento deste agravo de petição, a fim de modificar a decisão prolatada nos autos dos embargos à execução opostos, que restaram rejeitados, vez que, a r. decisão violou o princípio constitucional da ampla defesa, ao negar o reconhecimento da citação pessoal nos moldes do art. 880 da CLT.

Ora, os documentos acostados evidenciam que a agravante não foi citada conforme determina o dispositivo da CLT, o que ocasionou graves prejuízos relacionados ao exercício pleno de sua ampla defesa.

Mencionar especificamente os prejuízos para a reclamada, inclusive destacando os atos de constrição sofridos, podendo assinalar divergência quanto aos valores homologados em liquidação. (delimitação da matéria impugnada)

Diante dos argumentos expendidos e comprovados através da farta prova documental produzida, espera o agravante seja seu recurso conhecido e provido, para determinar a observância do que preceitua o art. 880 da CLT, bem como a correção dos erros existentes nos valores homologados, excluindo o anatocismo perpetuado pelo juízo de execução, em respeito ao princípio basilar da ampla defesa.

Nestes Termos

Pede Deferimento.

Rio de Janeiro,..........(data completa)

Nome do advogado signatário

OAB/RJ

10.2. Recurso ordinário

EXMO. SR. DR. DESEMBARGADOR RELATOR DO AR/- DR.

FULANO DE TAL E TAL, através do seu procurador infrafirmado (doc. fl.), nos autos da Ação Rescisória nº, em que figuram como autor.......... e como réu...., com fulcro nos art. 896 da CLT, vem interpor RECURSO ORDINÁRIO contra o v. acórdão proferido pela Seção Especializada em Dissídios Individuais do Tribunal Regional do Trabalho da Primeira Região, nos termos das razões em anexo, requerendo sua remessa ao Egrégio TST, para apreciação e julgamento.

Nestes Termos
Pede Deferimento.

Rio de Janeiro,

Nome do advogado
OAB/RJ

RAZÕES DO RECURSO ORDINÁRIO

RECORRENTE:
RECORRIDO:

COLENDO TRIBUNAL SUPERIOR DO TRABALHO

Como se pode depreender do exame dos autos, o cerne da questão se relaciona com a nulidade da contratação ocorrida em ..... (posterior à Constituição Federal de 1988), inexistência de vínculo empregatício e o pagamento das verbas salariais vindicadas em reclamação trabalhista julgada procedente.

A Seção Especializada do TRT/Região/, julgou improcedente a rescisória ajuizada pela .... do que objetivava atacar a sentença de primeiro grau, que teria transitado em julgado, sob a alegação de violação literal do texto da Lei Maior, precisamente, os arts. 37, II, e 84, XXV, bem como os arts. 10 e 79 da Lei nº 8.112/1990.

A decisão ora impugnada manteve a decisão da VT que condenou a citada ré a pagar as verbas vindicadas na exordial, mas não reconheceu o vínculo empregatício.

Compulsando os documentos adunados em cotejo com as alegações das partes, verifica-se que houve efetivamente prestação de serviços subordinados nos moldes do art. 3º da CLT, caracterizadores da relação de emprego, todavia, não restou declarado o vínculo com a reclamada.

Ora, verificando-se a prestação de serviços essenciais e subordinados a configurar a relação de emprego, temos que o reconhecimento do vínculo se impõe, pois, o trabalho prestado, há que ser remunerado por aplicação do princípio da irretroatividade que predomina no Direito do Trabalho, ou seja, não há como restituir ao obreiro sua força dispendida na execução das tarefas, caso contrário, estaríamos agasalhando o enriquecimento ilícito do empregador.

Este posicionamento vem sendo adotado pela melhor doutrina e compatibiliza-se com o entendimento da jurisprudência dominante do C.TST.

No que se refere ao pagamento das verbas salariais, a v. decisão está em dissonância com a interativa jurisprudência da SDI do C.TST.

Em assim sendo, resta patente que a decisão hostilizada está em desacordo com a jurisprudência dominante do C.TST, razão pela qual demonstrada encontra-se a alegada violação legal a autorizar o recurso.

Destarte, merece reparo o v. acórdão para incluir na condenação todas as parcelas possuem natureza contraprestacional, em sentido amplo, por devidas face a prestação de serviços efetivada, de forma a evitar-se o enriquecimento sem causa do empregador, ora recorrido.

Diante do exposto, espera o recorrente que seja conhecido e provido o apelo, para reformar a decisão atacada, com o fito de incluir na condenação as parcelas outrora deferidas, bem como a anotação da CTPS restabelecendo assim a ordem jurídica violada.

Nestes termos

Pede Deferimento.

Rio de Janeiro,

10.3. Contra-razões em recurso ordinário

EXCELENTÍSSIMO SENHOR JUÍZ DO TRABALHO DA MM. ...ª VARA DO RIO DE JANEIRO

PROCESSO Nº

RECLAMANTE:

RECLAMADO:

FULANINHO DE TAL, vem, respeitosa e tempestivamente, à presença de Vossa Excelência, nos autos do processo acima indicado, apresentar contra-razões ao Recurso Ordinário interposto pelo Reclamado, às fls. ...., requerendo que, após cumpridas as formalidades legais pertinentes, sejam as mesmas encaminhadas à MMª Instância Revisora.

Nestes termos,

Pede deferimento.

Rio de Janeiro, ...

EXCELENTÍSSIMOS SENHORES JUÍZES INTEGRANTES DA COLENDA ......ª TURMA, DO EGRÉGIO TRIBUNAL REGIONAL DO TRABALHO DA PRIMEIRA REGIÃO,

PROCESSO Nº

RECLAMANTE:

RECLAMADO:

FULANINHO DE TAL, por intermédio de seu procurador, vem, respeitosamente, à presença de Vossas Excelências, nos autos do processo acima indicado, apresentar contra-razões ao Recuso Ordinário interposto pelo Reclamado, às fls.

E o faz, nos seguintes termos:

DO RECONHECIMENTO DO VÍNCULO DE EMPREGO

Nestes autos, o reconhecimento da existência de vínculo de emprego entre os Litigantes era medida que se impunha.

O r. pronunciamento de Primeiro Grau, na parte em que entendeu ter havido, entre os litigantes, autêntica relação de emprego, apenas reflete o brilho da Autoridade Judiciária da qual proveio.

Isto porque, observado o teor da peça de defesa, concluir-se-á que restou *incontroverso* que o Reclamante foi selecionado pelo Reclamado, para, depois de por este cadastrado, prestar serviços como "auxiliar de serviços gerais", nas respectivas dependências, utilizando uniforme e atendendo aos interesses dos associados na *prática de esportes* (contestação, fls.).

Em seu depoimento, a testemunha arrolada pelo Reclamado afirmou que o reclamante, normalmente, "se apresentava ao encarregado do setor, Sr. Fulaninho, quando preenchia uma ficha". O preposto, por sua vez, confirmou que, o Reclamado "o cadastrou para o ingresso na atividade laborativa".

Resta claro, portanto, o Réu fazia a seleção dos contratados e, portanto, os admitia.

Como dito, o "auxiliar", após a sua admissão, embora não fosse formalmente reconhecido como empregado, era cadastrado.

Ademais, o próprio preposto admite que não interferia na escolha dos auxiliares, fato confirmado pela testemunha do Réu ("a lotação dos auxiliares é feita na portaria ao ingressarem na Ré").

Era, em suma, o Reclamado quem selecionava, admitia e, finalmente, cadastrava os "auxiliares".

Assim, diversamente do afirmado em defesa (e reafirmado em Recurso), pode-se concluir, inclusive pela análise dos termos desta, que estão presentes, na hipótese ventilada nestes autos, todos os signos de uma *autêntica relação de emprego, restando INQUESTIONÁVEL O ACERTO DA R. DECISÃO RECORRIDA.*

O próprio Reclamado admitiu que as "tarefas de 'auxiliar" visam à "diminuição do desgaste físico dos demais empregados" "que, no seu âmbito, praticam outras tarefas, facilitando-lhes o respectivo labor" (contestação, fls.).

Causa perplexidade, entretanto, que, pretendendo poupar seus empregados mais gabaritados de DESGASTE FÍSICO, contrate auxiliares, destes tomando a força de trabalho (E, PORTANTO, CAUSANDO-LHES IGUAL "DESGASTE FÍSICO"), recusando-se a reconhecê-los formalmente como empregados, de forma a garantir-lhes todos os direitos trabalhistas e previdenciários deste reconhecimento oriundos.

Ademais, conforme a Constituição da República/1988, todos os que, no exercício de uma atividade, se valem da força de trabalho alheia devem garantir àqueles que a despendem todos os direitos legalmente estabelecidos.

Observe-se, ainda, que, conforme reconhece o preposto do Reclamado, a admissão de auxiliares se dá "de acordo com a necessidade da Ré pela quantidade de tarefas por turno". A testemunha da Ré, por sua vez, acrescenta: "no total por turno são 8 auxiliares para 7 empregados efetivos, logo há sempre 1 disponível se algum faltar, no entanto dificilmente isto ocorre, já que comparecem diariamente".

Feitas estas considerações, deve ser registrado que, de qualquer modo, consoante o entendimento dominante na Doutrina e na Jurisprudência, *admitida a prestação de serviços, presume-se a existência de relação de emprego* (seja porque o ordinário se presume; seja porque incumbe à Reclamada provar os fatos modificativos, impeditivos ou extintivos do direito postulado – art. 818 da Consolidação das Leis do Trabalho, combinado com o art. 333, II, do Código de Processo Civil).

Nesta direção:

"Relação de Emprego – Ônus da Prova – Admitida a prestação de trabalho, presume-se que ocorreu nos moldes da relação de emprego, sendo do beneficiário dos serviços o ônus de provar os fatos modificativos representados pela eventualidade, impessoalidade, gratuidade ou autonomia". (TRT 3ª R. – RO 6.231/95 – 4ª T. – Rel. Juiz Márcio Túlio Viana – DJMG 05/08/1995). *In* Coletânea de Jurisprudência Trabalhista, de Cristiano Paixão Araújo Pinto e Marco Antonio Paixão. Editora Síntese. Porto Alegre. 1996, página 526.

"Relação de Emprego Ônus da Prova – Inversão – Admitida pela reclamada a existência de trabalho prestado pelo reclamante, inverte-se o ônus da prova, cabendo a ela a comprovação da ausência dos requisitos do artigo terceiro da CLT". (TRT 3ª R. – RO 13.283/1993 – 4ª T. – Rel. Juiz Israel Kuperman – DJMG 12/02/1994). Idem.

"Ônus da Prova. Relação de emprego – Ônus da prova – Reconhecendo o reclamado que houve prestação de serviços por parte do obreiro, mas alegando que aludido contrato não era de emprego, portanto de outra natureza, a ele incumbe fazer a devida prova de suas alegações, face ao que dispõe o art. 818 do Texto Consolidado. Todavia, negada a prestação de trabalho ou prestação de serviços, recai então para o reclamante o ônus probatório. Recurso da reclamada ao qual se nega provimento, mantendo-se a r. sentença que acertadamente reconheceu a existência de vínculo empregatício entre os litigantes". (TRT-PR-RO3884/91 – Ac. 2ª T-0811/93 – Rel. Juiz João Antonio Gonçalves de Moura. DJPR, 22/01/1993 – pág. 33). *In* Julgados Trabalhistas Selecionados, de Irany Ferrari e Melchíades Rodrigues Martins. Volume III. LTr Editora. São Paulo, 1995, página 726.

"Ônus probandi" – Inversão – Art. 30 da CLT. Admitindo a Reclamada a prestação do serviço pelo Reclamante, presume-se a relação de emprego. Provar a inexistência do vínculo, fato extintivo do direito do Reclamante, passa a ser ônus da Reclamada. Demonstrados os requisitos do art. 3º consolidado, mister reconhecer-se a relação empregatícia". (TRT 3ª Reg. RO-14090/92 – (Ac. 3ª T) – Rel. Juiz Alfio Amaury dos Santos. DJMG, 27/07/1993 – pág. 36). Idem.

Destarte, caberia ao Reclamado provar que a forma da prestação de serviços não autorizaria o reconhecimento judicial do vínculo empregatício.

E deste ônus não se desincumbiu.

Como não se pode ignorar, o depoimento do seu preposto só pode ser havido como meio de prova, em favor do Reclamante, naquilo em que represente reconhecimento da veracidade das alegações deste.

E as declarações da testemunha por ele arrolada, única ouvida, não se prestam à descaracterização da relação de emprego (ao contrário, aumentam a convicção de que houve, de fato, entre os Litigantes, autêntico vínculo empregatício).

O Réu, em sua defesa, afirmou não estar presente, *in casu*, a ONEROSIDADE.

Ocorre que ficou comprovado que o Reclamante, pelas funções que exercia, era retribuído. E que o Reclamado era, ao menos, o responsável pela entrega da importância correspondente.

Logo, a tese da defesa carece de qualquer amparo lógico-jurídico.

O Reclamante, efetivamente, *era remunerado pelos serviços prestados.*

O próprio Reclamado, esquecendo-se de sua argumentação anterior, reconhece:

"as tarefas por ele executadas *foram remuneradas*" (contestação, fls. 27, item 20, parte final);

"o fato de o Autor ter rotulado como gorjetas os valores mensais recebidos não lhe gera, a toda evidência, o direito de receber *mais pagamentos* pelas tarefas executadas" (contestação, fls. 27, item 21).

Será possível, é claro, indagar-se a real natureza jurídica dos valores que percebia (para o Autor, eram gorjetas). Jamais será viável, entretanto, negar-se a ocorrência de pagamentos pelo dispêndio da força de trabalho.

Não há como, pois, se afirmar a gratuidade do trabalho. Afinal, gratuito é o trabalho prestado com finalidade *altruística.*

A *onerosidade, não há dúvidas, é elemento essencial à caracterização da relação de emprego.*

É relevante destacar-se, porém, que nem mesmo a falta de expressa estipulação acerca dos ganhos do prestador de serviços autoriza a conclusão de não ser onerosa a relação de fato mantida.

Neste sentido, o magistério de Orlando Gomes:

"O contrato de trabalho é essencialmente oneroso, conseqüentemente, não pode deixar de haver estipulação de salário. Em muitos casos não haverá ajuste expresso. Presume-se, porém, que o salário foi estipulado. Houve, então, ajuste tácito. Com efeito, não se pode compreender relação de emprego sem remuneração do trabalho. Assim, o salário é sempre estipulado ao menos por presunção". (**Omissis**) "Cumpre salientar, ainda, que na grande maioria dos casos, quando falta a estipulação da taxa salarial, o silêncio das partes vale como remissão ao salário mínimo legal, ao convencional ou ao normativo judiciário". In *Curso de Direito do Trabalho*. 4ª edição. Editora Forense. Rio de Janeiro, 1994, páginas 214/215.

Relativamente *à retribuição do Autor,* defende-se, na inicial, que se trata de gorjetas, porque proveniente de terceiros.

De qualquer sorte, não é possível concluir que a prestação de serviços não era onerosa, porque tal atributo decorre da percepção de salários e/ou de gorjetas, indistintamente.

Deve ser observado o disposto no *caput* e no parágrafo 3º, do art. 457, da Consolidação das Leis do Trabalho:

"Compreendem-se na remuneração do empregado, para todos os efeitos legais, além do salário devido e pago diretamente pelo empregador, como contraprestação do serviço, as gorjetas que receber".

"Considera-se gorjeta não só a importância espontaneamente dada pelo cliente ao empregado, como também aquela que for cobrada pela empresa ao cliente, como adicional nas contas, a qualquer título, e destinada à distribuição aos empregados".

Ante a clareza das disposições legais transcritas, o salário deve ser pago diretamente pelo empregador (como contraprestação ao trabalho prestado, pelo empregado, em benefício da atividade empreendida). A gorjeta provém de terceiros. E, é claro, entre estes e o empregado não há qualquer vínculo contratual.

Assim, deve ser assegurado ao empregado, sempre e necessariamente, independentemente da percepção de gorjetas, o pagamento de salário (a cargo diretamente do empregador), igual, ao menos, ao mínimo legal.

A este respeito, o Autor faz uso, mais uma vez, dos ensinamentos de Orlando Gomes:

"Conforme a sistemática de nosso Direito, a gorjeta não pode constituir forma pura de remuneração, como se admite em outras legislações, visto que não constitui salário. Este é devido e pago diretamente pelo empregador, que há de assegurar ao empregado o salário mínimo, enquanto a gorjeta é paga por terceiros estranhos ao contrato de trabalho". (Obra já citada, página 250).

E, *para que não haja dúvidas quanto à efetiva existência de relação de emprego entre os Litigantes,* uma observação faz-se pertinente:

Se o empregado, pelos serviços que presta, percebe tão-somente gorjetas, seu empregador poderá estar praticando uma ilegalidade (tese defendida na peça vestibular). Jamais, entretanto, tal circunstância poderá ser apontada como demonstração da ausência de onerosidade.

Fato é que os elementos dos autos evidenciam o pleno controle da Reclamada sobre os valores pagos aos "auxiliares", inclusive no que tange à correspondente extensão.

Quanto à SUBORDINAÇÃO, deve ser dito que a própria Ré, em defesa, ao contestar o pedido de horas extraordinárias, afirmou que "o Autor jamais desenvolveu suas atividades por mais de 6 horas ao dia" (fls. ..., item ...). Ao afirmar isto, a Ré efetivamente confessou a existência de uma jornada a cumprir, ainda que inferior à apontada na inicial.

Esclareceu que há controle do horário de entrada dos auxiliares nas dependências da empresa ("o horário de ingresso dos auxiliares é lançado" na "portaria de serviços") e que, apesar de não ocorrer o mesmo com o horário de saída, "não existe a hipótese do auxiliar voltar para casa por não existir mesa disponível".

Admitiu também que o desempenho dos auxiliares estava sujeito a controle ("normalmente o encarregado do setor", empregado da Ré, "tem a incumbência de orientar os auxiliares que ingressam passando-lhes as normas de conduta e comportamento" e "mantém uma supervisão" sobre os mesmos, sendo certo que, "havendo queixas acerca da atuação do auxiliar, é dirigida ao encarregado do setor").

Diante do exposto, torna-se forçoso concluir-se: o Reclamante tinha jornada a cumprir, durante a qual ficava sujeito a fiscalização e controle e, em caso de conduta, pelo chefe do setor havida como reprovável, certamente seria repreendido.

Maior prova de subordinação seria impossível.

Perfeitamente caracterizada a relação de emprego entre os Litigantes.

Nestes termos, reportando-se, no mais, aos elementos dos autos, pugnando pelo não provimento do apelo e conseqüente confirmação do julgado,

Nestes Termos,
Espera Justiça.

Rio de Janeiro,... (data completa)

Nome do signatário
OAB/RJ

10.4. Agravo de instrumento

EXMO. SR. DR. JUIZ DO TRABALHO DA ....ª VARA DO RIO DE JANEIRO (juízo de admissibilidade do apelo ordinário)

Nome do agravante (empregado ou empregador), nos autos da ação trabalhista nº....., vem mui respeitosamente, por seu advogado infra-assinado, perante V. Exa., não se conformando com o r. despacho de fls.. que negou seguimento ao Recurso Ordinário interposto contra a sentença prolatada às fls., com fundamento no art. 897, letra " b" da CLT, apresentar

AGRAVO DE INSTRUMENTO

pelos motivos deduzidos nas razões em anexo.

Termos em que, requer se digne V. Exa. a deferir o processamento do presente, caso não entenda de modificar a decisão agravada, imediatamente à Superior Instância do instrumento formado pelas peças acostadas.

P. Deferimento.
Rio de Janeiro,........ (data completa)

Nome do advogado signatário

OAB/RJ....

Órgão Julgador: EXMO. SR. DR. DESEMBARGADOR FEDERAL DO TRABALHO DO TRIBUNAL REGIONAL DO TRABALHO DA ... ª REGIÃO

AGRAVANTE:

AGRAVADO:

RAZÕES DO AGRAVO DE INSTRUMENTO

Egrégia Turma,

Impõe-se o recebimento e provimento deste agravo de instrumento, a fim de destrancar o apelo ordinário outrora interposto em face da decisão de primeiro grau proferida na Reclamação Trabalhista nº....., vez que o r. despacho violou o princípio constitucional da ampla defesa ao negar seguimento por ausência de peças essenciais ao traslado e intempestividade.

Ora, as peças obrigatórias elencadas pelo inciso II do § 5º da CLT foram regularmente carreadas por ocasião da interposição do mencionado recurso, conforme evidenciam às fls....., incorrendo aquele juízo de primeiro grau em manifesto equívoco, que merece ser corrigido, para evitar maiores prejuízos ao agravante.

No que concerne à intempestividade, o *dies a quo* para o recurso ordinário deu-se em....., e findou em...., se considerarmos que a data da publicação da decisão atacada ocorreu no dia..., início dos feriados da Semana Santa, o que postergaria seu início para o primeiro dia útil seguinte, data do efetivo protocolo da peça recursal.

Diante dos argumentos expendidos e comprovados através da farta prova documental produzida neste instrumento, espera o agravante seja seu recurso conhecido e provido, para determinar o prosseguimento do recurso ordinário, devolvendo-se as questões nele deduzidas ao segundo grau para reexame, em respeito ao princípio basilar da ampla defesa.

Nestes termos,

Pede deferimento.

Rio de Janeiro,..........(data completa)
Nome do advogado signatário
OAB/RJ

10.5. Recurso de revista

EXMO. SR. DR. JUIZ PRESIDENTE DO E. TRIBUNAL REGIONAL DO TRABALHO DA ...ª REGIÃO:

TRT/ª... (..ª Turma)

BTC EMPRESA PÚBLICA na pessoa do Procurador infra-assinado, nos autos da reclamação trabalhista nº.... não se conformando, *data venia*, com o V. Acórdão proferido por essa Egrégia Corte Regional, vem do mesmo interpor, no prazo legal, o presente

RECURSO DE REVISTA

nos termos do 896, "a" e "c", e seu § 1º, da CLT.

Assim, requer a Vossa Excelência a juntada das inclusas *razões* para que, após admitido e processado o recurso, subam à consideração do Colendo TRIBUNAL SUPERIOR DO TRABALHO.

Nestes termos,

P. deferimento

Rio de Janeiro,...

Signatário

OAB/

Recorrente: BTC EMPRESA PÚBLICA LTDA

Decisão recorrida: ACÓRDÃO DA ..ª TURMA DO EGRÉGIO TRT DA ..ª REGIÃO PROC/TRT nº

RAZÕES RECURSAIS

Egrégia Turma

Eminentes Julgadores

O presente Recurso de Revista merece ser conhecido e provido, como se demonstrará adiante.

DO CABIMENTO

O presente apelo extremo é perfeitamente cabível, eis que o V. Aresto recorrido contrariou jurisprudência dominante nesse C. Tribunal Superior, bem como em outros Tribunais Trabalhistas, a par de violar disposição contida na Constituição Federal. Destarte, tem inteiro enquadramento não só na letra "a", como ainda na letra "c", do art. 896 da CLT, conforme será cabalmente demonstrado abaixo, nos estritos termos das súmulas 38, 296 e 337/TST.

A questão de fundo é relativa aos efeitos da declaração de nulidade do contrato de trabalho, levando-se em conta que o Reclamado empregador integra a administração pública indireta, tendo a r. decisão contrariado diretamente a súmula nº 363 do C. Tribunal Superior do Trabalho, ao decidir a fls. ...o seguinte:

"...(transcrever parte da decisão atacada)."

A matéria em discussão foi então prequestionada, como se pode constatar acima.

Assim sendo, o presente recurso preenche todos os pressupostos extrínsecos e intrínsecos, merecendo ser acolhido.

DE MERITIS

Ora, a nulidade dos contratos celebrados ao arrepio do art. 37, II, da Constituição Federal, por ser de natureza absoluta, opera efeitos ex tunc.

Outrossim, apesar da revelia aplicada ao ente público, deve ser declarada de ofício, *vez que o § 2º, do mesmo dispositivo constitucional, dispõe, textualmente:* "A não observância do disposto nos incisos II e III implicará a nulidade do ato e a punição da autoridade responsável, nos termos da lei".

Violou o V. Acórdão Regional, portanto, literal disposição contida no art. 37, II, e seu § 2º, da Constituição da República, em função do que deve ser conhecida a Revista, nos termos do art. 896, alínea "*c*", da Consolidação das Leis do Trabalho.

A V. decisão Regional, além de violar a letra da Carta Magna, também deu interpretação diversa, conflitante da que foi dada por outros Egrégios Tribunais Regionais e pelo Colendo Tribunal Superior do Trabalho aos dispositivos acima citados, como se infere do simples cotejo dos arestos paradigmas a seguir transcritos:

> *"A admissão de empregado pela Administração Pública, após o advento da Constituição Federal de 1988, sem prévia aprovação em concurso público, implica na nulidade absoluta do contrato de trabalho, não gerando quaisquer conseqüências jurídicas de natureza trabalhista, ao teor do § 2º, do art. 37, da Constituição Federal".* (TRT – 3ª Reg., RO 10791/91, Rel. o Exmo. Juiz Antônio Fernando Guimarães,

Minas Gerais, de 10/09/1992, p. 74, *in* Revista LTr 57- 07/839 – Repertório Autorizado, registrado no STF sob o nº 009/85 e no TST sob o nº 02/94).

"Nulidade da contratação de servidor público. Efeitos jurídicos. Salários. Princípio da moralidade pública. A Investidura em cargo ou emprego público depende de aprovação prévia em concurso público, ressalvadas as nomeações para cargo em comissão, declarado em lei de livre nomeação e exoneração. A não observância desse dispositivo constitucional implicará a nulidade do ato de contratação e a punição da autoridade responsável (art. 37, II, e seu parágrafo 2º, da Constituição Federal). Tratando-se de nulidade absoluta, a sua declaração judicial independe de provocação dos litigantes. Os seus efeitos são *ex tunc*. Incabível, portanto, a condenação mesmo a título de verbas salariais, eis que a nulidade, no caso, decorre de norma constitucional, cuja sanção prevalece sobre a doutrina clássica do Direito do Trabalho. Apenas por eqüidade, não se determina a devolução dos salários e vantagens já percebidos pelo reclamante, ante a impossibilidade de restituição da força de trabalho. O princípio da moralidade pública, consagrado no texto constitucional deve ser observado". (TRT – 8ª Reg. RO-7457/93, Rel. o Exmo. Juiz Vicente José Malheiros da Fonseca, Pará- Ac. 2ª T, de 27/06/1994; *in* Revista LTr 58-09/1104 – Repertório Autorizado no STF sob o nº 009/95 e no TST sob o nº 02/94 – sem ênfase no original).

"Contrato de trabalho. Pessoa jurídica de direito público. Nulidade. Efeitos. Vínculo empregatício não caracterizado. Verbas rescisórias indevidas. Violação do art. 37, inciso II, da constituição federal.

1. A nulidade decorrente do não-atendimento dos pressupostos previstos no art. 37, inciso II, da Constituição Federal produz efeitos *ex tunc*. Assim, o efeito primeiro da declaração de nulidade de contrato de trabalho, formalizado com pessoa jurídica de direito público fora dos parâmetros constitucionais, é a inexistência do ato, por vício de forma, já que praticado sem o implemento dos requisitos que dispõem sobre a investidura em emprego ou cargo público.

2. A hipótese de contratação irregular para o exercício de emprego público tem estreita identificação com a figura do funcionário de fato, vinculada ao Direito Administrativo, ao qual é devido apenas o pagamento de salários, pois, formalizada esta modalidade de prestação de serviços, não se tem por caracterizada a relação de emprego.

3. Sem a configuração do vínculo empregatício, em face do efeito *ex tunc* da declaração de nulidade da contratação, só se reconhece o direito ao pagamento de salários pelos serviços prestados, nada sendo devido a título de verbas

rescisórias. Assim sendo, transgride literalmente o texto do art. 37, inciso II, da Constituição Federal de 1988, decisão que declara a nulidade do contrato de trabalho pelo não-cumprimento do requisito concurso público e, mesmo assim, determina o pagamento de verbas rescisórias.

4. Embargos conhecidos e providos". (TST-E-RR-92.722/93.2 – Ac. SBDI 1-1134/97 – Red. Desig. o Exmo. Min. Francisco Fausto Paula De Medeiros, julgado em 18/03/1997, pub. DJU 16/05/1997).

E, ainda, configurada a contrariedade ao disposto na SÚMULA nº 363/TST, *in verbis*:

"Contrato Nulo. Efeitos. A contratação de servidor público, após a Constituição de 1988, sem prévia aprovação em concurso público, encontra óbice no seu art. 37, II, e § 2º, somente conferindo-lhe direito ao pagamento contraprestação pactuada, em relação ao número de horas trabalhadas, respeitando o salário-mínimo/hora".

Ora, ao manter a condenação do reclamado ao pagamento de verbas relativas ao contrato de trabalho – firmado ao arrepio do art. 37, II, e seu § 2º, da Constituição Federal – o V. Acórdão impugnado divergiu da interpretação dada, aos mesmos dispositivos constitucionais, por outros Egrégios Tribunais Regionais. Daí a utilização do presente recurso, para que a Mais Alta Corte Trabalhista uniformize a jurisprudência trabalhista nacional acerca da matéria *sob exame*.

Como é por demais sabido, os precitados dispositivos da *Lex Fundamentalis*, ao contrário da Constituição pretérita, estabelecem o princípio igualitário a todos os brasileiros que desejarem ter acesso aos cargos e empregos públicos, sendo certo que a investidura nos mesmos depende de aprovação preliminar em concurso público.

Com efeito, o art. 37, II, da Constituição Federal de 1988, exige, de forma imperativa, que "a investidura em cargo ou emprego público depende de aprovação prévia em concurso público de provas ou de provas e títulos, ressalvadas as nomeações para cargo em comissão declarado em lei de livre nomeação e exoneração".

A norma inscrita no art. 37, II, da Carta Magna é de ordem pública, pois interessa diretamente à sociedade, e a infringência a um preceito dessa natureza representa ofensa direta à estabilidade, senão à estrutura da Administração Pública, que não prescinde dos princípios da legalidade, impessoalidade, moralidade e publicidade, além da estrita observância às regras do acesso aos cargos e empregos públicos.

Após a Constituição Federal de 1988 não há contrato de trabalho com a Administração Pública se o prestador de serviços não se submeter a concurso público de provas ou provas e títulos. O princípio da primazia da realidade não pode ser aplicado em violação de preceito constitucional. Na relação jurídica entre o particular e a Administração

Pública não há que buscar a proteção ao hipossuficiente, pois, na verdade, quem reclama proteção é sempre a sociedade.

Certo é que estamos diante do seguinte fato: a ocupação de emprego.

Assim, o § 2º do art. 37, da Carta Suprema, dispõe:

"A não observância do disposto nos incisos II e III implicará a nulidade do ato e a punição da autoridade responsável, nos termos da lei".

Nesse sentido, é o escólio de ...(mencionar algum doutrinador..)

Portanto, restando nulo o contrato, devidos tão-somente são os salários durante o período em que houve a efetiva prestação de serviços, sem, contudo, em face da nulidade do contrato, *reconhecer-se o vínculo empregatício* na forma estatuída na Consolidação das Leis do Trabalho. Vale dizer, somente os salários *tout court* são devidos; como requer apenas o salário de um dia de trabalho, somente esta diária será devida.

Conseqüentemente, a r. decisão está em dissonância com a lei quando condena a anotação do vínculo na CTPS do reclamante/recorrido.

Carece, pois, de reforma parcial o V. Acórdão recorrido, para que a nulidade da contratação produza efeitos *ex tunc*, restabelecendo-se, por via de conseqüência, os princípios da legalidade, da impessoalidade e da moralidade pública que fundamentam o Estado de Direito preconizado pela nova ordem constitucional.

Frente ao exposto, espera o recorrente que seja conhecido e provido o presente Recurso de Revista para, reformando-se o V. Acórdão Regional excluir da condenação a anotação da CTPS do reclamante.

Nestes termos,

Pede deferimento.

Rio,...(data completa)

Signatário do apelo

OAB/...

11. Ação rescisória

11.1 Considerações iniciais

A formação da coisa julgada faz sanar todas as invalidades intrínsecas do processo (nulidades absolutas, nulidades relativas e anulabilidades). É a denominada "sanatória geral" da *res iudicata*.

A coisa julgada material impede qualquer nova discussão acerca da matéria já apreciada, presumindo-se alegadas e rejeitadas todas as impugnações pertinentes. É o que se chama de "eficácia preclusiva" da *res iudicata.*

Entretanto, determinados vícios, em face de sua gravidade, são capazes de "sobreviver" ao trânsito em julgado de uma decisão, tornando-se causas de *rescindibilidade.*

A ação rescisória remove o obstáculo da coisa julgada, por meio da desconstituição da decisão de mérito transitada em julgado, para atacar o vício da rescindibilidade.

11.2. Conceito

A ação rescisória é a ação por meio da qual se pretende a desconstituição de decisão de mérito transitada em julgado (*iudicium rescindens*), com eventual rejulgamento, a seguir, da matéria nela apreciada (*iudicium rescissorium*).

11.3. Finalidade

A ação rescisória, como o próprio nome indica, tem por escopo a rescisão de decisão coberta pela autoridade da coisa julgada material, para sanar vício expressamente elencado em lei (art. 485, I a IX, do CPC). Não se visa à anulação da decisão, pois, como já visto, não há que se falar em nulidade ou anulabilidade após a formação da *res iudicata*, mas tão-somente em rescindibilidade.

11.4. Natureza jurídica

A ação rescisória não representa modalidade de recurso, mas uma ação autônoma de impugnação.

Forma-se uma nova relação jurídica processual, distinta daquela em que fora proferida a decisão rescindenda.

O processo que se forma em razão do ajuizamento de uma ação rescisória é de natureza cognitiva (processo de conhecimento).

11.5. Juízo rescindente

Procedência (rescisão da decisão) > natureza constitutiva da decisão. Improcedência > natureza declaratória da decisão.

11.6. Juízo rescisório

Natureza declaratória, constitutiva ou condenatória da decisão, conforme cada caso.

11.7. Fases de julgamento

a) Juízo rescindente (*iudicium rescindens)*: Julga-se a pretensão de rescisão da decisão atacada. É a fase presente em todas as ações rescisórias.

b) Juízo rescisório (*iudicium rescissorium*): Fase que decorre da procedência do pedido de rescisão da decisão, quando então se profere novo julgamento acerca da matéria apreciada pelo julgado rescindendo. Trata-se de fase nem sempre presente no julgamento de uma ação rescisória, como no caso de ter sido ajuizada com fundamento em ofensa à coisa julgada (art. 485, IV, do CPC).

Obs.: Sempre que for o caso, cabe ao autor formular os pedidos de rescisão da decisão e de novo julgamento da matéria por ela apreciada, sob pena de indeferimento da petição inicial, com extinção do processo sem julgamento do mérito (art. 488, I, do CPC).

11.8. Cabimento

A ação rescisória é cabível em face de "sentença de mérito transitada em julgado" (art. 485, *caput*, do CPC), ou seja, contra decisão definitiva (extinção do processo com resolução do mérito – art. 269 e incisos do CPC) coberta pela autoridade da coisa julgada material.

Seria, pois, incabível a ação rescisória em face de decisão terminativa (extinção do processo sem resolução do mérito – art. 267 e incisos do CPC), que, inclusive, só faz coisa julgada formal → impossibilidade jurídica do pedido.

"Sentença de mérito" → leia-se "decisão de mérito" (sentença ou acórdão).

11.9. Cabimento na Justiça do Trabalho

a) Fundamento legal => art. 836 da CLT:

> *É vedado aos órgãos da Justiça do Trabalho conhecer de questões já decididas, excetuados os casos expressamente previstos neste Título e a ação rescisória, que será admitida na forma do disposto no Capítulo IV do Título IX da Lei nº 5.869, de 11 de janeiro de 1973 – Código de Processo Civil,* sujeita ao depósito prévio de 20% (vinte por cento) do valor da causa, salvo prova de miserabilidade jurídica do autor (Redação dada pela Lei nº 11.495/2007).

Obs.: Inaplicabilidade da Súmula nº 338 do STF. Cancelamento da Súmula nº 144 do TST, em razão da previsão expressa em lei.

b) Desnecessidade de Esgotamento das Vias Recursais => Súmula nº 514 do STF: "Admite-se ação rescisória contra sentença transitada em julgado, ainda que contra ela não se tenham esgotados todos os recursos".

c) Depósito prévio => nova exigência introduzida pela lei nº 11.495/2007 no âmbito da Justiça do Trabalho.

11.10. Sentença rescindenda não submetida ao duplo grau de jurisdição obrigatório OJ nº 21 da SBDI-II/TST

É incabível ação rescisória para a desconstituição de sentença não transitada em julgado porque ainda não submetida ao necessário duplo grau de jurisdição, na forma do Decreto-Lei nº 779/1969. Determina-se que se oficie ao Presidente do TRT para que proceda à avocatória do processo principal para o reexame da sentença rescindenda.

11.11. Substituição da sentença rescindenda por acórdão

Súmula nº 192, item III, do TST: "Em face do disposto no art. 512 do CPC, é juridicamente impossível o pedido explícito de desconstituição de sentença quando substituída por acórdão Regional".

11.12. Termo de conciliação judicial

Súmula nº 259 do TST: "Só por ação rescisória é atacável o termo de conciliação previsto no parágrafo único do art. 831 da Consolidação das Leis do Trabalho".
Obs.: Não cabe ação rescisória para anular cláusula constante em acordo coletivo de trabalho ou em convenção coletiva de trabalho, mas ação anulatória, a qual também é da competência originária dos Tribunais.

11.13. Hipóteses legais de cabimento

Art. 485. A sentença de mérito, transitada em julgado, pode ser rescindida quando:

a) "se verificar que foi dada por prevaricação, concussão ou corrupção do juiz" (art. 485, inciso I, do CPC);

Prevaricação (art. 319 do CP): *Retardar ou deixar de praticar, indevidamente, ato de ofício, ou praticá-lo contra disposição expressa de lei, para satisfazer interesse ou sentimento pessoal.*

Concussão (art. 316 do CP): *Exigir, para si ou para outrem, direta ou indiretamente, ainda que fora da função ou antes de assumi-la, mas em razão dela, vantagem indevida.*

Corrupção passiva (art. 317 do CP): *Solicitar ou receber, para si ou para outrem, direta ou indiretamente, ainda que fora da função ou antes de assumi-la, mas em razão dela, vantagem indevida, ou aceitar promessa de tal vantagem.*

Obs.: A rescindibilidade da decisão independe de sua justiça, bem como da existência de sentença penal condenatória. Na hipótese de sentença penal absolvitória: inexistência material do delito x insuficiência de provas.

Demonstrado o alegado vício, a decisão deve ser rescindida (juízo rescindente), para que o Tribunal possa proferir novo julgamento acerca da matéria (juízo rescisório), ainda que de idêntico teor ao da decisão rescindenda. Trata-se, pois, de hipótese em que restam presentes as duas fases de julgamento.

Questão prática: No caso de acórdão proferido por órgão colegiado em que um dos magistrados tenha incorrido em qualquer dos referidos ilícitos penais.

Posições:

Primeira corrente: O acórdão será rescindível se o magistrado tiver se manifestado no sentido do voto vencedor, ou no caso de julgamento unânime (posição prevalente). Aplicação do Princípio do Prejuízo ou da Transcendência.

Segunda corrente: a) O acórdão será rescindível pelo simples fato de o magistrado ter participado do julgamento da decisão (posição minoritária).

b) "Proferida por juiz impedido ou absolutamente incompetente" (art. 485, II, do CPC).

Não cabe ação rescisória em face de decisão proferida por juiz suspeito. Logo, a suspeição não acarreta a rescindibilidade de uma decisão de mérito transitada em julgado (contra: Sérgio Pinto Martins). O nosso sistema processual considera o impedimento um vício processual mais grave do que a suspeição.

Aplicação da questão acima explicitada acerca da rescindibilidade de acórdão, no qual magistrado impedido tenha participado da sessão de julgamento.

Apenas a incompetência absoluta é capaz de acarretar a rescisão de uma decisão coberta pela coisa julgada material. No caso de incompetência relativa, a inércia do réu em opor a exceção declinatória de foro implica a prorrogação da competência.

Não haverá juízo rescisório. O Tribunal, após rescindir a decisão, remeterá os autos ao juízo competente ou imparcial, para que profira novo julgamento.

c) "Resultar de dolo da parte vencedora em detrimento da parte vencida, ou de colusão entre as partes, a fim de fraudar a lei" (art. 485, III, do CPC).

Dolo: Quando a parte, faltando com o seu dever de lealdade e boa-fé (art. 14, inciso II, do CPC), impede ou dificulta a atuação processual da parte contrária, ou influencia o juízo, afastando-o da verdade.

> Súmula nº 403 do C. TST: "I – Não caracteriza dolo processual, previsto no art. 485, III, do CPC, o simples fato de a parte vencedora haver silenciado a respeito de fatos contrários a ela, porque o procedimento, por si só, não constitui ardil do qual resulte cerceamento de defesa e, em conseqüência, desvie o juiz de uma sentença não-condizente com a verdade.
>
> II – Se a decisão rescindenda é homologatória de acordo, não há parte vencedora ou vencida, razão pela qual não é possível a sua desconstituição calcada no inciso III do art. 485 do CPC (dolo da parte vencedora em detrimento

da vencida), pois constitui fundamento de rescindibilidade que supõe solução jurisdicional para a lide".

Ao dolo da parte se equipara o do representante legal e do advogado.

Há a necessidade de que o dolo da parte vencedora tenha sido decisivo para o resultado do julgamento, sob pena de não ser rescindível a decisão atacada.

Obs.: Na hipótese de conciliação judicial, não há que se falar, em tese, em partes vencedora e vencida. Assim, incabível a rescisória com este fundamento.

Colusão Processual: Quando as partes se utilizam do processo para praticar ato simulado ou atingir fim ilícito. Vide art. 129 do CPC.

A colusão processual constitui uma das hipóteses em que o Ministério Público tem legitimidade para ajuizar ação rescisória (art. 487, III, *b*, do CPC).

> Súmula nº 407 do C. TST: "A legitimidade '*ad causam*' do Ministério Público para propor ação rescisória, ainda que não tenha sido parte no processo que deu origem à decisão rescindenda, não está limitada às alíneas '*a*' e '*b*' do inciso III do art. 487 do CPC, uma vez que traduzem hipóteses meramente exemplificativas".

d) "Ofender a coisa julgada" (art. 485, IV, do CPC).

Coisa julgada: quando se repete ação que já foi decidida por sentença ou acórdão transitado em julgado. Há a tríplice identidade dos elementos da ação: identidade de partes (*eadem personae*), de causa de pedir (*eadem causa petendi*) e de pedido (*eadem petitum*).

Não constitui, contudo, ofensa à coisa julgada, quando a segunda decisão contraria os fundamentos da primeira. Não fazem coisa julgada os motivos de uma decisão, bem como a apreciação de questão prejudicial, decidida incidentemente no processo (art. 469, I e III, do CPC).

Necessidade de Fixação de Tese na Decisão Rescindenda =>

> OJ nº 101 da SBDI-II do TST: "Para viabilizar a desconstituição do julgado pela causa de rescindibilidade do inciso IV do art. 485, do CPC, é necessário que a decisão rescindenda tenha enfrentado as questões ventiladas na ação rescisória, sob pena de inviabilizar o cotejo com o título executivo judicial tido por desrespeitado, de modo a se poder concluir pela ofensa à coisa julgada".

Ofensa Patente à Coisa Julgada =>

> OJ nº 123 da SBDI-II do TST: "O acolhimento da ação rescisória calcada em ofensa à coisa julgada supõe dissonância patente entre as decisões exeqüenda e rescindenda, o que não se verifica quando se faz necessária a interpretação do título executivo judicial para se concluir pela lesão à coisa julgada".

e) "Violar literal disposição de lei" (art. 485, inciso V, do CPC).

A violação deve ser direta e literal a dispositivo de lei, não se considerando causa de rescindibilidade a decisão que contrariar a jurisprudência dominante, ainda que uniformizada em Súmulas.

> OJ nº 25 da SBDI-II do TST: "Não procede pedido de rescisão fundado no art. 485, V, do CPC quando se aponta contrariedade à norma de convenção coletiva de trabalho, acordo coletivo de trabalho, portaria do Poder Executivo, regulamento de empresa e súmula ou orientação jurisprudencial de tribunal".

Tal fundamento se aplica tanto às leis de direito material como as de direito processual (ex: sentença *citra, ultra e extra petita* – violação dos arts. 128 e 460 do CPC).

Conceito de lei: lei em sentido amplo (art. 59 da CF/1988).

> Súmula nº 408 do C. TST: "Não padece de inépcia a petição inicial de ação rescisória apenas porque omite a subsunção do fundamento de rescindibilidade no art. 485 do CPC ou o capitula erroneamente em um de seus incisos. Contanto que não se afaste dos fatos e fundamentos invocados como causa de pedir, ao Tribunal é lícito emprestar-lhes a adequada qualificação jurídica ('*iura novit curia*'). No entanto, fundando-se a ação rescisória no art. 485, inciso V, do CPC, é indispensável expressa indicação, na petição inicial da ação rescisória, do dispositivo legal violado, por se tratar de causa de pedir da rescisória, não se aplicando, no caso, o princípio '*iura novit curia*'".
>
> Súmula nº 410 do C. TST: "A ação rescisória calcada em violação de lei não admite reexame de fatos e de provas do processo que originou a decisão rescindenda".

Prequestionamento =>

> Súmula nº 298 do TST:
>
> "I – A conclusão acerca da ocorrência de violação literal de lei pressupõe pronunciamento explícito, na sentença rescindenda, sobre a matéria veiculada.
>
> II – O prequestionamento exigido em ação rescisória diz respeito à matéria e ao enfoque específico da tese debatida na ação e não, necessariamente, ao dispositivo legal tido por violado. Basta que o conteúdo da norma, reputada como violada, tenha sido abordado na decisão rescindenda para que se considere preenchido o pressuposto do prequestionamento.
>
> III – Para efeito de ação rescisória, considera-se prequestionada a matéria tratada na sentença quando, examinando remessa de ofício, o Tribunal simplesmente a confirma.
>
> IV – A sentença meramente homologatória, que silencia sobre os motivos de convencimento do juiz, não se mostra rescindível, por ausência de prequestionamento.
>
> V – Não é absoluta a exigência de prequestionamento na ação rescisória. Ainda que a ação rescisória tenha por fundamento violação de dispositivo legal, é prescindível o prequestionamento quando o vício nasce no próprio julgamento, como se dá com a sentença 'extra, citra e ultra petita'.

Obs.: O Supremo Tribunal Federal já se pronunciou pela inexigibilidade do requisito do prequestionamento na ação rescisória.

Matéria Controvertida nos Tribunais:

a) Súmula nº 343 do E. STF: "Não cabe ação rescisória por ofensa à literal disposição de lei, quando a decisão rescindenda se tiver baseado em texto legal de interpretação controvertida nos Tribunais".
b) Súmula nº 83 do C. TST:

> "I – Não procede pedido formulado na ação rescisória por violação literal de lei se a decisão rescindenda estiver baseada em texto legal infraconstitucional de interpretação controvertida nos Tribunais.
> II – O marco divisor quanto a ser, ou não, controvertida, nos Tribunais, a interpretação dos dispositivos legais citados na ação rescisória é a data da inclusão, na Orientação Jurisprudencial do TST, da matéria discutida".

f) "Se fundar em prova, cuja falsidade tenha sido apurada em processo criminal ou seja provada na própria ação rescisória" (art. 485, VI, do CPC).

A prova falsa deve ser o fundamento da decisão rescindenda, sob pena de a mesma não ser passível de rescisão.

A falsidade pode ser material ou ideológica.

Não constituirá causa de rescindibilidade, quando tenha havido instauração de incidente de falsidade, com a prolação de decisão transitada em julgado que declare a autenticidade do aludido documento.

A falsidade pode ter sido apurada em processo criminal, em que haja decisão que a declare, com força de coisa julgada, ou pode ser demonstrada na própria ação rescisória.

Crítica: E os efeitos da declaração da falsidade em sentença cível transitada em julgado? Posição Prevalente => não vincula o juízo rescindente (Ex.: José Carlos Barbosa Moreira).

g) "Depois da sentença, o autor obtiver documento novo, cuja existência ignorava, ou de que não pôde fazer uso, capaz, por si só, de lhe assegurar pronunciamento favorável" (art. 485, VII, do CPC).

Documento novo: Não se trata de documento cuja formação tenha ocorrido após a prolação da sentença. Ao contrário, trata-se de documento existente ao tempo da decisão, mas cuja existência era ignorada pela parte ou não pôde ser por ela utilizado.

Súmula nº 402 do C. TST: "Documento novo é o cronologicamente velho, já existente ao tempo da decisão rescindenda, mas ignorado pelo interessado ou de impossível utilização, à época, no processo".

Requisito temporal: "Depois da sentença" (sentença = decisão) => Para que a decisão seja rescindível, o documento deve ter sido obtido, ou só pôde ser utilizado, após o último momento processual oportuno para que a parte pudesse juntá-lo aos autos.

A impossibilidade de utilização do aludido documento no processo originário não pode decorrer de mera negligência da parte interessada em apresentá-lo.

O documento novo deve ser suficiente a acarretar um resultado favorável, no todo ou em parte, ao autor da ação rescisória. Deve também se referir a fatos alegados no processo original, tendo em vista a eficácia preclusiva da coisa julgada material.

h) "Quando houver fundamento para invalidar confissão, desistência ou transação, em que se baseou a sentença" (art. 485, VIII, do CPC).

Inclui-se o reconhecimento jurídico do pedido, que implica a prolação de decisão definitiva (extinção do processo com resolução do mérito – art. 269, II, do CPC). Isto porque a referida norma foi extraída do CPC português de 1939, onde a expressão "confissão" não significava meio de prova, mas o próprio reconhecimento do pedido pelo réu.

Confissão = meio de prova (revogação por erro, dolo ou coação) => rescindibilidade da decisão transitada em julgado também prevista no art. 352, II, do CPC.

Súmula nº 404 do C. TST: "O art. 485, VIII, do CPC, ao tratar do fundamento para invalidar a confissão como hipótese de rescindibilidade da decisão judicial, refere-se à confissão real, fruto de erro, dolo ou coação, e não à confissão ficta resultante de revelia".

Primeira questão: A desistência da ação enseja a prolação de sentença terminativa (art. 267, VIII, do CPC), a qual, nos termos do art. 485 do mesmo diploma processual não pode ser rescindida.

Resposta: O CPC português de 1939 (origem do dispositivo) denominava "desistência do pedido" o que o nosso sistema processual chama de "renúncia à pretensão", a qual, nos termos do art. 269, V, do CPC, implica a extinção do processo com resolução do mérito (decisão definitiva).

Segunda questão: Cabe o ajuizamento de ação rescisória (art. 485, VIII, do CPC) ou de ação anulatória (art. 486 do CPC) em face de sentença homologatória de reconhecimento do pedido, renúncia à pretensão ou transação?

Obs.: revogação da confissão → aplicação do art. 352, I e II, do CPC.

Resposta: Cabível a ação anulatória se não houver transitado em julgado a decisão homologatória. Caso contrário, será cabível o ajuizamento da ação rescisória.

Faz-se necessário que a decisão rescindenda tenha por fundamento a confissão, o reconhecimento jurídico do pedido, a renúncia à pretensão e a transação, sob pena de não ser passível de rescisão.

i) "Fundada em erro de fato, resultante de atos ou de documentos da causa" (art. 485, IX, do CPC).

Erro de fato: Quando a decisão admitir um fato inexistente, ou quando considerar inexistente um fato efetivamente ocorrido (art. 485, § 1º, do CPC).

Origem: Direito italiano (tradução distorcida) => Na verdade, é rescindível a decisão que se funda em erro que exsurge (transparece) dos autos e dos documentos da causa. Aferível de plano no processo, através do mero exame dos autos.

Requisito negativo: É indispensável que não tenha havido controvérsia, nem pronunciamento judicial sobre o referido fato (art. 485, § 2º, do CPC) => Neste caso, haveria o reexame da justiça da decisão (má apreciação da prova), a cuja finalidade não se presta a ação rescisória.

> Caracterização – OJ nº 136 da SBDI-2 do C. TST: "A caracterização do erro de fato como causa de rescindibilidade de decisão judicial transitada em julgado supõe a afirmação categórica e indiscutida de um fato, na decisão rescindenda, que não corresponde à realidade dos autos. O fato afirmado pelo julgador, que pode ensejar ação rescisória calcada no inciso IX do art. 485 do CPC, é apenas aquele que se coloca como premissa fática indiscutida de um silogismo argumentativo, não aquele que se apresenta ao final desse mesmo silogismo, como conclusão decorrente das premissas que especificaram as provas oferecidas, para se concluir pela existência do fato. Esta última hipótese é afastada pelo § 2º do art. 485 do CPC, ao exigir que não tenha havido controvérsia sobre o fato e pronunciamento judicial esmiuçando as provas".

Obs.: MP nº 1.703/98 → inciso X: "A indenização fixada em ação de desapropriação direta ou indireta for flagrantemente superior ou manifestamente inferior ao preço de mercado objeto da ação judicial".

STF: Suspensão de sua eficácia em face da inconstitucionalidade do referido dispositivo. A ação rescisória visa atacar vício formal, não se prestando ao reexame da justiça da decisão, sob pena de criar obstáculo à formação da coisa julgada.

11.14. Legitimidade

Tem legitimidade para propor ação rescisória (art. 487, I a III, do CPC):

a) Quem foi parte no processo, ou o seu sucessor a qualquer título.
b) O terceiro juridicamente interessado (interesse jurídico). Ex: assistente e substituído processual.
c) O Ministério Público, nas seguintes hipóteses: se não foi ouvido no processo, em que lhe era obrigatória a intervenção e quando a decisão é o efeito de colusão das partes, a fim de fraudar a lei.

Legitimidade do MP => Súmula nº 407 do C. TST: "A legitimidade '*ad causam*' do Ministério Público para propor ação rescisória, ainda que não tenha sido parte no processo que deu origem à decisão rescindenda, não está limitada às alíneas '*a*' e '*b*' do inciso III do art. 487 do CPC, uma vez que traduzem hipóteses meramente exemplificativas".

Legitimidade Passiva: Todos aqueles que tenham sido partes do processo original e que não figurem no pólo ativo da relação processual instituída com a propositura da ação rescisória.

Sindicato – Substituição Processual => Súmula nº 406, item II, do C. TST:

> O Sindicato, substituto processual e autor da reclamação trabalhista, em cujos autos fora proferida a decisão rescindenda, possui legitimidade para figurar como réu na ação rescisória, sendo descabida a exigência de citação de todos os empregados substituídos, porquanto inexistente litisconsórcio passivo necessário.

11.15 Prazo

Art. 495 do CPC: *O direito de propor ação rescisória se extingue em dois anos, contados do trânsito em julgado da decisão.*

Crítica: O que se extingue no biênio é o próprio direito à rescisão da decisão (direito potestativo) → prazo decadencial.

O STF julgou inconstitucional a norma que duplicava o prazo de ajuizamento da ação rescisória em favor da Fazenda Pública e do Ministério Público (MP nº 1.577/1997), por ferir o princípio da isonomia.

Início da Contagem do Prazo – *Dies a quo*:

Súmula nº 100 do TST: Ação Rescisória – Decadência:

> I – O prazo de decadência, na ação rescisória, conta-se do dia imediatamente subseqüente ao trânsito em julgado da última decisão proferida na causa, seja de mérito ou não.
>
> II – Havendo recurso parcial no processo principal, o trânsito em julgado dá-se em momentos e em tribunais diferentes, contando-se o prazo decadencial para a ação rescisória do trânsito em julgado de cada decisão, salvo se o recurso tratar de preliminar ou prejudicial que possa tornar insubsistente a decisão recorrida, hipótese em que flui a decadência a partir do trânsito em julgado da decisão que julgar o recurso parcial.
>
> III – Salvo se houver dúvida razoável, a interposição de recurso intempestivo ou a interposição de recurso incabível não protrai o termo inicial do prazo decadencial.
>
> IV – O juízo rescindente não está adstrito à certidão de trânsito em julgado juntada com a ação rescisória, podendo formar sua convicção através de outros

elementos dos autos quanto à antecipação ou postergação do '*dies a quo*' do prazo decadencial.

V – O acordo homologado judicialmente tem força de decisão irrecorrível, na forma do art. 831 da CLT. Assim sendo, o termo conciliatório transita em julgado na data da sua homologação judicial.

VI – Na hipótese de colusão das partes, o prazo decadencial da ação rescisória somente começa a fluir para o Ministério Público, que não interveio no processo principal, a partir do momento em que tem ciência da fraude.

VII – Não ofende o princípio do duplo grau de jurisdição a decisão do TST que, após afastar a decadência em sede de recurso ordinário, aprecia desde logo a lide, se a causa versar questão exclusivamente de direito e estiver em condições de imediato julgamento.

VIII – A exceção de incompetência, ainda que oposta no prazo recursal, sem ter sido aviado o recurso próprio, não tem o condão de afastar a consumação da coisa julgada e, assim, postergar o termo inicial do prazo decadencial para a ação rescisória.

IX – Prorroga-se até o primeiro dia útil, imediatamente subseqüente, o prazo decadencial para ajuizamento de ação rescisória quando expira em férias forenses, feriados, finais de semana ou em dia em que não houver expediente forense. Aplicação do art. 775 da CLT.

X – Conta-se o prazo decadencial da ação rescisória, após o decurso do prazo legal previsto para a interposição do recurso extraordinário, apenas quando esgotadas todas as vias recursais ordinárias.

Decadência – *Dies a quo* – Recurso Deserto à OJ nº 80 da SBDI-II do TST: "O não-conhecimento do recurso por deserção não antecipa o '*dies a quo*' do prazo decadencial para o ajuizamento da ação rescisória, atraindo, na contagem do prazo, a aplicação da Súmula nº 100 do TST".

Consumada a decadência, surge a denominada "coisa soberanamente julgada".

11.16. Efeitos

A ação rescisória não suspende a execução da decisão rescindenda (art. 489 do CPC).

Possibilidade de suspensão da eficácia da decisão rescindenda por meio de pedido cautelar.

11.17. Liminar e antecipação de tutela

Súmula nº 405 do C. TST: I – Em face do que dispõe a MP 1.984-22/00 e reedições e o artigo 273, § 7º, do CPC, é cabível o pedido liminar formulado na petição inicial de ação rescisória ou na fase recursal, visando a suspender a execução da decisão rescindenda.

II – O pedido de antecipação de tutela, formulado nas mesmas condições, será recebido como medida acautelatória em ação rescisória, por não se admitir tutela antecipada em sede de ação rescisória.

11.18. Competência para julgamento

A ação rescisória é matéria da competência originária dos Tribunais.

Nos TRTs de pequeno porte cabe ao Pleno o julgamento das ações rescisórias (art. 678, I, *c*, item 2, da CLT). Nos Tribunais de grande porte, onde há divisão em Turmas, a competência para julgamento é das Seções Especializadas em Dissídios Individuais e Coletivos.

No Tribunal Superior do Trabalho:

a) Compete à Seção Especializada em Dissídios Coletivos (SDC) julgar originariamente as ações rescisórias propostas contra suas sentenças normativas (art. 2º, I, *c*, da Lei nº 7.701/1988).
b) Compete à Seção Especializada em Dissídios Individuais (Subseção II) julgar originariamente as ações rescisórias propostas contra decisões de Turmas do Tribunal Superior do Trabalho e suas próprias, inclusive as anteriores à especialização em seções (art. 3º, I, *a*, da Lei nº 7.701/1988).

Súmula nº 192 do C. TST:

"I – Se não houver o conhecimento de recurso de revista ou de embargos, a competência para julgar ação que vise a rescindir a decisão de mérito é do Tribunal Regional do Trabalho, ressalvado o disposto no item II.

II – Acórdão rescindendo do Tribunal Superior do Trabalho que não conhece de recurso de embargos ou de revista, analisando argüição de violação de dispositivo de lei material ou decidindo em consonância com súmula de direito material ou com iterativa, notória e atual jurisprudência de direito material da Seção de Dissídios Individuais (Súmula nº 333), examina o mérito da causa, cabendo ação rescisória da competência do Tribunal Superior do Trabalho.

III – Em face do disposto no art. 512 do CPC, é juridicamente impossível o pedido explícito de desconstituição de sentença quando substituída por acórdão Regional.

IV – É manifesta a impossibilidade jurídica do pedido de rescisão de julgado proferido em agravo de instrumento que, limitando-se a aferir o eventual desacerto do juízo negativo de admissibilidade do recurso de revista, não substitui o acórdão regional, na forma do art. 512 do CPC.

V – A decisão proferida pela SDI, em sede de agravo regimental, calcada na Súmula nº 333, substitui acórdão de Turma do TST, porque emite juízo de mérito, comportando, em tese, o corte rescisório.

Competência – Manifesto Equívoco → OJ nº 70 da SBDI-II do TST: "O manifesto equívoco da parte em ajuizar ação rescisória no TST para desconstituir julgado proferido pelo TRT, ou vice-versa, implica a extinção do processo sem julgamento do mérito por inépcia da inicial".

11.19. Procedimento

Petição Inicial: Deve observar os requisitos do art. 282 do CPC (art. 488, I, do CPC). No processo do trabalho, não cabia o depósito prévio de que trata o art. 488, II, do CPC. Vide Súmula nº 194 do TST e antiga redação do art. 836 da CLT.

A Lei nº 11.495/2007 alterou a redação do art. 836 da CLT, passando a exigir o depósito prévio de vinte por cento do valor da causa, salvo comprovada a miserabilidade jurídica do autor. A inobservância deste depósito, quando devido, acarretará o indeferimento da petição inicial, nos termos do art. 490, II, do CPC.

> Súmula nº 299 do C. TST:
>
> "I – É indispensável ao processamento da ação rescisória a prova do trânsito em julgado da decisão rescindenda.
>
> II – Verificando o relator que a parte interessada não juntou à inicial o documento comprobatório, abrirá prazo de 10 (dez) dias para que o faça, sob pena de indeferimento.
>
> III – A comprovação do trânsito em julgado da decisão rescindenda é pressuposto processual indispensável ao tempo do ajuizamento da ação rescisória. Eventual trânsito em julgado posterior ao ajuizamento da ação rescisória não reabilita a ação proposta, na medida em que o ordenamento jurídico não contempla a ação rescisória preventiva.
>
> IV – O pretenso vício de intimação, posterior à decisão que se pretende rescindir, se efetivamente ocorrido, não permite a formação da coisa julgada material. Assim, a ação rescisória deve ser julgada extinta, sem julgamento do mérito, por carência de ação, por inexistir decisão transitada em julgado a ser rescindida.

Obs.: O mesmo entendimento acima deve ser aplicado quando da ausência de cópia autêntica da decisão rescindenda.

A ação rescisória será distribuída a um juiz relator, que ordenará a citação do réu, para oferecer resposta (exceção, contestação e reconvenção), em prazo não inferior a 15 dias, nem superior a 30 dias (art. 491 do CPC).

A reconvenção, para ser admitida, deve conter também uma demanda rescisória.

11.20. Efeitos da revelia – Inaplicabilidade

> Súmula nº 398 do C. TST:
>
> Na ação rescisória, o que se ataca na ação é a sentença, ato oficial do Estado, acobertado pelo manto da coisa julgada. Assim sendo, e considerando que a

coisa julgada envolve questão de ordem pública, a revelia não produz confissão na ação rescisória.

11.21. Instrução probatória

Fazendo-se necessária a colheita de prova, o relator delegará a competência ao juiz do trabalho da comarca onde deva ser produzida, fixando o prazo de 45 a 90 dias para a devolução dos autos. Aplicação adaptada do art. 492 do CPC.

11.22. Razões finais

Após a instrução, as partes poderão oferecer alegações finais, no prazo de dez dias sucessivos, manifestando-se, em primeiro lugar, o autor e, em seguida, o réu na ação rescisória (art. 493 do CPC).

11.23. Julgamento

Julgado procedente o pedido de rescisão (juízo rescindente), o Tribunal, se for o caso, proferirá novo julgamento (juízo rescisório). Vide art. 494, 1ª parte, do CPC.

11.24. Honorários advocatícios

Súmula nº 219, item II, do C. TST: "É incabível condenação em honorários advocatícios em ação rescisória no processo trabalhista, salvo preenchidos os requisitos da Lei nº 5.584/1970".

11.25. Recursos

Súmula nº 158 do TST: "Da decisão de Tribunal Regional do Trabalho, em ação rescisória, cabível é o recurso ordinário para o Tribunal Superior do Trabalho, em face da organização judiciária trabalhista".

Depósito Recursal

> Súmula nº 99 do TST: "Havendo recurso ordinário em sede de rescisória, o depósito recursal só é exigível quando for julgado procedente o pedido e imposta condenação em pecúnia, devendo este ser efetuado no prazo recursal, no limite e nos termos da legislação vigente, sob pena de deserção".

Competência para Julgamento do Recurso: No TST, compete à Seção Especializada em Dissídios Coletivos julgar em última instância os recursos contra as decisões proferidas pelos TRTs em ações rescisórias pertinentes a dissídios coletivos (art. 2º, II, b, da Lei nº 7.701/1988) e à Seção Especializada em Dissídios Individuais (Subseção II) aquelas decisões proferidas pelos TRTs concernentes a dissídios individuais (art. 3º, II, a, da Lei nº 7.701/1988).

É cabível a remessa de ofício em ação rescisória, nas decisões contrárias a entes públicos. Aplicação do art. 1º, V, do Decreto-Lei nº 779/1969. Entendimento consubstanciado no item II da Súmula nº 303 do C. TST.

11.26. Execução

A execução da decisão proferida em ação rescisória far-se-á nos próprios autos da ação que lhe deu origem, e será instruída com o acórdão da rescisória e a respectiva certidão de trânsito em julgado (art. 836, parágrafo único, da CLT).

11.27. Caso Prático

CLTS, empresa reclamada em razão de ação trabalhista julgada procedente, determinando o pagamento dos denominados planos econômicos, em execução, alega inexigibilidade do título ante o que autoriza o art. 884, § 5º, da CLT. Seria possível tal prática nesta fase processual? Caso positivo, indaga-se: há alguma contradição legal entre o dispositivo acima mencionado e o que preceitua o art. 5º, XXXVI, da Lei Maior?

11.28. Modelo de ação rescisória

EXCELENTÍSSIMO SENHOR DOUTOR DESEMBARGADOR PRESIDENTE DA SEÇÃO ESPECIALIZADA EM DISSÍDIOS INDIVIDUAIS DO EGRÉGIO TRIBUNAL REGIONAL DO TRABALHO DA ...ª REGIÃO

CAIO TÍCIO DAS COUVES, por intermédio do Procurador que esta subscreve, vem, respeitosamente, à presença de Vossa Excelência, com fulcro nos arts. 485, incisos III e V, e 487, inciso I, do Código de Processo Civil, propor a presente

AÇÃO RESCISÓRIA

em face de SDC INDUSTRIAS S/A, pessoa jurídica de direito privado, inscrita no CNPJ sob o nº .....com sede à Rua ...., bairro, Rio de Janeiro/RJ, CEP nº ....; e Sindicato.....com sede à Rua ....., bairro, Rio de Janeiro/RJ, CEP nº ...., nos autos do Processo nº....., que tramitou perante a MM. ...ª Vara do Trabalho do Rio de Janeiro, pelos fatos e fundamentos a seguir aduzidos:

Pacífica a legitimação da parte para propor esta ação autônoma, com o objetivo de **desconstituir a decisão homologatória de acordo** (fls. ....) dos autos do processo nº ..... decorrente de vício de consentimento por parte do reclamante, que foi compelido a assinar a mencionada transação, com valores muito inferiores ao devido.

Consoante a explanação supra, e considerando ainda que **o** objetivo do autor na presente ação é a desconstituição da decisão homologatória de acordo, pela ocorrência de vício de consentimento, como também de violação frontal a dispositivo de lei (CLT, art. 831, parágrafo único da CLT e CPC, arts. 485, inciso V, na reclamação trabalhista acima indicada, como adiante será melhor examinado, encontram-se presentes as condições da ação, a saber: a possibilidade jurídica do pedido, a legitimidade da parte e o interesse processual.

DA COMPETÊNCIA MATERIAL DA JUSTIÇA DO TRABALHO

Tratando-se de ação que tem por objeto **desconstituir decisão homologatória de acordo** (fls. ....) oriunda deste ramo do Poder Judiciário, inarredável a **competência material da Justiça do Trabalho para a apreciação e julgamento do presente feito,** *ex vi* do art. 114, da Carta Política de 1988.

Por oportuno, cumpre observar que, consoante a disposição contida no art. 678, inciso I, alínea c, item 2, da CLT, compete aos Tribunais Regionais do Trabalho processar e julgar as ações rescisórias das decisões das Vara do Trabalho, dos juízes de direito investidos na jurisdição trabalhista, das Turmas e de seus próprios acórdãos.

DA TEMPESTIVIDADE DA PRESENTE AÇÃO

O art. 495, do CPC, estatui que *"O direito de propor a ação rescisória se extingue em dois anos contados do trânsito em julgado da decisão".*

In casu, celebrado o termo de conciliação judicial que se pretende desconstituir em **.....(mencionar a data)** dos autos do processo nº ......data na qual ocorreu seu trânsito em julgado, indiscutível encontrar-se o autor exercendo seu direito de ação dentro do prazo legalmente estabelecido no art. 495 do CPC.

Neste sentido, o mais Alto Pretório Trabalhista, consoante entendimento sedimentado na Súmula nº 100, item VI, in verbis:

> "AÇÃO RESCISÓRIA. DECADÊNCIA. (incorporadas as Orientações Jurisprudenciais nºs 13, 16, 79, 102, 104, 122 e 145 da SDI-II – Res. 137/2005 – DJ 22/08/2005)
>
> ...omissis...
>
> V – O acordo homologado judicialmente tem força de decisão irrecorrível, na forma do art. 831 da CLT. Assim sendo, o termo conciliatório transita em julgado na data da sua homologação judicial. (ex-OJ nº 104 – DJ 29/04/2003).

VI – Na hipótese de colusão das partes, o prazo decadencial da ação rescisória somente começa a fluir para o Ministério Público, que não interveio no processo principal, a partir do momento em que tem ciência da fraude. (ex-OJ nº 122 – DJ 11/08/2003).
...omissis..." (grifamos)
Nestes termos, indubitável a tempestividade da presente ação.

DOS FATOS

O Sindicato ...., por meio de seu departamento jurídico, ajuizou ação trabalhista em face de XXX Indústrias S/A, prestando assistência ao autor, para reclamar verbas resilitórias devidas em razão de contrato de trabalho rompido sem o respectivo pagamento.

Na integralidade desta ação, o Sindicato postulou a declaração de reconhecimento de vínculo com a primeira ré, bem como, a conseqüente condenação à anotação em CTPS do contrato de trabalho havido e o pagamento das verbas contratuais e resilitórias dele decorrente.

Tão logo teve ciência da propositura da aludida ação, o autor foi chamado ao Sindicato que lhe apresentou proposta de acordo, em valor bem inferior ao devido, mas acenando com o recebimento mais célere, e ameaçando-lhe com a demora de uma lide nesta Especializada, reunião esta que compareceu o advogado da empregadora.

Configurada a fraude trabalhista, o autor, procurou a assistência de outro advogado que lhe orientou a ajuizar a ação rescisória, ante o manifesto vício de consentimento no ato jurídico outrora firmado, pois o **termo de conciliação homologado** foi sem o reconhecimento de vínculo de emprego e com a quitação geral pelos serviços prestados ao longo de anos, mediante o pagamento de quantia ínfima frente ao postulado, e ainda sem a observância das formalidades legais imprescindíveis.

Como **prova,** apresentamos, em anexo, as relações nominais de outros trabalhadores levados a mesma prática envolvendo a empresa ré, configurando-se a reprovável prática fraudulenta que deve ser coibida.

Estes, resumidamente, são os fatos a serem relatados.

DO DIREITO

A presente ação tem por escopo rescindir o termo de conciliação homologado pelo DD. Juízo da ..ª Vara do Trabalho do Rio de Janeiro, ante o evidente vício de consentimento passível de invalidá-lo, consoante art. 831, parágrafo único, da CLT e Súmula nº 259 do C. Tribunal Superior do Trabalho.

Por outro lado, da análise dos elementos trazidos à colação na presente ação, **evidencia-se a ausência de consentimento livre na pactuação homologada, assim como a existência de colusão entre os réus no processo que originou a conciliação judicial a ser desconstituída através desta *actio*.**

Evidencia-se, ainda, terem os réus, demonstrado estrita conjunção de interesses, objetivando frustrar a aplicação da norma legal protetiva do autor.

Colusão, segundo o magistério de Manoel Antonio Teixeira Filho (in "Ação Rescisória na Justiça do Trabalho", Ed. LTr, 3ª ed, p. 233/234), é "o ato de um dos litigantes, em conluio com o adversário, consistente em simular uma ação em face do outro, com o propósito de obter uma sentença que, mais tarde, possa ser oposta a terceiro, cujo direito foi afastado por ela".

Segundo o jurista supracitado, três são os elementos configuradores da colusão, a saber:

a) que a colusão tenha sido realizada pelas partes;

b) que o pronunciamento judicial seja reflexo da influência nele exercida pela colusão;

c) que o conluio tenha sido posto em prática com o flagrante objetivo de fraudar a lei.

No caso vertente, resta clara a existência de colusão dos réus a fim de fraudar a legislação trabalhista, haja vista o imenso prejuízo advindo ao autor que prestou serviços à empresa SDC Industrias S/A, em atividade necessária e essencial ao empreendimento patronal.

Isso porque, através deste malsinado "acordo", renuncia-se, na verdade, ao reconhecimento do vínculo de emprego deste empregado e, via de conseqüência, aos direitos trabalhistas e previdenciários pertinentes, ultrapassando, de forma flagrante, os limites que devem delinear a atuação do sindicato na assistência processual, promovendo verdadeiro expurgo de direitos do autor.

Sobressai a **utilização desvirtuada e fraudulenta do Aparelho Judiciário e do privilégio do crédito trabalhista**, consistindo a ação em tela mera simulação, manejada de modo a obter de forma célere, sob o manto da legalidade e sob a chancela judicial, a quitação pretendida, visando à redução drástica de expressivo passivo trabalhista.

Desta feita, verifica-se o alinhamento das três condições necessárias ao ajuizamento da presente ação rescisória, quais sejam, *primus*, o conluio praticado pelas partes, *secundus*, com o objetivo de fraudar a lei e, *tertius*, que influenciou, de forma cabal, a decisão rescindenda. Repise-se que a colusão havida entre as partes — entendida ainda como a utilização do processo para, maliciosamente, se obter resultado contrário à ordem jurídica —está perfeitamente caracterizada nos autos.

Resta, assim, indiscutivelmente legítima, fundada e sobejamente provada a alegação de vício de consentimento caracterizado pelo conluio havido entre os réus.

Desta feita, a transação promovida pelos réus implicou violação ao art. 844 do Código Civil, pelo fato de impor a transação ao que nela não teve condições de discutir e resistir aos seus termos.

O acordo é, a olhos vistos, altamente lesivo ao trabalhador, que foi obrigado a transacionar, sob a falsa qualidade de serviços prestados, o longo período durante o qual laborou para a empresa no desenvolvimento de sua atividade-fim, abrindo mão de seus direitos previdenciários relacionados a este interregno, além de direitos trabalhistas notórios, tais como férias e gratificações natalinas.

A proposta levada a juízo mostra-se, em realidade, como excelente para a empresa, a qual, além de reduzir seu expressivo passivo trabalhista, esquiva-se do pagamento à já combalida Seguridade Social e ao trabalhador.

Assim, torna-se imprescindível a rescisão da r. decisão homologatória às fls. .... dos autos da Ação Trabalhista nº ..., com a conseqüente extinção do processo sem resolução do mérito, seja pela ausência de pressuposto de constituição da relação jurídica processual, ante a inexistência de lide, a teor do art. 267, inciso IV, do CPC.

DO PEDIDO

Ante todo o exposto, demonstrada a colusão entre os réus, bem como o vício de consentimento e a conseqüente fraude à lei, e a violação literal aos dispositivos de lei citados, espera o autor seja a presente Ação Rescisória instruída e julgada, ao final, totalmente procedente, **para desconstituir a decisão homologatória de acordo celebrado nos autos da Reclamação Trabalhista nº ....., da lavra do DD. Juízo da MM ...ª Vara do Trabalho do Rio de Janeiro** – ***judicium rescindens***, e, na forma do art. 488, inciso I do CPC c/c art. 836 da CLT, proferindo-se, ainda, novo julgamento da causa – ***judicium rescissorium***, desta vez **para que seja extinto aquele processo sem apreciação de mérito, seja pela ausência de pressuposto de constituição da relação jurídica processual, ante a inexistência de lide, a teor do art. 267, inciso IV, do CPC,** condenando-se de qualquer forma os demandados na presente ação ao pagamento das custas e demais despesas processuais.

Requer-se ainda:

1. Seja determinada a citação dos Réus para, querendo, contestar a presente ação, no prazo que lhes for assinado.

2. A produção de todas as espécies de provas em Direito admitidas, especialmente depoimento pessoal dos Demandados, sob pena de confissão, oitiva de testemunhas, juntada de novos documentos, até final instrução do processo, perícias, inspeções judiciais, e quaisquer outras que venham a se fazer necessárias ao deslinde da causa e ao esclarecimento da verdade.

3. A intervenção do Ministério Público do Trabalho na forma legal.

Dá-se à causa o valor de R$ .... (colocar o valor por extenso).

Termos em que,

Espera deferimento.

Rio de Janeiro, ...

Nome do signatário

OAB/

12. Mandado de segurança

Lei 1.533/1951 e art. 5º, LXIX, da Constituição Federal.

Competência na Justiça do Trabalho:

a) Vara do Trabalho – 1º grau, em razão de inovação introduzida pela EC 45/04 no art. 114, IV, da Constituição da República, com a redação concedida pela Emenda Constitucional nº 45, publicada em 31 de dezembro de 2004, *verbis*:

> Art. 114. Compete à Justiça do Trabalho processar e julgar:
>
> ...
>
> *IV – os mandados de segurança,* habeas corpus *e* habeas data, *quando o ato questionado envolver matéria sujeita à sua jurisdição;*

Anteriormente à edição da Emenda Constitucional nº 45, apenas os Tribunais Regionais e o Tribunal Superior do Trabalho tinham competência originária para o julgamento do mandado de segurança, conforme estabelecido no art. 678, I, *b*, 3, da CLT e no art. 2º, I, *d* e II, *b*, e ainda art. 3º, I, *b* e III, da Lei nº 7.701/1988; o mandado de segurança era admitido apenas quando o ato alegadamente ilegal ou arbitrário fosse praticado pelo próprio Juiz do Trabalho, ou seja, ato judicial.

Atente-se que o novel texto constitucional ampliou a competência material da Justiça do Trabalho quanto ao *mandamus*, o qual passou a alcançar todo ato questionado que envolva matéria submetida à sua jurisdição, trazendo, desta forma, seu processamento ao primeiro grau de jurisdição. Cabe destacar que o dispositivo supra, aliado ao estabelecido no inc. VII do mesmo artigo, atinente às penalidades administrativas aplicadas aos empregadores pelos órgãos de fiscalização, retira, em parte, a competência da Justiça Federal para conhecer desta espécie de ação, quando a autoridade coatora for a autoridade federal (CRFB, art. 109, VIII).

Assim, o elastecimento da competência desta Justiça Especializada, no que concerne ao mandado de segurança, alcança os atos de autoridade envolvendo questões relativas às relações de trabalho e atos administrativos pertinentes, englobando, dentre outros, os atos administrativos dos Delegados Regionais do Trabalho e Auditores-Fiscais do Trabalho, referentes a questões trabalhistas, inclusive no que tange à aplicação de multas; discussões relativas à representação sindical; atos de empregadores integrantes da administração pública indireta e matérias envolvendo a atuação do Ministério Público do Trabalho, em especial na condução de procedimentos administrativos.

Podemos destacar as seguintes hipóteses de mandados de segurança impetrados em primeiro grau no processo do trabalho:

- Contra ato praticado pelo Delegado Regional do Trabalho:
  a) questionando a lavratura de Auto de Infração com fundamento na violação ao art. 41, *caput* da CLT, ante a manutenção pela empresa de trabalhadores laborando sem o respectivo registro, na qualidade de associados à cooperativa de trabalho;
  b) requerendo o afastamento da exigibilidade de depósito prévio e compulsório do valor da multa administrativa na admissibilidade de recurso interposto perante o Núcleo de Recursos e Multas da Delegacia Regional do Trabalho;
  c) que julgou subsistente Auto de Infração lavrado por inobservância de piso salarial estabelecido em convenção coletiva de trabalho.
- Contra ato do Chefe do Setor de Mediação da Delegacia Regional do Trabalho ou do Delegado Regional do Trabalho, que negar registro e arquivamento de instrumentos normativos requerido pelo sindicato profissional impetrante;

b) Seção Especializada em Dissídios Individuais (SEDIN) dos TRTs ou do TST:

Hipótese mais comum no processo do trabalho, na qual as partes utilizam a ação mandamental em segundo grau, é para impugnar decisões interlocutórias, que via de regra, nesta Especializada não podem ser atacadas por recurso imediatamente. Os casos mais freqüentes são para: alvejar execuções provisórias de obrigação de fazer (exemplo: reintegrações diversas), antes do julgamento do mérito da ação trabalhista. Outro exemplo se verifica nas execuções de quantia, por ocasião de penhoras *on line* de valores existentes em conta bancária do devedor, que socorrendo-se do remédio heróico, busca a liberação destes ou mesmo de salários indevidamente apresados.

A intervenção *custos legis* do Ministério Público do Trabalho em ambos os graus é obrigatória por força de lei.

O terceiro interessado será notificado para manifestação se assim desejar, por ser hipótese de litisconsórcio necessário passivo.

A autoridade coatora também será notificada para prestar suas informações acerca do ato que lhe foi imputado.

Importante assinalar que o mandado de segurança não é substitutivo recursal, vedando-se sua utilização para este fim, merecendo o registro da súmula 267 do Excelso STF acerca de seu manejo.

12.1. Modelo de mandado de segurança

EXMO. SR. DESEMBARGADOR PRESIDENTE DA SEÇÃO ESPECIALIZADA EM DISSÍDIOS INDIVIDUAIS DO TRT DA ..... ª REGIÃO

EMPRESA TAL E TAL, com CNPJ nº...., localizada na rua.....(endereço completo), vem, respeitosamente a V.Exa., através de seu patrono infra-assinado, impetrar, com fulcro no art. 5º, LXIX, da Lei Maior e Lei 1.533/1951,

MANDADO DE SEGURANÇA

Em face do Juízo da .....Vara do Trabalho do ....(cidade/comarca), na qual tramita a ação trabalhista nº....entre as partes.........(colocar o nome do reclamante e reclamada com os respectivos endereços), pelos motivos a seguir expostos:

DOS FATOS

A impetrante é reclamada na ação trabalhista nº...., que se encontra em fase de execução, e sem ter participado em nenhum momento do processo em questão, teve sua conta bancária bloqueada para pagamento do crédito exeqüendo, em manifesta violação ao princípio constitucional que assegura a ampla defesa e o contraditório.

Acresça-se que o impetrante não foi citado para a audiência de conciliação, nem tampouco foi-lhe assegurado o direito de apresentar defesa aos fatos articulados na exordial da ação trabalhista.

Os valores apresados são necessários para o prosseguimento de suas atividades, sem o qual estará comprometido o pagamento dos salários de outros empregados, bem como encargos sociais e fornecedores.

Desta feita, invoca a observância do princípio norteador do processo do trabalho, segundo o qual a execução deve ser efetivada de forma menos gravosa para o executado, nos moldes do que preceitua o art. 620 do CPC, pois se mantida a constrição na forma praticada pela autoridade coatora, inviabilizado estará o prosseguimento das atividades empresariais

DO PEDIDO

Diante do exposto, o impetrante requer:

a) A concessão da segurança para cancelar a penhora de sua conta bancária, ou se assim não entender V.Exa, que seja observado um percentual para viabilizar o prosseguimento de suas atividades;

b) a notificação do terceiro interessado para, querendo, se manifestar;

c) a intervenção do Ministério Público do Trabalho na forma da lei.

Dá-se à causa o valor de.....(escrever o valor por extenso).

Rio,......

Nome do signatário

OAB/

BIBLIOGRAFIA

BARBOSA GARCIA, Gustavo Filipe. *Curso de Direito do Trabalho*, 2 ed., São Paulo: Método, 2008.

BARBOSA MOREIRA, José Carlos. *Comentários ao Código de Processo Civil*, vol. V., Rio de Janeiro: Forense, 2002.

BEZERRA LEITE, Carlos Henrique. *Curso de Direito Processual do Trabalho*, 6 ed., São Paulo: LTr, 2008.

GODINHO DELGADO, Maurício. *Curso de Direito do Trabalho*, 6 ed., São Paulo: LTr, 2007.

GOMES, Orlando e GOTTSCHALK, Elson. *Curso de Direito do Trabalho*, Rio de Janeiro: Forense, 2003.

GOULART VILLELA, Fábio. *Introdução ao Direito do Trabalho – História e Principiologia*, Rio de Janeiro: Campus Elsevier, 2008.

LEITE DE CARVALHO, Augusto César. *Direito Individual do Trabalho*, Rio de Janeiro: Forense, 2004.

PLÁ RODRIGUES, Américo. *Los Principios de Derecho del Trabajo*, Montevidéu, 1975.

________. *Princípios de Direito do Trabalho*, São Paulo: LTr, 1978.

SÜSSEKIND, Arnaldo; MARANHÃO, Délio; VIANNA, Segadas e TEIXEIRA, LIMA. *Instituições de Direito do Trabalho*, v. 1, 19 ed., São Paulo: LTr, 2000.

________. *Curso de Direito do Trabalho*, São Paulo: Renovar, 2002.

TEIXEIRA FILHO, Manoel Antônio. *Ação Rescisória na Justiça do Trabalho*, 3 ed., São Paulo: LTr.

Sistema CTcP,
impressão e acabamento
executados no parque gráfico da
Editora Santuário
www.editorasantuario.com.br - Aparecida-SP